GEMEINSCHAFT

UND

GESELLSCHAFT.

ABHANDLUNG

DES

COMMUNISMUS UND DES SOCIALISMUS

ALS

EMPIRISCHER CULTURFORMEN.

34725

VON

FERDINAND TÖNNIES.

LEIPZIG,

FUES'S VERLAG (R. REISLAND).

1887.

Communauté et société.

Mémoire

sur le communisme et le socialisme,

formes de civilisation
basées sur l'expérience,

par

Ferd. Tönnies

GEMEINSCHAFT

UND

GESELLSCHAFT.

 ABHANDLUNG

DES

COMMUNISMUS UND DES SOCIALISMUS

ALS

EMPIRISCHER CULTURFORMEN.

VON

FERDINAND TÖNNIES.

LEIPZIG,

FUES'S VERLAG (R. REISLAND).

1887.

MEINEM FREUNDE

FRIEDRICH PAULSEN

ZUGEEIGNET

ALS DENKMAL FRÜHERER GESPRÄCHE.

Αἰτία δὲ φιλοσοφίας εὑρέσεως ἐστι κατὰ Ξενο-
κράτη τὸ *ΤΑΡΑΧΩΔΕΣ* ἐν τῷ βίῳ καταπαῦσαι
τῶν πραγμάτων.　　　Galen. hist. phil. c. 3.

INHALT.

Zweites Buch.
Wesenwille und Willkür.

Drittes Buch.
Prooemien des Naturrechts.

Anhangsweise.
Ergebniss und Ausblick.

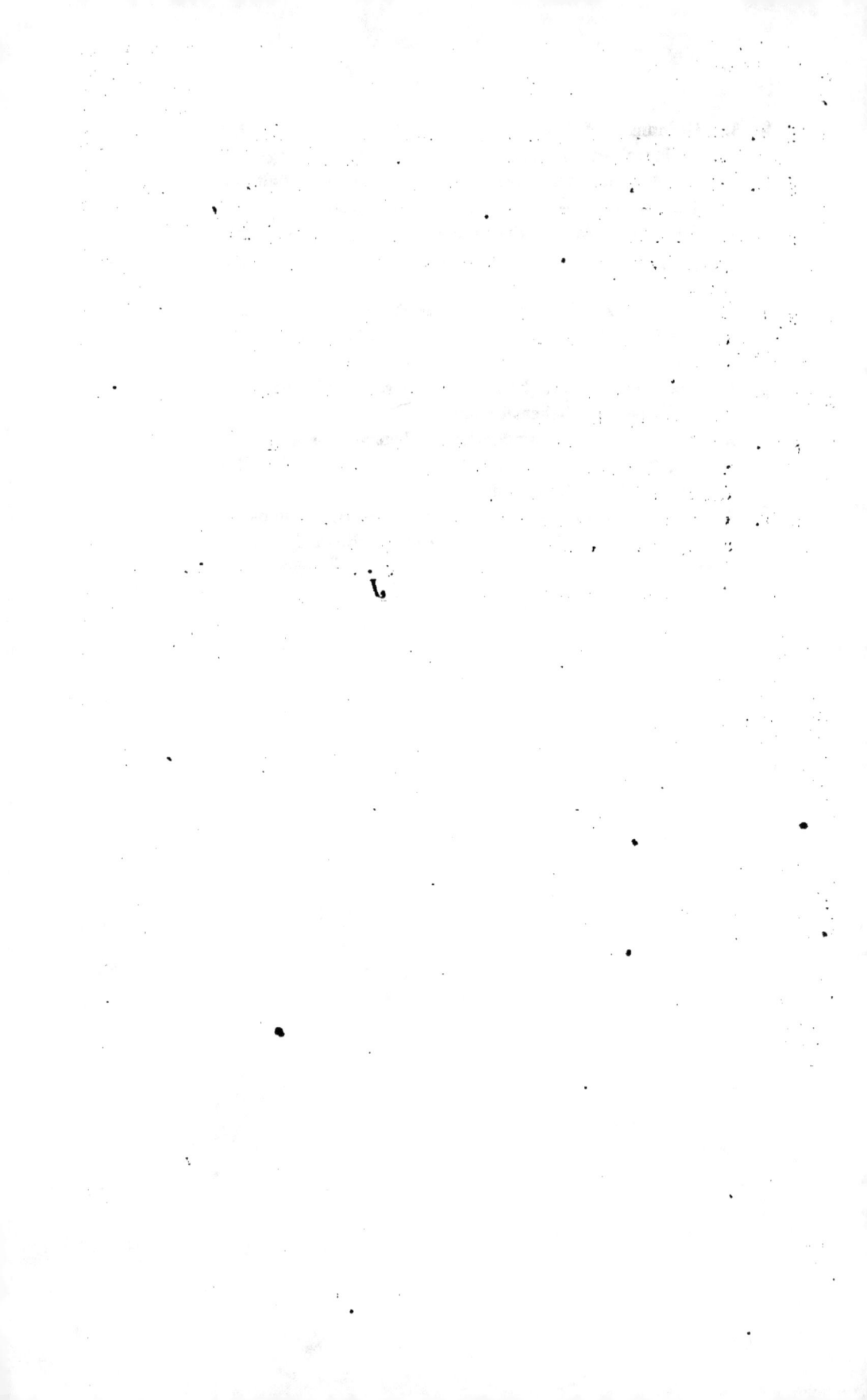

Vorrede.

Der Gegensatz der historischen gegen die rationalistische Auffassung ist im Laufe dieses ～ahrhunderts in alle Gebiete der Social- oder Cultur-Wissenschaften eingedrungen. Derselbe trifft an seiner Wurzel zusammen mit dem Angriff des Empirismus und der kritischen Philosophie auf das stabilirte System des Rationalismus, wie es in Deutschland durch die Wolfische Schule seine feste Darstellung gefunden hatte. Ein Verhältniss zu diesen Methoden zu gewinnen, ist daher auch für den gegenwärtigen Versuch einer neuen Analyse der Grundprobleme des socialen Lebens von nicht geringer Bedeutung.

Es ist paradox zu sagen, dass der Empirismus, ungeachtet des Sieges, welchen diese Ansicht in so entscheidender Weise davongetragen hat, zugleich die formelle Vollendung des Rationalismus sei. Und doch ist dies gerade bei der Kantischen Erkenntnisslehre, welche, mit dem Anspruche auftretend, die Gegensätze zu vereinigen, ihrem Inhalte nach ebensosehr modificirter Empirismus als modificirter Rationalismus ist, am deutlichsten. Deutlich schon im reinen Empirismus Hume's; denn auch er untersucht nicht, ob es allgemeine und nothwendige Erkenntniss in Bezug auf Thatsachen und Causalität in Wirklichkeit gebe, sondern er deducirt ihre Unmöglichkeit aus Begriffen, wie später Kant ihre Wirklichkeit und folglich ihre Möglichkeit deduciren zu können glaubt. Beide verfahren auf rationalistische Weise, mit entgegengesetzten Ergebnissen. Den Empirismus in Bezug auf Wahrnehmung hatte HUME noch vorausgesetzt, in dem Sinne, als ob Erkenntniss die Wirkung von objectiven Qualitäten und Zuständen der Dinge auf eine carte blanche der menschlichen Seele sei; nach KANT ist sie, wenn auch den Dingen ihr Dasein und Mitwirkung gelassen wird, wesentlich Product von Thätigkeiten des Subjects, wie das Denken selber. Die Uebereinstimmung in Bezug auf Wahrheit — so mögen wir in seinem Sinne erklären — wird bedingt durch die gleiche Beschaffenheit der Erkenntnissgeräthe, welche, wo es über Anschauungsformen und Verstandeskategorieen hinausgeht, nichts als Complexe von Ideen sind, insbesondere die Associationen von Wahrnehmungen und Vorstellungen mit Namen und Urtheilen, so lange als es um Auffassung von Thatsachen sich handelt. Hingegen, wenn die Ursachen gegebener Effecte aufgesucht werden, so müssen schon bestimmte Begriffe über Beschaffenheit der Agentien (Wesen, Dinge oder Kräfte) und über ihre Art zu wirken vorausgesetzt werden, um aus den Möglichkeiten die Nothwendigkeiten oder Gewissheiten auszulesen. Diese aber sind nach dem durchgeführten (Hume'schen) Empirismus nicht anders erreichbar, als durch ein erworbenes Wissen von regelmässigen zeitlichen Folgen, so dass in der That alle Zusammenhänge von gleicher Art zuerst lose, endlich durch häufige Wiederholung als Gewohnheiten sich befestigen und als nothwendige, d. i. als causale, gedeutet werden. Die Causalität wird hierdurch aus den Dingen herausgenommen und in den Menschen versetzt, nicht anders als es durch KANT geschieht, wenn er sie als Kategorie des Verstandes behauptet. KANT aber verwirft die Erklärung, welche HUME unternommen hatte, aus der blossen individuellen Erfahrung. Die Kantische Fassung, in welcher sie aller Erfahrung vorausgeht, zeigt in Wahrheit den Weg zu einer tieferen Erklärung. Denn das psychologische Gesetz, dessen Entdeckung bei HUME vorliegt, bedarf allerdings der Ergänzung und folglich sogar seiner eigenen Begründung durch die Idee des aus seinem Keime werdenden, mithin mit bestimmten Anlagen als Kräften und Tendenzen ausgestatteten Geistes. Dass von den »consécutions des bétes« das menschliche Denken sich unterscheidet, kann (in physiologischer Bestimmung) allein aus der Essenz der menschlichen Grosshirnrinde verstanden werden, vermöge deren eine bestimmte Thätigkeit der Coordination gefasster Eindrücke nothwendig ist und mit ihrem Wachsthum sich ausbildet, und ein bestimmtes Verhältniss, in welches der empfundene innere Gesammtzustand zu diesen besonderen Empfindungen sich setzt. Denn jener ist das absolute A priori, und er kann nur gedacht werden als die Existenz der gesammten Natur durch allgemeine und dunkle Beziehungen auf sich involvirend, von welchen dann einige durch Entwickelung und Actionen des Gehirnes und der Sinnesorgane, d. h. des verstehenden (davorstehenden) Geistes, allmählich klarer und deutlicher werden. Jede folgende Erfahrung, gleich jeder anderen Thätigkeit, geschieht durch das ganze Wesen mit seinen bis dahin ausgebildeten Organen dafür; aber hieraus ergibt sich ein regressus in infinitum, zu den Anfängen des organischen Lebens hinaufführend, welche auch, als psychische begriffen, die Incorporisirung einer gewissen Erfahrung genannt werden müssen, da jede Thätigkeit oder Leidenheit (denn Leiden ist nur die andere Art des Thuns), mithin das Leben selber, Erfahrung ist, wie alle Erfahrung Thätigkeit oder Leidenheit ist. Thätigkeit ist die Veränderung des Organismus; sie hinterlässt irgendwelche Spuren, sei es in gleicher, in entgegengesetzter oder in indifferenter Richtung zu der Tendenz seines Wachsthums und anderen Entwicklung, und dies ist, was als Gedächtniss verstanden wird, insbesondere sofern es die bleibende Arbeit und Kraft (denn Kraft ist nur vorräthige Arbeit) sinnlicher, d. i. schon in Gestalt von coordinirten Complexen, fertiger Empfindungen ist, welche doch selber erst durch Gedächtniss geleistet werden. Jede mögliche Veränderung eines Organes ist aber allerdings wesentlich bedingt durch den Zusammenhang und Zustand des bestehenden Organes, inwiefern es dieselbe anzunehmen geneigt, also wahrscheinlich (likely) ist oder nicht. In diesem Sinne lehre ich (im zweiten Buche dieser Schrift) die Einheit und Verschiedenheit von Gefallen, Gewohnheit und Gedächtniss als von elementaren Modificationen des Willens und geistiger Kraft, in Bezug auf alle mentale Production, und diese Ausführung soll auch auf das Problem des Ursprunges und der Geschichte menschlicher Er-

kenntniss sich erstrecken. Dies ist mithin nur eine Auslegung, theils im Spinozistischen und Schopen-
hauerischen Sinne, theils mit den Mitteln der diese Philo-
sopheme erläuternden, wie auch durch dieselben verdeutlichten
biologischen Descendenz-Theorie, eine Auslegung des Gedankens, mit welchem KANT die Hume'sche Darstellung wirklich überwunden hat. Weil aber dieselbe richtig ist, so ergibt
sich nicht allein die Thatsache, sondern auch die Ursache,
warum wir ein Seiendes nicht anders denn als wirkend, ein
Geschehendes nicht anders denn als bewirkt denken können;
dies sind ehemalige, ja ewige Functionen, welche in die
Structur unseres Verstandes hineingewachsen sind, und das
Nicht-anders-können ist eine Nothwendigkeit, auf welche darum
unsere Gewissheit sich bezieht, weil thätig sein und gemäss seiner Natur thätig sein, einerlei ist, nach formal iden-
tischem Satze.

Wenn aber wir Menschen eine natürliche Denkgemein-
schaft bilden, insofern als die Causalität uns innewohnt
wie die Sinnesorgane und wir folglich auch nothwendiger
Weise irgendwelche Namen bilden, um Wirkendes und Be-
wirktes zu bezeichnen, so kann die Differenz in Bezug auf dieselben Vorgänge nur aus dem Denken sich ergeben, welche
Subjecte die wirkenden, also die eigentlich wirklichen (τὰ
ὄντως ὄντα) Dinge seien, und hierüber gehen allerdings Völker,
Gruppen, Individuen auseinander, wenn auch den Meisten gemeinsam bleibt, dass sie die Agentien der Natur nach Art
von Menschen und Thieren in mythologischen und poetischen
Bildern vorstellen, was in den Sprachformen fortwährend sich
ausprägt, obschon die Unterscheidung der todten (als der nur
bewegbaren) und der lebendigen (als der sich selbst bewegenden) Massen eine frühe Erwerbung des Denkens gewesen ist.
Ueberwiegend bleibt doch die Anschauung aller Natur als
einer lebendigen, alles Wirkens als eines freiwilligen, an welchem die Götter und Dämonen neben den sichtbaren Subjecten
theilnehmen. Wenn aber so zuletzt die Welt und alle ihre
Schicksale in Haupt und Hand eines einigen Gottes gelegt
werden, welcher sie aus nichts hervorgebracht habe und nach
seinem Wohlgefallen erhalte, ihr Ordnungen und Gesetze gegeben habe, nach welchen ihr gesammter Verlauf als regel-

mässiger und nothwendiger erscheint; so verschwinden dagegen alle untergeordneten Willen und Freiheiten in der Natur, sogar der freie Wille des Menschen, und nur als unerklärliche Neigungen und Kräfte werden noch diejenigen Tendenzen verstanden, welche nicht aus empfangener anderer Bewegung hergeleitet werden können; und auch das »liberum arbitrium indifferentiae« mag alsdann, nicht sowohl als Thatsache der Erfahrung wie als nothwendige Annahme, um den Allmächtigen und Allwissenden von der Urheberschaft der Verletzung seiner eigenen Ordnungen zu entlasten, wiederhergestellt werden, selber in Gestalt einer solchen unerklärlichen Kraft und geheimnissvollen Qualität. Diese ganze Betrachtung, wie auch die Einzigkeit des göttlichen Willens gehört aber schon einem Denken an, welches seinen Principien nach dem religiösen Glauben und volksthümlichen Anschauungen entgegengesetzt ist, wie sehr es auch noch die Spuren seiner Herkunft aus diesen Quellen tragen mag. Diese Principien entwickeln sich, bis sie auf sich selber stehen und gänzlich von ihrem Ursprunge unabhängig zu sein scheinen, mit ihres gleichen sich begegnend, welche auf den natürlichen Gebieten dieses Denkens, von seinen Anfängen her, frei geschaltet haben. Es ist *wissenschaftliches Denken*. Dieses hat dort, wo es zuerst und am leichtesten in seiner Reinheit erscheint, nicht mit den Ursachen der Erscheinungen und am wenigsten mit menschlichem und göttlichem Willen zu thun, sondern es geht aus den Künsten des Vergleichens und Messens von Grössen und Mengen, als ihre allgemeine Hülfs-Kunst, die des Rechnens hervor, d. i. des Trennens und Zusammensetzens, des Theilens in gleiche Stücke, der Vervielfältigung gegebener Stücke, welche Operationen darum so leicht im blossen Gedanken vollzogen werden, weil dieser ein geordnetes System von Namen dafür bereit hat und keine Verschiedenheit der wahrgenommenen Objecte die gedachte Setzung gleicher Einheiten als beliebig combinirbarer stört. Daher nimmt, sofern doch die Beherrschung solches Systemes eines Haltes an irgendwelchen Objecten bedarf, der Rechnende dazu nach Möglichkeit gleiche, leicht überschbare, leicht hantirbare, und wenn sie nicht zur Verfügung stehen, so wird er sie machen und mit solchen Eigenschaften ausstatten. Denn wenn auch unzählige Körper

in der Natur vorhanden sind, die einander nach ihren wahrgenommenen Qualitäten ähnlich gefunden werden und sind,
in mehr oder minder hohem Grade, so dass der vollkommene
Grad endlich als Gleichheit bezeichnet wird, und wenn
auch diejenige Gleichsetzung eine natürliche ist, durch welche
sie auf einen Namen bezogen werden, so wird doch dieselbe
eine künstliche und gewaltsame in dem Maasse, als sie auf
bewusste und willkürliche Weise Namen bildet, und die gegebenen Unterschiede nicht blos in dieser Beziehung ausser
Acht lässt, sondern sie mit Bedacht aus der Betrachtung ausscheidet oder sogar wirklich vernichtet, zu dem bestimmten
Zwecke, eine brauchbare, möglichst vollkommene Gleichheit herzustellen. Alles wissenschaftliche Denken, wie das Rechnen,
will aber Gleichheit zum Behufe irgendwelcher Messungen,
da Messung entweder Gleichheit oder das Allgemeine, wovon
Gleichheit ein besonderer Fall ist, nämlich ein exactes Verhältniss ergeben muss, welchem wiederum Gleichheit als
Maasstab dient. So nämlich sind wissenschaftliche Gleichungen
die Maasstäbe, auf welche die wirklichen Verhältnisse zwischen den wirklichen Objecten bezogen werden. Sie dienen
der Ersparung von Gedankenarbeit. Was in unzähligen
Fällen immer von Neuem ausgerechnet werden müsste, wird
an einem ideellen Falle ein für allemal ausgerechnet und bedarf dann der blossen Anwendung; in Bezug auf den ideellen
Fall sind alle wirklichen Fälle entweder gleich oder stehen
in einem bestimmbaren Verhältnisse zu ihm und folglich zu
einander. So sind allgemeine oder wissenschaftliche Begriffe,
Sätze, Systeme Werkzeugen vergleichbar, durch welche für besondere gegebene Fälle ein Wissen oder wenigstens Vermuthen
erreicht wird; das Verfahren des Gebrauches ist die Einsetzung
der besonderen Namen und aller Bedingungen des gegebenen
für diejenigen des fictiven und allgemeinen Falles: das Verfahren des Syllogismus. Dieses ist in aller angewandten
Wissenschaft mit höchst mannigfacher Ausbildung enthalten
(als das Denken nach dem Satze vom Grunde), wie aller
reinen Wissenschaft die Beziehung auf ein System von Namen
(eine Terminologie), welches auf die einfachste Weise durch
das Zahlensystem dargestellt wird (als das Denken nach dem
Satze der Identität). Denn alle reine Wissenschaft bezieht

sich ausschliesslich auf solche Gedankendinge, dergleichen das allgemeine Object ist oder die Grösse, wo es sich um Rechnung schlechthin handelt, oder der ausdehnungslose Punkt, die gerade Linie, die Ebene ohne Tiefe, die regelmässigen Körper, wo um die Bestimmung von Verhältnissen der räumlichen Erscheinungen. Ebenso werden endlich imaginäre Ereignisse der Zeit genommen als Typen wirklicher Ereignisse, wie der Fall eines Körpers im luftleeren Raume, dessen Geschwindigkeit als in willkürlich gesetzter Zeiteinheit durchmessene Raumeinheit, als gleiche oder veränderliche, nach gewissen Voraussetzungen berechnet wird. Die Anwendung gestaltet sich immer um so schwieriger, je mehr der blos denkbare allgemeine von den wahrnehmbaren besonderen Fällen verschieden ist, daher je mannigfacher und unregelmässiger diese sein mögen. Aus der Ansicht getrennter Körper, welche durch ihre Bewegung in einen momentanen räumlichen Zusammenhang kommen, entspringt aber der wissenschaftliche Begriff der Ursache als einer Quantität von geleisteter Arbeit (welche in der Bewegung enthalten ist), die einer anderen — der Wirkung — gleich und damit vertauschbar ist, nach dem Princip der Gleichheit von Action und Reaction: eine Vorstellung, welche erst ganz und gar sie selber ist, nachdem aus dem Begriffe der Kraft, welcher sie zunächst umfasst, alle Connotation der Realität und Productivität entfernt worden ist. Und also entsteht jenes grosse System der reinen Mechanik, als dessen Anwendungen sodann alle concreten Naturwissenschaften, zuvörderst Physik und Chemie sich darstellen müssen.

Indessen neben und in dieser wissenschaftlichen Ansicht der Causalität erhält und bildet sich aus als ihre letzte Steigerung und Kritik zugleich, diejenige welche wir die philosophische, aber auch entgegen der mechanischen die organische, gegen die physikalische die psychologische heissen mögen: nach welcher vielmehr nichts als productive Kraft vorhanden ist, die wirkliche und bleibende Einheit eines conservativen Systems allgemeiner Energie, aus welcher alle ihre Besonderheiten als ihre Theile zugleich und Wirkungen hergeleitet werden sollen. Dem Lebensgesetze des Universums dienen alle übrigen Naturgesetze, wie dem Lebensgesetze jedes lebendigen

Theiles (eines Individuums oder einer Gattung) die auf Mechanik zurückführbaren Gesetze, in welchen es sich verwirklicht. Je mehr Wissenschaft einerseits universell wird, andererseits ihre Methoden ausdehnt auf die Organismen, desto mehr muss sie in diesem Sinne philosophisch werden. Dagegen kann auch eine philosophische Naturansicht, deren Hauptinhalt einfach und nothwendig ist, zu mannigfachen und relativ-zufälligen Wahrheiten nur hinabführen in dem Maasse, als sie die Principien der Wissenschaft in sich aufgenommen hat. Sie muss das Leben und seine Arten an Typen demonstriren, welche jedoch realen Allgemeinheiten (Ideen) wenigstens nachgebildet werden, weil alles Leben die Entwicklung des Allgemeinen zum Besonderen ist.

Alle Wissenschaft und mithin alle Philosophie als Wissenschaft ist rationalistisch. Ihre Gegenstände sind Gedankendinge, sind Constructionen. Aber alle Philosophie, mithin Wissenschaft als Philosophie, ist empiristisch: in dem Verstande nach welchem alles Sein als Wirken, Dasein als Bewegung und die Möglichkeit, Wahrscheinlichkeit, Nothwendigkeit der Veränderungen als eigentliche Wirklichkeit aufgefasst werden muss, das Nicht-Seiende (τὸ μὴ ὄν) als das wahrhaft Seiende, also durch und durch auf dialektische Weise. Die empiristische und die dialektische Methode fordern und ergänzen einander. Beide haben es mit lauter Tendenzen zu thun, sich begegnenden, bekämpfenden, verbindenden, welche doch zuletzt nur als psychologische Realitäten begriffen werden können oder vielmehr bekannt sind. Denn da wir den menschlichen Willen als unsern eignen wissen und die Geschicke des menschlichen Lebens als ein Ganzes aus solchen Willen, wenn auch in fortwährender und strenger Bedingtheit durch die übrige Natur, so finden sie erst in der menschlichen generellen und individuellen Psychologie ihre Bewährung. Die Thatsachen der generellen Psychologie sind die historische und actuelle Cultur, d. i. menschliches Zusammenleben und seine Werke.

Geschichte für sich allein als eine Sammlung von Thatsachen ist weder Wissenschaft noch Philosophie. Aber sie ist beides zugleich, sofern in ihr die Lebensgesetze der Menschheit entdeckt werden mögen. Sie ist ein Ganzes von Ereig-

nissen, dessen Anfang und Ende nur höchst unbestimmten Vermuthungen offen liegt. Die Zukunft ist uns beinahe nicht dunkler als die Vergangenheit. Was wir als Gegenwart empfinden, müssen wir z u e r s t beobachten und zu verstehen uns bemühen. Aber ein grosser Theil der ernsten und achtungswerthen Arbeiten, welche in dieses Gebiet, welches so offenbar und so geheimnissvoll ist wie die Natur selber, sich hineinbegeben haben, wird in seinem Werthe oft beeinträchtigt durch die Schwierigkeiten eines unbefangenen und genauen theoretischen Verhaltens in solcher Beziehung. Das Subject steht den Gegenständen seiner Betrachtung allzu nahe. Es gehört viele Anstrengung und Uebung, vielleicht sogar eine natürliche Kälte des Verstandes dazu, um solche Phänomene mit derselben sachlichen Gleichgültigkeit ins Auge zu fassen, mit welcher der Naturforscher die Processe des Lebens einer Pflanze oder eines Thieres verfolgt. Und selbst das gelehrte und kritische Publicum will in der Regel nicht erfahren, wie nach der Ansicht eines Schriftstellers die Dinge sind, geworden sind und werden, sondern lieber wie sie nach seiner Ansicht sein s o l l e n; denn man ist ja gewohnt, zu sehen, dass nach dieser jene sich richtet, was bis zu einer gewissen Grenze unvermeidlich sein mag, aber man gewahrt nicht, dass die geflissentliche Vermeidung dieser Gefahr den wissenschaftlichen Habitus bildet. Man erwartet und fordert beinahe den Standpunkt und die heftige Rhetorik einer Partei, anstatt der gelassenen Logik und Ruhe des unparteiischen Zuschauers. So wird denn in der heutigen und besonders in der deutschen So cial-Wissenschaft ein Kampf von Richtungen auf die Fundamente der Theorie bezogen, welche man als entgegengesetzte Tendenzen in den Verhandlungen über Praxis und Gesetzgebung sich wohl gefallen lässt, wo denn die Vertreter streitender Interessen und Classen mit grösserer oder geringerer b o n a f i d e s als Vertreter entgegengesetzter Ueberzeugungen und Doctrinen, gleichsam als technologischer Principien der Politik sich bekennen mögen. Auch haben diese Differenzen hier und da einen tieferen Grund in der Sphäre moralischer Empfindungen und Neigungen des Subjectes, welche so wenig als andere Leidenschaften den objectiven Anblick der Dinge stören dürfen. Uebrigens aber erscheint mir die Wichtigkeit,

welche (um das bedeutendste Beispiel zu geben) dem Antagonismus der Lehren des individualistischen und des
socialistischen Typus für die Erkenntniss und Theorie
der wirklichen Thatsachen des gegenwärtigen Productions- und
Handelswesens beigelegt wird, ähnlich als ob die Mediciner
den Widerspruch alloiopathischer und homöopathischer Heil-
methode in die Physiologie übertragen wollten. Es gilt vielmehr, von dem Qualme aller solcher Ueberlieferungen sich zu
befreien; es gilt, sich völlig ausserhalb der Dinge hinzustellen
und wie mit Teleskop und Mikroskop Körper und Bewegungen
zu beobachten, welche innerhalb der Cultur so weit von einander verschieden sind, auf der einen Seite nur ganz im Allgemeinen und Grossen, auf der anderen ganz im Kleinen und
Besonderen erforschbar, wie in Natura rerum die Bahnen der
Himmelskörper und hingegen Theile und Lebensprocesse des
elementaren Organismus. Für die universale Betrachtung ist
die Geschichte selber nichts als ein Stück der Schicksale
eines Planeten und bildet einen Abschnitt in der durch zu-
nehmende Abkühlung möglich gewordenen Entwicklung des
organischen Lebens. Für die engste Betrachtung ist sie die
Umgebung und Bedingung meines täglichen Lebens, Alles, was
als der Menschen Thun und Treiben vor meinen Augen und
Ohren sich vollzieht. Diese Betrachtungen versucht die empirische und dialektische Philosophie in einen einzigen Brenn-
punkt zu bringen. Die Nothwendigkeiten des Lebens, die
Leidenschaften und Thätigkeiten der menschlichen Natur, sind
in ihrem Grundbestande dort und hier dieselben. Auf ihre
Allgemeinheit beziehen sich auch, aber zunächst ohne alle
zeitliche und örtliche Bestimmung, die rationalen Disciplinen, welche von der natürlichen Voraussetzung durchaus getrennter und je für sich auf vernünftige Weise strebender
(willkürlicher) Individuen aus theils die ideellen Verhältnisse
und Verbindungen ihrer Willen, theils die Veränderungen gegebener Vermögens-Zustände durch solche Berührungen im
Verkehr, zu bestimmen unternommen haben. Jene, den formalen Consequenzen solcher Beziehungen zugewandt, ist die
reine Rechtswissenschaft (das Naturrecht), welche mit der Geo-
metrie, diese, ihrer materiellen Beschaffenheit sich widmend,

die politische Oekonomie, welche mit der abstracten Mechanik verglichen werden kann. Ihre Anwendungen gehen auf die Bedingungen der socialen Wirklichkeit ein und erweisen sich um so fruchtbarer für Verständniss und Behandlung derselben, je mehr ent- und verwickelt die Geschäfte und Verhältnisse der Menschen durch Cultur geworden sind. Dennoch hat fast alle bisherige ‹organische› und ‹historische› Ansicht sich beiden verneinend entgegengestellt. Die gegenwärtige Theorie versucht sie in sich aufzunehmen und von sich abhängig zu erhalten. Aber in dieser wie in jeder anderen Hinsicht hat sie nur in Skizzen sich anzudeuten vermocht. Die Complicationen des Gegenstandes sind überwältigend. Gegebene schematische Gedankenbildungen müssen nicht so sehr darauf angesehen werden, wie sehr sie richtig, als wie sehr sie brauchbar sind. Dies wird aber nur zukünftige Ausführung bewähren können, wozu ich mir Kraft und Ermuthigung wünsche. Für missverständliche Auslegungen, sich klug dünkende Nutzanwendungen halte ich mich nicht verantwortlich. Leute, die an begriffliches Denken nicht gewöhnt sind, sollen sich des Urtheiles in solchen Dingen enthalten. Aber diese Enthaltsamkeit darf fast noch weniger als irgendwelche andere im gegenwärtigen Zeitalter erwartet werden.

Ich könnte leicht ein besonderes Capitel schreiben über die Einflüsse, denen ich die Förderung meiner Gedanken schuldig bin. In der eigentlichen Socialwissenschaft sind dieselben mannigfach. Einige der bedeutendsten Namen treten in gelegentlichen Citaten auf. Erwähnen will ich aber auch, dass die grossen sociologischen Werke A. COMTE's und HERBERT SPENCER's mich oft auf meinen Wegen begleitet haben, von welchen jenes mehr in den praehistorischen Grundlagen, dieses in der historischen Ansicht seine Schwäche hat, welche aber beide auf zu einseitige Weise die Entwicklung der Menschheit als durch ihren intellectuellen Fortschritt unmittelbar bedingt darstellen (wenn auch COMTE in seinem späteren Werke die tiefere Betrachtung gewonnen hat). Erwähnen will ich ferner, dass ich die energischen Bemühungen der Herren A. SCHAEFFLE und A. WAGNER und ihre bedeutenden Bücher mit Eifer verfolgt habe und ferner verfolge, welche jedoch beide, soviel ich sehe, mit den tiefen politischen Einsichten des *RODBERTUS* sonst übereinstimmend, weniger als dieser den (durch allen theoretischen und gesetzgeberischen guten Willen nur modificirbaren) pathologischen Gang der modernen Gesellschaft zu erkennen scheinen. Uebrigens aber verhehle ich nicht, dass meine Betrachtung die tiefsten Eindrücke, anregende, belehrende, bestätigende, aus den unter sich gar sehr verschiedenen Werken dreier ausgezeichneter Autoren empfangen hat, nämlich: 1) *SIR HENRY MAINE's* (Ancient Law, Village Communities in the East and West, The Early History of Institutions, Early Law and Custom), des philosophischen Rechtshistorikers von weitestem Horizonte, an dessen lichtvollen Aperçus nur zu bedauern ist, dass er den ungemeinen Aufschlüssen, welche von *BACHOFEN* (das Mutterrecht) bis auf *MORGAN* (Ancient Society) und ferner, in die Urgeschichte der Familie, des Gemeinwesens und aller Institutionen eingedrungen sind, einen ungerechten Widerstand entgegensetzt; denn die optimistische Beurtheilung der modernen Zustände halte ich ihm zu gute; 2) O. *GIERKE's* (das deutsche Genossenschaftsrecht, 3 Bände, dazu «Johannes Althusius» und mehrere Aufsätze in Zeitschriften), dessen Gelehrsamkeit mir immer neue Bewunderung, dessen Urtheil immer neue Achtung einflösst, so wenig ich die für mich wichtigste (ökonomistische) Ansicht in seinen Schriften antreffe; 3) des eben in diesem Bezuge merkwürdigsten und tiefsten Social-Philosophen *KARL MARX* (Zur Kritik der politischen Oekonomie, das Kapital), dessen Namen ich um so lieber hervorhebe, da ihm die angebliche utopistische Phantasie, in deren definitive Ueberwindung er seinen Stolz gesetzt hat, auch von Tüchtigen nicht verziehen wird (dass aber der Denker an den praktischen Arbeiterbewegungen einen Antheil genommen hat, geht doch seine Kritiker nichts an; wenn sie dies für unmoralisch halten, wer kümmert sich um ihre Immoralitäten?). Der Gedanke, welchen ich für mich auf diese Weise ausdrücke: dass die natürliche und (für uns) vergangene, immer aber zu Grunde liegende Constitution der Cultur communistisch ist, die actuelle und werdende socialistisch, ist, wie ich glaube, jenen echten Historikern, wo sie sich selber am schärfsten verstehen, nicht fremd, wenn auch nur der Entdecker der kapitalistischen

Productionsweise ihn auszuprägen, deutlich zu machen vermocht hat. Ich sehe darin einen Zusammenhang von That-sachen, der so natürlich ist, wie Leben und Sterben. Mag ich des Lebens mich freuen, das Sterben beklagen: Freude und Traurigkeit vergehen über der Anschauung göttlicher Schick-sale. Ganz und gar allein stehe ich mit Terminologie und De-finitionen. Man versteht aber leicht: es gibt keinen Indivi-dualismus in Geschichte und Cultur, ausser wie er ausfliesst aus Gemeinschaft und dadurch bedingt bleibt, oder wie er Gesellschaft hervorbringt und trägt. Solches entgegengesetzte Verhältniss des einzelnen Menschen zur Menschheit ist das reine Problem.

Da ich dieses Gedankens als meines eigenen gewiss bin, so brauche ich für die Hauptsache an diesem höchst un-vollkommenen Werke keine Kritik zu fürchten. Meiner persön-lichen Empfindung werden persönliche Mittheilungen bekannter oder unbekannter Leser angelegener sein, welche etwa in irgendwelchem sympathischen Sinne sich berührt oder gefördert finden. Hieraus kann sich Vieles ergeben: für mich wenig-stens Lohn und neue Anregung. Denn es bleibt dabei, so sehr man um Wahrheit sich Mühe geben mag: »Alles, was Meinungen über die Dinge sind, gehört dem Individuum an, und wir wissen nur zu sehr, dass die Ueberzeugung nicht von der Einsicht, sondern von dem Willen abhängt, dass nie-mand etwas begreift, als was ihm gemäss ist und was er deswegen zugeben mag. Im Wissen wie im Handeln ent-scheidet das Vorurtheil Alles, und das Vorurtheil, wie sein Name wohl bezeichnet, ist ein Urtheil vor der Untersuchung. Es ist eine Bejahung oder Verneinung dessen, was unserer Natur entspricht oder ihr widerspricht; es ist ein freudiger Trieb unseres lebendigen Wesens nach dem Wahren, wie nach dem Falschen, nach Allem, was wir mit uns im Einklange fühlen.« (GOETHE Farbenlehre, polem. Theil WW. 38, S. 16.)

In Betreff des Zweiten Buches muss ich anmerken, dass dasselbe in systematischem Gange seine richtigere Stelle vor dem Ersten haben würde. Mit Willen habe ich diese Ord-nung vorgezogen. Beide ergänzen und erklären einander wechselsweise. Sodann habe ich, einem Versprechen gemäss, hinzuzufügen, dass ein erster Entwurf dieser Schrift (wovon jedoch kaum eine Spur übrig geblieben ist) im Jahre 1881 der philosophischen Facultät der Kieler Universität zum Behufe meiner Habilitation vorgelegen hat.

Husum in *Schleswig-Holstein.*

F. T.

Geschrieben zu Obermais bei Meran im Februar 1887.

ERSTES BUCH.

ALLGEMEINE BESTIMMUNG DES GEGENSATZES.

Deus ordinem saeculorum tanquam pulcherrimum carmen ex quibusdam quasi antithetis honestavit.

Augustin. cic. D. XI. 18.

THEMA.

§ 1.

Die menschlichen W i l l e n stehen in vielfachen Beziehungen zu einander; jede solche Beziehung ist eine
gegenseitige Wirkung, welche insofern, als von der einen
Seite gethan oder gegeben, von der anderen erlitten oder
empfangen wird. Diese Wirkungen sind aber entweder so
beschaffen, dass sie zur Erhaltung, oder so, dass sie zur Zerstörung des anderen Willens und Leibes tendiren: bejahende
oder verneinende. Auf die Verhältnisse gegenseitiger Bejahung wird diese Theorie als auf die Objecte ihrer Untersuchung gerichtet sein. Jedes solches Verhältniss stellt
Einheit in der Mehrheit oder Mehrheit in der Einheit dar.
Es besteht aus Förderungen, Erleichterungen, Leistungen,
welche hinüber und herüber gehen, und als Ausdrücke der
Willen und ihrer Kräfte betrachtet werden. Die durch
dieses positive Verhältniss gebildete Gruppe heisst, als einheitlich nach innen und nach aussen wirkendes Wesen oder
Ding aufgefasst, eine V e r b i n d u n g. Das Verhältniss selber,
und also die Verbindung wird entweder als reales und
organisches Leben begriffen — dies ist das Wesen der
G e m e i n s c h a f t, oder als ideelle und mechanische Bildung
— dies ist der Begriff der G e s e l l s c h a f t. Durch die Anwendung wird sich herausstellen, dass die gewählten Namen
im synonymischen Gebrauche deutscher Sprache begründet
sind. Aber die bisherige wissenschaftliche Terminologie

1*

pflegt sie ohne Unterscheidung nach Belieben zu verwechseln. So mögen doch im Voraus einige Anmerkungen den Gegensatz als einen gegebenen darstellen. Alles vertraute, heimliche, ausschliessliche Zusammenleben (so finden wir) wird als Leben in Gemeinschaft verstanden. Gesellschaft ist die Oeffentlichkeit, ist die Welt. In Gemeinschaft mit den Seinen befindet man sich, von der Geburt an, mit allem Wohl und Wehe daran gebunden. Man geht in die Gesellschaft wie in die Fremde. Der Jüngling wird gewarnt vor schlechter Gesellschaft; aber schlechte Gemeinschaft ist dem Sprachsinne zuwider. Von der häuslichen Gesellschaft mögen wohl die Juristen reden, weil sie nur den gesellschaftlichen Begriff einer Verbindung kennen; aber die häusliche Gemeinschaft mit ihren unendlichen Wirkungen auf die menschliche Seele wird von Jedem empfunden, der ihrer theilhaftig geworden ist. Ebenso wissen wohl die Getrauten, dass sie in die Ehe als vollkommene Gemeinschaft des Lebens (κοινωνία παντὸς τοῦ βίου, *communio totius vitae*) sich begeben; eine Gesellschaft des Lebens widerspricht sich selber. Man leistet sich Gesellschaft; Gemeinschaft kann Niemand dem Anderen leisten. In die religiöse Gemeinschaft wird man aufgenommen; Religions-Gesellschaften existiren nur, gleich anderen Vereinigungen zu beliebigem Zwecke, für den Staat und die Theorie, welche ausserhalb ihrer stehen. Gemeinschaft der Sprache, der Sitte, des Glaubens; aber Gesellschaft des Erwerbes, der Reise, der Wissenschaften. So sind insonderheit die Handelsgesellschaften bedeutend; wenn auch unter den Subjecten eine Vertraulichkeit und Gemeinschaft vorhanden sein mag, so kann man doch von Handels-Gemeinschaft nicht reden. Vollends abscheulich würde es sein, die Zusammensetzung Actien-Gemeinschaft zu bilden. Während es doch Gemeinschaft des Besitzes gibt: an Acker, Wald, Weide. Die Güter-Gemeinschaft zwischen Ehegatten wird man nicht Güter-Gesellschaft nennen. So ergeben sich manche Divergenzen. Im allgemeinsten Sinne wird man wohl von einer die gesammte Menschheit umfassenden Gemeinschaft reden, wie es die Kirche sein will. Aber die menschliche Gesellschaft wird als ein blosses Nebeneinander von einander

unabhängiger Personen verstanden. Wenn man daher neuerdings, in wissenschaftlichem Begriffe, von der Gesellschaft
innerhalb eines Landes, im Gegensatze zum Staate, handelt,
so wird dieser Begriff aufgenommen werden, aber erst in
dem tieferen Widerspruch gegenüber den Gemeinschaften
des Volkes seine Erläuterung finden. Gemeinschaft ist alt,
Gesellschaft neu, als Sache und Namen. Dies hat ein Autor
erkannt, der sonst nach allen Seiten die politischen Disciplinen lehrte, ohne in ihre Tiefen einzudringen. »Der
ganze Begriff der Gesellschaft im socialen und politischen
Sinne (sagt BLUNTSCHLI *Staatswörterb. IV*) findet seine
natürliche Grundlage in den Sitten und Anschauungen des
dritten Standes. Er ist eigentlich kein Volks-Begriff,
sondern immerhin nur ein Drittenstands-Begriff . . . . seine
Gesellschaft ist zu einer Quelle und zugleich zum Ausdruck
gemeinsamer Urtheile und Tendenzen geworden . . . . wo
immer die städtische Cultur Blüthen und Früchte trägt, da
erscheint auch die Gesellschaft als ihr unentbehrliches Organ.
Das Land kennt sie nur wenig.« Dagegen hat aller Preis
des Landlebens immer darauf gewiesen, dass dort die
Gemeinschaft unter den Menschen stärker, lebendiger sei:
Gemeinschaft ist das dauernde und echte Zusammenleben,
Gesellschaft nur ein vorübergehendes und scheinbares. Und
dem ist es gemäss, dass Gemeinschaft selber als ein lebendiger Organismus, Gesellschaft als ein mechanisches Aggregat
und Artefact verstanden werden soll.

§ 2.

Alles Wirkliche ist organisch insofern, als es nur im
Zusammenhange mit der gesammten Wirklichkeit, welche
seine Beschaffenheit und seine Bewegungen bestimmt, gedacht werden kann. So macht die Anziehung in ihren
mannigfachen Erscheinungen das unserer Kenntniss zugäng-
liche Universum zu einem Ganzen, dessen Action in den
Bewegungen, durch welche je zwei Körper ihre gegenseitige
Lage verändern, sich ausdrückt. Aber für die wissenschaftliche Wahrnehmung und darauf beruhende Ansicht muss
ein Ganzes begrenzt sein, um zu wirken, und ein jedes

solches Ganzes wird gefunden als aus kleineren Ganzen
zusammengesetzt, die eine gewisse Richtung und Geschwindigkeit der Bewegung in Bezug auf einander haben; die
Anziehung selber bleibt entweder (als Wirkung in die Ferne)
unerklärt, oder wird als mechanische Wirkung (durch äussere
Berührung), wenn auch auf unbekannte Weise, vor sich
gehend gedacht. Nach diesem Sinne zerfallen (wie bekannt
ist) die körperlichen Massen in gleichartige, mit grösserer
oder geringerer Energie sich anziehende Molekel, deren
Aggregat-Zustände die Körper sind; die Molekel werden
in ungleichartige (chemische) Atome geschieden, deren Un-
gleichheit auf verschiedenen Lagerungen gleicher Atomtheile
zurückzuführen, fernerer Analyse vorbehalten bleibt. Die
theoretische reine Mechanik aber statuirt nur ausdehnungslose Kraftcentren als Subjecte der wirklichen Actionen und
Reactionen, deren Begriff mit demjenigen metaphysischer
Atome übereinkommt. Hierdurch wird alle Perturbation
der Rechnung durch die Bewegungen oder Bewegungsten-
denzen der Theile ausgeschlossen. Für die Anwendung aber
dienen die physikalischen Molekel in Bezug auf denselben
Körper, als ihr System, da sie als von gleicher Grösse und
ohne Rücksicht auf ihre mögliche Theilung betrachtet werden, in ebenso geeigneter Weise als Kraftträger, als Stoff
schlechthin. Alle wirklichen Massen aber sind als Gewichte
vergleichbar, und werden als Mengen eines bestimmten
gleichen Stoffes ausgedrückt, indem ihre Theile als im vollkommen festen Aggregatzustande befindlich gedacht werden.
In jedem Falle ist die Einheit, welche als Subject einer
Bewegung oder als integrirender Theil eines Ganzen (einer
höheren Einheit) vorgestellt wird, Product einer wissenschaftlich nothwendigen Fiction. Im strengen Sinne können
nur die letzten Einheiten, metaphysische Atome, als ihre
adäquaten Repräsentanten gelten: Etwasse, welche Nichtse,
oder Nichtse, welche Etwasse sind; wobei man doch der
blos relativen Bedeutung aller Grössen-Vorstellungen eingedenk ist. In Wahrheit aber gibt es, wenn auch als Anomalie für die mechanische Ansicht, ausser diesen zusammen-
setzbaren und sich zusammensetzenden Partikeln eines als
tot begriffenen Stoffes, Körper, welche durch ihr gesammtes

Dasein als natürliche Ganze erscheinen und welche als Ganze Bewegung und Wirkungen haben in Bezug auf ihre Theile: die organischen Körper. Zu diesen gehören wir am Erkennen uns versuchende Menschen selber, von denen jeder ausser der vermittelten Kenntniss aller möglichen Körper eine unmittelbare seines eigenen hat. Durch unvermeidliche Schlüsse erfahren wir, dass mit jedem lebendigen Körper ein psychisches Leben verbunden ist, wodurch er auf dieselbe Weise an und für sich vorhanden ist, wie wir uns selber wissen. Aber die objective Betrachtung lehrt nicht minder auf deutliche Weise: dass hier jedesmal ein Ganzes gegeben ist, welches nicht von den Theilen zusammengesetzt wird, sondern sie als von sich abhängige und durch sich bedingte hat; dass also es selber, als Ganzes, mithin als Form, wirklich und substantiell ist. Menschliche Kunst vermag nur unorganische Dinge aus unorganischen Stoffen hervorzubringen, sie theilend und wiederum verbindend. Zur Einheit gemacht werden auf diese Weise auch die Dinge durch wissenschaftliche Operationen und sind es in Begriffen. Naive Anschauung und künstlerische Phantasie, volklicher Glaube und begeisterte Dichtung gestalten die Erscheinungen zu lebendigen; das Künstlich-Thätige, nämlich Fingiren, hat Wissenschaft damit gemein. Aber sie macht auch das Lebendige tot, um seine Verhältnisse und Zusammenhänge zu erfassen; sie macht alle Zustände und Kräfte zu Bewegungen, stellt alle Bewegungen dar als Mengen geleisteter Arbeit und das ist ausgegebener Arbeitskraft oder Energie; um alle Vorgänge als gleichartig zu begreifen und als auf gleiche Weise in einander verwandelbar an einander zu messen. Dies ist so wahr, als die angenommenen Einheiten wahr sind, und als in der That das Feld der Möglichkeit als des Denkbaren grenzenlos ist; der Zweck des Begreifens wird dadurch erfüllt und andere Zwecke, welchen dieser dienstbar wird. Aber die Tendenzen und Nothwendigkeiten des organischen Werdens und Vergehens können nicht durch mechanische Mittel verstanden werden. Hier ist der Begriff selber eine Realität, lebendig, sich verändernd und sich entwickelnd, als Idee des individuellen Wesens. Wenn hier Wissenschaft hineingreift, so verwandelt sie ihre eigene

Natur, wird aus discursiver und rationaler zu intuitiver und dialektischer Ansicht; und dies ist Philosophiren. Aber nicht um Gattungen und Arten, also nicht in Bezug auf Menschen um Race, Volk, Stamm, als b i o l o g i s c h e Einheiten soll die gegenwärtige Betrachtung sich bewegen; sondern der s o c i o l o g i s c h e Sinn, in welchem die menschlichen Gruppen als lebendige oder hingegen als blosse Artefacte gedacht werden, hat Gegenbild und Analogie in der Theorie des individualen Willens; und das p s y c h o l o g i s c h e Problem in diesem Sinne darzustellen, wird das Zweite Buch dieser Abhandlung sich zum Vorwurfe nehmen.

ERSTER ABSCHNITT.

THEORIE DER GEMEINSCHAFT.

---

§ 1.

Die Theorie der Gemeinschaft geht solchen Bestimmungen gemäss von der vollkommenen Einheit menschlicher Willen als einem ursprünglichen oder natürlichen Zustande aus, welcher trotz der empirischen Trennung und durch
dieselbe hindurch, sich erhalte, je nach der nothwendigen
und gegebenen Beschaffenheit der Verhältnisse zwischen verschieden bedingten Individuen mannigfach gestaltet. Die
allgemeine Wurzel dieser Verhältnisse ist der Zusammenhang
des vegetativen Lebens durch die Geburt; die Thatsache, dass
menschliche Willen, insofern als jeder einer leiblichen Constitution entspricht, durch Abstammung und Geschlecht
mit einander verbunden sind und bleiben, oder nothwendiger
Weise werden; welche Verbundenheit als unmittelbare gegenseitige Bejahung in der am meisten energischen Weise sich
darstellt durch drei Arten von Verhältnissen; nämlich 1)
durch das Verhältniss zwischen einer Mutter und ihrem Kinde;
2) durch das Verhältniss zwischen Mann und Weib als Gatten,
wie dieser Begriff im natürlichen oder allgemein-animalischen
Sinne zu verstehen ist; 3) zwischen den als Geschwister, d. i.

zum wenigsten als Sprossen desselben mütterlichen Leibes sich Kennenden. Wenn in jedem Verhältnisse von Stamm-verwandten zu einander der Keim oder die in den Willen begründete Tendenz und Kraft zu einer Gemeinschaft vor-gestellt werden mag, so sind jene drei die stärksten oder am meisten der Entwicklung fähigen Keime von solcher Be-deutung. Jedes aber auf besondere Weise: A) das mütter-liche ist am tiefsten in reinem Instincte oder Gefallen begründet; auch ist hier der Uebergang von einer zugleich leiblichen zu einer blos geistigen Verbundenheit gleichsam handgreiflich; und diese weist um so mehr auf jene zurück, je näher sie ihrem Ursprunge ist; das Verhältniss bedingt eine lange Dauer, indem der Mutter die Ernährung, Be-schützung, Leitung des Geborenen obliegt, bis es sich allein zu ernähren, zu beschützen, zu leiten fähig ist; zugleich aber verliert es in diesem Fortschreiten an Nothwendigkeit, und macht Trennung wahrscheinlicher; diese Tendenz kann aber wiederum durch andere aufgehoben oder doch gehemmt werden, nämlich durch die Gewöhnung an einander und durch Gedächtniss der Freuden, die sie einander gewährt haben, zumal durch die Dankbarkeit des Kindes für mütter-liche Sorgen und Mühen; zu diesen unmittelbaren gegen-seitigen Beziehungen treten aber gemeinsame und indirect verbindende zu Gegenständen ausser ihnen hinzu: Lust, Gewohnheit, Erinnerung an Dinge der Umgebung, die ur-sprünglich angenehm oder angenehm geworden sind; so auch an bekannte, hülfreiche, liebende Menschen; als der Vater sein mag, wenn er mit dem Weibe zusammenlebt, oder Brüder und Schwestern, der Mutter oder des Kindes u. s. w. B) Der Sexual-Instinct macht nicht ein irgend-wie dauerndes Zusammenleben nothwendig; auch führt er zunächst nicht so leicht zu einem gegenseitigen Verhält-nisse, als zu einseitiger Unterjochung des Weibes, welches, von Natur schwächer, zum Gegenstande des blossen Be-sitzes oder zur Unfreiheit herabgedrückt werden kann. Daher muss das Verhältniss zwischen Gatten, wenn es unabhängig von der es etwa involvirenden Stammes-Ver-wandtschaft und von allen darin beruhenden socialen Kräften betrachtet wird, hauptsächlich durch Gewöhnung an einander unterstützt werden, um als ein dauerndes und zugleich gegenseitiger Bejahung sich zu gestalten. Hierzu kommen, auf eine verständliche Weise, die übrigen schon erwähnten Factoren der Befestigung; besonders das Verhältniss zu den erzeugten Kindern als gemeinsamem Besitze. C) Zwischen Geschwistern herrscht kein so ursprüngliches und in-stinctives Gefallen und keine so natürliche Erkenntniss von einander, als zwischen der Mutter und ihrem Kinde, oder zwischen verwandten Wesen ungleichen Geschlechtes. Zwar kann dieses letztere Verhältniss mit dem geschwisterlichen zusammenfallen, und es gibt vielen Grund, für wahr zu halten, dass dieses in einer frühen Epoche des Menschen-thums bei manchen Stämmen ein häufiger Fall gewesen ist; wobei jedoch erinnert werden muss, dass dort, und gerade so lange, als die Abstammung nur nach der Mutter gerechnet wird, Name und Empfindung des Geschwisterthums auf die gleichen Grade der Vetterschaft ausgedehnt sich findet, so allgemein, dass der beschränkte Sinn, wie in vielen anderen Fällen, erst einer späten Conception eigen ist. Jedoch durch eine gleichmässige Entwicklung in den bedeutendsten Völkergruppen, schliessen Ehe und Geschwisterthum, sodann (in der exogamischen Praxis) zwar nicht Ehe und Bluts-verwandtschaft, aber doch Ehe und Clanverwandtschaft, ein-ander vielmehr mit voller Bestimmtheit aus; und so darf die schwesterlich-brüderliche Liebe als die am meisten mensch-liche und doch in der Blutsverwandtschaft noch durchaus beruhende Beziehung von Menschen auf einander, hingestellt werden. Dieses thut sich — in Vergleichung zu den beiden anderen Arten der Verhältnisse — auch darin kund, dass hier, wo der Instinct am schwächsten, das Gedächtniss am stärksten zur Entstehung, Erhaltung, Befestigung des Bandes der Herzen mitzuwirken scheint. Denn wenn es gegeben ist, dass (wenigstens) die Kinder derselben Mutter, weil mit der Mutter, so auch mit einander zusammenleben und bleiben, so verbindet sich — wenn von allen solche Tendenzen hemmenden Ursachen der Feindseligkeit abge-sehen wird — nothwendiger Weise, in der Erinnerung des einen, mit allen angenehmen Eindrücken, Erlebnissen, die Gestalt und das Thun des anderen; und zwar um so eher und stärker, je enger, und etwa auch, je mehr nach aussen hin gefährdet, diese Gruppe gedacht wird, und folglich alle Umstände auf ein Zusammenhalten und gemeinsames Kämpfen und Wirken hindrängen. Woraus dann wiederum **G e w o h n - h e i t** solches Leben immer leichter und lieber macht. Zugleich darf unter **B r ü d e r n** auch, in möglichst hohem Grade, Gleichheit des Wesens und der Kräfte erwartet werden, wogegen dann die Differenz des Verstandes oder der Erfahrung, als der rein menschlichen oder mentalen Momente, um so heller sich abheben kann.

§ 2.

Manche andere, fernere Beziehungen knüpfen sich an diese ehesten und nächsten Arten an. In dem Verhältniss zwischen **V a t e r** und Kindern finden sie ihre Einheit und Vollendung. In der bedeutendsten Hinsicht der ersten Art ähnlich, nämlich durch die Beschaffenheit der organischen Basis (welche hier das vernünftige Wesen mit den Sprossen seines eigenen Leibes verbunden hält) weicht es durch die viel schwächere Natur des Instinctes von ihm ab, und nähert sich dem des Gatten zur Gattin, wird daher auch leichter als eine blosse Macht und Gewalt über Unfreie empfunden; während aber die Neigung des Gatten, mehr der Dauer nach, als der Heftigkeit nach, geringer ist als die mütterliche, so ist von dieser die des Vaters eher in umgekehrter Weise verschieden. Und so ist sie, wenn in einiger Stärke vorhanden, durch ihre mentale Natur der Geschwisterliebe ähnlich; vor welchem Verhältniss aber dieses durch die **U n g l e i c h h e i t** des Wesens (insonderheit Alters) und der Kräfte — welche hier noch völlig die des Geistes involvirt — in deutlicher Weise sich auszeichnet. So begründet das Vaterthum am reinsten die Idee der **H e r r s c h a f t** im gemeinschaftlichen Sinne: wo sie nicht Gebrauch und Verfügung zum Nutzen des Herren bedeutet, sondern Erziehung und Lehre als Vollendung der Erzeugung; Mittheilung aus der Fülle des eigenen Lebens, welche erst in allmählich zunehmender Weise durch die Heranwachsenden erwidert werden und so ein wirklich gegenseitiges Verhältniss begründen kann. Hier hat der erstgeborene Sohn den natür-

lichen Vorzug: er steht dem Vater am nächsten und rückt
in die leer werdende Stelle des Alternden ein; auf ihn
beginnt daher schon mit seiner Geburt die vollkommene
Macht des Vaters überzugehen, und so wird durch ununter-
brochene Reihenfolge von Vätern und Söhnen die Idee eines
immer erneuten Lebensfeuers dargestellt. — Wir wissen,
dass diese Regel der Erbschaft nicht die ursprüngliche gewesen ist, wie denn auch dem Patriarchat die mütterliche
Herrschaft und die des mütterlichen Bruders vorauszugehen
scheint. Aber weil die Herrschaft des Mannes in Kampf
und Arbeit als die zweckmässigere sich bewährt, und weil
durch Ehe die Vaterschaft zur Gewissheit einer natürlichen
Thatsache sich erhebt: so ist die väterliche Herrschaft allgemeine Form des Cultur-Zustandes. Und wenn der Primo-
genitur die collaterale Succession (das System der ›Tanistry‹)
an Alter und Rang überlegen ist, so bezeichnet diese nur
die fortgesetzte Wirkung einer früheren Generation: der
succedirende Bruder leitet sein Recht nicht von dem Bruder,
sondern von dem gemeinsamen Vater ab.

§ 3.

In jedem Zusammenleben findet oder entwickelt sich,
allgemeinen Bedingungen gemäss, irgendwelche Verschiedenheit und Theilung des Genusses und der Arbeit, und ergibt
eine Reciprocität derselben. Sie ist in dem ersten jener
drei Urverhältnisse am meisten unmittelbar gegeben; und
hier überwiegt die Seite des Genusses die der Leistung.
Das Kind geniesst des Schutzes, der Nahrung und Unterweisung; die Mutter der Freude am Besitze, später des
Gehorsams, endlich auch verständig-thätiger Hülfe. Einiger-
massen findet eine ähnliche Wechselwirkung auch zwischen
dem Manne und seinem weiblichen Genossen statt, welche
aber hier zuerst auf der geschlechtlichen Differenz und nur
in zweiter Linie auf der des Alters beruht. Jener gemäss
aber macht sich um so mehr der Unterschied der natürlichen Kräfte, in Theilung der Arbeit geltend; auf gemeinsame Gegenstände bezogen, der Arbeit zum Behufe des
Schutzes so, dass die Hut des Werthgehaltenen dem Weibe,
die Abwehr des Feindlichen dem Manne zufällt; zum Behufe

der Nahrung: ihm das Erjagen, jener die Bewahrung und
Bereitung; und auch wo andere Arbeit, und darin die
Jüngeren, Schwächeren zu unterweisen erfordert wird,
immer mag erwartet werden, wird auch gefunden, dass die
männliche Kraft gegen aussen, kämpfend und die Söhne
führend sich wende, die der Frau aber an das innere Leben
und an die weiblichen Kinder gehalten bleibe. — Unter
Geschwistern, als welche am meisten auf gemeinsame
und gleiche Thätigkeit hingewiesen werden, kann die wahre
Hülfeleistung, gegenseitige Unterstützung und Förderung,
am reinsten sich darstellen. Ausser der Verschiedenheit
des Geschlechtes wird aber hier (wie schon gesagt) insonderheit die Differenz der mentalen Begabung hervortreten,
und gemäss derselben, wenn auf die eine Seite mehr das
Ersinnen und die geistige oder Gehirn-Thätigkeit, auf die
andere Ausführung und Muskelarbeit entfallen. Auch so
aber darf alsdann jenes als ein Vorangehen und Leiten,
dieses als eine Art der Nachfolge und des Gehorsams verstanden werden. — Und von allen solchen Differenziirungen
werde erkannt, dass sie sich erfüllen nach Führung der
Natur; so oft auch diese gesetzmässigen Tendenzen, wie
alle anderen, unterbrochen, aufgehoben, verkehrt werden
mögen.

§ 4.

Wenn nun diese Verhältnisse insgesammt als ein
wechselseitiges Bestimmen und wechselseitiges Dienen der
Willen erscheinen, und so ein jedes unter dem Bilde eines
Gleichgewichts von Kräften vorgestellt werde, so muss Alles,
was dem einen Willen ein Uebergewicht verleiht, durch
eine stärkere Wirkung auf der anderen Seite compensirt
werden. So kann als idealer Fall gedacht werden, dass dem
grösseren Genusse aus dem Verhältnisse die schwerere Art
von Arbeit für das Verhältniss, d. i. die grössere oder seltenere
Kräfte erfordernde Art entspreche; und folglich dem geringeren Genusse die leichtere Arbeit. Denn wenn auch Mühe
und Kampf selber Lust ist und werden kann, so macht
doch alle Anspannung von Kräften eine folgende Abspannung
nothwendig, Ausgabe Empfang, Bewegung Ruhe. Der

Ueberschuss des Genusses für die Stärkeren ist zum Theile das Gefühl der Ueberlegenheit selbst, der Macht und des Befehlens, während hingegen das Beschützt-, Geleitet-werden und Gehorchen müssen, also das Gefühl der Inferiorität, immer mit einiger Unlust, nach Art eines Druckes und Zwanges, empfunden wird, auch wenn es durch Liebe, Gewohnheit, Dankbarkeit noch so sehr erleichtert sein mag. Das Verhältniss der Gewichte, mit denen die Willen auf einander wirken, ist aber noch deutlicher durch die folgende Erwägung: aller Ueberlegenheit hängt die Gefahr des Hochmuths und der Grausamkeit und somit einer feindseligen, nöthigenden Behandlung an, wenn nicht mit ihr auch die Tendenz und Neigung, dem in die Hand gegebenen Wesen Gutes zu thun, grösser ist oder wächst. Und von Natur ist dem wirklich so: grössere Kraft überhaupt ist auch grössere Kraft, Hülfe zu leisten; wenn dazu ein Wille überhaupt vorhanden ist, so ist er auch durch die empfundene Kraft (weil diese selber Wille ist) um so grösser und entschiedener: und so gibt es, zumal innerhalb dieser leiblich-organischen Beziehungen, eine instinctive und naive Zärtlichkeit des Starken zu den Schwachen, welche, im Allgemeinen, von der Zärtlichkeit der Mutter — da ja diese Triebe in irgendwelchem Masse auch auf das männliche Geschlecht vererbt werden — ihren Ursprung und darin ihr Vorbild zu haben gedacht werde.

§ 5.

Eine überlegene Kraft, welche zum Wohle des Untergebenen oder seinem Willen gemäss ausgeübt, daher durch diesen bejaht wird, nenne ich Würde oder Auctorität; und so mögen ihrer drei Arten: die Würde des Alters, die Würde der Stärke und die Würde der Weisheit oder des Geistes von einander unterschieden werden. Welche wiederum sich vereinigt darstellen in der Würde, welche dem Vater zukömmt, wie er schützend, fördernd, leitend, über den Seinen steht. Das Gefährliche solcher Macht erzeugt bei den Schwächeren Furcht, und diese würde allein fast nur Verneinung, Ablehnung bedeuten (ausser sofern ihr Bewunderung beigemischt ist), das Wohlthätige aber und die

Gunst ruft den Willen zum Ehren hervor; und indem dieser vorwiegt, so entsteht aus der Verbindung das Gefühl, welches wir Ehrfurcht nennen. So stehen sich Zärtlichkeit und Ehrfurcht oder (in schwächeren Graden): Wohlwollen und Achtung gegenüber, als, bei entschiedener Differenz der Macht, die beiden Grenzbestimmungen der Gemeinschaft begründenden Gesinnung. So dass durch solche Motive eine Art des gemeinschaftlichen Verhältnisses auch zwischen Herrn und Knecht möglich und wahrscheinlich wird, zumal wenn dasselbe — wie in der Regel und gleich den Banden der engsten Verwandtschaft selber — durch nahes, dauerndes und abgeschlossenes häusliches Zusammenleben getragen und gefördert wird.

§ 6.

Denn die Gemeinschaft des Blutes, als Einheit des Wesens, entwickelt und besondert sich zur Gemeinschaft des Ortes, als welche im Zusammen-Wohnen ihren Ausdruck hat, und diese wiederum zur Gemeinschaft des Geistes als dem blossen Miteinander-Wirken und Walten in der gleichen Richtung, im gleichen Sinne. Gemeinschaft des Ortes kann als Zusammenhang des animalischen, wie die des Geistes als Zusammenhang des mentalen Lebens begriffen werden, die letztere daher, in ihrer Verbindung mit den früheren, als die eigentlich menschliche und höchste Art der Gemeinschaft. Wie mit der ersten eine gemeinsame Beziehung und Antheil, d. i. Eigenthum an menschlichen Wesen selber, so ist desgleichen mit der andern in Bezug auf besessenen Grund und Boden, und mit der letzten in Bezug auf heilig gehaltene Stätten oder verehrte Gottheiten, regelmässig verknüpft. Alle drei Arten der Gemeinschaft hängen unter sich auf das engste zusammen, so im Raume wie in der Zeit: daher in allen einzelnen solchen Phänomenen und deren Entwicklung, wie in der menschlichen Cultur überhaupt und in ihrer Geschichte. Wo immer Menschen in organischer Weise durch ihre Willen mit einander verbunden sind und einander bejahen, da ist Gemeinschaft von der einen oder der anderen Art vorhanden, indem die frühere Art die spätere involvirt, oder diese zu einer relativen Unabhängigkeit von jener sich ausgebildet hat. Und so mögen als durchaus verständliche Namen derselben neben einander betrachtet werden 1) Verwandtschaft, 2) Nachbarschaft, 3) Freundschaft. Verwandtschaft hat das Haus als ihre Stätte und gleichsam als ihren Leib; hier ist Zusammenwohnen unter einem schützenden Dache; gemeinsamer Besitz und Genuss der meisten Dinge, insonderheit Ernährung aus demselben Vorrathe, Zusammensitzen an demselben Tische; hier werden die Todten als unsichtbare Geister verehrt, als ob sie noch mächtig wären und über den Häuptern der Ihrigen schützend walteten, so dass die gemeinsame Furcht und Ehre das friedliche Miteinander-Leben und Wirken um so sicherer erhält. Der verwandtschaftliche Wille und Geist ist an die Schranken des Hauses und räumliche Nähe zwar nicht gebunden; sondern wo er stark und lebendig ist, daher in den nächsten und engsten Beziehungen, da kann er allein durch sich selber, am blossen Gedächtniss sich nähren, trotz aller Entfernung mit dem Gefühle und der Einbildung des Naheseins und gemeinschaftlicher Thätigkeit. Aber um so mehr sucht er solche leibliche Nähe und trennt sich schwer davon, weil nur so jedes Verlangen der Liebe seine Ruhe und Gleichgewicht finden kann. Darum findet sich der gewöhnliche Mensch — auf die Dauer und im grossen Durchschnitt der Fälle — am wohlsten und heitersten, wenn er von seiner Familie, seinen Angehörigen umgeben ist. Er ist bei sich *(chez soi)*. — Nachbarschaft ist der allgemeine Charakter des Zusammenlebens im Dorfe, wo die Nähe der Wohnstätten, die gemeinsame Feldmark oder auch blosse Begrenzung der Aecker, zahlreiche Berührungen der Menschen, Gewöhnung an einander und vertraute Kenntniss von einander verursacht; gemeinsame Arbeit, Ordnung, Verwaltung nothwendig macht; die Götter und Geister des Landes und Wassers, welche Segen bringen und Unheil drohen, um Gunst und Gnade anzuflehen veranlasst. Durch Zusammenwohnen wesentlich bedingt, kann diese Art der Gemeinschaft doch auch in Abwesenheit sich erhalten, obschon schwerer als die erste Art, und muss alsdann um so mehr in bestimmten Gewohnheiten der Zusammenkunft und heilig ge-

haltenen Bräuchen ihre Stütze suchen. — Freundschaft
wird von Verwandtschaft und Nachbarschaft unabhängig als
Bedingung und Wirkung einmüthiger Arbeit und Denkungsart; daher durch Gleichheit und Aehnlichkeit des Berufes
oder der Kunst am ehesten gegeben. Solches Band muss
aber doch durch leichte und häufige Vereinigung geknüpft
und erhalten werden, wie solche innerhalb einer Stadt am
meisten Wahrscheinlichkeit hat; und die so durch Gemein-
geist gestiftete, gefeierte Gottheit hat hier eine ganz unmittelbare Bedeutung für die Erhaltung desselben, da sie
allein oder doch vorzugsweise ihm eine lebendige und bleibende Gestalt gibt. Solcher guter Geist haftet darum auch
nicht an einer Stelle, sondern wohnet im Gewissen seiner
Verehrer und begleitet ihre Wanderung in fremde Lande.
So empfinden sich, gleich Kunst- und Standesgenossen, einander kennenden, auch die in Wahrheit Glaubensgenossen
sind, überall als durch ein geistiges Band verbunden, und
an einem gemeinsamen Werke arbeitend. Daher: wenn
das städtische Zusammenwohnen auch unter dem Begriff
der Nachbarschaft gefasst werden kann; wie auch das häusliche, sofern nicht-verwandte oder dienende Glieder daran
Theil nehmen: so bildet hingegen die geistige Freundschaft
eine Art von unsichtbarer Ortschaft, eine mystische Stadt
und Versammlung, welche nur durch so etwas als eine
künstlerische Intuition, durch einen schöpferischen Willen
lebendig ist. Die Verhältnisse zwischen den Menschen selber
als Freunden und Genossen haben hier am wenigsten einen
organischen und insofern nothwendigen Charakter: sie sind
am wenigsten instinctiv und weniger durch Gewohnheit
bedingt als die nachbarlichen; sie sind mentaler Natur und
scheinen daher, im Vergleiche mit den früheren, entweder
auf Zufall oder auf freier Wahl zu beruhen. Aber eine
analoge Abstufung wurde schon innerhalb der reinen Verwandtschaft hervorgehoben und führt zur Aufstellung fol-
gender Sätze.

§ 7.

Nachbarschaft verhält sich zu Verwandtschaft wie das
Verhältniss zwischen Gatten — daher Affinität überhaupt —

zum Verhältnisse zwischen Mutter und Kinde. Was hier das
gegenseitige Gefallen für sich leistet, muss dort durch gegenseitige Gewöhnung unterstützt werden. Und wie das ge-
schwisterliche Verhältniss — daher alle Vetterschaft und die
Verhältnisse relativ gleicher Stufen überhaupt — zu den
übrigen organisch bedingten; so stellt sich Freundschaft zu
Nachbarschaft und Verwandtschaft. Gedächtniss wirkt als
Dankbarkeit und Treue; und im gegenseitigen Vertrauen
und Glauben an einander muss sich die besondere Wahrheit
solcher Beziehungen kund thun. Weil aber der Grund
derselben nicht mehr so naturwüchsig und von selbst verständlich ist und die Individuen ihr eigenes Wollen und
Können bestimmter gegen einander wissen und behaupten,
so sind diese Verhältnisse am schwersten zu erhalten und
können Störungen am wenigsten vertragen. Dergleichen
als Zank und Streit fast in jedem Zusammenleben vorkommen müssen; denn die dauernde Nähe und Häufigkeit
der Berührungen bedeutet ebensowohl als gegenseitige
Förderung und Bejahung, auch gegenseitige Hemmung und
Verneinung, als reale Möglichkeiten, als Wahrscheinlichkeiten eines gewissen Grades; und nur so lange als jene
Erscheinungen überwiegen, kann ein Verhältniss als
wirklich gemeinschaftliches angesprochen werden. Hieraus
ist erklärlich, dass zumal solche rein geistige Brüderschaften, vieler Erfahrung nach, nur bis zu einer gewissen Grenze der Häufigkeit und Enge die leibliche Nähe
des eigentlichen Zusammenlebens vertragen können. Sie
müssen vielmehr in einem hohen Masse der individuellen
Freiheit ihr Gegengewicht haben. — Wie aber innerhalb
der Verwandtschaft alle natürliche Würde sich in der väter-
lichen zusammenfasst, so bleibt diese als Würde des
Fürsten, auch wo die Nachbarschaft den wesentlichen Grund
des Zusammenhaltens ausmacht, bedeutend. Hier ist sie
mehr durch Macht und Stärke als durch Alter und Erzeugung bedingt, und stellt sich am unmittelbarsten in dem
Einflusse eines Herrn auf seine Leute, des Grundbesitzers
auf seine Hintersassen, des Patrones auf seine Hörigen dar.
Endlich: innerhalb der Freundschaft, sofern dieselbe als
gemeinschaftliche Hingabe an denselben Beruf, dieselbe

Kunst erscheint, macht sich solche Würde als die des
Meisters gegen Jünger, Schüler, Lehrlinge geltend. —
Der Würde des Alters ist aber die richterliche Thätigkeit und der Charakter der Gerechtigkeit vorzüglich
angemessen; denn aus jugendlicher Hitze, Jähzorn und
Leidenschaften aller Art entspringt Gewaltthat, Rache und
Zwist. Der Greis steht darüber als ruhiger Beobachter,
und ist am wenigsten geneigt, aus Vorliebe oder Hass dem
Einen zu helfen wider den Anderen, sondern wird zu erkennen versuchen, von welcher Seite das Uebel begonnen
wurde; und ob der Grund dazu stark genug war für einen
richtigen und mässigen Menschen; oder durch welches Thun
oder Leiden, was einer Uebermässiges sich herausgenommen
hat, ausgeglichen werden könne. — Die Würde der Kraft
muss sich im Kampfe auszeichnen; durch Muth und Tapfer-
keit bewährt sie sich. Darum hat sie ihre Vollendung als
herzogliche Würde: welcher die streitbaren Kräfte zu
sammeln, zu ordnen, dem Zuge wider den Feind voranzugehen, und für die Gesammtwirkung alles Nützliche zu
gebieten, das Schädliche zu verwehren geziemt. — Wenn
aber in den meisten Entscheidungen und Massregeln das
Richtige und Heilsame mehr zu errathen und zu ahnen dem
Kundigen gegeben, als mit Gewissheit zu sehen einem Jeden
möglich ist; und wenn das Zukünftige verborgen, oft drohend
und fürchterlich vor uns steht: so scheint unter allen Künsten jener der Vorrang zuzukommen, welche den Willen
der Unsichtbaren zu erkennen, zu deuten oder zu bewegen
weiss. Und so erhebt sich die Würde der Weisheit über
alle anderen als priesterliche Würde, in welcher die
Gestalt des Gottes selber unter den Lebenden zu wandeln,
der Unsterblich-Ewige den von Gefahren und Todesangst
Umgebenen sich zu offenbaren und mitzutheilen endlich
geglaubt wird. — Diese verschiedenen waltenden, führenden
Thätigkeiten und Tugenden fordern und ergänzen einander;
und die bezeichneten Würden können ihrer Anlage nach
als in jeder überlegenen Stellung, sofern dieselbe aus der
Einheit einer Gemeinschaft abgeleitet wird, verbunden gedacht werden; so aber, dass die richterliche Würde als die
ursprüngliche dem Stande des Haus-Vaters natürlich ist, die

herzogliche dem Stande des Patriarchen entspricht, endlich
dem Meisterstande die priesterliche Würde am meisten angemessen scheint. Jedoch kömmt auch dem Haus-Vater,
und zumal, indem Einigkeit gegen Feinde, Unterordnung
fordert, dem Obersten eines Clans (als dem Haupte des
ältesten unter verwandten Häusern), in elementarster Weise
aber dem Häuptling eines noch ungegliederten Stammes (der
des mythischen gemeinsamen Ahnen Stelle vertritt) die
»herzogliche« Würde als natürliche zu. Und diese wiederum
erhebt sich zur göttlich-priesterlichen; denn die Vorfahren
sind oder werden Götter; und die Götter werden als Vorfahren und väterliche Freunde geglaubt; so gibt es Götter
des Hauses, des Geschlechtes, des Stammes und der Volkes-
Gemeinde. In ihnen ist die Kraft solcher Gemeinschaft auf
eminente Weise vorhanden: sie vermögen das Unmögliche;
wunderbare Wirkungen sind ihre Wirkungen. Darum,
wenn ernährt und geehrt aus fromm demüthigem Sinne, so
helfen sie; schaden und strafen, wenn vergessen und verachtet. Sie sind selber, als Väter und Richter, als Herren
und Anführer, als Zuchtmeister und Lehrer, ursprüngliche
Träger und Vorbilder dieser menschlichen Würden. In
welchen doch auch die herzogliche den Richter erfordert;
denn das Miteinander-Kämpfen macht um so mehr die Bei-
legung inneren Zwistes durch bündige Entscheidung nothwendig. Und das priesterliche Amt ist dazu angethan,
solche Entscheidung als eine unantastbare, heilige zu weihen,
die Götter selbst als Urheber des Rechtes und richterlicher
Sprüche.

§ 8.

Alle Würde muss als besondere und vermehrte
Freiheit und Ehre, daher als bestimmte Willenssphäre, aus
der allgemeinen und gleichen Willenssphäre der Gemeinschaft abgeleitet werden; und so steht ihr gegenüber der
Dienst als eine besondere und verminderte Freiheit
und Ehre. Jede Würde kann als ein Dienst und jeder
Dienst kann als eine Würde betrachtet werden, sofern nur
auf die Besonderheit Rücksicht genommen wird. Die

Willenssphäre und also die gemeinschaftliche Willenssphäre
ist eine Masse von determinirter Kraft, Macht oder Recht;
und dieses ein Inbegriff von Wollen als Können oder
Mögen (Dürfen) und Wollen als Müssen oder Sollen. So
ergibt sich dasselbe als Wesen und Inhalt aller abgeleiteten
Willenssphären, in welchen daher Gerechtsame und Pflichten
die beiden correspondirenden Seiten derselben Sache oder
nichts als die subjektiven Modalitäten der gleichen objek-
tiven Substanz von Recht oder Kraft sind. Und mithin
bestehen und entstehen sowohl durch vermehrte als durch
verminderte Pflichten und Gerechtsame reale Ungleich-
heiten innerhalb der Gemeinschaft durch ihren Willen.
Diese können aber nur bis zu einer gewissen Grenze zu-
nehmen, da jenseits solcher das Wesen der Gemeinschaft
als der Einheit des Differenten aufgehoben wird: auf der
einen Seite (nach oben), weil die eigene Rechtskraft zu gross,
daher der Zusammenhang mit der gesammten gleichgültig
und werthlos wird; auf der anderen (nach unten), weil die
eigene zu klein und der Zusammenhang irreal und werthlos wird. Je weniger aber Menschen, die mit einander in
Berührung stehen oder kommen, mit einander verbunden
sind in Bezug auf dieselbe Gemeinschaft, desto mehr stehen
sie einander als freie Subjecte ihres Wollens und Könnens
gegenüber. Und diese Freiheit ist um so grösser, je weniger
sie überhaupt von ihrem eigenen vorher bestimmten
Willen; mithin je weniger dieser von irgend welchem
gemeinschaftlichen Willen abhängig ist oder empfunden
wird. Denn für die Beschaffenheit und Bildung jeder individualen Gewohnheit und Gemüthsart ist, ausser den durch
Erzeugung vererbten Kräften und Trieben, irgend ein gemeinschaftlicher als erziehender und leitender Wille der bedeutendste Factor; insonderheit der Familiengeist; aber
auch aller Geist, der dem Familiengeist ähnlich ist und
Aehnliches wirkt.

§ 9.

Gegenseitig-gemeinsame, verbindende Gesinnung, als
einiger Wille einer Gemeinschaft, ist das, was hier als

Verständniss *(consensus)* begriffen werden soll. Es ist der besondere sociale Trieb und Instinct, welcher Menschen als Glieder eines Ganzen zusammenhält. Und weil aller Instinct als menschlicher mit Vernunft angethan ist und die Anlage der Sprache voraussetzt, so kann es auch als der Sinn (Λογος) und die Vernunft eines solchen Verhältnisses begriffen werden. Es ist daher z. B. zwischen dem Erzeuger und seinem Kinde nur in dem Masse vorhanden, als das Kind mit Sprache und vernünftigem Willen begabt gedacht wird. So aber kann auch gesagt werden: Alles, was dem S i n n e eines gemeinschaftlichen Verhältnisses gemäss, was in ihm und für es e i n e n S i n n h a t, das ist sein R e c h t; d. i. es wird als der eigentliche und wesentliche Wille der mehreren Verbundenen geachtet. Mithin: insoweit, als es ihrer wirklichen Natur und ihren Kräften entspricht, dass Genuss und Arbeit verschieden sind, und zumal, dass auf die eine Seite die Leitung, auf die andere der Gehorsam fällt, so ist dies ein n a t ü r l i c h e s R e c h t, als eine Ordnung des Zusammenlebens, welche jedem Willen sein Gebiet oder seine Function zuweiset, einen Inbegriff von Pflichten und Gerechtsamen. Verständniss also beruhet auf intimer K e n n t n i s s von einander, sofern diese durch unmittelbaren Antheil eines Wesens an dem Leben des anderen, Neigung zur Mit-Freude und zum Mit-Leide, bedingt ist und solche wiederum fördert. Daher um so wahrscheinlicher, je grösser die Aehnlichkeit der Constitution und Erfahrung oder je mehr Naturell, Charakter, Denkungsart von gleicher oder zusammenstimmender Art sind. Das wahre Organ des Verständnisses, worin es sein Wesen entwickelt und ausbildet, ist die S p r a c h e selber, in Geberden und Lauten sich mittheilender und empfangener Ausdruck von Schmerz und Lust, Furcht und Wunsch und aller übrigen Gefühle und Gemüthserregungen. Sprache ist — wie Alle wissen — nicht erfunden und gleichsam verabredet worden als ein Mittel und Werkzeug, sich verständlich zu m a c h e n, sondern sie selber ist lebendiges Verständniss, zugleich sein Inhalt und seine Form. Gleich allen übrigen bewussten Ausdrucks-Bewegungen ist i h r e Aeusserung die unwillkürliche Folge tiefer Gefühle, vorherrschender Gedanken, und dient nicht der

Absicht, sich verständlich zu machen, als künstliches
Mittel, welches ein natürliches Nicht-Verstehen voraussetzen
würde; obgleich auch zwischen Verstehenden Sprache als
solches blosses Zeichensystem gebraucht werden kann.
Und allerdings können alle jene Aeusserungen ebensowohl
sich kund thun als Erscheinungen feindseliger wie als
Erscheinungen freundlicher Empfindungen. Dies ist so
wahr, dass es die Anregung gibt, den allgemeinen Satz
auszusprechen: freundliche und feindselige Stimmungen und
Leidenschaften unterliegen den gleichen oder sehr ähnlichen
Bedingungen. Hier aber ist die Feindschaft, welche aus
Zerreissung oder Lockerung natürlicher und vorhandener
Bande hervorgeht, strenge zu unterscheiden von derjenigen
Art, die auf Fremdheit, Unverständniss, Misstrauen beruht.
Beide sind instinctiv, aber jene ist wesentlich Zorn, Hass,
Unwille, diese wesentlich Furcht, Abscheu, Widerwille.
Sicherlich ist nun Sprache, sowie andere Vermittlung der
Seelen weder aus der einen noch aus der anderen Feindseligkeit — als welche dort nur der ausserordentliche und
kranke Zustand ist — entsprungen, sondern aus Traut-
heit, Innigkeit, Liebe; und zumal aus dem tiefen Verständnisse zwischen Mutter und Kind, muss Mutter-Sprache
am leichtesten und lebhaftesten hervorwachsen. Hingegen
bei jener lauten und verständnissinnigen Feindseligkeit
kann immer irgendwelche Freundschaft und Einigkeit als
zu Grunde liegend gedacht werden. In einer alten Rechts-
formel bewundert CICERO die Sinnigkeit der Sprache
(*fragm. de republ. IV. ap. Non. p. 430 seq.*) — »*Si iurgant,*«
inquit. »*Benevolorum concertatio, non lis inimicorum, iurgium
dicitur. Jurgare igitur lex putat inter se vicinos, non
litigare.*« — In der That ist nur Blutnähe und Blutmischung,
worin die Einheit, und hieraus die Möglichkeit der Gemeinschaft, menschlicher wie anderer thierischer Leiber und
Willen auf unmittelbarste Weise sich darstellt; demnächst
die räumliche Nähe, und endlich — für Menschen — auch
die geistige Nähe. In dieser Abstufung sind daher die
Wurzeln alles Verständnisses zu suchen. Und wir stellen
somit als die grossen Hauptgesetze der Gemeinschaft auf:
1) Verwandte und Gatten lieben einander, oder gewöhnen

sich leicht an einander; reden und denken oft und gern
mit, zu, an einander. Ebenso vergleichungsweise Nachbarn
und andere Freunde. 2) Zwischen Liebenden u. s. w. ist
Verständniss. 3) Die Liebenden und Sich-Verstehenden
bleiben und wohnen zusammen, und ordnen ihr gemeinsames Leben. — Eine Gesammtform des gemeinschaftlichen
bestimmenden Willens, welche so natürlich geworden ist
wie Sprache selber, daher ein Vielfaches von Verständnissen
in sich begreift und das Mass derselben abgibt durch ihre
Normen, nenne ich Eintracht oder Familien-Geist (con-
cordia, als eine herzliche Verbundenheit und Einigkeit).
Verständniss und Eintracht ist also Eines und dasselbe:
gemeinschaftlicher Wille in seinen elementaren Formen: als
Verständniss in seinen einzelnen Beziehungen und Wirkungen, als Eintracht in seiner gesammten Kraft und
Natur betrachtet.

§ 10.

Verständniss ist demnach der einfachste Ausdruck
für das innere Wesen und die Wahrheit alles echten Zusammenlebens, Zusammenwohnens und Wirkens. Daher in
erster und allgemeinster Bedeutung: des häuslichen Lebens;
und da den Kern desselben die Verbindung und Einheit
von Mann und Weib zur Erzeugung und Erziehung von
Nachkommen darstellt, insonderheit der Ehe als dieser natürlichen Thatsache. Das stillschweigende Ein-verständniss,
wie wir es auch heissen mögen, über Pflichten und Gerechtsame, über Gutes und Böses, kann wohl einer Verabredung,
einem Vertrage verglichen werden; aber nur, um sogleich
den Contrast desto energischer hervorzuheben. Denn so
kann man auch sagen: der Sinn von Worten sei gleich
demjenigen verabredeter, willkürlicher Zeichen; und ist
gleichwohl das Gegentheil. Verabredung und Vertrag ist
Einigung, welche gemacht, beschlossen wird; ausgetauschtes
Ver-sprechen, also Sprache voraussetzend und gegenseitige
Auffassung und Annahme dargebotener zukünftiger Handlungen, welche in deutlichen Begriffen ausgedrückt werden
müssen. Diese Einigung kann auch unterstellt werden, als
ob sie geschehen sei, wenn die Wirkung von solcher Art

ist; kann also *per accidens* stillschweigend sein. Aber Verständniss ist essentiell schweigend: weil sein Inhalt unaussprechlich, unendlich, unbegreiflich ist. Wie Sprache nicht verabredet werden kann, wenn auch d u r c h Sprache zahlreiche Zeichensysteme für Begriffe, so kann Eintracht nicht gemacht werden, wenn auch noch so viele Arten von Einigungen. Verständniss und Eintracht wachsen und blühen, wenn ihre Bedingungen günstig sind, aus gegebenen Keimen hervor. Wie Pflanze von Pflanze, so stammt ein Haus (als Familie) vom anderen ab, entspringt Ehe aus ihrer realen Idee. Immer geht ihnen, sie bedingend und bewirkend, nicht blos ihres Gleichen vorher, sondern auch ein darin enthaltenes Allgemeineres, und die Form ihrer Erscheinung. So ist aber auch in grösseren Gruppen diese Einheit des Willens, als der psychologische Ausdruck des Bandes der Blutsverwandtschaft, wenn auch dunkler, vorhanden, und wenn auch für die Individuen nur in organischer Ordnung sich mittheilend. Wie die Allgemeinheit gemeinsamer Sprache, als reale Möglichkeit des Verständnisses der Rede, menschliche Gemüther nähert und verbindet, so gibt es auch einen gemeinsamen Sinn, mehr aber seine höheren Evolutionen: gemeinsamen Brauch und gemeinsamen Glauben, welche die Glieder eines V o l k e s durchdringen, Einheit und Frieden seines Lebens bedeutend, obschon keineswegs sichernd; welche i n ihm aber und von ihm aus, mit wachsender Intensität, die Zweige und Aeste eines S t a m m e s erfüllen; am vollkommensten jedoch die verwandten Häuser in jener frühen und wichtigsten Bildung organisch-verbundenen Lebens, dem C l a n oder Geschlechte, welches die Familie v o r der Familie ist, wo es eine ihr gleiche Realität hat. Aus diesen Gruppen aber und über ihnen erheben sich, als ihre Modificationen, die durch den Grund und Boden bestimmten Complexe, welche wir in genereller Abstufung unterscheiden, als A) das L a n d, B) den G a u oder die M a r k, und — die innigste Gestaltung von dieser Art — C) das D o r f. Theils aus, theils neben dem Dorfe aber entwickelt sich, in ihrer Vollendung nicht sowohl durch gemeinsame Natur-Objecte, als durch gemeinsamen Geist zusammengehalten, die S t a d t; ihrem äusseren Dasein nach nichts als

ein grosses Dorf, oder eine Mehrheit von benachbarten Dörfern; demnächst aber als ein Ganzes über umgebendes Landgebiet waltend, und in Verbindung mit diesem eine neue
Organisation des Gaues, in weiterem Umfange des Landes,
darstellend: Umbildung oder Neubildung eines Stammes,
eines Volkes. Innerhalb der Stadt aber treten, als
ihre eigenthümlichen Erzeugnisse oder Früchte, wiederum
hervor: die Arbeits-Genossenschaft, Gilde oder Zunft; und
die Cultgenossenschaft, Brüderschaft, die religiöse Gemeinde: diese zugleich der letzte und höchste Ausdruck,
dessen die Idee der Gemeinschaft fähig ist. So kann aber,
in gleicher Weise, auch die ganze Stadt, so kann ein Dorf,
ein Volk, Stamm, Geschlecht, und endlich eine Familie als
besondere Art von Gilde oder von religiöser Gemeinde sich
darstellen oder begriffen werden. Und *vice versa:* in der
Idee der Familie, als dem allgemeinsten Ausdruck für die
Realität von Gemeinschaft sind alle diese mannigfachen Bildungen enthalten und gehen daraus hervor.

§ 11.

Gemeinschaftliches Leben ist gegenseitiger Besitz
und Genuss, und ist Besitz und Genuss gemeinsamer
Güter. Der Wille des Besitzes und Genusses ist Wille
des Schutzes und der Vertheidigung. Gemeinsame Güter —
gemeinsame Uebel; gemeinsame Freunde — gemeinsame
Feinde. Uebel und Feinde sind nicht Gegenstände des
Besitzes und Genusses; nicht positiven, sondern negativen
Willens, Unwillens und Hasses, also gemeinsamen Willens
zur Vernichtung. Gegenstände des Wunsches, der Begierde,
sind nicht etwas Feindliches, sondern befinden sich in vor-
gestelltem Besitze und Genuss, wenn auch die Erlangung
desselben durch feindselige Thätigkeit bedingt sein mag.
Besitz ist, an und für sich, Wille der Erhaltung; und Besitz
ist selber Genuss, nämlich Befriedigung und Erfüllung des
Willens wie die Einathmung der atmosphärischen Luft. So
ist Besitz und Antheil, welchen Menschen an einander
haben. Insofern aber als Genuss sich vom Besitze unterscheidet, durch besondere Acte des Gebrauches, so kann
er allerdings durch Zerstörung bedingt sein; wie ein Thier

getödtet wird, um der Verzehrung willen. Der Jäger und
der Fischer wollen ihre einzelne Beute nicht sowohl besitzen als nur geniessen, obgleich ein Theil ihres Genusses
wiederum als ein dauernder und somit als Besitz sich darstellen mag, wie der Gebrauch von Fellen und irgend welchen
gesammelten Vorrathes. Aber die Jagd ist selber als sich
wiederholende Thätigkeit durch den, wenn auch unbestimmten,
Besitz eines Revieres bedingt, als dessen Genuss sie begriffen werden kann. Die allgemeine Beschaffenheit und
den Inhalt dessen muss der Vernünftige zu erhalten oder
sogar zu vermehren wünschen, als die Substanz, deren
Modus und Product die jedesmalige Beute ist. So ist die
Substanz des Baumes, dessen Frucht gepflückt wird, des
Bodens, der geniessbare Halme trägt. Dieselbe Wesenheit
gewinnt aber das gezähmte, gefütterte und gepflegte Thier
selber, sei es um als Diener und Gehülfe gebraucht zu
werden, oder um lebendige und sich erneuernde Theile
seines Leibes zum Genusse darzubieten. In diesem Sinne
werden Thiere gezüchtet, und verhält sich folglich die
Art oder die Heerde, als Bleibendes und Erhaltenes, mithin
eigentlicher Besessenes, zum einzelnen, auch durch Zerstörung, genossenen Exemplare. Und die Haltung von
Heerden bedeutet wiederum eine besondere Beziehung zur
Erde, dem Weidelande, welches dem Vieh seine Nahrung
gibt. Aber Jagdgründe und Weideland, in freiem Gebiete,
können gewechselt werden, wenn erschöpft, indem die Menschen mit Hab und Gut und also auch mit Thieren, ihre
Stätten verlassen, um bessere zu gewinnen. Erst der ge-
brochene Acker, in welchen der Mensch zukünftiger Pflanze
Samen, vergangener die Frucht, mit eigener Arbeit ver-
schliesst, bindet seinen Fuss, wird Besitz succedirender
Generationen, und stellt, in Verbindung mit den immer
jungen menschlichen Kräften selber, als ein unerschöpflicher
Schatz sich dar, wenn auch erst allmählich, durch zu-
nehmende Erfahrung und daraus erwachsende, vernünftige
Behandlung, Schonung, Pflege, in solche Würdigkeit geschaffen. Und mit dem Acker befestigt sich das Haus: aus
einem beweglichen, gleich Menschen, Thieren, Sachen, wird
es unbeweglich, gleich dem Grund und Boden. Der Mensch

wird zwiefach gebunden: durch Acker und durch Haus zumal, d. i. durch seine eigenen Werke. —

§ 12.

In dauernder Beziehung auf Acker und Haus entwickelt sich das gemeinschaftliche Leben. Es ist nur aus sich selber erklärbar, denn sein Keim und also, in irgendwelcher Stärke, seine Wirklichkeit, ist die Natur der Dinge. Gemeinschaft überhaupt ist zwischen allen organischen Wesen, menschliche vernünftige Gemeinschaft zwischen Menschen. Man unterscheidet zusammenlebende und nicht zusammenlebende — sociale und unsociale — Thiere. Das ist gut. Aber man vernachlässigt, dass es dabei nur um verschiedene Grade und Arten des Zusammenlebens sich handelt, wie das der Zugvögel ein anderes ist als der Raubthiere. Und man vergisst, dass Zusammenbleiben das von Natur Gegebene ist; für Trennung liegt gleichsam die Last des Beweises ob. Dies will sagen: besondere Ursachen bewirken, frühere oder spätere, Scheidung, den Zerfall grösserer in kleinere Gruppen; aber die grössere ist vor der kleineren, wie Wachsthum vor der Propagation (welche als ein hyperindividuales Wachsthum begriffen wird). Und jede hat eine Tendenz und Möglichkeit zu bleiben, trotz ihrer Division, in den auseinander gegangenen Stücken als in ihren Gliedern; noch Wirkungen auszuüben, in repräsentativen Gliedern sich darzustellen. Wenn wir daher ein Schema der Entwicklung denken als von einem Centro nach verschiedenen Richtungen Linien entsendend, so bedeutet das Centrum selber die Einheit des Ganzen, und inwiefern das Ganze als Wille sich auf sich selber bezieht, so muss in jenem solcher Wille eminenter vorhanden sein. Aber in den Radien entwickeln sich Punkte zu neuen Centren und je mehr sie Energie nöthig haben, in ihre Peripherie auszubreiten und zugleich sich zu erhalten, desto mehr entziehen sie dem früheren Centro, welches nun, wenn es nicht in gleicher Weise auf ein ursprüngliches sich zu beziehen vermag, durch Noth schwächer wird und unfähiger, nach anderen Seiten Wirkungen auszuüben. Immerhin aber stellen wir vor, dass die Einheit und Verbindung sich erhalte und Kraft und Tendenz bewahre, als ein Seiendes und Ganzes in den Beziehungen des Haupt-Centrums zu den unmittelbar von ihm abstammenden Neben-Centren sich auszudrücken. Jedes Centrum werde repräsentirt durch ein Selbst, welches als Haupt in Bezug auf seine Glieder benannt werde. Aber als Haupt ist es nicht das Ganze; und diesem wird es ähnlicher, wenn es die ihm untergeordneten Centren in den Gestalten ihrer Häupter um sich versammelt. Sie sind ideell immer in dem Centro vorhanden, von welchem sie sich ableiten; daher erfüllen sie ihren natürlichen Beruf, wenn sie sich leiblich ihm nähern, an seiner Stätte zusammenkommen. Und dies ist nothwendig, wenn gegenseitig helfende und gemeinsame Action durch die Umstände erfordert wird, sei es nach innen, oder nach aussen. Und also ruhet hier eine Kraft und Auctorität, welche sich, wie auch vermittelt, auf Leib und Leben Aller erstreckt. Ebenso aber ist der Besitz aller Güter zuerst in dem Ganzen, und in seinem Centro, inwiefern es als das Ganze begriffen wird. Aus ihm deriviren den ihrigen die niederen Centren, und behaupten ihn auf positivere Art, durch Gebrauch und Genuss; wiederum andere anderen unterhalb ihrer. So führt auch diese Betrachtung abwärts bis zur letzten Einheit, der Familie des Hauses, und ihrem gemeinschaftlichen Besitz, Gebrauch und Genuss; hier ist dann zuletzt die ausgeübte Auctorität unmittelbar die selbstischen Individuen angehend, und nur diese können noch, als letzte Einheiten, Besitz, Freiheit und Eigenthum u. s. w. für sich ableiten. Jedes grössere Ganze ist einem auseinander gegangenen Hause gleich; und wenn auch etwa dasselbe ein minder vollkommenes war, so müssen doch die Anlagen zu allen Organen und Functionen, welche das vollkommene enthält, in ihm vorhanden gedacht werden. Das Studium des Hauses ist das Studium der Gemeinschaft, wie das Studium der organischen Zelle Studium des Lebens ist.

§ 13.

Wesentliche Züge des häuslichen Lebens sind schon gezeichnet worden, und ergeben sich hier, mit neuen zusammengefasst. Das Haus besteht aus drei Schichten oder

Sphären, welche sich wie um dasselbe Centrum bewegen.
Die innerste Sphäre ist zugleich die älteste: der Herr und
die Frau; oder Frauen, wenn sie in gleicher Würde neben
einander stehen. Es folgen die Nachkommen; und diese
mögen, selber der Ehe theilhaftig, dennoch in dieser Sphäre
verharren. Den äussersten Kreis bilden die dienenden Glieder: Knechte und Mägde: diese verhalten sich wie eine
jüngste Schicht, es sind Anwüchse, mehr oder minder verwandten Stoffes, welche nur insofern der Gemeinschaft anders denn als Objecte und durch Zwang angehören, als sie
durch den gemeinsamen Geist und Willen assimilirt werden
und mit ihrem eigenen Willen sich darein fügen und zufrieden sind. Aehnlich ist das Verhältniss der von aussen
gewonnenen, heimgeführten Weiber zu ihren Gatten; und
wie zwischen diesen die Kinder als Erzeugte entstehen, so
bilden Kinder als Nachkommen und Abhängige eine Vermittlung und Zwischenstand von Herrschaft zu Knechtschaft.
Von diesen constituirenden Elementen ist das letzte zwar
am ehesten entbehrlich; aber es ist zugleich die nothwendige
Form, in welche Feinde oder Fremde eingehen müssen, um
am Leben eines Hauses Theil zu nehmen; wenn nicht Fremde
als G ä s t e eines Mitgenusses gewürdigt werden, der seiner
Natur nach undauernder ist, aber für die Weile einer Theilnahme an der Herrschaft um so mehr sich nähert, je mehr
der Gast mit Ehrfurcht und Liebe empfangen wird; je geringer geachtet, desto mehr der Knechtschaft ähnlich. Der
Knechtesstand selber kann der Kindschaft ähnlich werden,
aber auf der anderen Seite in den Begriff des Sklaven
übergehen, wenn die Würde des Menschen durch seine
Behandlung verachtet wird. Ein so tiefes als gedankenloses
Vorurtheil erklärt die Knechtschaft als an und für sich
unwürdig, weil der Gleichheit des Menschen-Antlitzes wider-
sprechend. In Wahrheit kann durch ein sklavisches Be-
tragen, sei es aus Furcht, gewohnheitsmässig, abergläubisch,
sei es aus kühler Erkenntniss seines Interesses und aus
Berechnung, ein Mensch in den mannigfachsten Verhältnissen, sich so tief unter einen Anderen erniedrigen, als
Uebermuth und Wildheit eines tyrannischen Herren die
ihm Untergebenen zu bedrücken und zu quälen versuchen

mag. Beides hat mit dem Stande des Knechtes nicht eine nothwendige, nicht einmal eine besonders wahrschein- liche Verbindung. Wenn der dauernd Misshandelte, sowie der Speichellecker, ihrer ganzen Beschaffenheit nach Sklaven sind, so ist dagegen der Knecht, welcher Freud und Leid der Familie theilt, welcher seinem Herren die Ehrfurcht eines altersreifen Sohnes zollt, und das Vertrauen eines Gehülfen, oder gar eines Rathgebers geniesst, seiner ganzen Beschaffenheit nach ein Freier.

§ 14.

Die Verfassung des Hauses ist hier zuvörderst wichtig als Haushaltung, d. i. in ihrem ökonomischen Aspect, als zusammen arbeitende und zusammen geniessende Gemein- schaft. Der sich gleich Athemzügen immer wiederholende menschliche Genuss ist die Ernährung, daher Schaffung und Bereitung von Speise und Trank die nothwendige und regel- mässige Arbeit. Wie sich zwischen den Geschlechtern die- selbe theilt, ist schon erwähnt worden. Und wie Wald, Feld und Acker die natürliche äussere Sphäre, so ist der Herd und sein lebendiges Feuer gleichsam der Kern und die Essenz des Hauses selbst, die Stätte, um welche sich Mann und Weib, Jung und Alt, Herr und Knecht, zur Theilnahme am Mahle versammeln. So wird Herd-Feuer und Tafel symbolisch bedeutend: jenes als die im Wechsel der Generationen dauernde Lebenskraft des Hauses; diese als die gegenwärtigen Mitglieder zur Erhaltung und Erneuerung von Leib und Seele vereinend. Die Tafel ist das Haus selber, insofern, als Jeder darin seinen Platz hat und sein gebührend Theil zugewiesen erhält. Wie vorher um der einheitlichen Arbeit willen die Genossen sich theilen und trennen, so findet hier die Wiedervereinigung statt um der nothwendigen Vertheilung des Genusses willen. Und analog ist der gemeinschaftliche und gesonderte Genuss aller übrigen Güter, welche getheilte und gemeinsame Arbeit hervorbringt. Hingegen widerspricht der eigentliche Tausch dem Wesen des Hauses; es sei denn insofern er unterhalb der Vertheilung stattfindet und als die Individuen an dem ihnen Zugewiesenen ein unabhängiges Eigenthum haben

mögen, wie an den Dingen, welche ein Jeder ausserhalb
der gemeinschaftlichen Thätigkeit für sich allein mag geschaffen haben. Das Haus selber, als Ganzes, und durch
die Hand seines Herrn oder Verwalters, kann Ueberschüsse
seiner Producte durch Tausch in nützlicher scheinende
Form verwandeln. Und solcher Tausch kann als ein regel-
mässiger, und indem er innerhalb einer Gemeinschaft von
Häusern, die selber wie ein umfassendes Haus sich darstellt, stattfindet (wie im Dorfe, in der Stadt, und zwischen
Stadt und Land in einer Landschaft oder in einem städtischen Gebiete), in Ruhe und Frieden sich vollziehend,
Normen gemäss, die durch Verständniss als natürlich, durch
Brauch als herkömmlich und bewährt, durch Glauben als
gerecht sich offenbaren, selber nur als ein Ausdruck gesetz-
mässiger Vertheilung und gleichsam des Mitgenusses an
derselben gedeckten Tafel, begriffen werden. Man bemerke,
dass dieses immer die wie sehr auch verborgene Idee des
Austausches, der einfachen Waaren-Circulation bleibt. Aber
die Erscheinungen können von ihr weit sich entfernen, und
endlich nur noch eine Caricatur ihres Stiles entdecken lassen.
So dass sie zuletzt doch, um richtig begriffen zu werden,
ganz und gar für sich genommen, und von den Bedürfnissen
und Willen der Individuen aus erklärt werden müssen.

§ 15.

Das wirkliche Haus, in seiner sinnlichen Gestalt be-
trachtend, unterscheide ich 1) das isolirte Haus, d. i.,
welches nicht einem Systeme von Häusern angehört. So
ist insbesondere das bewegliche und von Stätte zu Stätte
getragene Zelt des Nomaden. Es überlebt den Ackerbau,
in allgemeiner Verbreitung, als Hof-Ansiedlung, welche
Gebirgen und niedrigem Marschlande natürlich und eigenthümlich sind. Gleicher Maassen dauert der Hof, als Herren-
haus oder Stammhaus in der Mark, ausser und über dem
Dorfe, das ihm zu Leistungen, gleich als seinem Urheber
und Beschützer, durch Sitte verpflichtet ist. Aber 2) das
Bauernhaus im Dorfe, ist der festbegründete, der normalen Cultur des Bodens eigentlich angemessene Sitz einer

für allen wesentlichen Bedarf sich selbst genügenden, oder
durch Beistand der Nachbarn und gemeinschaftlicher Helfer
(dergleichen der Dorfschmied und andere Demiurgen) sich
ergänzenden Haushaltung. Es kann aber auch, in ungebrochener Einheit, alle Werkstätten in sich enthalten, wenn
auch nicht unter einem Dache, doch in einer Verwaltung.
Wie sich ein vorzüglicher Schriftsteller in diesen Dingen
(RODBERTUS) den Typus des classischen (hellenisch-römischen)
Hauses vorgestellt hat, nach dem Satze: *Nihil hic emitur,
omnia domi gignuntur.* Hingegen 3) das städtische Haus,
wie wir es in seinem überwiegenden Charakter denken, als
Haus des Handwerksmeisters, ist auch für seine nothwendigen Bedürfnisse auf Austausch angewiesen. Was es selber
hervorbringt (z. B. Schuhe), dient zum grösseren Theile
nicht ihm selber, und wenn die Stadt als Ganzes, als eine
Gemeinschaft von Zünften, begriffen wird, welche durch die
gegenseitig fördernde Thätigkeit derselben ihre Bürgerhäuser,
und somit sich selber, mit nützlichen und guten Sachen
versorgt, so muss sie doch, sofern nicht selber und durch
ihre Bürger Land besitzend und dessen Wirthschaft be-
treibend, fortwährend Ueberschüsse hervorbringen, um sich
mit den nothwendigen Lebensmitteln aus umgebenden Bauern-
häusern zu versehen. So bildet sich der (für eine allgemeine Betrachtung der Cultur-Phänomene bedeutendste)
Tausch zwischen Stadt und Land, bei welchem das Land
des sichtlichen Vortheils geniesst, welchen Besitz der nothwendigen gegen die entbehrlichere Waare gibt, sofern es
nicht Geräthe und andere Mittel der Oekonomie sind, welche
es begehrt; die Stadt desjenigen der Seltenheit und Schönheit ihrer Producte; wenn nämlich vorausgesetzt wird, dass
ein weites Landgebiet nur eine Auslese ihrer Bevölkerung
in der Stadt vereinigt, daher etwa die Menge der Arbeitskräfte, welche überschüssiges Korn und Fleisch erzeugen,
zu derjenigen, welche verfügbare Handwerks- und Kunst-
gegenstände hervorbringen, wie 10 zu 1 sich verhalte.
Uebrigens stellen wir vor, dass hier Keiner als gewerbs-
mässiger Händler, in Concurrenz mit Anderen, seine Waare
an den Mann zu bringen sich vordrängt; noch als Mono-
polist das dringender werdende Bedürfniss und folgliches

Angebot seiner Käufer erwartet, um möglichst hohen Preis herauszuschlagen; dies sind Möglichkeiten, aber werden erst wahrscheinlich, je mehr sich die vermittelnden Nichtarbeiter der Dinge bemächtigen. Und es bleibt uns die Vermuthung dafür, dass in einer Verbindung von Stadt und Land, welche, dasselbe für gut und recht achtend, durch Verwandtschaft und Freundschaft vielfache Beziehungen ausserhalb jener Tauschacte unterhält, in Versammlungsstätten und Heiligthümern gemeinsamer Mittelpunkte theilhaftig ist, ein brüderlicher Geist der Mittheilung und gern gewährter Gabe, gegen den natürlichen Wunsch das Seine festzuhalten, oder von den fremden Gütern möglichst grosse Mengen zu erwerben, in irgendwelcher Stärke lebendig bleibe. — Ein ähnliches Verhältniss erhält wohl auch sich in dem lebhafteren Austausch zwischen Stadt und Stadt, jedoch weniger im gemeinschaftlichen Sinne begünstigt, sofern dazu Verwandtschaft und Nähe und der uncommercielle Charakter der Landbewohner dazu beiträgt. — Ferner aber können die höheren Functionen in einem solchen socialen Körper, diejenigen der Leitung, animalischer und mentaler, wenn sie gesondert vorhanden sind, keineswegs als Feilbietung und Verkauf von Waaren begriffen werden. Sondern sie werden organisch unterhalten, ernährt, gepflegt, aus gemeinschaftlichem Willen, daher durch die Kräfte, welche er verfügbar hat, in Gestalt von Ehrengeschenken, Abgaben, Frohnden. Der Austausch derselben gegen Dienst-Leistungen, welche jene Functionen darstellen, ist nichts als eine Form, unter welcher dieses Verhältniss als ein gegenseitiges deutlich gemacht werden darf. Es kann aber allerdings sich dahin entwickeln, dass der Ausdruck als ein adäquater gelten muss, innerhalb der Beschränkung, in welcher überhaupt die Fähigkeit und der bedingte Wunsch zu gewissen Verrichtungen einer an den Markt gebrachten Waare gleich geachtet werden kann.

§ 16.

Nach Analogie des Hauses werden hier als die am meisten abgegrenzten Gestaltungen gemeinschaftlichen Besitzes und Genusses das Dorf und die Stadt betrachtet. Vor der Zweiheit von Haus und Dorf ist der Clan, und ist schon bezeichnet worden als Familie vor der Familie, ebenso aber, wenn auch in viel weniger deutlicher Ausprägung, als Dorf vor dem Dorfe begreifbar. Denn allerdings enthält er die Möglichkeiten beider Haupt-Formen in sich. Daher ist in ihm der patriarchalische Charakter (um hierin alle Würde zusammenzufassen, welche durch Erzeugung begründet ist) mit dem fraternalen (geschwisterlich-gleichen) vermischt. Und wie in der Haus-Gemeinde vorzugsweise der erstere, so kommt dieser am meisten in der Dorf-Gemeinde zur Geltung. Doch fehlt der brüderliche Geist so wenig dort, wie hier das väterliche Walten. Aber nur das letztere, wie es in einem Systeme von Dorfverfassungen mächtig bleibt, ist für die begriffliche Ansicht der Historie wichtig: nämlich als die Grundlage des Feudalismus. Als worin der Glaube an die natürliche Würde eines hervorragenden Hauses als des edlen, adlichen, sich erhält, auch wenn solches Glaubens Wurzeln absterben: die Ehrfurcht vor dem Alter und erhabener Abstammung, welche den Clan-Chef wirklicher oder eingebildeter Maassen mit dem gemein-samen Ahnherren des ganzen Clans auf directeste Weise (in gerader und ungebrochener Linie) verbindet und also ihm eine göttliche Herkunft, folglich auch leicht gött-liche Würde zu verbürgen scheint. Aber auch in Hinsicht auf die Ausübung der Häuptlingschaft kömmt Ehre und Dank dem Vornehmen zu. So ist es natürlich, wenn ihm die Erstlinge des Feldes und der Hausthiere dar-gebracht werden, und wenn bei Besetzung und Theilung der Mark, welche unter seiner Führung geschieht, ihm auch, zuerst zum wechselnden, endlich zu dauerndem Besitze, die nächsten und besten Stücke des Ackerlandes, vor der Ausloosung, durch allgemeinen Willen zu seiner Hufe geschlagen werden. Wohl auch ein mehrfacher An-theil; oder aber, wenn der Clan in mehrere Dörfer sich gespalten hat, ein gleicher Antheil in jedem (und dies ist im germanischen Agrarsystem das Gewöhnliche gewesen). So bleibt auch sein Haus und Hof und Salgut in der Mitte des Dorfes (der Dörfer) oder (in Berglanden) über dem-

selben, als feste Burg ausgezeichnet. Jedoch die eigentliche
Macht wächst erst dem Feudalherrn zu, wenn er im Namen
der Gemeinde Functionen vollzieht, deren Ergebnisse hauptsächlich zu seinem eigenen Nutzen gereichen; woraus dann
erfolgen muss, dass auch die Functionen selber nur noch
als in seinem eigenen Namen geschehend erscheinen. Dies
hat seinen besonderen Bezug auf die Verwaltung des un-
vertheilten Landes, welches, je weniger es ausnutzbar und
erschöpflich ist, desto eher ihm überlassen bleiben kann;
daher Wald mehr als Weide; Wüstland mehr als Wald.
Ja das wüste ›Unland‹ wird wohl gar als nicht einmal zur
Feldmark gehörig betrachtet, daher vielmehr einem höheren
Verbande (dem Gau oder dem Lande) zustehend, also von
dessen Herren verwaltet, die es wiederum den kleineren
Baronen zu Lehen geben. Ein solcher nun besetzt, was
etwa den Anbau zu lohnen scheint, mit s e i n e n Leuten;
denn mit zunehmender Volksmenge hat er als Jagd- und
Kriegs-Ritter ein immer grösseres Gefolge von Dienstmannen
in und um seine Hofstätte versammeln können, die aber
endlich mehr verzehren, als Jagd- und Kriegsbeute zusammen mit Abgaben und eigenen Ackererträgen des
Herren zu leisten vermögen; sie lassen also selber als Bauern
und Viehzüchter sich nieder und werden dazu mit Vieh-
Stapel (woher der Name des Fe-od), Geräthen, Saatkorn ausgerüstet. Um so enger bleiben sie dem Herren verbunden
und zu Hofdiensten wie Heeresfolge verpflichtet. Sie haben
ihr Eigenthum. Aber dasselbe ist nicht, wie das der Gemein-
freien, aus ihrer eigenen Genossenschaft, der Gemeinde, zunächst abgeleitet, sondern aus der Gemeinschaft mit ihrem
Herren und bleibt als oberes Eigenthum — worin die später
getrennten Ideen der Gebietshoheit und des Grundbesitzes
ihre Einheit haben — in seiner Hand. Wenn nun dieses
Ober-Eigenthum nach der richtigen, d. i. in Natur der
Sache und Herkommen, Eintracht und Sitte begründeten
Auffassung, der Gemeinschaft und Einheit von Gemeinde und Herrn zusteht, so kann doch dieser Gelegenheit
und Versuchung haben, zumal in Bezug auf diese minder-
werthigen Theile, es ganz und gar als seine alleinige Gerechtsame auszuüben, und endlich auch die Freien, nebst i h r e n

Abhängigen, zu einem ähnlichen Stande mit seinen Hörigen,
ihr Eigenthum zu einer von seiner Gnade gegebenen blossen
Nutzungs-Gerechtsame *(dominum utile)* hinabzudrücken; wozu
diese wohl selber (die Freien) ihm, des Schutzes und leich-
terer Pflichten gegen die höheren Verbände bedürfend, ent-
gegenkommen. So dass als letztes Extrem ein nicht mehr
relatives, gemeinschaftliches und getheiltes, sondern absolutes,
individuelles und alleiniges Eigenthum des Herren an der
Mark erscheinen kann (woraus mithin auch alle Merkmale
der blossen Gebiets-Hoheit ausgelöscht sind), und diesem
gegenüber dann, nachdem alle Bande der Gemeinschaft mit
seinen Abhängigen gelöst sind, entweder die vollkommene
Leibeigenschaft derselben, oder ein freies contract-
liches Verhältniss der Pachtung resultirt, welches seinem
thatsächlichen Gehalte nach möglicher Weise allerdings,
nämlich durch Capital und Bildung des Pächters, zum
völligen Gegensatze gegen jene sich entwickeln kann; unter
anderen Umständen hingegen nur veränderter Name und
neue rechtliche Form desselben Zustandes ist. Jedoch
andererseits kann wohl auch, sei es durch eigenen Willen
des Herrn, sei es durch überlegene Wirkung einer ihn
nöthigenden Gesetzgebung, alle Abhängigkeit des unteren
oder bäuerlichen Eigenthums aufgehoben, und dasselbe im
gleichen Sinne als individuelles und absolutes erklärt werden,
wie es das obere geworden ist. In jedem dieser Fälle wird
eine einfache und rationale, mithin abstracte Gestaltung für
die complicirten lebendig-concreten Verhältnisse eingesetzt;
oder vielmehr unternommen, das wirkliche Leben nach
logisch-theoretischen Modellen zuzuschneiden; was die thatsächlichen Zustände mehr oder weniger an die Hand geben
oder doch erleichtern können.

§ 17.

Die ungeheure Mannigfachheit jener Verhältnisse
aber, welche wieder modificirt werden, wenn an der Stelle
des Feudalherren ein (geistliches) Collegium, Kloster oder
andere Corporation steht, kann hier nicht einmal in Andeu-
tungen befasst werden. Wichtig ist nur überall zu bemerken,

wie sehr in der ganzen Dorf-Cultur und auch in dem darauf
beruhenden Feudalsystem die Idee der naturgemässen Vertheilung und dieselbe bestimmende und darin beruhende
des geheiligten Herkommens, alle Wirklichkeiten des Lebens
und ihnen correspondirende Ideen der richtigen und nothwendigen Ordnung desselben beherrschen, und wie wenig
darin die Begriffe des Tausches und Kaufes, des Vertrages
und der Satzung leisten und vermögen. Das Verhältniss
zwischen Gemeinde und Herren, vollends aber zwischen
Gemeinde und ihren Genossen, ist nicht in Contracten, sondern, wie die der Familie, in Verständnissen begründet. Die
Dorf-Gemeinde, auch wo sie den Herren mitumfasst, ist in
ihrer nothwendigen Beziehung auf das Land einer einzigen
ungetheilten Haushaltung gleich. Die Allmend ist das
Object ihrer Thätigkeit und Sorge, theils für die gemeinschaftlichen Zwecke der Einheit, theils für die gleichen und
verbundenen Zwecke der Mitglieder bestimmt: wo jenes am
gemeinen Walde, dieses an der gemeinsamen Weide deutlicher hervortritt. Aber auch die aufgetheilten Aecker
und Wiesen gehören nur für die »geschlossene Zeit« der
einzelnen cultivirenden Familie; nach beendeter Ernte werden die Umzäunungen niedergerissen, und der Boden wird
als Theil des Weidelandes wieder zur Allmend. Und auch
innerhalb jener besonderen Nutzung ist der Dorfgenosse
»durch das über ihm stehende Gesammtrecht mannigfach
beschränkt, indem ihn der Flurzwang bei der Bewirth-
schaftung seiner Wiesen, Felder und Weinberge an die
gemeinschaftliche Ordnung bindet. Es bedarf aber in dieser
Hinsicht kaum einer ausdrücklichen Bestimmung, um den
einzelnen Bauern an die herkömmliche Fruchtfolge, die
herkömmlichen Zeiten des Bestellens und Erntens zu halten.
Denn es ist für ihn schon eine thatsächliche und wirthschaftliche Unmöglichkeit, seine Sonderwirthschaft, die ohne das
ergänzende, ja erzeugende Gemeinschaftsrecht lebensunfähig
ist, von der Gemeinwirthschaft zu emancipiren. Die Einzelheiten, insbesondere auch die offene und geschlossene Zeit
der Felder und Wiesen, pflegen durch uralten Brauch fest
zu stehen. Sofern aber dieser nicht hinreicht, oder einer
Abänderung bedarf, so tritt der Gemeindebeschluss ein.

Die Gemeinde daher bannt und öffnet die Wiesen und Felder, bestimmt die Ländereien für Sommerfrucht, Winterfrucht und Brache, ordnet die Zeit des Säens und Erntens an, regelt die Weinlese, setzt später sogar den Arbeitslohn für die Erntezeit fest. Sie hat ferner die Controle darüber, dass die bisherige Nutzungsart der im Flurzwang stehenden Ländereien nicht willkürlich geändert und damit die Feldgemeinschaft durchbrochen werde, ... nicht minder wurzeln im Gesammtrecht alle die Beschränkungen und Belastungen des Sondereigens in der Feldmark, welche aus der Gemengelage der Landstücke folgten. ... Dahin gehört, seinem Ursprunge nach, das gesammte Nachbarrecht, indem dasselbe Anfangs mehr Ausfluss des die ganze Mark umschlingenden genossenschaftlichen Bandes, als eine auf dem besonderen Titel des benachbarten Grundstückes ruhende individuelle Modification eines (an sich absolut gedachten) Eigenthums war«. (Nach O. GIERKE, *Das deutsche Genossenschaftsrecht. Zweiter Band: Geschichte des deutschen Körperschaftsbegriffs, S. 216—218.*) Und ein Kenner der indischen Bauerschaften schildert dieselben als gleichartig mit den primitiven Verfassungen des Westens, und die Gemeinde als ein organisirtes, selbständiges und selbstthätiges Wesen. »Sie schliesst thatsächlich ein fast vollständiges Gerüste von Beschäftigungen und Gewerken ein, welche sie befähigt, ihr collectives Leben fortzusetzen ohne Beistand von einer auswärtigen Person oder Körperschaft. Ausser dem Hauptmann oder Rath, welche in einigem Maasse richterliche und gesetzgebende Gewalt ausüben, enthalten sie eine Dorfpolizei ...., und schliessen unterschiedliche Familien erblicher Handwerke ein: den Grobschmied, den Geschirrmacher, den Schuster. Da findet sich der Brahmine für den Vollzug von Ceremonien, und sogar die Tänzerin zur Aufwartung bei Festlichkeiten. Regelmässig ist ein Dorf-Rechenmeister vorhanden .... und die Person, welche irgend eines dieser erblichen Gewerbe betreibt, ist in Wirklichkeit sowohl ein Knecht der Gemeinde als eines ihrer constituirenden Mitglieder. Er wird bisweilen bezahlt durch eine Zubilligung von Getreide, häufiger durch Anweisung eines Stückes vom bebauten Lande an seine Familie zu erblichem Besitze.

Was er überdies etwa zu fordern hat für producirte Waaren, ist beschränkt durch einen herkömmlichen Preismaasstab, von welchem nur sehr selten abgewichen wird. Es ist die Zuweisung eines bestimmten Looses im angebauten Gebiete an einzelne Gewerke, welche die Vermuthung gestattet, dass die ursprünglichen teutonischen Gruppen in ähnlicher Weise selbst-genüglich waren.« (SIR H. S. MAINE, *Village Communities in the East and West p. 125 f.*) Und dies wird bestätigt in Beschreibung der deutschen Mark: »Für die Zwecke der Gemeinde als solcher wurde, nach heutiger Vorstellung, die Allmende auch insoweit verwandt, als aus ihr die Vorstände, Beamten und Diener der Gemeinde Lohn und Entschädigung erhielten. Mitunter wurden für sie förmliche Amtslehen zum Sonderbesitz aus der Mark geschieden. Fast überall aber gewährte man ihnen in Wald und Weide besondere Nutzungen, die den Charakter von Besoldungen trugen. Hierher gehörten, bis sie mit der Verwandlung des Amtes in Herrenrecht ihr Wesen änderten, die Nutzungsvorrechte der Obermärker, Holzgrafen, Holzrichter u. s. w. Ebenso die amtlichen Nutzungen oder Vorrechte der Dorf- und Bauerrichter. Besonders aber sind es die mancherlei auf Einräumung der Gesammtheit beruhenden Genussrechte der Schöffen, Geschworenen, Förster, Mahlleute, Baumwarte, Weibel, Hirten und sonstigen Gemeindebeamten, welche oft ausdrücklich als Ausfluss ihres Amtes, als Entschädigung für ihre Mühe bezeichnet und behandelt werden. Auch die Nutzungsrechte der Geistlichen und Schullehrer werden oft ähnlich aufgefasst. Und endlich hatten meist auch die Allmendenutzungen der von der Gemeinde oder dem Grundherren zum Gewerbebetriebe in der Mark verstatteten Handwerker einen verwandten Charakter. Denn die Handwerker galten als Angestellte der Gemeinde, und waren als solche nicht nur befugt, sondern verpflichtet, für sie und ihre Mitglieder ausschliesslich oder zunächst zu arbeiten, oder auch wohl ein bestimmtes Maass von Arbeiten, sei es als Abgaben, sei es gegen feste Preise zu liefern: die am Gemeingut ihnen eingeräumten Nutzungen aber, welche den Handwerksbetrieb erst ermöglichten und zugleich als Entgelt dafür angesehen wurden, stellten sich als eine Art von Besoldung dar. In allen diesen Fällen indess erscheint das, worin wir eine Verwendung der Allmende zur Bezahlung besonderer der Gemeinde als solcher geleisteter Dienste zu erblicken geneigt sind, der gemeinschaftlichen Denkungsart zugleich als eine Verwendung des Allen gemeinen Gutes für die unmittelbaren Bedürfnisse Aller. Denn Vorsteher, Beamte und Diener so gut wie angestellte Handwerker sind von der Gesammtheit schlechthin beauftragt, und ihr so gut in ihrer Vielheit wie in ihrer Einheit nützlich.« (Nach GIERKE *l. c. p. 239 f.*) Sie sind wahre Organe ihres Leibes. Die Verfassung des Zusammenlebens ist ökonomisch, das heisst kommunistisch.

§ 18.

Und so ist auch die Stadt, nach der aristotelischen Beschreibung, und nach der Idee, welche ihren natürlichen Erscheinungen unterliegt, ein sich selbst genügender Haushalt, ein gemeinschaftlich lebender Organismus. Wie auch immer ihre empirische Entstehung sein mag, ihrem Dasein nach muss sie als Ganzes betrachtet werden, in Bezug worauf die einzelnen Genossenschaften und Familien, aus welchen sie besteht, in nothwendiger Abhängigkeit sich befinden. So ist sie mit ihrer Sprache, ihrem Brauch, ihrem Glauben, wie mit ihrem Boden, ihren Gebäuden und Schätzen, ein Beharrendes, das den Wechsel vieler Generationen überdauert, und theils aus sich selber, theils durch Vererbung und Erziehung ihrer Bürgerhäuser, wesentlich gleichen Charakter und Denkungsart immer auf's Neue hervorbringt. Und ob sie durch eigenen Besitz und den ihrer Bürger oder durch regelmässigen Bezug aus umgebendem Gebiete, ihrer Nahrung und der Stoffe für ihre Arbeit sicher ist, so widmet sie die Fülle ihrer Kraft auf die feinere Thätigkeit des Gehirnes und der Hände, welche als Verleihung einer gefälligen, d. i. dem gemeinsamen Sinne und Geiste harmonischen Form, das allgemeine Wesen der Kunst darstellt. Denn seiner Tendenz nach, und wie es durch irgendwelchen Stil der Gemeinde oder ihrer Stände bedingt wird, ist alles städtische Handwerk wahre Kunst; wenn auch in einigen Zweigen sich diese Tendenz wenig verwirklichen kann. Als Kunst aber ist das Hand-

werk zuerst für das Gesammtbedürfniss da: als Baukunst
für Mauern, Thürme und Thore, für Rathhäuser und Gottes-
häuser der Stadt; als Plastik und Malerei, um solche Häuser
aussen und innen zu schmücken, das Gedächtniss der Gottheiten und hervorragender Menschen durch Bildnisse zu
erhalten und zu pflegen, überhaupt aber das Würdige und
Ewige auch den Sinnen nahe zu bringen. Der enge Zusammenhang, insbesondere von Kunst und Religion (die
Kunst beruht, wie Goethe gesagt hat, auf einer Art von
religiösem Sinn) ist schon im Leben des Hauses begründet.
Aller ursprünglicher Kultus ist familienhaft, daher als häus-
licher Kultus, wo Herd und Altar in ihren Anfängen eines
und dasselbe sind, am meisten kräftig gestaltet; und der
Kultus selbst ist eine Kunst. Was für die Abgeschiedenen
und Verehrten gethan wird, geschieht aus feierlicher, ernster
Stimmung, auf eine besonnene abgemessene Weise, dazu
angethan, dieselbe Stimmung zu erhalten und folglich hervorzurufen. Hier wird auf das Gefällige in den Verhältnissen der Reden, der Handlungen, der Werke, und das ist,
was in sich selber ein Maass — Rhythmus und Harmonie —
hat, aber auch dem ruhigen Sinne des Geniessenden, als
ob er es aus sich selber erzeugt hätte, gemäss ist, mit
Strenge geachtet; das Misfällige, Maasslose, dem Herkommen
Widrige, verabscheut und ausgestossen. Denn freilich kann
das Alte und Gewohnte, aber auch dieses allein, das Streben
nach Schönheit im Kultus hemmen; und doch nur, weil es
für die Gewohnheit und das ehrfürchtig-fromme Gemüth
eine eigenthümliche Schönheit und Heiligkeit an sich trägt.
Im städtischen Leben gibt aber die Anhänglichkeit an das
Hergebrachte nach; die Lust am Gestalten überwiegt.
In demselben Verhältnisse treten die redenden Künste gegen
die bildenden zurück; oder verbinden und assimiliren sich
die redenden den bildenden. Religion, in ihren Anfängen
der Betrachtung des Todes vorzüglich hingegeben, hat im
Dorfleben als Verehrung der Naturmächte, frohere Beziehung
auf das Leben gewonnen. In ungeheuren Phantasieen thut
sich das Jauchzen über ewig neues Werden kund. Die
Dämonen, welche als Vorfahren nur beruhigte Gespenster
sind, von unterirdischer Existenz, halten als Götter ihre
Auferstehung und werden in den Himmel erhoben. Die Stadt

bringt wiederum die Götter sich näher, indem sie ihre Gestalten sich abbildet und alle Tage betrachtet, wie sonst nur den Laren des Hauses geschah, die nun allmählich immer schattenhafter werden. Zugleich aber empfangen die Götter, gleichsam vom Himmel herabgeholt, eine gedankenhaftere Bedeutung; sie werden Vorbilder sittlicher Reinheit, Tüchtigkeit, Güte; ihre Priester werden Lehrer und Prediger der Tugend. Hierdurch erst vollendet sich die Idee der Religion. Ein solches Element wird aber um so nothwendiger, je mannigfacher und bunter das städtische Leben wird, je mehr Verwandtschaft und Nachbarschaft als Gründe freundwilliger Empfindung und Thätigkeit, wie auch inniger Bekanntheit und gegenseitiger Scham, ihre Kraft einbüssen oder auf engere Kreise einschränken. Um so lebhafter ist die Anregung zur Kunst als einer priesterlichen Praxis; denn das Gute und Edle, und in diesem Sinne Heilige, muss mit Sinnen wahrgenommen werden, um auf Gedanken und Gewissen zu wirken. Auch werden Handwerk und Kunst wie ein religiöser Glaube, ja als Mysterium und Dogma, durch Lehre und Beispiel fortgepflanzt; daher am ehesten in der Familie sich erhaltend, den Söhnen überliefert, von Brüdern getheilt, und so knüpft wohl an einen Ahnen und Erfinder der Kunst die Genossenschaft als ein Clan sich an, der des gemeinsamen Erbes waltet, und stellt als integrirendes Glied der Bürgerschaft ein »Amt« der Stadt-Gemeinde dar. Indem aber die Gesammtheit von Gewerken mehr und mehr das Wesen der Stadt constituirt, gelangen sie dann wohl zu einer vollkommenen Freiheit und Herrschaft in Bezug auf dieselbe; die Stadt wird zur Hüterin ihres gemeinschaftlichen Friedens und der Ordnungen, in welchen derselbe als Organisation der Arbeit nach innen und nach aussen sich geltend macht. Das sind heilige Ordnungen von unmittelbarer sittlicher Bedeutung. Die Zunft ist eine religiöse Gemeinde; so ist die Stadt selber. Und diesem gemäss wird auch das gesammte wirthschaftliche Dasein einer vollkommenen Stadt — sei es, dass wir in der hellenischen oder germanischen Welt dieselbe suchen — nicht verstanden werden, wenn nicht Kunst wie Religion als höchste und wichtigste Angelegenheit der ganzen Stadt, daher ihrer Regierung, ihrer Stände und

Gilden angenommen wird; als Inhalt ihres täglichen
Lebens, als Maass und Regel ihres Dichtens und Trachtens,
ihrer Ordnung und ihres Rechtes wirksam und gültig. Die
Polis, sagt PLATON (in den Gesetzen), ist wie ein echtes
Drama. Erhaltung ihres Selbst in Gesundheit und Kraft
ist selber eine Kunst; wie der vernünftige und tugendhafte
Wandel des einzelnen Menschen Kunst ist. Darum sind
für sie auch Einkauf und Verkauf von Waaren, mit den
so wesentlichen Rechten des Stapels und der Märkte, nicht
Sache unternehmender Individuen, sondern von ihr selber
oder durch ein Amt in ihrem Namen ausgeübte Betriebe.
Der Rath wird Sorge tragen, dass nicht Sachen, welche die
Stadt selber nöthig hat, hinausgebracht oder schädliche
Dinge hereingeführt werden; die einzelne Zunft, dass die
von ihren Meistern verkauften Sachen würdig und gut seien;
die Kirche oder Priesterschaft wird sich bemühen, die auflösenden Wirkungen des Handels und Wandels abzuwehren.
— Den somit angedeuteten gemeinschaftlichen Charakter
der Stadt betrachten ökonomische Historiker mit Recht unter
ausschliesslich commerciellem und politischem Gesichtspunkte.
In diesem Sinne sind einige treffende Sätze SCHMOLLER's
(Jahrbuch für Gesetzgebung u. s. w. VIII, 1) für die vor-
getragene Ansicht bestätigend. Auf bedeutende Weise hebt
er »die Anlehnung der jeweiligen wesentlichen wirthschaft-
lich-socialen Einrichtungen an die wichtigsten politischen
Körper« hervor (wenn auch ohne Natur und Grenzen des
gemeinschaftlichen Lebens zu erkennen). Und demnach
heisst es: »das Dorf ist ein geschlossenes Wirthschafts- und
Handelssystem für sich« [mit dem Dorfe konnte hier, für
die germanische Kultur, Frohnhof und Kloster, auf gleiche
Linie gesetzt werden]. »Wie die Dorfgemeinde mit ihren
Organen, so entwickelt sich noch viel mehr die Stadt zu
einem wirthschaftlichen Körper, mit eigenthümlichem, kräf-
tigem, alles Einzelne beherrschendem Leben.« . . . . . »Jede
Stadt, besonders jede grössere Stadt, sucht sich in sich als
ein wirthschaftliches Ganzes abzuschliessen, nach aussen
ihre Wirthschaft und Machtsphäre so weit auszudehnen, als
es geht.« Und so des Weiteren.

ZWEITER ABSCHNITT.

THEORIE DER GESELLSCHAFT.

§ 19.

Die Theorie der Gesellschaft construirt einen Kreis von Menschen, welche, wie in Gemeinschaft, auf friedliche Art neben einander leben und wohnen, aber nicht wesentlich verbunden, sondern wesentlich getrennt sind, und während dort verbunden bleibend trotz aller Trennungen, hier getrennt bleiben trotz aller Verbundenheiten. Folglich finden hier keine Thätigkeiten statt, welche aus einer a priori und nothwendiger Weise vorhandenen Einheit abgeleitet werden können, welche daher auch insofern, als sie durch das Individuum geschehen, den Willen und Geist dieser Einheit in ihm ausdrücken, mithin so sehr für die mit ihm Verbundenen als für es selber erfolgen. Sondern hier ist ein Jeder für sich allein, und im Zustande der Spannung gegen alle Uebrigen. Die Gebiete ihrer Thätigkeit und ihrer Macht sind mit Schärfe gegen einander abgegrenzt, so dass Jeder dem Anderen Berührungen und Eintritt verwehrt, als welche gleich Feindseligkeiten geachtet werden. Solche negative Haltung ist das normale und immer zu Grunde liegende Verhältniss dieser Macht-Subjecte gegen einander, und bezeichnet die Gesellschaft im Zustande der Ruhe.

Keiner wird für den Anderen etwas thun und leisten, Keiner
dem Anderen etwas gönnen und geben wollen, es sei denn
um einer Gegenleistung oder Gegengabe willen, welche er
seinem Gegebenen wenigstens gleich achtet. Es ist sogar
nothwendig, dass sie ihm willkommener sei, als was er hätte
behalten können, denn nur die Erlangung eines Besser-
Scheinenden wird ihn bewegen, ein Gutes von sich zu lösen.
Wenn aber ein Jeder solchen Willens theilhaftig ist, so ist
durch sich selber deutlich, dass zwar die Sache a für das
Subject B besser sein kann als die Sache b, und ebenso
die Sache b für das Subject A besser als die Sache a;
aber nicht ohne diese Relationen zugleich a besser als b,
und b besser als a. Es macht nun die Frage sich geltend,
in welchem Sinne überhaupt von Güte oder Werth von
Sachen, der von solchen Relationen unabhängig sei, geredet
werden könne. Worauf zu antworten. In der hier ge-
botenen Vorstellung werden alle Güter als getrennte vorausgesetzt, wie ihre Subjecte; was Einer hat und geniesst, das
hat und geniesst er mit Ausschliessung aller Uebrigen;
es gibt kein Gemeinsam-Gutes in Wirklichkeit. Es kann
solches geben, durch Fiction der Subjecte; welche aber
nicht anders möglich ist, als indem zugleich ein gemeinsames
Subject und dessen Wille fingirt oder gemacht wird,
worauf dieser gemeinsame Werth bezogen werden muss.
Solche Fictionen werden aber nicht ohne zureichenden
Grund erfunden. Zureichender Grund dafür ist schon in
dem einfachen Acte der Hingabe und Annahme eines Gegenstandes vorhanden, insofern als dadurch eine Berührung
und Entstehung eines gemeinsamen Gebietes stattfindet, das von beiden Subjecten gewollt wird, und während
der Zeitdauer der »Transaction« beharrt; welche Dauer
sowohl als eine verschwindende oder gleich Null gesetzt
werden, als auch in der Vorstellung zu beliebiger Länge
ausgedehnt werden kann. In dieser Zeit hat solches aus
dem Gebiete, sage des A sich ablösende Stück aufgehört,
ganz und gar unter diesem Willen oder dieser Herrschaft
zu stehen; es hat noch nicht angefangen, ganz und gar
unter dem Willen und der Herrschaft, sage des B zu stehen:
es steht noch unter einer partiellen Herrschaft des A

und schon unter einer partiellen Herrschaft des B. Es ist abhängig von beiden Subjecten, insofern als ihre Willen in Bezug darauf gleich-gerichtet sein mögen, wie es der Fall ist, so lange als der Wille des Gebens und Empfangens dauert; es ist gemeinsames Gut, socialer Werth. Der darauf bezogene, verbundene und gemeinsame Wille kann nun als ein einheitlicher gedacht werden, welcher bis zur Ausführung des zwiefachen Actes von Jedem fordert, denselben zu vollenden. Er muss als eine Einheit gedacht werden, insofern er als Subject begriffen oder ihm ein Subject gegeben wird; denn etwas als Seiendes oder als Ding denken, und es als Einheit denken, ist einerlei. Hier aber möge mit Sorgfalt unterschieden werden, ob und wie lange solches *ens victivum* nur für die Theorie, oder im wissenschaftlichen Denken vorhanden sei; oder, und wann, auch im Denken seiner eigenen Subjecte, für bestimmten Zweck von ihnen gesetzt (was voraussetzt, dass sie schon ohnehin gemeinsamen Wollens und Thuns fähig sind); denn wiederum ein Anderes ist es, wenn sie nur als Theilnehmer an der Urheberschaft des im wissenschaftlichen Sinne Objectiven vorgestellt werden (insofern als es Dasjenige ist, was unter gegebenen Bedingungen ›Alle‹ denken müssen). Und es muss allerdings verstanden werden, dass jeder Act des Gebens und Empfangens, in der angezeigten Weise, einen socialen Willen implicite mitsetzt. Nun aber ist sothane Action nicht denkbar ohne ihren Grund oder Zweck, d. i. die angenommene Gegengabe, und folglich, da diese Action ebenso bedingt ist, so kann keine der anderen vorhergehen, sie müssen in der Zeit zusammenfallen, oder — denselben Gedanken anders auszudrücken —: die Annahme ist gleich der Hingabe eines angenommenen Ersatzes; so dass der Tausch selber, als vereinigter und einziger Act, Inhalt des fingirten Social-Willens ist. In Bezug auf denselbigen Willen sind die ausgetauschten Güter oder Werthe gleich. Die Gleichheit ist sein Urtheil und ist gültig für die beiden Subjecte, insofern als sie, in ihrer Einigkeit, es gesetzt haben; daher auch nur für die Dauer des Tausches, und in Bezug auf den Zeitpunkt desselben. Damit es, auch in dieser Beschränkung, objectiv oder allgemein-gültig werde, so muss es als von »Allen« gefälltes Urtheil erscheinen. Alle müssen daher diesen einzigen Willen haben; der Tausch-Wille verallgemeinert sich; Alle nehmen Theil an dem einzelnen Acte und bestätigen ihn, er wird absolut-öffentlich. Im Gegentheile kann die Allgemeinheit diesen einzelnen Act verneinen; sie erklärt: a ist nicht = b, sondern > b oder < b; d. i. die Sachen sind nicht nach ihrem wahren Werthe ausgetauscht. Der wahre Werth ist der Werth in Bezug auf Alle, als allgemeines gesellschaftliches Gut gedacht. Er wird constatirt, wenn Niemand die eine Sache in der anderen höher oder niedriger schätzt. Es ist aber nur das Vernünftige, Richtige, Wahre, in Bezug worauf Alle nicht auf zufällige, sondern auf nothwendige Weise übereinstimmen; so dass sie in Bezug darauf einig sind, und concentrirt gedacht werden in dem messenden, wägenden, wissenden Richter, welcher das objective Urtheil fällt. Dieses müssen Alle anerkennen, müssen darnach sich richten, insofern als sie selber Vernunft oder ein objectives Denken haben, also denselben Maasstab gebrauchen, mit derselben Waage wägen.

§ 20.

Was ist es nun, das als Maasstab, oder als Waage vorgestellt wird in der denkenden Vergleichung? Wir kennen die »Eigenschaft«, deren Menge in diesem festen Prüfer ausgedrückt werden soll, und nennen sie »Werth«. Dieselbige darf aber hier gar nicht mehr als »Güte« verstanden werden, insofern als Güte etwas ist, was von einem realen Subjecte empfunden wird: denn die Verschiedenheit solcher Empfindung in Bezug auf dasselbe Object ist Voraussetzung des vernünftigen Tausches. Und dagegen suchen wir die Gleichheit des Werthes, im objectiven Urtheil, von verschiedenen Objecten. Die natürliche Schätzung vergleicht Objecte, die zu derselbigen Gattung gehören, und hier ist das Ergebniss Bejahung oder Verneinung, stärkere oder schwächere, je nachdem sie der Idee einer solchen Sache gemäss zu sein oder zu widersprechen scheinen. In diesem Sinne kann man auch die allgemeine

Gattung brauchbarer (nützlicher) Dinge bilden, um einige als nothwendig, andere als überflüssig zu bezeichnen, einige als sehr nützlich hervorzuheben, andere als sehr schädlich zu verwerfen; hier aber müsste die Menschheit als ein Ganzes gedacht werden, oder doch eine Gemeinschaft von Menschen, welche, gleich dem Individuo, lebe, und mithin Bedürfnisse habe; einig in ihrem Willen sei, mithin Nutzen und Schaden theile (da nämlich das Urtheil zugleich als subjectives vorgestellt wird). Aber, wenn man die Gleichheit des Werthes zweier ausgetauschten Sachen behauptet, so ist keinesweges die Meinung, dass dieselben für ein Gesammtwesen in gleicher Weise nützlich oder nothwendig seien. Es müsste dann auch die Möglichkeit aufgestellt werden, dass Jemand absolut schädliche Sachen einkaufe. Aber dies wäre ungeheuerlich und utopisch. Man mag mit Grund sagen, dass das Urtheil, welches von der Begierde involvirt wird, falsch sei, dass also Mancher ein für sich schädliches Ding durch Tausch erwerbe. Aber offenbar ist der Branntwein, welcher dem Arbeiter schadet, für den Brennerei-Unternehmer durchaus nützlich, nicht indem er ihn trinkt, sondern indem er ihn verkauft. Damit eine Sache überhaupt als gesellschaftlicher Werth gelte, dazu ist nur erforderlich, dass sie auf der einen Seite im Ausschluss gegen Andere gehabt, auf der anderen von irgend einem Exemplare der menschlichen Gattung begehrt werde; alle ihre übrige Beschaffenheit ist schlechthin gleichgültig. Dass sie eine gewisse Menge von Werth habe, heisst also niemals, dass sie mit so grosser Nützlichkeit angethan sei. Der Werth ist eine objective Qualität: wie die Länge für Gesicht und Getast, die Schwere für Getast und Muskelsinn, so der Werth für den gesellschaftliche Thatsachen anfassenden und begreifenden Verstand. Derselbige sieht Sachen darauf an, und prüft sie, ob sie rasch herstellbar sind oder viele Zeit erfordern; ob sie leicht sich beschaffen lassen, oder schwere Mühe kosten, er misst ihre Wirklichkeit an ihrer Möglichkeit und setzt ihre Wahrscheinlichkeit fest. Diese ist das einzige, für den vernünftigen Tauscher subjective, für die Tauschgesellschaft absolute Kriterion des Werthes. Welches behaupten zunächst nicht mehr heisst

als sagen, dass jeder Vernünftige in Bezug auf feilgebotene
Gegenstände den Gedanken habe (haben müsse), dass dieselben ihrer Natur nach etwas k o s t e n, um überhaupt und
insbesondere, um an diesem Orte, zu dieser Zeit, da zu
sein; sei es, dass sie andere Gegenstände, um die sie ein-
getauscht wären, sei es, dass sie Arbeit, oder endlich, dass
sie beides gekostet haben. Aber die menschliche Gesellschaft, dieses *ens fictivum*, tauscht n i c h t s ein; es sei denn,
dass sie als besondere Person begriffen werde (was hier
noch ausser aller Frage ist); denn da nur Menschen mit
Menschen tauschen, so ist kein Wesen da, das sich ihr
g e g e n ü b e r s t e l l e n könnte; für s i e kosten daher Gegenstände n u r Mühe und Arbeit; und zwar, da Raub wie
Tausch die Existenz derselben schon voraussetzt, nichts als
hervorbringende, pflegende und züchtende, schaffende und
Stoffe gestaltende Arbeit, als Ursache des Daseins von
Dingen in bestimmter Z e i t, zu welcher inneren noch die
äussere Arbeit der Bewegung im Raume hinzukommen
kann, als Ursache ihres Daseins an bestimmtem O r t e. Die
Dinge sind ihr daher alle gleich und jedes einzelne oder
jede Menge bedeutet ihr nur eine gewisse Q u a n t i t ä t der
f ü r s i e n o t h w e n d i g e n Arbeit; daher wenn einige Arbeit
geschwinder ist als die andere, einige ergiebiger (productiver), d. i. dieselben Dinge mit geringerer Mühe (durch
grössere Geschicklichkeit oder bessere Werkzeuge) hervorbringt, so werden in ihr und durch sie alle diese Unterschiede aufgelöst in Quantitäten der gleichen durchschnittlichen A r b e i t s z e i t. Das will sagen: je mehr der Austausch von W a a r e n allgemein oder gesellschaftlich wird:
nämlich je mehr Jeder seine Waare für Alle feil hält, und
je mehr Alle fähig sind, dieselbe Waare hervorzubringen,
aber aus eigener Einsicht und Wahl Jeder auf die für ihn
l e i c h t e s t e sich beschränkt; also dass nicht eine ihrer
Natur nach gemeinschaftliche Arbeit getheilt w i r d, oder
s i c h theilt, indem besondere Künste ausgebildet, vererbt,
gelehrt werden, sondern vielmehr die Subjecte ein Stück
Arbeit nehmen, welches dem Preise, den die Gesellschaft
darauf setzt, am nächsten entsprechen möge, also das möglichst geringe Quantum ü b e r f l ü s s i g e r Arbeitszeit für sich

fordere. So lässt sich Gesellschaft denken, als ob sie in Wahrheit aus solchen getrennten Individuen bestehe, welche für die allgemeine Gesellschaft thätig sind, indem sie für sich thätig zu sein scheinen, und welche für sich thätig sind, indem sie es für die Gesellschaft zu sein scheinen. Durch immer erneuerte Theilung und Wahl würde so zuletzt der Einzelne auf wirklich gleiche und einfache oder elementare Arbeit kommen, als auf ein Atom, das er zu der gesellschaftlichen Gesammtarbeit beitrüge, und aus welchen diese zusammengesetzt würde. Durch den Tausch alsdann entledigt sich Jeder des für ihn nicht brauchbaren Werthes, um einen gleichen für ihn brauchbaren Werth sich anzueignen. Wie aber die wirkliche Structur der Gesellschaft zu solchem Begriffe sich verhalte, wird Verlauf und Ende dieser Erörterung zeigen.

§ 21.

Wenn nun auch nichts als Austausch von Waare gegen Waare in einem fortwährenden Zustande geschähe, so würde doch jeder Waarenmacher dadurch in eine vollkommene Bedingtheit und Abhängigkeit von allen übrigen Waarenmachern sich befinden, indem sein Beitrag bestimmt wäre, ihm einen Antheil an allen übrigen geniessbaren Waaren, dazu aber seinen nothwendigen Ersatz an Arbeitsmitteln (woran nicht gleiches, sondern verschiedenes Bedürfniss Aller vorausgesetzt wird) zu verschaffen. Dies ist die Abhängigkeit von der Gesellschaft; welche doch auch ein Stück der Ueberlegenheit und Verfügung über die Gesellschaft in sich enthält. Daher drückt sich der Zustand in abwechselnder Weise als ein bittender und als ein befehlender aus: jener bezeichnet durch die Feilhaltung der Waare als Werthes, dieser durch die Feilhaltung des Werthes als einer Waare. Wenn nämlich eine allgemeine Waare vorhanden ist, welche durch die Anerkennung Aller, d. i. durch den Willen der Gesellschaft ihren Stempel als solche empfängt, so bedeutet dieselbe, als die schlechthin begehrte, eine Macht über jede beliebige andere, welche sie selber, d. i. ihr Inhaber, für sich einzutauschen versuchen mag; sie repräsentirt den abstracten Begriff des Werthes. Es ist dadurch nicht ausgeschlossen, dass sie selber Werth habe, wenn sie ihn nur in einer handlichen, in gleiche Theile zerlegbaren, leicht constatirbaren Form darstellt, und mit den übrigen bekannten Eigenschaften, wie sie am meisten den sogenannten edlen Metallen zukommen, und diese sind so nothwendig, um die Werthe zu messen und ihre Verhältnisse zu einander als einheitliche Preise festzusetzen, als eine Masse ist, in welcher die Gewichte und die specifischen Gewichte der Körper ausgedrückt werden. Die Gesellschaft, welcher Gold und Silber gehört (denn es gehört Niemandem, insofern als es Geld ist: *l'argent n'a pas de maître*), bestimmt in Quantitäten desselben die Marktpreise der Waaren, über welche das individuelle Belieben von Verkäufer und Käufer, ihr Dingen und Feilschen, nur in sehr engen Grenzen sich hinauf- oder hinunterbewegen kann. Jedoch reiner als durch irgendwelche »Münze« wird der **Begriff des Geldes** dargestellt durch eine an sich werth-lose Waare, dergleichen ein mit Zeichen versehenes Papier ist, welche also nicht blos ihre Bedeutung, sondern auch ihren Werth allein durch die Gesellschaft erhält und nicht bestimmt ist, auf irgend eine andere Weise gebraucht zu werden, als in diesem gesellschaftlichen Gebrauche des Tausches. Daher will Niemand solches Geld haben, um es zu haben, und Jeder, um es loszuwerden. Während alle übrigen und concreten Dinge gut sind so lange und in dem Maasse, als sie ihre Idee durch nützliche oder angenehme Wirkungen auf den Besitzer ausdrücken, so ist dieses abstracte Ding nur gut so lange und in dem Maasse, als es auf den Nichtbesitzer einen Reiz durch die Vorstellung auszuüben vermag, dass er wiederum dieselbe Wirkung nach aussenhin dadurch ausüben werde. Andererseits hat jedes Ding als Waare einen Antheil an dieser Qualität- und Werthlosigkeit des Geldes; jede Waare ist in einem gewissen Grade Geld; und sie ist um so besser, je mehr sie Geld ist (je currenter sie ist). — Die Gesellschaft producirt ihren eigenen Begriff als Papiergeld und bringt ihn in Umlauf, indem sie ihm Kurs gibt. Dies gilt, insofern als der Begriff des Werthes dem Begriffe der Gesellschaft als nothwendiger Inhalt ihres Willens inhärirt. Denn Gesellschaft ist nichts als die abstracte Vernunft — deren jedes vernünftige Wesen in seinem Begriffe theilhaftig ist — insofern dieselbe zu wollen und zu wirken gedacht wird. Die abstracte Vernunft in einer speciellen Betrachtung ist die wissenschaftliche Vernunft, und deren Subject ist der objective Relationen erkennende, d. h. der abstracte Mensch. Und folglich verhalten sich wissenschaftliche Begriffe, die ihrem gewöhnlichen Ursprunge und ihrer dinglichen Beschaffenheit nach Urtheile sind, durch welche Empfindungscomplexen Namen gegeben werden, innerhalb der Wissenschaft, wie Waaren innerhalb der Gesellschaft. Sie kommen zusammen im System wie Waaren auf dem Markte. Der oberste wissenschaftliche Begriff, welcher nicht mehr den Namen von etwas Wirklichem enthält, ist gleich dem Gelde. Z. B. der Begriff Atom oder der Begriff Energie.

§ 22.

Der einige Wille in jedem Tausche, sofern der Tausch als gesellschaftlicher Act gedacht wird, heisst Contract. Er ist die Resultante aus zwei divergirenden Einzelwillen, die sich in einem Punkte schneiden. Er dauert bis zur Vollendung des Tausches, will und fordert die zwei Acte, aus welchen derselbe sich zusammensetzt; jeder Act kann aber in eine Reihe von Theilacten auseinanderfallen. Da er sich immer auf mögliche Handlungen bezieht, so wird er inhaltlos und hört auf, indem solche Handlungen wirklich, oder indem sie unmöglich werden: jenes Erfüllung, dieses Bruch des Contractes. Der einzelne Wille, welcher in den Contract eingeht, bezieht sich entweder auf seine gegenwärtige und wirkliche Handlung — wie in Hingabe von Waare oder Geld — oder auf seine zukünftige und mögliche Handlung — sei es als einen übrigbleibenden Theil der in ihrer Gesammtheit als gegenwärtig gedachten, folglich etwa als Hingabe des Restes von Waare oder Geld zum Inhalte habend; sei es, dass dieselbe ganz und gar und mit ihrem Beginne in einen entfernten Zeitpunkt (den Termin) hineingedacht werde —; so dass entweder für den Theil oder für das Ganze der blosse Wille hingegeben und angenommen wird. Der blosse Wille kann zwar auch

auf andere Weise evident werden, aber eigentlich wahrnehmbar nur, wenn er in ein Wort verwandelt und dadurch
ausgedrückt worden ist. Das Wort wird gegeben anstatt
der Sache. Es hat für den Empfänger den Werth derselben in dem Maasse, als die Verbindung von Wort und
Sache eine nothwendige, also die Erlangung für ihn gewiss
ist. Es hat keinen Werth als »Pfand«; denn es kann
weder genossen noch als Sache für sich verkauft werden.
Aber es ist gleich der ideellen Hingabe der Sache selber;
der Empfänger hat das vollkommene Recht auf die Sache
erworben, das Einzige, was er ausser durch seinen eigenen
Willen (dessen actuelle Macht den natürlichen Grund des
thatsächlichen Eigenthums ausmachen würde) haben
kann: nämlich durch den allgemeinen, den gesellschaftlichen
Willen; denn die Gesellschaft, unfähig, jeden Fall zu prüfen,
präsumirt für Hingabe als bedingt durch Austausch, und
für Austausch von Aequivalenten: dies will nichts Anderes
sagen, als dass in der richtig begriffenen Gesellschaft nicht
blos der actuelle Zustand eines Jeden, sondern auch jeder
Austausch und folglich jedes Versprechen als dem Willen
Aller gemäss gültig, d. h. als rechtmässig gedacht wird,
mithin als bindend. Zuerst aber erfordert es die Einwilligung des Empfängers; denn nur mit seinem Willen kann
eine Sache, die ihm gehört (aus dem Grunde des Tausches
als dem allein denkbaren), in den Händen des Anderen
bleibt. Seine Einwilligung kann als ein eigenes Versprechen, dass er sie ihm bis zum Termine lassen und nicht
entreissen wolle, gedeutet werden. Wenn aber im Allgemeinen jedes Versprechen als auf künftige Hingabe eines
Tauschgegenstandes bezüglich gedacht wird, so ist sie vielmehr gleich einer gegenwärtigen Hingabe auf gemessene
Zeit, zu einem Eigenthume, welches nur durch den Contract-
willen bedingt, als »Schuld« des Inhabers in Bezug auf
seinen »Gläubiger« ein negatives Eigenthum darstellt, nämlich die Nothwendigkeit, das Geschuldete an einem
bestimmten Zeittermine herauszugeben, während positives
Eigenthum im gesellschaftlichen Sinne, vielmehr die absolute
(ungebundene) Freiheit ist, über seine Sache bis in unbegrenzte Zeit und in Bezug auf Jeden zu verfügen. Auch

das Debitum ist wahres Eigenthum in Bezug auf jeden
Dritten, selbst n a c h dem Termine des Verfalles (und hier-
auf beruht der abstracte Schutz der *possessio* in gesell-
schaftlichen Rechtssystemen), ja auch in Bezug auf den
Gläubiger bis zu diesem Termine. Daher ist es nur in
Bezug auf diesen und nur durch diese Nothwendigkeit der
»Zahlung« beschränkt, d. h. negirt. Ebenso ist aber das
Eigenthum des Gläubigers an d e r s e l b e n Sache, welches
vom Termine an absolut ist gegen Alle, bis dahin mit allen
Consequenzen negirt durch die Abtretung an den Schuldner;
mit dieser seiner Beschränkung heisst es »Forderung« in Bezug
auf den Schuldner, als Freiheit oder Recht, denselben zur
Herausgabe zu n ö t h i g e n, von dem Termine des Verfalles
ab. Es ist also ein gemeinsames u n d g e t h e i l t e s Eigenthum in dieser Zwischenzeit: indem das vollkommene Eigenthum dem Gläubiger gehört, m i t A u s n a h m e der zeitweiligen Verfügung, welche dem Schuldner gehört.

§ 23.

Somit ist in einem solchen b e s o n d e r e n Contracte
ebensosehr der Empfänger activ, welcher »den Credit gibt«,
als der Versprechende, welcher den Credit »nimmt«. Der
regelmässige Fall aber, welcher aus dem Tausch von Waare
gegen Waare, durch die Entwicklung desselben zum Verkauf von Waare gegen Geld hervorgeht, ist der Verkauf von
Waare gegen (gegebenen) Credit. Durch die Form des Credits
trifft dieses Geschäft zusammen mit dem D a r l e h n, welches
in seiner entfalteten Erscheinung Verkauf von G e l d gegen
Credit ist. Aber dort ist Credit die aufgeschobene und oft —
zur grossen Erleichterung des Tauschverkehrs — durch
Gegenforderungen a u f g e h o b e n e Zahlung: das Versprechen leistet, entweder zeitweilig oder überhaupt, die
Dienste des Geldes; es ist Geldsurrogat, daher um so vollkommener, je mehr es durch Zahlungsfähigkeit oder durch
Gegenforderungen des Schuldners zuverlässig ist. Um so
mehr kann es gleich barem Gelde, auch vom Empfänger
aus, als Kaufmittel und als Zahlungsmittel dienen. Den
Geldwerth, auf dessen Namen es angenommen wird, hat es
für Geber und Empfänger: dem Begriffe des Geldes ent-

spricht es durch solchen auf verbundene Willkür allein begründeten, fictiven oder imaginären Werth in zureichender
Weise. Während aber das absolute Papiergeld dasjenige
sein würde, welches Jeder nimmt für beliebige Waare, zu
gleichem Werthe (weil er gewiss ist, einen gleichen Werth
an beliebiger Waare wieder dafür zu erhalten), so gilt hingegen ein »Wechsel« oder derartiges Markengeld n u r, weil
und insoweit als der Empfänger sicher ist, e n t w e d e r es
weiter geben zu können o d e r zurück an den Geber (den
Aussteller) für den Werth einer b e s t i m m t e n Waare, z. B.
des Goldes. Es ist P r i v a t g e l d, für welches die Gesellschaft garantirt, insofern als sie die Nöthigung (Execution)
des Schuldners oder seiner »Bürgen« unterstützt. Das empirische Papiergeld, ausgegeben von einer Person, welche
in einem begrenzten Gebiete die Gesellschaft selber darstellt
(wie der Staat oder s e i n e »Bank« ist), nimmt einen mittleren
Rang ein zwischen solchem Papiergeld und dem vorgestellten
absolut - öffentlichen Gelde, für welches Niemand · verantwortlich sein würde, weil Alle es begehren und suchen
würden, wie es in Wirklichkeit in Bezug auf das Geld als
(wie immer dargestelltes) allgemeines Kaufmittel der Fall
ist. — Wo aber Geld gegen Credit verkauft wird, da tritt
die Wahrheit des gesellschaftlichen Verkehrs insofern am
deutlichsten zu Tage, als beide Theile n u r Geld wollen und
kein anderes Bedürfniss haben. Allerdings wird die »Obligation« selber, welche für empfangenes Darlehn gegeben
wird, zu einer besonderen Art von Waare, welche zu wechselnden Preisen von Hand zu Hand gehen kann. Aber
auch, wer sie erwirbt, um sie zu behalten und ihre Süssig-
keit zu geniessen, will nichts als periodisch fällige Geldsummen, die »Zinsen«, aus ihr herausziehen, auf welche er
einen rechtlichen Anspruch hat, wenn auch die Zurückgabe
des »Kapitals« nicht auf einen bestimmten Termin versprochen worden ist. Dann ist nämlich diese gar nicht sein
Zweck, sondern er will seine Forderung unrealisirt bewahren
als die beständige Ursache immer erneuerter Leistungen seines
Contrahenten. Nichts als Idee, dargestellt wie das absolute
Geld, durch einen Fetzen Papieres, ist sie die absolute
Waare, die Vollkommenheit der Waare: nämlich nicht ab-

nutzbar und veraltend wie ein todtes Geräth oder gar ein
unnützes, der »Ewigkeit« bestimmtes Kunstwerk, sondern
in Wahrheit ewig jung und gleichsam - lebendige Ursache
regelmässig wiederholter gleicher Quantitäten verkörperter
Lust. Der antike Philosoph hat den lange Zeit autoritativen
Satz überliefert, dass Geld nicht gebäre. Der Satz ist
richtig. Geld ist Macht, aber niemals Macht seiner eigenen
unmittelbaren Reproduction. Was auch immer dafür erworben wird, es muss die Hand seines Inhabers verlassen,
um etwas zu erwerben. Es verleiht Niemandem ein Recht.
Dem Gelde gegenüber ist Jeder frei und ungebunden. Die
Obligation hingegen ist ganz und gar rechtliche Macht.
Denn die zukünftige Leistung eines Anderen in seiner
Hand zu haben, ist in der Welt der Thatsachen nicht
möglich. Es ist nur im Rechte möglich. Der Tausch
von Geld gegen Waare ist blos thatsächlicher sinnlicher,
wenn auch nur aus der Gesellschaft verstehbarer Vorgang.
Aber auf Grund des Eigenthums an einer Waare (wie die
Obligation ist) und ohne sie hinzugeben, Geldzahlungen zu
empfangen, das ist ein gesellschaftlich übersinnlicher Zustand.
Denn hier ist ein dauerndes Band geschaffen, im Widerspruch mit dem Begriffe der Gesellschaft, welches nicht die
Sachen verbindet, sondern die Personen. Das Verhältniss,
welches schon im einfachen Tauschcontracte momentan ist,
wird hier als zeitlich unbegrenztes gedacht, dort als gegenseitige Balance, hier als einseitige Abhängigkeit.

§ 24.

Aber in jedem Tausche kann die Stelle eines wahrnehmbaren Gegenstandes vertreten werden durch eine Thätigkeit. Die Thätigkeit selber wird als Leistung hingegeben
und angenommen. Sie muss dem Empfänger nützlich oder
angenehm sein wie eine Sache. Alsdann wird sie gedacht
als eine Waare, deren Production und Consumtion zeitlich
zusammenfallen. Sofern nun eine Leistung nicht gegeben,
sondern nur versprochen wird (im Gegensatze zu der nicht
gegebenen und nur versprochenen Sache), so ist die Wirkung von entsprechender Art. Sie gehört dem Empfänger
von Rechts wegen; nach dem Termine kann er rechtmässiger

Weise den Promittenten zwingen, die Leistung auszu-
führen, sowie er rechtmässiger Weise eine verfallene Sache
herauszugeben, den Schuldner und jeden dritten Besitzer
nöthigen, oder sie mit Gewalt nehmen kann. Eine schul-
dige Leistung lässt nur durch Zwang sich nehmen. Das
Versprechen einer Leistung kann aber sowohl gegenseitig
als einseitig sein, mithin auch daraus erfolgendes Zwangsrecht. In diesem Sinne können daher Mehrere zu einer
gleichen Thätigkeit nach aussenhin sich verbinden,
wobei Jeder der wirklichen Leistung des Anderen als einer
Hülfe für sich geniesst. Endlich können dann Mehrere
übereinkommen, eine solche ihre Verbindung als ein
existirendes und unabhängiges Wesen von der gleichen individuellen Natur wie sie selber, zu denken, und dieser
fingirten Person einen besonderen Willen und die Fähigkeit
des Handelns, also auch Contracte zu schliessen und sich
zu obligiren, zuzuschreiben. Dieselbe ist aber, gleich allem
übrigen möglichen Inhalte von Contracten, nur insofern als
objectiv-wirkliche zu denken, als die Gesellschaft darin mitzuwirken und also ihre Existenz zu bestätigen scheint. Nur
so ist sie ein Mit-Subject der gesellschaftlichen Rechts-
Ordnung und heisst eine Societät, ein Verein, eine Gesellschaft oder mit irgend welchen ähnlichen Namen. Der natürliche Inhalt solcher Ordnung kann aber in der einen Formel
zusammengefasst werden: *pacta esse observanda*, dass Contracte gehalten werden müssen, womit die Voraussetzung
eines Zustandes getrennter Willenssphären oder Gebiete gegeben ist, deren thatsächlicher Umfang bejahet oder garantirt wird, so dass mithin eine bejahte und folglich recht-
mässige Veränderung jeder Sphäre nur statthaben kann:
entweder zu Gunsten oder Ungunsten von Gebieten, die
ausserhalb des Systemes gelegen sind, oder aber —
innerhalb des Systemes — allein durch Contracte, d. i.
durch Einwilligung des Vermehrten oder Verminderten, und
hiermit gegebene Einwilligung Aller. Solches Zusammentreffen der Willen ist seiner Natur nach momentan, punc-
tuell, so dass die Veränderung als Werden des neuen Zustandes keine Zeitdauer haben muss. Alsdann entsteht
keine Modification der obersten Regel, dass Jeder innerhalb

seines Gebietes mit Recht thun könne, was er wolle, aber nichts jenseit desselben. Daher: wo dennoch ein gemeinsames Gebiet entsteht, wie in der dauernden Obligation und in der Societät, da muss die Freiheit selber, als Inbegriff der Rechte, in Bezug darauf zu schalten, getheilt sein, oder aber eine neue künstliche und fingirte Freiheit hergestellt werden. Die einfache Form des allgemeinen gesellschaftlichen Willens, welcher dieses Naturrecht setzt, nenne ich Convention. Es können positive Bestimmungen und Regeln aller Art als conventionell erkannt werden, die ihrem Ursprunge nach von ganz verschiedenem Stile sind, so dass Convention oft als Synonym von Herkommen oder Sitte begriffen wird. Aber alles, was dem Herkommen oder der Sitte entspringt, ist nur conventionell, insofern als es um des allgemeinen Nutzens willen, und der allgemeine Nutzen von Jedem um seines eigenen Nutzens willen gewollt und erhalten wird. Es wird also nicht mehr aus dem Grunde der Ueberlieferung, als heiliges Erbe der Vorfahren, gewollt. Und folglich ist es nicht mehr Herkommen oder Sitte zu heissen würdig.

§ 25.

Gesellschaft also, durch Convention und Naturrecht einiges Aggregat, wird begriffen als eine Menge von natürlichen und künstlichen Individuen, deren Willen und Gebiete in zahlreichen Beziehungen zu einander und in zahlreichen Verbindungen mit einander· stehen, und doch von einander unabhängig und ohne gegenseitige innere Einwirkungen bleiben. Und hier ergibt sich die allgemeine Beschreibung der »bürgerlichen Gesellschaft« oder »Tauschgesellschaft«, deren Natur und Bewegungen die politische Oekonomie zu erkennen beflissen ist: eines Zustandes, worin nach dem Ausdrucke des Adam Smith »Jedermann ein Kaufmann ist«. Daher denn, wo eigentlich kaufmännische Individuen, Geschäfte oder Firmen und Compagnieen, einander gegenüberstehen, in dem internationalen oder nationalen Markt- und Börsenverkehr, die Natur der Gesellschaft wie in einem Extracte oder wie im Hohlspiegel sich darstellt. Denn die Allgemeinheit dieses Zustandes ist doch keineswegs, wie der berühmte Schotte sich einbildete, unmittelbare oder auch nur wahrscheinliche Folge der Neuerung, dass Arbeit getheilt und Producte ausgetauscht werden. Sie ist vielmehr ein fernes Ziel, in Bezug auf welches die Entwicklung der Gesellschaft begriffen werden muss, und in dem Maasse seiner Verwirklichung ist auch das Dasein einer Gesellschaft zu einer bestimmten Zeit in unserem Sinne wirklich. Es ist mithin immer ein werdendes Etwas, das hier als Subject des allgemeinen Willens oder der allgemeinen Vernunft gedacht werden soll. Und zugleich (wie wir wissen) ein fictives und nominelles. Es schwebt gleichsam in der Luft, wie es aus den Köpfen seiner bewussten Träger hervorgegangen ist, die sich über alle Entfernungen, Grenzen und Bedenken hinweg tauschbegierig die Hände reichen, und diese speculative Vollkommenheit begründen, als das einzige Land, die einzige Stadt, woran alle Glücksritter und Abenteurer *(merchant adventurers)* ein wirklich gemeinsames Interesse haben. So wird sie repräsentirt, wie die Fiction des Geldes durch Metall oder Papier, durch den ganzen Erdball oder durch ein zufällig bestimmtes Territorium. Denn in diesem Begriffe muss von allen ursprünglichen oder natürlichen Beziehungen der Menschen zu einander abstrahirt werden. Die Möglichkeit eines gesellschaftlichen Verhältnisses setzt nichts voraus als eine Mehrheit von nackten Personen, welche etwas zu leisten und folglich auch etwas zu versprechen fähig sind. Gesellschaft als Gesammtheit, über welche sich ein conventionelles System von Regeln erstrecken soll, ist daher, ihrer Idee nach, unbegrenzt; ihre wirklichen und zufälligen Grenzen durchbricht sie fortwährend. Da nun in ihr jede Person ihren eigenen Vortheil erstrebt und die übrigen nur bejaht, so weit und so lange als sie denselben fördern mögen, so kann das Verhältniss Aller zu Allen, vor und ausserhalb der Convention, und wiederum vor und ausser jedem besonderen Contracte, als potentielle Feindseligkeit oder als ein latenter Krieg begriffen werden, gegen welchen dann alle jene Einigungen der Willen als ebensoviele Verträge und Friedensschlüsse sich abheben. Und dies ist diejenige Auffassung, welche allen Thatsachen des Verkehrs und Handels,

wo auf reine Vermögensbestimmungen und Werthe alle
Berechtigungen und Verpflichtungen zurückgeführt werden
können, allein adäquat ist, und worauf daher jede Theorie
eines reinen Privatrechts oder (gesellschaftlich verstandenen)
Naturrechtes, wenn auch ohne dessen bewusst zu sein, beruhen muss. Käufer und Verkäufer, in ihren mannigfachen
Modificationen, stehen immer so zu einander, dass jeder
für möglichst wenig von dem eigenen Vermögen, möglichst
viel von dem fremden Vermögen zu erlangen begehrt und
versucht. Und die wahren Händler oder Kaufleute halten
auf zahlreichen Bahnen Wettrennen mit einander ab,
worin Jeder dem Anderen zuvorzukommen und wenn möglich als der Erste ans Ziel: den Absatz seiner Waare und
einer möglichst grossen Menge von Waare zu gelangen
trachtet; daher sie oft einander zurückzudrängen oder zu
Falle zu bringen sich bemühen müssen, und der Schade
des Einen gleich dem Nutzen des Anderen ist, wie auch in
jedem einzelnen Tausche, sofern nicht wirklich gleiche
Werthe ihre Eigenthümer wechseln. Dies ist die allgemeine
Concurrenz, welche auf vielen anderen Gebieten stattfindet, aber auf keinem so deutlich und mit Bewusstheit als
auf dem des Handels, worauf folglich auch im gewöhnlichen Gebrauche der Begriff beschränkt wird, und ist schon
von manchen Wehklagenden als Illustration jenes Krieges
Aller gegen Alle geschildert worden, welchen ein grosser
Denker als den natürlichen Zustand des menschlichen Geschlechtes überhaupt begriffen hatte. Aber auch die Concurrenz trägt, wie alle Formen dieses Krieges, die Möglich-
lichkeit der Beendigung in sich. Auch diese Feinde —
wenn auch diese am schwersten — erkennen unter gewissen
Umständen als ihren Vortheil, sich zu vertragen, einander
ungeschoren zu lassen, oder sogar zu einem gemeinsamen
Zwecke (etwa auch, und zwar am ehesten: wider einen
gemeinsamen Gegner) sich zu verbinden. So wird Concurrenz durch Coalition beschränkt und abgelöst. — Und
in Analogie zu diesem auf Austausch materieller Werthe
beruhenden Verkehr kann alle conventionelle Geselligkeit verstanden werden, deren oberste Regel die Höf-
lichkeit ist: ein Austausch von Worten und Gefälligkeiten,

in welchem Jeder für Alle dazusein, Alle Jeden als ihres Gleichen zu schätzen scheinen, in Wahrheit Jeder an sich selber denkt und im Gegensatze zu allen Uebrigen seine Bedeutung und seine Vortheile durchzusetzen bemüht ist. So dass für Alles, was Einer dem Anderen Angenehmes erweist, er wenigstens ein Acquivalent zurückzuempfangen erwartet, ja fordert; mithin seine Dienste, Schmeicheleien, Geschenke u. s. w. genau abwägt, ob sie etwa die gewünschte Wirkung haben werden. Formlose Contracte dieses Sinnes werden fortwährend abgeschlossen und fortwährend werden Viele durch die Wenigen, Glücklichen und Mächtigen, im Wettrennen verdrängt. — Da überhaupt alle gesellschaftlichen Verhältnisse in Vergleichung möglicher und angebotener Leistungen beruhen, so ist es deutlich, warum hier die Beziehungen auf sichtbare, materielle Gegenstände vorausgehen und blosse Thätigkeiten und Worte nur uneigentlicher Weise die Basis derselben ausmachen können. Im Gegensatze dazu ist Gemeinschaft, als Verbindung des »Blutes«, zunächst ein Verhältniss der Leiber, daher in Thaten und Worten sich ausdrückend, und secundärer Natur ist hier die gemeinsame Beziehung auf Gegenstände, welche nicht sowohl ausgetauscht, als gemeinsam besessen und genossen werden. Auch ist Gesellschaft in jenem Sinne, den wir den moralischen nennen können, ganz und gar mitbedingt durch die Zusammenhänge mit dem Staate, welcher für die bisherige Betrachtung nicht vorhanden ist, da die ökonomische Gesellschaft als sein Prius betrachtet werden muss.

§ 26.

Wenn wir daher den Progress der Gesellschaft, welcher als die höchste Steigerung eines sich entwickelnden gemeinschaftlichen und Volkslebens erfolgt, in wesentlicher Einschränkung auf dieses ökonomische Gebiet betrachten, so stellt er sich dar als Uebergang von allgemeiner Hauswirthschaft zu allgemeiner Handelswirthschaft, und im engsten Zusammenhange damit: von vorherrschendem Ackerbau zu vorherrschender Industrie. Derselbe kann so begriffen werden, als ob er planmässig geleitet würde, indem mit immer wachsendem Erfolge, innerhalb jedes Volkes, die Kaufleute als Kapitalisten und die Kapitalisten als Kaufleute sich an die Spitze drängen und wie zu gemeinsamer Absicht sich zu vereinigen scheinen. Diese Absicht wird am besten bezeichnet durch das Wort ›Verkehr‹. Denn während sonst ein Haushalter, ein Bauer oder Bürger, dem Inneren und Centrum des Ortes, der Gemeinschaft, wozu sie gehören, das Antlitz zuwenden, so richtet sich dagegen die Handelsclasse nach aussen; nur die Linien, welche die Orte verbinden, die Landstrassen und die Mittel der Bewegung gehen sie an. So wohnt sie gleichsam in der Mitte eines jeden Gebietes, welches sie bestimmend zu durchdringen und umzuwälzen tendirt. Dieses ganze Land ist nur Markt für sie: nämlich Einkaufsmarkt und Absatzmarkt; sowohl insoweit, als der Handel Binnenhandel ist — wo denn gleichsam eine Aufsaugung und Contraction als Systole, und eine Ausstossung und Expansion, als Diastole, alternirend stattfinden — als auch zum Zwecke des Aussenhandels, wo durch diese Vermittlung Abgabe von überflüssigen gegen Aufnahme von bedurften Waaren geschehen kann. Jedes Land kann zwar zu einem solchen Handelsgebiete sich entwickeln, aber je weiter das Gebiet, desto vollkommener wird es als Land der Gesellschaft; denn desto allgemeiner und freier kann der Tauschverkehr stattfinden, und um so wahrscheinlicher ist es, dass die reinen Gesetze desselben zur Geltung gelangen, dass die Qualitäten, welche ausserdem die Menschen und Sachen in Bezug auf einander haben, dagegen wegfallen werden. Und so concentrirt sich endlich das Gebiet des Handels in einem einzigen Hauptmarkte, zuletzt dem Weltmarkte, von dem alle übrigen Märkte abhängig werden. Je grösser aber das Gebiet wird, desto schärfer und reiner hebt auch die Wahrheit sich ab, dass die Autoren und Leiter solches Verkehres Alles, was sie thun, um ihres Gewinnes willen thun; sie stellen sich selber in den Mittelpunkt dieses Gebietes, und von ihnen aus gesehen, sind Erde und Arbeit dieses Landes wie aller Länder, mit denen sie verkehren, wirkliche oder mögliche Objecte für Anlage und Umsatz, mithin für Vermehrung ihres Geldes. Wiederum: je mehr die Leiter der wirklichen Arbeit oder Production, als Eigenthümer der Erde und der übrigen materiellen Factoren, als Eigenthümer auch der Arbeiter oder eingekaufter Arbeitskräfte, solches Geschäft durchaus in Absicht auf Reinertrag oder Mehrwerth betreiben, desto mehr werden sie selber zu einer blossen Abtheilung von Kaufleuten, sei es, dass diese unter oder über dem eigentlichen Handel oder auf gleicher Höhe mit demselben zu agiren scheine, in vielen Interessen mit ihm übereinstimmend, in anderen ihm entgegengesetzt. Beide Klassen sind die Ansammler eines flüssigen, beweglichen Geldreichthums, der als fortwährend durch seine Anwendung zu productiven oder Handelszwecken sich vermehrend Kapitalreichthum heisst. Das Kapital aber stellt sein Wesen zuerst als die Auslage und das aufs Spiel gesetzte Opfer des Kaufmanns dar, welcher auf dem billigsten Markte Waaren einkauft und auf dem theuersten Markte derselben Waaren sich zu entledigen bemüht ist. — Jeder Verkäufer, welcher Producte eigener Arbeit feil hält, kann als ein Kaufmann gedacht werden, insofern als er gleich einem solchen agirt, und das Verhältniss seines errungenen Preises zu seinen Auslagen berechnet. Aber: er wird die Differenz als das Aequivalent seiner Thätigkeit rechnen, durch welche in Wahrheit neuer Werth hervorgebracht worden ist. Sofern also solches Aequivalent als wirkliches und gültiges gesetzt werden kann, so nimmt er aus dem gleichen Markte nicht mehr heraus, als er hineingegeben hat. Und wenn gegenseitiger Austausch nur zwischen solchen Verkäufern stattfinden würde (wie der Begriff des entwickelten gemeinschaftlichen Wesens unterstellt hat), so könnte dieser allerdings als gesellschaftlicher Verkehr sich darstellen, indem jeder in unbegrenztes Gebiet, um höchstmöglichen Preis zu erlangen, hinausstreben mag; als endliches Ergebniss muss jedoch die Aufhebung dieser Bestrebung durch gleiche und entgegengesetzte begriffen werden, wie sehr auch die empirische Erscheinung Uebervortheilung des einen Verkäufers durch den anderen zeigen möchte (was um so weniger der Fall sein kann, je mehr ein Jeder als Kaufmann zu handeln verständig ist; und in diesem Sinne ist gesagt worden, dass die bürgerliche Gesellschaft bei jedermann eine encyklopädische Waarenkenntniss voraussetze: K. Marx, *Kapital I, Cap. 1, Anmerk.).*

§ 27.

Alles Schaffen, Bilden und Wirken der Menschen ist etwas wie eine Kunst und gleichsam organische Thätigkeit, wodurch menschlicher Wille in die fremde Materie, Form gebend überströmt; und wenn zur Erhaltung, Förderung oder Freude einer Gemeinschaft dienend, wie im natürlichen und ursprünglichen Verhältnisse, als eine Function derselben begreifbar, d. i. als ob die Gemeinschaft, durch diesen Einzelnen (diese Gruppe) ausgedrückt, sich selber solches leiste. Der Handel als die Geschicklichkeit Profit zu machen, ist das Gegentheil aller solcher Kunst. Profit ist kein Werth, er ist nur eine Veränderung in den Relationen der Vermögen: das Plus des Einen ist das Minus des Anderen (*le proufict de l'un c'est le dommage d'aultruy:* Montaigne). Die Aneignung ist eine blos occupatorische, also sofern Andere beeinträchtigt werden eine räuberische Thätigkeit; nicht Arbeit, welche zum Gute (oder Gegenstande des Gebrauches) verändert, was vorher nicht da war, ausser als Stoff in der Natur, oder doch nicht von solcher guten Beschaffenheit war. Und die ›Thätigkeit‹, welche Handel in Bezug auf die Gegenstände vernimmt, ist (wenn auch von demselben Subjecte aus irgendwelche Arbeit hinzukommen mag) ihrer Essenz nach nichts als Nachfrage, Aneignung, Angebot, Abgabe, also lauter Handhabungen, welche die Natur der Sache unberührt lassen. Dagegen ist der Kaufmann, da er einen greifbaren und doch abstracten Nutzen als den wirklichen und rationalen Zweck seiner Thätigkeit ausser dieselbe setzt, der erste (in diesem Sinne) denkende und freie Mensch, welcher in der normalen Entwicklung eines socialen Lebens erscheint. Er steht isolirt von allen nothwendigen Beziehungen (*necessitudines*), Pflichten, Vorurtheilen, so sehr als möglich (*A merchant, it has been said very properly, is not necessarily the citizen of any particular country:* AD. SMITH, *Wealth of Nations bk. III, ch. 4;* eine Stelle, welche man mit der früher erwähnten desselben Autors, dass der Austausch jeden Menschen zum Kaufmann mache, vergleichen wolle). Er ist frei von den Banden des Gemeinschafts-Lebens, und je mehr er es ist, desto besser für ihn. Vor ihm und mit ihm und seines Gleichen ist zunächst der Gläubiger. Ihr Unterschied ist deutlich: der Gläubiger handelt mit einer und derselben Gegenperson, der er Etwas gibt, um ein Mehr zurückzuempfangen. Er selber erwirbt nichts als eine Forderung, d. i. ein Recht, welches ihm durch des Schuldners Versprechen gegeben wird; und damit ein eventuelles Zwangsrecht wider denselben, oder (zum Mindesten) das Recht, eine Sache als die seinige zu behalten oder zu nehmen, welche der Schuldner, zur Verstärkung seines Verspruchs, als Pfand ihm (realiter oder blos der Idee nach) übergeben hatte. Dies wurde schon dargestellt als der reine Fall des in der Zeit wirksamen Contractes, welcher eine Obligation hervorbringt. Dass in Wirklichkeit das Versprochene ein Mehr sei als das Gegebene, ist dem Begriffe der Obligation nicht wesentlich; wohl aber dem darunter verborgenen Tausche, sofern derselbe ein Subject hat, dessen Interesse an dem Ende als dem Zwecke desselben hängt; das, mit Berechnung, ein gegenwärtiges Gut hingegeben hat, um ein zukünftiges grösseres zu erlangen. Und dadurch gerade ist der Gläubiger dem Kaufmanne gleich; denn so lange als etwa das Darlehen eine Art von Hülfe ist, und Zinsen nur als Entschädigung (für *lucrum cessans* oder *dammum emergens*) bedungen werden, so ist der Gewinn derselben nicht als bestimmendes Motiv gedacht, dahingegen ist der Kaufmann *ex professo* ein zweckmässig Handelnder, und Gewinn das nothwendige und alleinige Motiv seiner Handlungen. Dafür tritt er aber auch ohne allen Zwang und ohne die Härte auf, welche unter Umständen den Gläubiger als Wucherer verrufen machen. Bei ihm ist Alles gütliche Abmachung, als Käufer hat er es mit dem Einen, mit dem Anderen, und vielleicht Weitentfernten als Verkäufer zu thun. Obligationen sind nicht nothwendig, wenn auch

möglich und wahrscheinlich, wodurch der Kaufmann selber
ein Schuldner oder ein Gläubiger wird; oder auch Beides
zugleich. Der Gläubiger aber entwickelt sich zu einer
Abart des Kaufmanns, sobald er sein Geschäft planmässig
und um des Gewinnes willen betreibt. So wird die Forderung, in Gestalt des Wechsels, selber eine übertragbare
Waare, die sich aufkaufen lässt zum Behufe des Verkaufes,
und deren Consumtion durch ihren endlichen Verkauf als
ihre Realisirung stattfindet. Und so bildet sich das Credit-
wesen als ein Hülfsgeschäft des eigentlichen Handels aus.
Wenn die Kaufleute Vermittler des Austausches, so sind
Bankiers Vermittler der Vermittlung. In Wirklichkeit aber
ist es für beide Arten wesentliches Merkmal (welche Dienste
sie immer einander und den Uebrigen leisten mögen), dass
sie nicht als Mandatare. sondern auf eigene Hand, Rechnung
und Gefahr agiren, als freie und selbständige Mächte, denen
alle ihre Handlungen berechnete Mittel für ihre eigenen, in
Gedanken begriffenen Zwecke sind. Dennoch können alle
diese Thätigkeiten, insofern als sie einem ohnehin an zweien
(oder mehreren) diversen Punkten vorhandenen Bedürfnisse
(des Austausches) directe oder indirecte helfen mögen, in
der That als Hülfsfunctionen eines beide umfassenden
Organismus verstanden werden, wenn ein solcher schon
als existent mit Grund gedacht worden ist; mithin auch
zwar nicht der einzelne Kaufmann, wohl aber das gesammte
Gewerbe, der kaufmännische Stand, als ein solches Organ,
das aus gemeinschaftlichem Leben und Willen sei gebildet
worden. Sofern aber keine Gemeinschaft, so ist auch
kein Organ der Vermittlung; wohl aber mag es, blos von
der einen Seite betrachtet, als Organ des günstigen Absatzes sich darstellen; oder kann auch auf der anderen,
als Organ der Zufuhr gebraucht und assimilirt werden;
— beides aber nur unter der Voraussetzung, dass der vollzogene Umsatz in Wahrheit einem solchen Ganzen zu gute
komme, als Verwandlung von minder nützlichem in nütz-
licheren Werth und dass seine Nahrung und Vergütung
(obgleich es sie in der Form eines regelmässigen Profits
bezieht) demjenigen Werthe angemessen sei, mit welchem
seine Leistung für dieses Ganze, gerechter Schätzung nach,

ins Gewicht falle; (wodurch also ein höherer Profit nicht ausgeschlossen wird, sofern derselbe auf Kosten der Frem- den gemacht werden kann).

§ 28.

In Wahrheit aber bleibt immer der Widerspruch wirksam und drängt zu einer Umkehrung dieser gesammten Relationen: dass, während im Allgemeinen jeder Verkäufer das Product seiner eigenen Arbeit als eine reale Waare feil bietet, zuletzt andere reale Waaren als Aequivalent dafür suchend: so ist es dem Kaufmann wie dem Wucherer eigen- thümlich, diejenige Waare in Händen zu haben, welche sie nicht producirt haben, nämlich Geld, welches seinem Be- griffe nach blos ideelle Waare ist, wenn es auch — der Regel nach — durch die reale Waare eines geprägten Me- talles repräsentirt werden mag; denn es ist an sich die blosse abstracte Qualität aller Waare, andere Waaren er- kaufen zu können, die Kraft eines Hebels oder Gewichtes, welche nicht geschaffen, sondern nur gesammelt werden kann. Und sie zu sammeln, das ist es allein, worauf der Kaufmann es abgesehen hat. Er kauft Geld mit Geld, wenn auch durch Vermittlung von Waare; der Wucherer sogar ohne dieses Mittelglied. Beider Thun und Treiben würde im gesellschaftlichen Verstande nichtig sein, wenn sie nur ein gleiches Quantum durch ein gleiches Quantum erwürben: dies ist die Natur des uncommerciellen Darlehens aus Ge- fälligkeit und Freundschaft und des Verkaufes zum Preise des Einkaufs, welcher gelegentlich, um eines negativen Profits willen, nämlich zum Schutze vor Verlust, nothwendig werden kann. Jedoch als ihres Gewerbes Mächtige wollen beide regelmässig durch Hingabe eines kleineren ein grösseres Quantum an sich bringen. Sie wollen Plus machen. In dem Maasse, als ihnen dieses durch Differenz der Orte und Zeiten gelingt, so können sie ihr Geld oder ihr Vermögen, zumal durch klug berechnende Ausnutzung dieser und an- derer günstiger Umstände, ins Unermessliche vermehren; gegenüber den Producenten, welche Erträge eigener Arbeit zu Markte tragen, um dieselben in eine dauerhaftere oder

angenehmere: also zur Aufbewahrung oder zum Genusse
tauglichere Form zu verwandeln; wenn es auch erfolgt,
dass die Geldform, wo sie zu haben ist, vorgezogen wird,
als die verkörperte Freiheit der Auswahl und Eintheilung
zukünftigen Gebrauches. In der That ist dann immer ein
möglicher Gebrauch jene Anwendung, durch welche sich
Geld von selbst vermehrt; und wenn einmal solche Vermehrung als absoluter Zweck gedacht und gesetzt wird, so
kann nur zwischen Wucher und Handel, als den einfachsten
und leichtesten Methoden, die Wahl schwanken. Aber
wenn auch Wünsche und Versuche nicht fehlen, so ist doch
die Gelegenheit und das Gelingen solcher Thätigkeiten oder
der Betheiligung daran, an viele besondere Bedingungen
geknüpft. Hingegen die Vermehrung des Geldes als Arbeits-
Ertrages ist durch Stoff und Werkzeuge der Arbeit, wie
durch die eigene Arbeits-Kraft und Kunst begrenzt. Und
jeder solcher Ertrag kann, auch wenn als lauter Geld erscheinend, füglich angesehen werden als der natürliche Lohn
und Preis, welchen das »Volk« (oder wie immer man diesen
Begriff der Gemeinschaft ausdrücken mag) seinem Arbeiter
zur Erhaltung und Förderung gegenwärtigen und zukünftigen Lebens gewährt: also in Wahrheit bestehend aus
Nahrung, Wohnung, Kleidung und allen möglichen Dingen,
die ihm nützlich oder erfreulich sein mögen. Aber das
Volk ist wahnwitzig, wenn es irgend einem, wenn auch
noch so raren und werthvollen Diener eine Menge Geldes
zu dem Zwecke hingibt, dass er ihm Waaren dafür abkaufe,
welche es selber (das Volk) von diesem Trefflichen um eine
grössere Menge Geldes wieder zurückkaufen muss. Des-
halb ist diese ganze Betrachtung der Wirklichkeit, welche
wir als Gesellschaft verstehen, inadäquat. Die Kaufleute
oder Kapitalisten (Inhaber von Geld, das durch doppelten
Tausch vermehrbar ist) sind die natürlichen Herren und
Gebieter der Gesellschaft. Die Gesellschaft existirt um
ihretwillen. Sie ist ihr Werkzeug. Alle Nicht-Kapitalisten
innerhalb der Gesellschaft sind entweder selbst todten Werkzeugen gleich — dies ist der vollkommene Begriff der
Sklaverei — sie sind im Rechte Nullen, d. i. werden als
keiner eigenen Willkür, daher keiner in dem Systeme gül-

tigen Contracte, fähig gedacht. Hierdurch wäre zugleich
der Begriff der Herrschaft, als Gegenpol, auf die reinste
Weise ausgedrückt. Zugleich aber wäre der Begriff der
(allgemeinen, menschlichen) Gesellschaft verneint. Zwischen
den Herren und Sklaven wäre kein gesellschaftliches Verhältniss, folglich überhaupt kein Verhältniss vorhanden.
Oder hingegen: die Sklaven sind Personen, freie Subjecte
ihrer Willkür, des Tausches und der Verträge, daher Subjecte der Gesellschaft selbst und der Convention. Und dies
ist das natürliche und normale System allein. Im gesellschaftlichen Begriffe des Naturrechts sind alle Menschen als
Vernünftige und Handlungsfähige, *a priori* gleich. Jeder
ist und hat eine gewisse Macht als seine Freiheit und
Sphäre seiner Willkür. Jeder kann den Anderen tödten,
wenn er es für gut hält. Jeder kann herrenlose Güter sich
aneignen und sie geniessen; gegen Angriffe darauf sich
wehren. Jeder kann, wenn er Stoff und Geräthe hat, neue
Dinge als seine eigenen machen durch eigene Thätigkeit:
Arbeit. Und so kann Jeder seine eigene Thätigkeit zur
Sache machen und verkaufen. Er kann sie zum Gegenstande eines Versprechens, also Contractes machen. Die
Anerkennung dieser allgemeinen und nothwendigen Fähigkeiten, als jedem wenigstens erwachsenen, Menschen zuge-
höriger, macht die rechtliche Sklaverei zum Unding,
hebt sie auf.

§ 29.

Die natürliche Herrschaft der freien Kaufleute oder
Kapitalisten in der Gesellschaft, also in Bezug auf und über
die freien Arbeiter (wie wir die ganze Masse nennen
mögen) verwirklicht sich — wird zur actuellen Herrschaft
trotz dieser letzteren Freiheit — in dem Maasse, als die
Arbeiter des Eigenthums — als des Besitzes von Arbeits- und
Genussmitteln — baar werden, als sie zu blossen Inhabern
von einfacher Arbeits-Kraft (»Händen«) sich differenziren und zugleich verallgemeinern, welche durch die Umstände, d. i. durch die Unmöglichkeit auf andere Weise
zu leben, gezwungen (und also bereit) sind, dieselbe um
Geld zu veräussern (*quanquam coacti tamen volunt*). Diese

Veräusserung um Geld macht sie zu einer nominellen Abart von Kaufleuten: sie bieten ihre specifische Waare feil und tauschen, wie alle Waaren-Verkäufer, nicht sowohl andere specielle, sondern die General-Waare dafür ein, welche die Freiheit und Macht ist beliebiger Theilung, beliebiger Einkäufe oder der Aufbewahrung (Ersparung) und folglich sogar die logische Möglichkeit der Vermehrung durch Wucher oder Handel: das temporäre Eigenthum an Geld macht Arbeiter zu potentiellen Kapitalisten. In welchem Umfange sie es wirklich werden können ist eine Frage, die hier ferne bleibt. Auf jeden Fall ist es eine secundäre Eigenschaft, die ihren Begriff nichts angeht. Hingegen die Möglichkeit zu temporären Geld-Eigenthümern zu werden, ist ihnen wesentlich. Durch die Nothwendigkeit (und soweit als diese reicht), das Geld in Genussmittel zu verwandeln, wird aber die wahre Bedeutung dieses Handels eingeschränkt auf den Umsatz der Arbeitskraft selber in die — der Voraussetzung nach fehlenden — Genussmittel. Dieser Handel ist folglich keineswegs eigentlicher Handel, sondern blosser Tausch, wenn auch durch zwei Phasen passirender. Die Subjecte des eigentlichen, d. i. um des Profits willen betriebenen Handels stehen ihm gegenüber. Für sie ist die eingekaufte Arbeitskraft eine Waare, deren Wieder-Verkauf den einzigen Zweck des Einkaufs darstellt. Der Wieder-Verkauf kann directe stattfinden durch einfache Uebertragung: dann ist dieser Handel gleich jedem anderen, so specifisch auch die Waaren-Gattung ist. Denn die Waare Arbeitskraft unterscheidet sich von allen anderen dadurch, dass ihre allein mögliche Consumption in der Anwendung auf und Verbindung mit gegebenen Arbeits-Mitteln (Stoff und Geräthen) besteht, wodurch sie in Annehmlichkeiten oder Nützlichkeiten, Genussmittel und Productionsmittel, allgemein gesprochen: in Gebrauchs-Gegenstände verwandelt wird. Der specifische Handel mit der Waare Arbeitskraft ist daher durch ihre Consumption bedingt, und fordert ihren Wiederverkauf in der Gestalt von Genussmitteln: welche aber ausser ihr auch Theile der Arbeits-Mittel oder ihrer Kräfte in sich enthalten. Der Verkauf von fertigen Genussmitteln steht an und für sich mit dem

Verkauf von Arbeitskraft auf gleicher Linie: wenn auch dort eher das eingehandelte Geld etwas Anderes bedeuten mag, so bedeutet es doch zunächst nichts Anderes — ausser sich selbst, sofern es selber Genussmittel ist — als die Möglichkeit seiner Rückverwandlung in andere Genussmittel; und der Verkauf wird nie — wie der Einkauf — gedacht als vollzogen um künftigen profitabeln Wieder-Verkaufs (des Geldes) willen. Die Ursachen des Handels-Profits überhaupt werden hier nicht erörtert. Seine Bedingung ist die Erhaltung der Waare: möge sie auch parzellirt oder fett gemacht, oder wie immer in ihrem Wesen oder Schein verändert werden: sie darf nicht consumirt, nicht verbraucht werden. Die Waare Arbeitskraft muss consumirt werden; sie muss (so zu reden) untergehen, damit sie in Gestalt der Sachen, welche sie hervorbringt, wieder lebendig werde.

§ 30.

Wenn der Wucher, dessen erster Act Hingabe des Geldes zu beliebigem Gebrauche ist, vom Handel dadurch auf deutliche Weise sich unterscheidet, dass dort der passive Contrahent, trotz aller formalen Freiheit, als Obligirter in eine natürliche materielle Abhängigkeit gestellt werden kann, insofern als er genöthigt ist, mit »fremdem Erze«, sei es die Gegenstände seiner Verzehrung oder die Mittel zu seiner Arbeit einzukaufen, so dass seinem Besitze daran ein negatives Eigenthum an (schuldigem) Kapital und Zinsen gegenübersteht; so kömmt er dagegen in dieser Wirkung leicht überein mit der Ausleihung (Verpachtung, Vermiethung) von Grund und Boden, Haus und Wohnung nebst Zubehör, sofern dieselbe als reines Geschäft betrieben und betrachtet wird. Auch hier ist der Pachter (oder Miether) durch seine Obligation auf eventuelle Ablieferung des Gutes (nach abgelaufenem Contract) und auf Zahlung von Rente, als ein negativer Eigenthümer an diesen Dingen anzusehen. Aber hier bleibt der Haupt-Gegenstand (das Kapital) in seiner Realität erhalten, und kann nicht vertreten werden; daher ermangelt das Gutsherrenthum (der Landlordism) in solchem Gebrauche, derjenigen Verwandtschaft, welche der gemeine Wucher mit dem Handel hat, dass Beide ihre Einlage preisgeben, wenn auch jener ein Versprechen oder vielmehr eine Forderung (Obligation, Wechsel, und etwa noch ein Pfandrecht, d. i. das eventuelle Eigenthum an einem den Verlust des Kapitals ersetzenden Gegenstande), dieser eine Waare dafür erwirbt. Das Geld verschwindet in der Circulation. Das Land verschwindet nicht, sondern bleibt unter den Füssen und Händen seines Bauers. Also ist der Landlordism, in dieser Hinsicht, die uneigentlichste Sorte von Handel. Das Land muss erst durch die Vorstellung umgeschmolzen werden in Geld oder Geldeswerth, und dies geschieht, indem es als blosses Mittel gedacht wird und die Rente als absoluter Zweck; gleichwie das Kapital blosses Mittel des Ausleihers und des Kaufmanns ist, Zins oder Profit ihr absoluter Zweck. Während aber hier das Geld nach seiner Natur behandelt wird — denn als Geld ist es Mittel, wenn auch zunächst nur zum Erwerbe von Gegenständen des Bedarfes, in die es verwandelt werden soll, und nicht zum Erwerbe von seines gleichen in vermehrter Quantität — nicht also das Land; denn es ist von substanzieller Wirklichkeit: vielmehr den Menschen bedingend, ihn tragend, und an sich bindend, als in irgend eines Herren Hand oder Tasche zu seiner freien Verfügung befindlich. Daher ist es ein grosser Fortschritt des Denkens, wenn das Individuum und die Gesellschaft Land als eine besondere Art des Vermögens und Geldkapitales zu handhaben beginnen. — Wenn nun aber die schmerzlichste Wirkung der Herrschaft des Handels durch den unmittelbaren und persönlichen Druck, welchen unter Umständen der Gläubiger auf den Schuldner ausüben kann, übertroffen wird, so ist möglicher Weise, und in bekannten historischen und actuellen Erscheinungen, der Landlord und sein Agent nicht minder feindlich wider den Pächter, als schonungsloser Eintreiber von Rente, erbarmungsloser Vertreiber von Haus und Herd. Der Kaufmann kann seine Kunden, sei es als Einkäufer oder als Verkäufer, beschwindeln, ja er hat als gewerbemässiger Profitmacher starke Versuchungen, reichliche Gelegenheiten, und erworbene oder sogar der Anlage nach geerbte Tüchtigkeit, Nei-

gung und Gewissenlosigkeit dazu; aber dies sind einmalige
Acte, vor deren Wiederholung der Gewarnte sich schützen
mag, und welche vielfach (besonders im Verkehr von Kaufleuten unter einander) berechnende Klugheit selbst verbietet.
Es entsteht, der Sache nach, keine Abhängigkeit, kein Anspruch, kein Zwangsrecht, welches ihn zum Herren über
fremde Thätigkeiten macht. Durch solches haben dagegen
der Gläubiger und der Landlord die Möglichkeit, ihre
Schuldner unmittelbarer Weise für sich arbeiten zu lassen,
ihre Kräfte auszubeuten. Und ebenso verhält sich endlich
der Kaufmann, wenn er einem Handwerker Geld für Stoffe
oder Werkzeuge oder Beides vorschiesst; insofern als dieses
Arbeits-Substrate sind, einem Landlord vergleichbar, aber
sehr verschieden dadurch, dass er nicht den Arbeiter sich
selber überlässt, um aus dessen Gelderträgen seine Rente
zu ziehen; sondern es ist ihm um den eigenen Erwerb der
Arbeitsproducte *in natura* zu thun, welcher noch, der Form
nach, als Einkauf geschieht, vielmehr aber, da er selber
allein den Preis setzt (denn der Handwerker ist als Schuldner
von ihm abhängig), eine blosse Aneignung heissen sollte;
nicht ein neuer Tausch-Contract, sondern die Folge aus dem
früheren, welcher daher in Wirklichkeit schon einem Verkauf der erst zu schaffenden Waare, d. h. einem Verkauf
der Arbeits-Kraft gleichkömmt, wodurch der Kaufmann
als Eigenthümer derselben und somit als formeller Urheber
der Sachen selbst erscheinen muss. Dies wird auch der
Landlord (ausser als kapitalistischer Unternehmer) in dem
Systeme, wo seine Pächter durch contractliche Bedingung
genöthigt sind, auf seinem Hoffelde zu arbeiten und ihn
also zum Herren verkäuflicher Producte machen. Sofern
aber die Pächter ihre eigene Wirthschaft führen, so kann
er nur, im üblen Falle, ein Zwingherr sein, der nicht
Waaren, sondern Geld aus ihnen erpresst. Die Rollen sehen
wie vertauscht aus. Geldrente ist ihrem Ursprunge nach
immer Naturalrente und geht nicht aus contractlichem Verhältnisse hervor. So bleibt es auch dem Landlord (ausser
sofern er noch nebenher eigentlicher Kapitalist wird) um
die Geldsumme zu thun, weil sie für ihn eine Menge von
Gegenständen und Genüssen bedeutet. Für den Kaufmann

bedeuten die Gegenstände, welche er ins Leben ruft, eine Summe Geldes, und diese hauptsächlich Möglichkeit ihrer eigenen Vermehrung.

§ 31.

Wenn nun in dieser Vorstellung des industriell werdenden Kaufmanns die erste Methode erkannt wird, durch welche der Handel in den Arbeitsprocess sich einnistet, so läuft aber neben ihr eine Phase, in welcher das Princip des Handels aus der Werkstätte des selbständigen Handwerkers selber sich entwickelt. Wenn nämlich diese im Allgemeinen auf Bestellung arbeitet und für die Bedürfnisse ihrer Kundschaft, der wirklich die Sachen gebrauchenden, welche rings umwohnend keine Vermittlung nöthig hat, so kann sie doch anfangen, auf Vorräthe hinzuarbeiten und auf entfernten Märkten Absatz zu suchen. Je mehr dieses gelingt, desto grösser für den Meister die Versuchung, anstatt einer natürlich begrenzten Zahl von Lehrlingen und Gehülfen möglichst viele Arbeitskräfte in seinem Hause zu vereinigen und, sie für seinen Vortheil Waaren herstellen lassend, sich selber auf das Commando, die Verantwortung und die geschäftlichen Manipulationen zu beschränken. Auf der anderen Seite: je ärmer und schwächer der selbständige Handwerker, desto besser geeignet für den von aussen herantretenden Kaufmann. Daher der ländliche gegenüber dem städtischen Arbeiter. Der städtische — so ist zunächst anzunehmen — ist ein Meister oder will und kann es werden. Ererbte oder erwerbbare Heimstätte, ererbte oder erwerbbare Geräthe; so die Geschicklichkeit; so die Kundschaft, regelmässige Arbeit das Jahr hindurch oder doch zu allen Fristen des Bedarfes, und in allen diesen Beziehungen von einer innigen, schützenden Genossenschaft umgeben, welche die Tendenzen einer kapitalistischen Scheidung innerhalb der Werkstätte hemmt. Um so schwerer ist ihm von aussen beizukommen. Daher ist der ländliche Arbeiter, der von den meisten dieser Bedingtheiten frei ist, die gegebene Beute des Kaufmannes, und insoweit als nicht das städtische Gewerbe durch wachsende Volkszahl, ver-

änderte Werkzeuge, vermehrten Verkehr sich selbst zer-
setzt, so ist die durch den Handel hervorgerufene Industrie
in ihrer ersten Phase ländlich, wenn auch im Widerspruch
mit ihrer Herkunft und inneren Tendenz. Diese vorwiegend
ländliche Industrie ist die Haus - Industrie. Die Abhängigkeit des Bauern oder Tagelöhners von einem Herrn, die
Pflicht zu frohnden und die Sorge für den eigenen Acker
hindert ihn nicht, in der Winterhälfte des Jahres reichliche
freie Zeit zu haben, welche er in hergebrachter Weise,
sammt Weib und Kindern, zur Ausübung der alten Haus-
haltungskünste, unter denen Spinnen und Weben die gewöhnlichsten sind, anzuwenden pflegt, für eigenen und dem
eigenen nahen Bedarf, hin und wieder auch für den städtischen Markt, oder für den hausirenden Kaufmann. Dieser,
als Kenner des Marktes, und fähig auch entfernten zu erreichen, findet hier die ergiebigste Quelle der Werthbildung.
Wenn der Kaufmann dem hausindustriellen Arbeiter Stoffe,
Geräthe, Muster liefert, endlich auch Lebensmittel ihm vor-
schiessen muss, so bleibt demselben nur noch etwa die
heimische Werkstatt als sein Eigenes, was er ausser seinen
Händen und etwa seiner Geschicklichkeit für die Production mitbringt. Aber die Einheit von Wohn- und Werkstätte ist hier nichts mehr als zufällig. Im Handwerk von
selbständiger Art bleibt sie natürlich, wenn auch nicht
nothwendig; wird von dem Arbeitenden selber als nützliche
und angenehme Unabhängigkeit errungen und behalten, wo
immer die Natur des Gewerkes sie gestattet. Dort mag sie
noch so erwünscht sein, so hängt sie doch nicht mehr von
seinem Willen ab, sondern in zunehmendem Grade von
dem Belieben des Kaufmanns, der sie wenn auch als be-
schwerlich duldet, so lange, bis die Vortheile der Vereinigung seiner Einzelnen und ihrer Gruppen in grossen
Etablissements ihre Kosten zu überwiegen scheinen. Die
allgemeinen Vortheile sind: leichtere, zwingendere Aufsicht,
raschere planmässigere Cooperation getrennter oder trenn-
barer Processe derselben Arbeitsmasse, Möglichkeit, die
ganze Production ihrem wichtigsten Markte näher zu bringen. Aber entscheidend hierfür und die gesonderte, ver-
einigende Arbeitsstätte nothwendig machend, wird erst die

Entwicklung der Technik: theils die Auflösung kunst-
hafter Arbeit in ihre Elemente durch Simplification und
die Vertheilung dieser zusammenhängenden, aber mit Absicht geschiedenen Stücke an dafür geschulte Specialisten;
theils, und besonders, die Erfindung von Werkzeugen,
welche über den Leib der einzelnen Arbeiter-Familie, und
über den Raum ihres Hauses ins Ungeheure hinauswachsen,
d. i. der Maschinerie. Die Wirkung ist dieselbe, wenn
die Haus-Werkstätte des selbständigen Meisters von ihm
selber zur Fabrik-Werkstätte erweitert, das Mannes-Werk-
zeug durch Massenwerkzeuge ersetzt wird. Hiernach sind
in der gesammten Entwicklung der Herrschaft des Handels
über die Arbeit, oder der Industrie, die 3 Phasen zu unterscheiden (gemäss der meisterhaften Analyse von K. Marx,
mit einer kleinen Modification der Auffassung), von welchen
aber die beiden letzten enger mit einander zusammenhängen,
als mit der ersten, nämlich 1) die einfache Cooperation,
2) die Manufactur, 3) die maschinenhafte (eigentliche und
grosse) Industrie. Der Begriff der Fabrik — als der *manufacture réunie* — kann die beiden letzten Arten decken,
und so passender Weise der abhängigen Hausindustrie —
als der *manufacture séparée* — entgegengesetzt werden. —
Die Herrschaft des Handels oder des Kapitals hat zwar ihre
eigentliche und natürliche Sphäre in der gewerbeartigen
Production, wofür viele Ursachen zusammenkommen, von
welchen die wichtigsten ziemlich evident sind und nicht
hier erörtert zu werden brauchen. Dennoch hat sie ihre
Parallele in der Landwirthschaft, welche von ihrem Range
als Mutter aller regelmässigen Arbeit zu einem Zweige
der nationalen oder Welt-Industrie erniedrigt wird. Wenn
auch die besprochene Herrschaft des Landlords nicht direct
auf Waaren-Production ausgeht, so befördert sie doch dieselbe, da die Geldrente den Producenten zwingt, den theuersten Markt zu erstreben. Neben dem Landlord steht für
den Bauern der Kornhändler und der Wucherer, mit der
Absicht und dem Verstande, einen möglichst grossen Theil
seines in Geld zu verwandelnden Schweisses sich anzueignen.
Aber mit selbständiger Waarenproduction erhebt sich der
Gutshof über den Bauernhof: zuerst die Bauern als dienende

auf sich vereinend, wofür das Leibeigenthum zunächst als
passende Form erscheinen mag. Endlich die freie kapitalistische Gutswirthschaft mit eigenen Geräthen und Maschinen, durch freie, wechselnde, in Taglohn bezahlte Arbeiter, die bewusste Ausbeutung des Bodens und der
Arbeit zum Behuf des grössten Reinertrages; der Grund-
satz: *profit is the sole end of trade*, auch auf diese älteste
und eigentliche ›Oekonomie‹ angewandt.

§ 32.

So ist überall, wo diese Tendenzen sich vollenden,
die fruchtbare (productive) menschliche Arbeit zu einem
blossen Mittel geworden, welches dem Zwecke eines vor-
theilhaften Wieder-Verkaufes jener höchst sonderbaren
Waare dient. Der Kaufmann oder Kapitalist selber maskirt
sich durch diesen Process in einen Arbeiter oder Arbeits-
Urheber, einen Bauern oder Handwerker, oder Künstler —
er wird Unternehmer von Arbeits-Processen. Der Vorgang
kann, als historischer, ebensowohl in umgekehrter Folge
geschehen: der Besitzer eines Gutes, der Meister eines
Gewerkes, kann Fabrikant, und also Kaufmann werden.
Für den Begriff ist es einerlei. Das Gewerbe des Handels
wird als vorhanden vorausgesetzt; Problem ist: wie wird
es zum herrschenden? Der zum Fabrikanten gewordene
Meister ist nicht weniger als der mit solchem Betriebe sich
abgebende Kaufmann, wesentlich Kapitalist oder abstracte, vermögende Person (welches zugleich der allgemeine Begriff des Kaufmannes selber ist) und kann also
gleichermassen angesehen werden, als habe er diese seine
Nacktheit *a posteriore* bekleidet mit der Hülle des scheinbaren Meisterthums. Der Fabrikant oder Unternehmer mag
aber in Wirklichkeit irgendwelche eigene Arbeit oder doch:
Thätigkeit und Dienstleistung in den Productions-Process
hineinfügen, so dass sie zum Ergebnisse mitwirkt und zur
Constitution des actuellen Werthes der hervorgebrachten
Sachen beiträgt; und am ehesten ist von dieser Beschaffenheit, was als Leitung und Anweisung, als Disposition der
vorhandenen Kräfte, oberste Aufsicht, kurz als: die Re-

gierung oder Direction eines complicirten Systemes von Bewegungen und Thätigkeiten von der eigentlichen Arbeit sich abhebt. So leicht diese Verbindung in Begriff und Wirklichkeit sich erhält, so ist sie doch nur *per accidens* vorhanden und kann folglich, gleich aller eigentlichen Arbeit, von der unternehmenden Function geschieden werden; muss von ihr geschieden werden, damit diese ihrem reinen Begriffe gemäss erscheine. Dieser Evolution bedarf der Kaufmann nicht oder nur in ungewöhnlichen Fällen; da er seiner Natur nach nichts mit der productiven Arbeit zu thun hat. Um so mehr bedarf ihrer der Meister oder wie sonst wir den productiven Arbeiter begreifen mögen. Dieser hat sich gleichsam aus dem Inneren der Arbeit zurückzuziehen, um ihr als einem Aeusserlichen und blossen Mittel gegenüberzustehen. Jener hat nur nöthig, sich überhaupt in ein (causales) Verhältniss dazu zu setzen; dass es ein innerliches werde, ist geringe Gefahr. So begegnen sich die beiden Gestalten in der Mitte ihres Weges. Sie finden ihren umfassenden Begriff als den des unternehmenden Kapitalisten, welchem der andere des leihenden Kapitalisten zur Seite tritt, gemäss der ursprünglichen Differenz von Wucher und Handel. Aber wie diese Beschäftigungen, so können jene Eigenschaften in derselben Person vereinigt sein. Eine Spiel-Art, welche aus beiden Arten sich entwickelt und neben sie tritt, ist der wettende, wagende, spielende Kapitalist. Denn auch Handel ist seiner Natur nach Spiel (*le commerce est un jeu*), indem der Einkauf gewagt wird, und günstiger Absatz, wenn auch immer so wahrscheinlich, nicht gewiss ist. So ist der Wucher ein Spiel — denn man ist nicht sicher, das hingegebene Kapital, geschweige denn das Plus, die Interessen zurück zu empfangen. Das Geschäft beruht ursprünglich auf Hoffnung, demnächst auf Berechnung und Combination der Wahrscheinlichkeiten; und wenn nur üble Fälle durch gute ausgeglichen werden, und die guten überwiegen, so ist der Zweck gewonnen. Jedoch wenn im reinen Spiel den unberechenbaren (zufälligen) Umständen (der Conjunctur) ihre Wirkung freigelassen und die Möglichkeit des Verlustes bis zu jeder Höhe von Wahrscheinlichkeit er-

tragen wird, so ist auf der anderen Seite die Bestrebung
natürlich, das Element der Unsicherheit auszustossen und
den Gewinn zu einem sicheren und regelmässigen zu machen.
Von den manchen Methoden, welche das Leihkapital in
dieser Hinsicht anwenden kann, ist die Aufnahme von
Pfändern am wichtigsten. Von den Methoden des Handels
geht uns nur diejenige an, durch welche er sich der Production bemächtigt und seinen wesentlichen Gewinn dem
Productionsprocess selber inhaerent macht. Der Absatz
fabricirter Waaren kann ebenso ungewiss sein und fehl-
schlagen, als der Absatz eingekaufter Waaren. Allerdings.
Aber dies ist ein provisorischer Zustand. Er entspringt
aus der mühevollen Ablösung aus einem System von
Gemeinschaften, welche Sachen gleichsam für sich selber
machen und unter sich vertheilen. In der vollendeten Gesellschaft würde wiederum jede Waare durch eine einzige
vereinigte kapitalistische Person mit vollkommener Kenntniss des vorhandenen, normalen Bedarfes, in gehöriger
Menge hergestellt und zu ihrem Werthe verkauft werden.
Dieser Begriff kann als unerfüllbar gelten. Und doch sind
es die Approximationen dahin, durch welche die Solidität
der kapitalistischen Production von derjenigen des
gemeinen Handels sich abhebt. —

§ 33.

Dieser Betrachtung gehen wir auf folgendem Wege
nach. Alle Gegenstände des Verkaufes und Kaufes heissen
als solche Waaren. Dieselben werden entweder als fertige
vorausgesetzt; und in diesem Sinne kann Alles, was in der
Willkürsphäre des Einen sich befindet und folglich in diejenige eines Anderen übertragbar ist, die Form der Waare
annehmen, z. E. begrenzte Stücke des Grund und Bodens,
seltene Bücher und Gemälde und solche nicht-fungible
Sachen; so nimmt auch die eigene Thätigkeit: Arbeit oder
Dienstleistung, die Form der Waare an. Für den Kaufmann
als solchen, der eingekaufte Waaren zu verkaufen sich
bemüht, insofern er also auf die Production der Waaren
keinen Druck ausübt, sind alle Waaren von dieser Art;

daher auch alle gleich. Er kann z. E. als Gesinde-Ver-
miether oder Theater-Agent auch mit eingekauften Arbeitskräften oder Stimmen handeln; so gut wie mit alten Klei-
dern. Ebenso verhält sich der Kornhändler, wenn in einem
begrenzten Gebiete der Bauern-Stand ihm gegenübersteht.
Durch jede Ernte wird eine gewisse Menge von Getreide
verfügbar und Gegenstand des Handels. Wenn die Subjecte
desselben in eine einzige Person zusammengedacht werden:
so kann nun diese mit ihrem Objecte allerhand Kunststücke
vornehmen, der übrigen Gesellschaft zu Nutzen oder Schaden;
sie kann z. B. einen Theil des Getreides verbrennen, um
den Tauschwerth des Restes über den bisherigen der Ge-
sammtmasse zu erhöhen. Oder — was freundlicher scheint
— sie kann solchen Theil verwahren, um ihn später anzubieten; kurz, welche Manipulationen ihr gut, d. h. den
höchsten Gewinn versprechend dünken. — Oder aber, es
handelt sich darum, Waaren für den Verkauf hervorzubringen. Dies ist nur möglich durch Arbeiten oder durch
Arbeitenlassen. Ein Satz, der keines Beweises bedarf, da
er in der Voraussetzung enthalten ist. Es wird gedacht,
dass die Hervorbringung oder Vermehrung, allgemein gesagt: die »Beschaffung«, in menschlicher Willkür stehe.
Nun kann zwar für ein gegebenes Gebiet der Kaufmann, auch ohne zu arbeiten oder arbeiten zu lassen, irgendwelche Waaren beschaffen: nämlich indem er sie aus einem
anderen Gebiete einkauft und holen lässt. Denke man aber
das gegebene Gebiet über alle möglichen Grenzen erweitert,
oder — was für ein engeres Gebiet das gleiche Ergebniss
hat — sehe man von dieser Möglichkeit ab: so ist die
Alternative offenbar. Freilich aber — und es ist wichtig
zu bemerken —: dem Begriffe der willkürlichen Beschaffung
entspricht das eigene Arbeiten weniger, das Arbeitenlassen mehr. Der Arbeitenlassende erfüllt seinen Zweck,
wenn er nicht allein als Urheber jeder hervorgebrachten
Sache, deren natürlicher Eigenthümer er ist, erscheint, sondern auch die Menge der verfertigten Sachen nur durch seine
Willkür und durch die Mittel derselben begrenzt wird; das
will sagen: wenn durch Beschaffung der Arbeitsmittel und
Anwendung eingekaufter Arbeitskräfte darauf, er in der
Lage ist, seiner Fabrikation eine beliebige Ausdehnung zu
geben.

§ 34.

Wenn nun der Profit alles übrigen Handels in diesem Sinne ein unnatürlicher ist, dass er in einem allgemeinen gesellschaftlichen System als Profit der handelnden Classe — wie auch immer derselbe auf die handelnden Personen sich vertheilen möge —, endlich auf den Betrag des Werthes reducirt werden muss (d. h. durch die Bedingungen der gesellschaftlichen Entwicklung selber, reducirt zu werden, die Tendenz hat), welchen die in der Uebertragung der Waaren (oder in ihrer zeitweiligen Aufbewahrung) sich darstellenden gesellschaftlichen Dienstleistungen haben mögen (welche Voraussetzung nicht allein alle Dienstleistungen, sondern alle Waaren überhaupt betrifft, indem die nach Zeit und Ort variirenden realen Preis-Gleichungen in sich verkleinernden Bögen um die allein nach der Zeit variirende ideelle Werth-Gleichung oscilliren); so befindet sich hingegen der Handel, welcher fabricirt, in einer besser gesicherten Lage. Er fügt einem gegebenen Werthe durch Arbeit Werth hinzu, wie es der Selbst-Arbeiter, Bauer oder Handwerker thut, welcher seine Producte zu Markte bringt, oder auf Bestellung anfertigt und verkauft. So wie nun diese Arbeit in einem Systeme des Austausches nach Werthen ein Aequivalent erzwingen müsste, bestehend in der Frucht einer Arbeit, welche nach dem Verhältnisse ihrer Bedingungen als eine gleich-viel wiegende Arbeits-Masse geschätzt würde; also fällt auch dem Capitalisten, welcher arbeiten lässt, in einem solchen Systeme der Werth einer Arbeits-Masse zu, welche ebenso schwer ist als der Betrag der von ihm selber angewandten und in Waaren verwandelten Arbeit. Da er nun diese Arbeit als Arbeitskräfte gekauft hat, so erhebt sich die Frage: wie ist es möglich, einen regelmässigen Profit zu erzielen durch die Differenz des Werthes der Arbeitskräfte als eingekaufter Waaren und des Werthes der Arbeit als des in verkauften Waaren mitenthaltenen Princips der Hervorbringung von (neuen) Gegenständen überhaupt? (unter Voraussetzung, dass die Waaren zu ihrem Werthe gehandelt werden).

§ 35.

Arbeiten und Dienstleistungen werden als Waaren angeboten und verkauft. Sie bedingen ihren Preis wie ein Laib Brod und eine Nähnadel ihren Preis bedingen. Aber sie unterscheiden sich von diesen Waaren, welche aus Natur-Stoffen und aus Arbeit zusammengesetzt sind. Sie sind blosse Natur-Stoffe, sie sind nicht Producte von Arbeit. In dieser Hinsicht stehen sie auf gleicher Linie mit dem Grund und Boden selber. Das Angebot an Grund und Boden lässt sich überhaupt nicht künstlich oder willkürlich vermehren, in einem gegebenen Gebiete. Das Angebot an Arbeitskräften lässt sich allerdings durch Import derselben vermehren, was aber voraussetzt, dass sie schon Objecte des Handels sind. Insofern als sie es nicht sind, sondern jeder Mensch »seine eigene Haut zu Markte trägt«, so ist die Menge der Arbeitskräfte in derselben Weise beschränkt wie die Menge des Grund und Bodens. Beide Arten von Waaren lassen sich nicht machen, können nicht fabricirt werden. Ihr Werth und Preis ist daher allein durch ihre vorhandene und actuelle, nicht durch ihre mögliche und zukünftige Menge bedingt; und durch das Verhältniss jener Menge zu der Höhe und Kaufkraft des Begehrs. In Wirklichkeit werden aber nicht ausschliesslich allgemeine und unbestimmte, sondern auch besondere und bestimmte Arbeiter oder Dienstleistungen verlangt und angeboten. Um so deutlicher macht sich die Begrenztheit des Angebotes geltend. Die Beschränktheit des Angebotes ist ein Vortheil für die Anbietenden, unter sonst gleichen Umständen. Ihr Nachtheil ist die Noth und Verlegenheit, in der sie sich um die gegenüberstehende Waare (Geld- und Genussmittel) befinden mögen. Denn je stärker überhaupt der (subjective) Begehrungs-Werth der fremden Waare, desto schwächer wird nothwendiger Weise der (subjective) Behaltungs-Werth der eigenen Waare, desto heftiger, stärker der Wunsch und Wille, sie abzusetzen. Nun ist auf der einen Seite der Wunsch, Geld oder Lebensmittel zu erhalten, grenzenlos, bei jedem Menschen, welcher dergleichen nicht hat; und nicht etwa aus einer Gemeinschaft bezieht (was hier durchaus ausser aller Frage bleibt). Er hat nur die Wahl, das Begehrte sich gewaltsam anzueignen (was wider das gesellschaftliche Naturrecht verstösst), oder es im Verkehr zu erlangen durch Verkauf seiner Arbeitskraft. Auf der anderen Seite ist ein grosser Unterschied, ob eine Waare verlangt und gekauft wird von denen, welche sie gebrauchen wollen; d. h. (insoweit) als Zweck, als Sache, als Gebrauchs-Werth. Sie wird dann in Besitz genommen als ein Object des eigenen Willens, Ergänzung eigener Kraft. Sie wird bedurft, wie sie begehrt wird. Wenn auch keine Noth darum ist, so ist doch ein gewisses Gefallen, etwa gar eine Leidenschaft dafür vorhanden, jedenfalls ein Wunsch, der irgendwelche reale Stärke hat. Dies fällt also auch zu Gunsten angebotener Dienstleistungen ins Gewicht. Und demnach ist in solchen Fällen und gerade in Bezug auf Dienstleistungen als Waaren von der besonderen angegebenen Natur, die ungesellschaftliche Beschaffenheit solches Tausches offenbar. Vollends wenn die Noth der Verkäufer nicht absolut oder garnicht vorhanden ist; denn wenn auch die Heftigkeit des Verlangens der fremden Waare als solcher uncommerciell, so ist doch der dringende Wunsch, die eigene loszuwerden, commerciell. Hingegen macht die Abnahme jener Heftigkeit noch nicht commerciell; mit ihr nimmt aber auch das Verlangen nach Absatz ab. Der günstigste Fall für einen anders als gesellschaftlichen Verkehr ist mit-hin ein auf beiden Seiten gemässigter, jedoch auf Gefallen oder Bedürfniss an dem Gegenstande oder der Fähigkeit, welche der Andere besitzt, gegründeter Wunsch des Tau-sches. In der That ist alsdann der Tausch nur die Form, in welcher ein Princip der Vertheilung nach gemein-schaftlichem Maasstabe in die Erscheinung tritt.

§ 36.

Ich begann auf den Unterschied hinzuweisen, ob eine Waare verlangt werde von denen, welche sie gebrauchen wollen. Die Ergänzung ist: oder von denen, welche sie wieder verkaufen wollen. Diese haben gar kein inneres Verhältniss zu dem Gegenstande, sie stehen ihm mit voll-kommener Kälte gegenüber. Die Versuchung, aus Zärtlichkeit oder Wohlwollen oder aus Freude an dem Werke, den Arbeiter oder Künstler, nach eigenem Ermessen, und mit einer Tendenz des Schenkens, zu belohnen, ist nicht vorhanden. Im Gegentheil: ihre einzige Aufgabe ist, so wenig als möglich zu geben, um die Differenz gegen ihren zukünftigen Preis so gross als möglich zu machen; denn diese Differenz ist Zweck; das Ziel ihrer Bestrebung. Wie denn in ihren Händen die Waare nichts ist als Tauschwerth, d. i. nichts als Mittel und mechanische Kraft, fremde Sachen zu erwerben; dasselbe was Geld, insofern es Geld, in den Händen eines Jeden ist; während aber ein Jeder mit Geld — dem natürlichen Tauschwerth — Gegenstände, Lebensmittel, Genüsse — natürliche Gebrauchswerthe — kauft, so will umgekehrter Weise der Kaufmann mit Lebensmitteln u. s. w., als künstlichen Tauschwerthen, den Gebrauchswerth des natürlichen Tauschwerthes, Geldes, erkaufen, als welcher für ihn wiederum nicht sowohl darin besteht, Waaren zu seinem Gebrauche, als vielmehr, in Wiederholung seiner berufsmässigen Thätigkeit, Waaren zum Behuf des Verkaufes einzukaufen. So ist er denn als Einkaufender keineswegs in Noth; denn es ist die Voraussetzung, dass er Geld als das seine in Händen hat und also die Freiheit, es auch zum Erwerbe von Genussmitteln anzuwenden. Er ist durchaus frei und erhaben, und hat keine Eile sein Geld loszuwerden. Und so denken wir ihn gegenüber den Verkäufern ihrer Arbeitskraft. Es ergibt sich aus diesen Umständen die hohe Wahrscheinlichkeit, dass der Preis der zum Behuf ihrer Anwendung und Verwerthung eingekauften Arbeitskraft einem Betrage an Lebensmitteln gleichkomme, welcher nach dem Urtheile des Verkäufers das nothwendige Minimum zur Erhaltung seines Lebens und seiner Genüsse während der Zeit, auf welche seine Arbeit sich erstrecken soll, darstellt. Dies ist die negative Grenze, welche er selber, insofern als er activ negociirt, gelten machen muss, so sehr er wünschen und sich bemühen mag, einen höheren Preis zu bedingen; und es ist zugleich die positive Grenze, welche der Käufer als nothwendige anerkennen muss, der aber um so mehr abgeneigt sein wird, sie zu seinem Schaden zu überschreiten. Dieser Ausdruck ist aber selber eines sehr variabeln Inhaltes fähig; dessen untere Grenze wiederum die Erhaltung des blossen Daseins (in den Umrissen, welche der Wille des Individuums dieser Vorstellung geben mag) bildet. Und da ist es ferner die vollkommene Noth, welche die Vorstellung auf ihr niedrigstes Maass reducirt. Dies ist der natürliche Kostenpreis der Arbeitskraft schlecht-hin, Bedingung und Material ihrer Erneuerung, welche in-soweit allerdings einer Production verglichen werden kann, und also den wirklichen gesellschaftlichen Werth constituiren würde. Derselbe hat jedoch seine nächste Be-deutung nur für die individuelle Arbeitskraft, welche der Mensch, durch Fristung seines Lebens, z. E. im Anfange der folgenden Woche von Neuem anzubieten in der Lage ist. Hingegen sofern die Vorstellung des Existenz-Mini-mums die Ernährung von Weib und Kind einschliesst, so ist sie der Reduction ausgesetzt; da Weiber und den frühe-sten Jahren entwachsene Kinder selber Arbeitskräfte ent-wickeln und feil halten können.

§ 37.

Der Begriff der durchschnittlichen gesell-schaftlich nothwendigen Arbeitszeit, der von ebenso schwerer Bedeutung als von schwieriger Anwendung ist (wie alle richtigen Begriffe der politischen Oekonomie), muss auf die eigentliche Sachwaaren-Production, wie sie im commerciellen Betriebe erscheint, eingeschränkt bleiben, weil und insofern als hier die concurrirenden Anbieter eine prak-tisch unbegrenzte Menge ihrer Gegenstände hervorbringen können und also der unter den günstigsten Bedingungen Producirende — wenigstens dem Anscheine nach — das ganze Bedürfniss zu decken vermag; wodurch dann die Uebrigen, um ihren also bedrohten Absatz wenigstens fest-zuhalten, ihre Preise den seinigen zu nähern oder gleich zu machen sich genöthigt finden; demnächst aber, um ihren Profit nicht dauernd vermindert zu sehen, zu versuchen, ebenso günstige Bedingungen für sich herzustellen. Dies ist das eigentliche Princip der Handels-Concurrenz, insofern als der am billigsten einkaufende Händler am billigsten absetzen kann und in dem Maasse, als er durch die Menge seiner Waaren und die Fortdauer seiner Einkaufs-Gelegenheit zum Mitbieter und Wettbewerber für die Anderen wird. Jener Tendenz wirkt jedoch die andere entgegen, wonach die wirklich angebotenen Waaren — unabhängig von der grösseren Fähigkeit einzelner Producenten — als solche, und insofern als sie gleich sind, gleiche Wahrscheinlichkeit des Absatzes haben (und einen Preis zu bedingen versuchen, der ihrem specifischen Werthe adäquat sei), nebst der Unmöglichkeit oder Schwierigkeit, ungünstige Bedingungen günstiger zu machen, nach Willkür. — Im Austausch der Waaren gegen einander muss aber von der Vermittlung des Handels abgesehen werden. Jede Waaren-Gattung tritt in einer gewissen Menge von (sage:) gleichen Exemplaren auf den Markt und versucht eine möglichst grosse Menge anderer Waare dem Markte zu entreissen. In dieser Betrachtung fällt alle innere Concurrenz derselben Waaren-Gattung weg; eine Ausgleichung sei vollzogen, als ob die gesammte Menge in derselben Hand sich befände, mithin ihre Macht geeinigt und die Macht jeder einzelnen (und folglich jeder Gruppe oder Sorte) rückwärts durch die Gesammtmacht bestimmt wäre. Also würde zwischen Monopolisten sich der Preis-Kampf darstellen. Gegen jede Gattung würde jede andere mit gleicher Anstrengung und gleichem Angriffe sich wehren. Das Resultat wird sein: dass jede Menge einer bestimmten Gattung diejenigen Mengen von anderen Gattungen bedingt, welche in Wirklichkeit ihr gleich sind in Bezug auf diejenige Qualität, welche allein auf dem Markte gewogen wird, sc. ihren Tauschwerth. So ist es in der Natur, wo nach der mechanischen Theorie jedes Quantum von Energie sich in ein gleiches anderes verwandelt und durch ein gleiches anderes ersetzt wird. Hierdurch also werden alle zufälligen und alle abstracten Gewinne innerhalb des Marktes ausgeschlossen, und in Wahrheit findet nur ein Austausch concreter Gebrauchswerthe nach dem Maasstabe eines abstracten Tauschwerthes statt. Zu ihrer Verwirklichung fordert diese Idee:

Gleichheit der Productions-Bedingungen für alle Waaren-Gattungen (so verschieden sie auch für die Arten und Exemplare der Gattungen sein und bleiben mögen), mithin eine gleiche Wirksamkeit der möglichst günstigen (leichtesten) Bedingungen, eine gleiche Proportion derselben zu den Gesammtbedingungen; denn gleiche Proportion ist der allgemeine Begriff der Gleichheit, und eigentliche Gleichheit nur ihr besonderster Fall. Die günstigsten Bedingungen aber bestehen: 1) in der Tauschwerthlosigkeit der Naturkräfte, als ihrem natürlichen Preis, 2) in der grössten Wirksamkeit von Menschen mit einander, 3) in der grössten Wirksamkeit der Cooperation von Menschen mit den geeignetsten Instrumenten (Werkzeugen, Maschinen). Wenn diese Umstände erfüllt sind und ausserdem alle Verschiedenheiten menschlicher Arbeit auf ihr einzig mögliches Maas: Arbeits-Zeit reducirt werden (was in Wirklichkeit weniger oder mehr durch ihre actuellen Verhältnisse zu einander erleichtert wird), so gilt das Gesetz der Constitution des Werthes jeder Waaren-Gattung und folglich jeder beliebigen Quantität derselben, durch die zur Production derselben im Durchschnitt gesellschaftlich-nothwendige Arbeitszeit. Die Entwicklung der Gesellschaft und ihres Centrums: des Weltmarktes, bewegt sich in fortwährender Approximation diesem ihrem relativen Ruhepunkte zu. Jenes Gesetz hat zunächst eine pure begriffliche Bedeutung, ist daher auf die Regeln der calculatorischen Synthese oder auf identische Sätze zurückführbar. Es heisst nämlich nur: was zu den als vorhanden vorausgesetzten Naturkräften und Dingen hinzugekommen ist und die gegenwärtigen Formen von Sachen hervorgebracht hat, das ist eine gewisse Menge menschlicher Arbeit. Naturkräfte haben — der Voraussetzung nach — keinen Tauschwerth; der Tauschwerth anderer Dinge, welche zur Production nothwendig sind (Stoffe und Instrumente), ist selber in lauter Arbeitsmengen auflösbar; folglich der neue Tauschwerth in Stücke ihres Tauschwerthes und hinzugefügte Arbeit, mithin in lauter Arbeit. Arbeit hat sich in den Gegenständen verkörpert, ist gleichsam geronnen in dem gebundenen Ueberschuss, welchen sie darstellen über die freien Naturkräfte. Die

Waare und ihr Eigenthümer haben nun keineswegs nöthig, mehr Tauschwerth vom Markte zu verlangen, als sie ihm bringen oder darbieten, und der in normalem Verhältnisse eingetauschte Wert (dessen Erklärung durch die Zwischenkunft des Geldes um so deutlicher wird, je mehr Geld aufhört, selber an Waare gebunden zu sein und — als Credit — seine unsinnliche Natur, als blosse Anweisung auf Waare, reiner entfaltet) muss nur enthalten: a) den Werth ihrer (der verkauften Waare) Stoffe und die in ihr enthaltenen Stücke von Instrumentwerthen, b) den Werth der zum Behuf ihrer Production hinzugefügten Arbeit. In dem letzteren Werthe ist der Zweck enthalten, um dessentwillen der Kaufmann zum Fabrikanten oder der Arbeiter zum Unternehmer geworden war — Lohn der Enthaltsamkeit von Genuss oder Zerstörung der Productionsmittel; Preis der Geduld, mit welchem er der productiven Arbeit Zuschauer gewesen ist.

§ 38.

Der Gewinn oder Mehrwerth ist die Differenz zwischen dem Einkaufspreis der Arbeitskräfte und dem Verkaufspreise (nicht ihres Productes, sondern) ihres im Producte enthaltenen Tauschwerthes. Auf dem (eigentlichen oder Waaren-) Markte erscheinen Arbeitskräfte nur in dieser, durch ihre Vereinigung und ihre Anwendung auf Stoffe und Arbeitsmittel, verwandelten Gestalt, folglich nicht als Eigenthum der Arbeiter, sondern der Kapitalisten. Es erscheinen allerdings, ausser Sachwaaren, und zum Austausche mit denselben, Arbeiten selber als Dienstleistungen, d. i. Arbeiten, welche nicht in einem Producte verkörpert sind, sondern gleichsam ihre liquide Form behalten, durch ihre Mittheilung und Empfang selber sogleich consumirt und vergangen. Sie mögen, als immaterielle Waaren, ihren Werth bedingen, obgleich sie keinen Werth haben, der durch in ihnen enthaltene Arbeitszeit messbar wäre, sondern (gleich manchen Sachen auch) nur Werth, der richtiger als Normalpreis bezeichnet wird und ihrer Menge im Verhältniss zur durchschnittlichen Stärke des Begehrs proportional ist (d. h. ihr Werth ist nur als Preis, nämlich in einer gewissen Menge von anderen Waaren ausdrückbar, ist daher immer ein Bruch uud niemals eine Grösse). Die Arbeitskräfte, welche Waaren hervorbringen, sind hingegen nicht auf diesem Markte anzutreffen. Sie sind nicht in dem Sinne Waaren, wie Sachen es ihrer Natur nach sind, und wie Dienstleistungen es sein können; sie begegnen denselben nicht als gleiche, und als ob der vollzogene Umtausch das Ende eines Turnus wäre, nach welchem jedes Eingetauschte seinem Gebrauch entgegengeführt wird, wenn nicht directe darin verschwindend. Als Princip der Production von Sachen sind sie nur in Bezug auf dieselbe, hinter und unter ihr, denkbar. Insofern also, als ihre Verbindung mit den Substraten der Production nur durch ihren Einkauf möglich ist, so muss dieser begriffen werden als der Zeit nach früher und vor dem Verkaufe fertiger Sachen. Der Arbeitsmarkt ist durchaus geschieden vom Waarenmarkte, und unterhalb desselben. Er kann auch als der heimliche Markt bezeichnet werden, von dessen Präexistenz im offenen Waarenmarkte keine Spur, keine Erinnerung mehr vorhanden ist. Dort werden Arbeitskräfte gekauft und bezahlt, als ob sie zukünftige blosse Dienstleistungen wären, mithin in der Leistung selber sich vollendeten. Die Fiction ist, dass der Fabrikant (irgend welches capitalistische Subject, sage: die Actien-Gesellschaft) wirklicher Urheber und Macher sei, der sich Arbeiter nur als Gehülfen dazu miethet. Die Fiction gewinnt an ihrem Scheine, je mehr die Anstalt, d. i. die Bedingungen der Cooperation, und demnächst die Instrumente selber — lauter Dinge, welche im Eigenthum des Fabrikanten sind — gleichsam lebendig werden und, einmal in Bewegung gesetzt, automatische Nachahmungen menschlicher Hand und Kunst durch ihre zweckmässige Construction zu leisten vermögen. Wenn es der Eigenthümer ist, dessen Zwecken sie dienen, so ist es seine Initiative, sein Gedanke und Wille, was über ihnen ist, und sie in gegebenem Momente in Bewegung und wiederum in Ruhe setzt. Die eingesetzten Arbeitskräfte haben keinen eigenen Willen, sondern erhalten ihre Aufgabe zugewiesen, wie ein Mandat, welches durch den Zusammenhang des Ganzen, durch fixirten Plan und Methode der Bearbeitung

gegebener Stoffe bestimmt ist: die Theilung der Arbeit
innerhalb der Manufactur oder fabricirenden Agricultur.
Oder gar die Werkzeuge, als Maschinen in Systeme verbunden, sind thätig, von den arbeitenden Menschen bedient, dieselben beherrschend, so dass diese nicht mehr
so unmittelbar von einem gegenwärtigen, fremden menschlichen Willen, der ihnen Vorschriften macht, als vielmehr
von der gegebenen Beschaffenheit eines ›todten Ungeheuers‹
abhängig sind, gegen welches sie sich, reagirend, als ein
collectives Ganzes verhalten, und folglich auch um so eher
als solches ihrem Anwender gegenüberstehen. Für die
reale und objective Ansicht ist aber immer und
nothwendiger Weise menschliche Arbeit allein, wenn
auch noch so gewaltiger Instrumente sich bedienend, Ursache menschlicher Werke, individuelle Arbeit individueller, collective Arbeit collectiver Werke. Nicht die
Actiengesellschaft, sondern die Arbeitergesellschaft, bringt
die Sachen und Werthe hervor. Und da nur Werke natürlichen Werth haben, so gilt auch aus diesem Gesichtspunkte
der Satz: dass Arbeit Quelle aller Werthe. In der
Manufactur ist sie nur verbunden durch gemeinsames
Endziel und die Handhabung gemeinsamer Methode, welche
aber allerdings (weil blosse Gedankendinge) noch als Producte und somit als echtes Eigenthum der unternehmenden
und leitenden Person mit Grund gedacht werden können.
In der eigentlichen Fabrik ist sie wesentlich durch ihr
gemeinsames und nothwendiges Verhältniss zur Maschinerie
geeint, die den sichtbaren Körper derselben bildet. In
jedem Falle ist erkennbar, dass nur ihre Einheit, und zwar
dieselbe durch vernünftigen Gebrauch von Stoffen, Plänen,
Instrumenten, das wirkliche productive Princip ausmacht.
Auf dem Arbeitsmarkte können sie zwar als Verkäufer
von Arbeitskraft sich vereinigen und durch Ausschluss der
Concurrenz sich einen höheren gemeinsamen Preis erzwingen.
Aber als Eigenthümer aller Anstalten u. s. w., denen thatsächlich die Arbeitskräfte nur einverleibt und subordinirt
werden, bleibt die fabricirende Person ebenso natürlicher
— nämlich auf folgerichtige Weise erschlossener — als unnatürlicher, nämlich durch die sinnliche Erfahrung ver-

leugneter Urheber, folglich auch Eigenthümer der durch (ihr fremde) menschliche Arbeit erzeugten menschlichen Werke, welche sie, um den Werth zu behalten, auf dem Markte abstösst.

§ 39.

Der Arbeitsmarkt setzt keinen Waarenmarkt voraus. Es ist durchaus gleichgültig für die Betrachtung, auf welche Weise der Kapitalist zu dem Gelde gekommen ist, womit er die Arbeitskräfte bezahlt, oder woher die Producte stammen, welche dieses Geld repräsentirt. Ein Theil derselben mag aus vorhergehender Production stammen — vielleicht aus der eigenen Arbeit des Kapitalisten — ein Theil erst durch die gegenwärtige und zukünftige bedingt sein. Die Umsetzung von Geld in Genussmittel hat weder mit dem Waarenmarkte, noch mit dem Arbeitsmarkte unmittelbar zu thun; sie gehört einem dritten Markte an, den wir Kram-Markt nennen dürfen und welcher als das normale Vehikel der Distribution sich darstellt. Diese hat allerdings Production zur Voraussetzung und kann in einer regelmässigen Circulation auf dem Waarenmarkte beruhend gedacht werden. Alsdann ist jener das letzte Glied, welches in das erste eingreift, wie es aus dem zweiten sich ableitet. Seine Bewegung ist vom Centro bis zur Peripherie: er gibt Waaren an alle Geldhabenden, ja er drängt die Waaren auf und hungert nach Geld, welches, in zahllosen kleinen Portionen aufgesogen, auf dem Waarenmarkte wiederum in Massen verschlungen wird. Die Bewegung des Waarenmarktes ist umgekehrter Weise von der Peripherie zum Centrum. Er ist die blosse Versammlung von Producten, deren Entstehung für ihn gleichgültig ist, die Systole oder Contraction, welcher die Diastole oder Expansion folgen muss. Der Arbeitsmarkt ist eine Communication innerhalb der Peripherie. Wenn nun Austausch auf dem Waarenmarkte wie auf dem Arbeitsmarkte ohne Vermittlung des Handels gedacht wurde, so ist dagegen der Krammarkt und die Distribution natürlicher Weise ein Geschäft des Ein- und Verkaufs, also die eigentliche Sphäre der Kaufleute. Und diese kann denn, im vollendeten

System der gesellschaftlichen und kapitalistischen Production, als eine gesellschaftliche Dienstleistung aufgefasst werden, welche selber ihren Werth und Entgelt aus dem Waarenmarkte fordern und entnehmen muss, indem gesetzt wird,
dass auch alle übrigen, als Quasi-Productionen und Theile
der gesellschaftlichen Gesammt-Production geordneten Dienstleistungen daselbst erscheinen und sich in ihren Werth um-
setzen. Und wiederum können alle Dienstleistungen gedacht werden als selber auf kapitalistische Weise hervorgebracht und verwerthet, sofern sie nämlich, um sich geltend
zu machen, durch Anstalten, Stoffe und Geräthe bedingt
sind; so dass sie dann wiederum ihre Abtheilung des Ar-
beitsmarktes voraussetzen, in welcher sie in ihrer rohen
und nackten Potentialität erworben werden.

§ 40.

Indem nun der Krammarkt nur als eine nothwendige
Consequenz betrachtet wird, welche der Waarenmarkt involvirt, so ist die wesentliche Structur der Gesellschaft
durch die drei Acte beschrieben, deren Subject die Kapitalistenclasse ist, welche als solche mit dem Vermögen
an Arbeitsmitteln ausgestattet gedacht wird (welche also
nicht erst aus dem Markte geholt werden, sondern an ihrem
Platze vorhanden sind): 1) Einkauf von Arbeitskräften,
2) Anwendung von Arbeitskräften, 3) Verkauf von Arbeitskräften (in Gestalt von Werththeilen der Producte). An
dem ersten Acte hat auch die Arbeiterclasse ihren
wesentlichen Antheil, wenn auch nur, indem sie sich ihres
Ueberflüssigen um des Nothwendigen willen entledigt. An
dem zweiten Acte hat sie scheinbar nur als Object (als
angewandte) Antheil, in Wirklichkeit liegt in ihr alle materiale, in der Kapitalistenclasse alle formale Causalität desselben. Im dritten Acte agirt diese wirklich ganz und gar
allein, und jene ist nur noch in Gestalt des ihr gleichsam
ausgepressten Werthes vorhanden. Insofern als die Arbeiter-
classe agirt, so ist sie frei: und ihre Arbeit ist nur die
Realisirung ihres Contractes, also Tausches, den sie aus er-
kannter Nothwendigkeit vollzieht. Aller Tausch (und zwar
Verkauf) ist aber die Form selber des Willküractes, wäh-

rend der Handel seine materielle Vollkommenheit ist. Demnach ist die Arbeiterclasse halb-frei — nämlich bis zur
Mitte der drei Acte — und formal willkürlich; im Unterschiede von einer supponirbaren Sklavenclasse, welche formal
nur als Werkzeug und als Substrat in dem Process vorkommen würde. Hingegen ist die Kapitalistenclasse ganz-
frei und materiell willkürlich. Daher sind denn auch, die
ihr angehören, als ganz freiwillige, freudige und materielle
Constituenten der Gesellschaft anzusehen; die ihr ent-
gegenstehende Menge als halb-unwillige und nur formale
Subjecte. Denn das Interesse und die Theilnahme an jenen
drei Acten und ihrem vollen Zusammenhange ist mit der
vollen Setzung der Gesellschaft, mit der Einwilligung in
ihre Existenz und in die Convention, welche derselben unterliegt, gleichbedeutend. — Ob aber diese dualistische Construction ihres Begriffes die allein mögliche sei, ist eine
Frage, welche uns jetzt nicht als eine nothwendige angeht.
Es ist diejenige Construction, welche sich ergibt aus der
Voraussetzung des Handels, wenn derselbe auf dasjenige
Object eingeschränkt wird, welches allein — abgesehen von
seinem Charakter als dienstleistende Thätigkeit, demnächst
aber auch in Bezug auf dieselbe — seinen Zweck und sein
Lebensprincip, den Profit, aller zufälligen Bedingungen
entkleidet und durch seine eigene Essenz als nothwendigen
und regelmässigen Erfolg garantirt: nämlich jene rein fictive,
durch menschlichen Willen gesetzte, unnatürliche Waare:
Arbeitskraft. So finden alle diese Begriffe ihre Lösung
und Scheidung in der Theorie des individuellen menschlichen Willens, worauf daher diese ganze Erörterung hin-
drängt.

ZWEITES BUCH.

WESENWILLE UND WILLKÜR.

Voluntas atque intellectus unum et idem sunt. *Spin.*

*Der Wille ist die Wurzel der Bildniss.
Ein falscher Wille zerstört die Bildniss.* *Böhm.*

ERSTER ABSCHNITT.

DIE FORMEN DES MENSCHLICHEN WILLENS.

---

§ 1.

Der Begriff des menschlichen Willens, dessen richtige Auffassung der ganze Inhalt dieser Abhandlung erfordert, soll in einem doppelten Sinne verstanden werden. Da alle geistige Wirkung als menschliche durch die Theilnahme des Denkens bezeichnet wird, so unterscheide ich: den Willen, sofern in ihm das Denken und das Denken, sofern darin der Wille enthalten ist. Jeder stellt ein zusammenhängendes Ganzes vor, in welchem die Mannigfaltigkeit der Gefühle, Triebe, Begierden ihre Einheit hat: welche Einheit aber in dem ersten Begriffe als eine reale oder natürliche, in dem anderen als eine ideelle oder gemachte verstanden werden muss. Den Willen des Menschen, in jener Bedeutung, nenne ich seinen Wesenwillen; in dieser: seine Willkür.

§ 2.

Wesenwille ist das psychologische Aequivalent des menschlichen Leibes oder das Princip der Einheit des Lebens, sofern dasselbe unter derjenigen Form der Wirk-

7*

lichkeit gedacht wird, welcher das Denken selber angehört
(quatenus sub attributo cogitationis concipitur). Er involvirt
das Denken wie der Organismus diejenigen Zellen des
grossen Gehirns enthält, deren Erregungen als dem Denken
e n t s p r e c h e n d e physiologische Thätigkeiten vorgestellt
werden dürfen. W i l l k ü r ist ein Gebilde des Denkens
selber, welchem daher nur in Beziehung auf seinen Urheber
— das Subject des Denkens — eigentliche Wirklichkeit
zukömmt, wenn auch dieselbe von Anderen erkannt und
als solche anerkannt werden kann. Beide so verschiedene
Begriffe des Willens haben dies gemein, dass sie als U r -
s a c h e n oder als Dispositionen zu Thätigkeiten gedacht
werden und also aus ihrem Dasein und ihrer Beschaffenheit auf ein bestimmtes Verhalten ihres Subjectes als ein
wahrscheinliches, unter gewissen, mitbedingenden Umständen
als ein nothwendiges zu schliessen erlaubt ist. Aber Wesenwille beruhet im Vergangenen und muss daraus erklärt
werden, wie das Werdende aus ihm; Willkür lässt sich
nur verstehen durch das Zukünftige selber, worauf sie bezogen ist. Jener enthält es im Keime; diese enthält es im
Bilde.

§ 3.

Wesenwille verhält sich also zu der T h ä t i g k e i t ,
worauf er sich bezieht, wie eine Kraft zu der Arbeit, welche
sie leistet. Daher ist irgendwelche seine Gestaltung in
jeder Thätigkeit, als deren Subject ein individueller menschlicher Organismus verstanden wird, nothwendiger Weise mit-
gesetzt; eben als dasjenige, was in psychischem Sinne solche
Individualität ausmacht. Wesenwille ist der Bewegung
i m m a n e n t . Um seine Essentia durchaus zu erfassen, so
muss von allem selbständigen Dasein äusserer Objecte abgesehen und Empfindung oder Erfahrung davon nur in
ihrer s u b j e c t i v e n Wirklichkeit begriffen werden. So
gibt es hier nur p s y c h i s c h e Realität und p s y c h i s c h e
Causalität; das will sagen: nur eine Coexistenz und Succession von Daseins-, Trieb- und Thätigkeitsgefühlen, welche
durchaus, in ihrer Gesammtheit und in ihrem Zusammen-

hange, als erfolgend aus der ursprünglichen Keimanlage
dieses individuellen Wesens müssen gedacht werden; so
sehr auch die besondere Entwicklung durch den Stoff der
Empfindungen bedingt, also modificirt werde (der also gleich
dem, was sonst die äussere Welt heisst; und wie innerhalb
ihrer der Leib auf Nahrung und andere Gegenstände angewiesen, dadurch erhalten und auch verändert wird). Willkür geht der Thätigkeit, auf welche sie sich bezieht, vorher
und bleibt ausser ihr. Während sie selber nichts hat als
ein in Gedanken gesetztes Dasein, verhält sich jene zu ihr
als ihre Verwirklichung. Das Subject beider setzt den
(hier als inert vorzustellenden) Körper durch äusseren Anstoss in Bewegung. Dieses Subject ist eine Abstraction. Es
ist das menschliche Ich insofern, als es aller übrigen Eigenschaften entkleidet und wesentlich denkend begriffen wird:
die (wahrscheinlichen oder gewissen) Folgen möglicher von
ihm selber auszugehender Wirkungen vorstellend und an
einem endlichen Ergebnisse, dessen Idee als Maasstab festgehalten wird, messend; hiernach solche mögliche Wirkungen aussondernd, ordnend und für einen zukünftigen
Uebergang in die Wirklichkeit bestimmend. Und so wirket,
nach diesem Begriffe, das Denken, wie mit mechanischem
Zwange, auf Nerven und Muskeln und dadurch auf die
Glieder des Körpers. Da diese Vorstellung nur innerhalb
einer physikalischen oder physiologischen Ansicht vollziehbar
ist, so wird hier erfordert, das Denken selber als Bewegung,
d. i. als Gehirn-Function, und das Gehirn als objectiv-
wirkliches, einen Raum erfüllendes Ding zu verstehen.

§ 4.

Das Problem des Willens als Wesenwillens ist, dieser
Ansicht gemäss, so mannigfaltig wie das Problem des
organischen Lebens selber. Sein besonderer Wesenwille ist
dem Menschenthum natürlich wie jeder anderen Gattung
ihre Gestalt des Leibes und der Seele, und der Einzelne
gelangt zu seinem vollständigen und reifen Dasein, gleich
dem Organismus, welchen er darstellt, durch unmerklich
fortschreitendes Wachsthum aus einem Keime sich ent-

wickelnd, welcher die (psychische wie physische) Bestimmtheit in sich birgt, wie sie durch Verbindung der den Erzeugern entsprossenen Zellen geschaffen wurde. So ist er,
seinem Ursprunge nach, als ein angeborener und ererbter
zu verstehen, welcher jedoch, in der Vermischung väterlicher und mütterlicher Anlagen und zugleich in der Besonderheit umgebender Umstände, welche auf ihn wirken,
die Principien hat, aus denen er, als ein neuer und diffe-
renter, wenigstens in gewisse Modificationen sich zu entfalten vermag. Seine Ausbildung entspricht jeder Phase
der leiblichen Entwicklung; so viel Kraft und Einheit als
im Organismus ist, so viel Kraft und Einheit ist in ihm.
Wie jener in seinem Werden als ein selbst-thätiger verstanden werden muss, so die Entstehung des Wesenwillens.
Solches Werden aber erschliesst sich der Erkenntniss als
eine in unbeschreiblichem Maasse beschleunigte Bewegung,
durch Kräfte, die sich fortwährend vermehrt und mannig-
faltiger gebildet haben, durch alle Geburtenfolgen, welche
dieses einzelne Wesen mit den anfänglichen Gestalten organischer Materie verknüpfen mögen. Jene machen die
eigene Arbeit des Leibes-Willens, je näher seinem Ursprunge, desto mehr zur verschwindenden (sich gegenüber),
welche gleichwohl geleistet wird, und im Uebrigen unter
Bedingungen, die in der Umgebung gelegen sind. Mehr
und mehr treten aber diese als unterschieden von den inneren Tendenzen hervor, und dann erst lassen sich Veränderungen beobachten, welche (in relativer Unabhängigkeit von
den Potenzen der Vorfahren) gleichsam aus eigenen Mitteln
bestritten werden. Diese, beim Embryo fast gleich Null,
sind beim Kinde bedeutend, und steigern zich — allgemein
gesprochen — in gleichem Schritte mit dem Alter. Wenn
also auch Wille in jedem Momente der Zeit ein anderer ist
gleichwie der Leib, so kann doch nach dieser Betrachtung
seine individuelle Entstehung selber als eine Succession von
Willensacten gedacht werden, deren jeder alle vorhergehenden — als welche zusammen die so weit fertige organische
Kraft ausmachen — und eine gewisse Beschaffenheit äusserer
Reize voraussetzt. Alle vorhergehenden — bis zurück auf
die anfängliche Anlage, den Urwillen, welcher sie alle, in

dieser bedingten Weise involvirt, nicht als logische, sondern
als reale Möglichkeiten, ja hohe Wahrscheinlichkeiten,
die alsdann, unter gegebenen übrigen Bedingungen, zu
Nothwendigkeiten anwachsen und als solche zur Wirklichkeit gelangen. Anlagen oder Tendenzen werden in diesem
Process zu Fähigkeiten, in welchen aber jene selber als
Triebe fortwirken, in ununterbrochenem Zusammenhange
mit dem Kerne des Urwillens und durch ihn auch mit
allen seinen übrigen Entfaltungen oder Verzweigungen.
Also, als ein determinirtes Ganzes, steht er — wenn an einem
Punkte diese Entwicklung als vollendet gedacht wird — den
Dingen gegenüber, Wirkungen empfangend und Wirkungen
ausübend, deren jede zwar, in einem vollkommeneren Sinne,
sein (dieses Willens) Act heissen kann, insofern er eben
in seiner Gesammtheit einer Veränderung unterliegt, die
durch ihn selber bedingt ist; doch aber sind alle jene
Kräfte, welche das »Wunder« der Entwicklung bewirken,
auch hier fort und fort lebendig, und machen, dass als
Subject solches Wollens sowohl eine höhere Ordnung oder
Art, welcher diese Kräfte entstammen, begriffen werden
darf wie das Individuum selber (sobald als solcher Begriff
zu irgendwelchem Behufe dienlich sein mag); mithin, wenn
wir die Entwicklung des Individuums als sein Wollen denken, obgleich verstehend, dass ein Unbekannt-Metaphysisches
gleichsam mitwirkt und nachhilft, so müssen wir auch das
Wollen, welches ausserhalb der Entwicklung ist, nach Art
des Werdens und Wachsens zu beurtheilen lernen, nämlich
auch hier das Subject als wesentlich repräsentatives er-
kennend, von dem man auch sagen könnte, dass an ihm
die Vorgänge stattfinden, anstatt: dass es selber sie vollzieht; wenn nicht der Unterscheidung halber diejenigen,
welche eine Gesammtveränderung bedeuten, also heraus-
gehoben werden sollten, und wenn nicht eben dieselben
dem Bewusstsein unserer selbst, durch jenes allgemeine
Gefühl der Thätigkeit bekannt wären, welches mit unserem
subjective verstandenen Gesammtzustande (und das ist das
eigentlich Alles Umfassende, Erste und Einzige, was wir
haben und kennen) stricte genommen identisch ist.

§ 5.

Die allgemeinste Eintheilung thierischer Organe und Functionen unterscheidet diejenigen des vegetativen (inneren) und die des animalischen (äusseren) Lebens. Ebenso aber ist zureichender Grund vorhanden, einen vegetativen und animalischen Willen zu setzen, welche beide (wie die physischen Structuren im Leibe) im Thierwillen verbunden und einander bestimmend gedacht werden müssen. Solche Verbindung erscheint aber in den besonderen Eigenschaften und Thätigkeiten des Menschen so eigenthümlich und bedeutend, dass — für die psychologische Ansicht — es nothwendig ist, den humanen oder mentalen Willen (und diese Artung des Lebens) vom animalischen und vegetativen in derselben Weise zu unterscheiden wie diese von einander, und die drei Naturen in der menschlichen vereinigt zu denken, gleichwie die beiden in der allgemein-thierischen Constitution. Die Thätigkeiten des vegetativen oder organischen Willens sind durch empfangene oder empfundene Reize überhaupt (stoffliche Reize), die des animalischen Willens durch Wahrnehmungen oder Bild-Empfindungen (sensitive oder Bewegungs-Reize), die des mentalen Willens durch Gedanken oder Wort-Empfindungen (intellective oder geistige Reize, welche nach ihrem stofflichen oder Bewegungs-Werth nicht mehr schätzbar sind) bedingt. Das vegetative Leben, welches allem übrigen zum Grunde liegt und sich selber als substantiell beharrend setzt, alle besonderen Thätigkeiten aber als seine Modificationen und Ausdrücke, besteht ganz und gar in Erhaltung, Accumulation und Reproduction seiner und ihm gemässer Kraft und Form als der Verhältnisse zwischen wechselnden Theilen; es ist Dasein und Wirkung in Bezug auf sich selber: als Assimilirung von Stoffen, Circulation der Nahrungssäfte, Erhaltung und Erneuerung der Organe. Das animalische Leben ist hauptsächlich die hierfür nothwendig und natürlich gewordene äussere Bewegung als Ausgabe von Kraft in Bezug auf andere Dinge oder Wesen: Innervation und Contraction der Muskelgewebe zur locomotorischen Veränderung des ganzen Leibes oder seiner Glieder. Das mentale Leben ist ausgezeichnet als Mittheilung, d. i. Wirkung auf gleich-

artige Wesen durch Zeichen, daher insbesondere Gebrauch
der vocalen Organe zur Aussprache von Worten, und hieraus entwickelt sich die Mittheilung an sich selber, durch
lautes oder stummes Reden, d. i. Denken. Wie aber Mittheilung überhaupt schon im animalischen Leben vorbereitet
oder angelegt ist, so werden alle Fähigkeiten und Thätigkeiten, welche diesem angehören, durch Reden und Denken
vermannigfacht, besondert, erhöht. Die gesammte dritte
Kategorie ist als zurückwirkende Modification der zweiten,
diese als der ersten zu begreifen. Im menschlichen Wesenwillen sind aber diese Arten zusammen zu denken, insofern
als sie eine Einheit darstellen. Er ist der organische Wille,
definirt durch einen animalisch-mentalen Willen, ist der
animalische Wille ausgedrückt durch organischen und mentalen zugleich, und der mentale Wille selbst in seiner Bedingtheit durch organisch-animalischen Willen. Im organischen Leben beruhen zuletzt alle seine Motive; im mentalen erhalten sie ihre Richtung und Leitung, wie ihre be-
sonderste Form; im animalischen treten ihre bedeutendsten
und gewöhnlichsten Aeusserungen am meisten hervor. —
Hiernach bestimme ich mehrere Gruppen psychologischer
Begriffe, als die Gestalten menschlichen Wesenwillens, in
welchen er sich selber bejaht durch Bejahung oder Verneinung anderer Dinge. Nur der positive Sinn wird
durch die Namen angezeigt: welcher aber seine Negation
zugleich erkennbar macht: der Wille den Unwillen oder
Widerwillen. In jeder Form sind aber die psychischen
Werthe der eigentlichen oder productiven und motorischen
Thätigkeiten mit denen der receptiven, sensitiven oder intellectuellen so verbunden, dass sie die Ordnung und den
Zusammenhang derselben darstellen, wie im physiologischen
Sinne die Centralorgane des thierischen Nervensystems solche
Bedeutung haben. Daher ist denn ein bestimmter Empfang
immer der Anfang oder die Tendenz *(conatus)* zu einer
bestimmten Ausgabe, welche ihm folgen will und muss in
der Richtung ihres geringsten Widerstandes oder des stärksten Zuges. Also sind mit den Eindrücken (oder Ideen)
von gewissen Gegenständen die Neigungen (oder Ideen) zu
gewissen Reactionen als Ausdrücken des eigenen Wesens

auf nothwendige Weise verbunden. Und der Wille kann ebensowohl als Beziehung auf jene Gegenstände — d. h. aber auf ihre Perception und folglich auf solche Thätigkeit — als auch als Beziehung auf diese von innen nach aussen gerichtete Thätigkeit verstanden werden. In beiden Beziehungen, sofern sie positive oder bejahende sind, ist er durch seine eigene Natur und Norm gesetzmässig bestimmt: mit den Gegenständen selber verbunden, zu den entsprechenden Thätigkeiten geneigt und bereit.

§ 6.

Die angeborene Lust an gewissen Gegenständen und zu gewissen Thätigkeiten nenne ich im menschlichen Wesen seine Artung des allgemein thierischen Instinctes oder sein Gefallen. Hieraus erklären wir Alles, was nicht anders zu erklären ist als durch Entwicklung und normales Wachsthum einer mit der Keimanlage gegebenen psychischen Constitution. Dies ist also der Complex der organischen Triebe insofern, als sie das gesammte Leben und Weben, Tichten und Trachten auch des Menschen durchdringen und beherrschen. Hier sind alle vereinzelten Ideen oder Empfindungen aus solcher ursprünglichen Einheit abzuleiten und bleiben in nothwendigem Zusammenhange mit einander. Und diese Einheit wird unter einem dreifachen Attribute begriffen: A) als Wille zum Leben schlechthin, also zur Bejahung der es fördernden, Verneinung der es hemmenden Thätigkeiten oder Empfindungen, B) als Wille zur Nahrung und darauf bezogenen Thätigkeiten oder Empfindungen, C) als Wille zur Fortpflanzung — in dieser Bestimmung erfüllt sich der Begriff: denn Reproduction ist das Leben überhaupt; zum Inhalt eines besonderen Willens wird sie erst in dem Maasse, als besondere Empfindungen oder Thätigkeiten zu ihrem Behuf nothwendig werden. Diese Bedürfnisse und Begierden, welchen entsprechende Functionen allen Organismen gemeinsam sind, machen den Grundton auch im Accorde der menschlichen Triebe aus. In dem Kraftzustande ihrer Organe und in dem Maasse ihrer Befriedigung beruhen alle jene Unterschiede der Neigungen und Abneigungen, welche als Befinden und als Stimmungen sowohl dauernde als zeitweilige Merkmale der Individuen ergeben. Sie werden gewöhnlich als blos körperliche Zustände betrachtet. In Wahrheit ist auch Alles, was dem eigentlichen Geiste d. i. dem Denken des Menschen gefällt, auf nachweisbare Art davon abhängig und wirkt darauf zurück. Aber die ursprünglichen und eigentlichen, wenigstens allen animalischen Wesen in irgendwelcher Ausbildung gemeinsamen Vermittler des Aeusseren und Inneren sind die Sinnes-Organe, also das Nervensystem. Die Sinne geniessen, wie der übrige Leib, theils sich selber: und hierin sind sie unmittelbar bedingt durch Beschaffenheit und eigenen Zustand; theils ihre Umgebung, die äussere Welt, deren sie auf eine besondere und mannigfache Weise theilhaftig sind und inne werden, sie als angenehm oder als widrig empfindend, wo denn das bejahende Gefühl oder das Gefallen und das verneinende oder Missfallen entsprechende Bewegungen nicht verursachen, sondern sind: übergehend in eigentliche Willens-Aeusserungen als Bewegungen, welche durch die efferenten Nervenfasern die Muskeln contrahiren. Man muss entweder die Ursachen der Bewegungen als Bewegungen erforschen, und dies setzt eine Erklärung des Lebens überhaupt und Ableitung des einzelnen Lebens und seiner Entwicklung aus dem allgemeinen Leben voraus; sodann aber eine Theorie der hierdurch bedingten Nervenerregungen, wie sie in Wechselwirkung mit äusseren Kräften entstehen, propagirt werden und theils sich wiederum nach aussen mittheilen, theils durch neue Gleichgewichtslagen der Molecüle in relative Ruhe oder Spannungszustände übergehen. Oder aber man hat die Geschichte und den Zusammenhang der Empfindungen darzustellen, welche in der That nur die subjective Wirklichkeit jener biologisch-objectiven Erscheinungen sind. Jede Zelle, jedes Gewebe und Organ sind ein gewisser Complex von in sich einigem Willen, wie er in Beziehung auf sich selber und auf sein Aeusseres steht. Und so der gesammte Organismus. Seine Veränderungen, sofern sie von innen (von den Nervencentren) ausgehende Bewegungen sind, durch welche das Leben sich erhält, sind immer auch durch simultane, von aussen empfangene Eindrücke bedingt. Diese kommen beim Menschen nur als animalisch-mentale zur Betrachtung, wenn die Ausdrücke gedacht werden als von den Centren ausgehend, welche dem organischen Leben vorstehen, und dies sind die instinctiven Bewegungen oder Willensäusserungen, durch welche ein Empfundenes bejaht oder verneint wird. Der Gesammtwille stellt gleichsam durch die Sinne Fragen an die Dinge, versucht und prüft ihre Eigenschaften; aber er selber entscheidet und urtheilt, ob sie seinem Gefallen gemäss oder nicht gemäss, ob sie gut oder schlecht sind. Die animalischen und die mentalen Centren (des Rückenmarkes und des Gehirns) und Organe werden hier nur betheiligt gedacht, insofern als sie selber Ausdrücke des vegetativen Lebens sind (abhängen von denjenigen des sympathischen Systems). Daher denn sind und bedeuten, in solchem Zusammenhange gedacht, die Sinnesorgane selber, in allen Einzelheiten ihrer individuellen Beschaffenheit, sofern dieselbe auf blosser Entwicklung ursprünglicher Anlagen beruht, ebensoviele Arten des Gefallens als bejahenden (oder verneinenden) Willens. Die wesentlich subjectiven Sinne, als: das allgemeine Gefühl, der Geruch und Geschmack, stellen sich am deutlichsten in dieser Eigenschaft dar; sie sind die am meisten geniessenden Organe.

§ 7.

Hiervon zu unterscheiden, als die andere, die animalische Gestalt des Wesenwillens, ist Gewohnheit. Dies ist Wille oder Lust durch Erfahrung entstanden: ursprünglich indifferente oder unangenehme Ideen werden durch ihre Association und Vermischung mit ursprünglich angenehmen, selber angenehmer, bis sie endlich in die Circulation des Lebens und gleichsam in das Blut übergehen. Erfahrung ist Uebung, und Uebung hier die bildende Thätigkeit, wie dort die blosse Entwicklung als Ursache erschien. Uebung wird zuerst durch Entwicklung involvirt und muss daraus erklärt werden, wie sie sich von ihr absondert und als eigenthümlichen Factor ausser und neben ihr sich behauptet, durch die entschiedenere Mitwirkung der Umstände oder Bedingungen des individuellen Daseins, welchen durch eine mannigfachere Arbeit der Coordination ihrer Eindrücke begegnet wird. Entwicklung und Wachsthum ist (im normalen Verlaufe) leicht, sicher, allgemein (des ganzen Organismus); Uebung, zuerst schwer, wird leicht durch vielfache Wiederholung, macht unsichere und unbestimmte Bewegungen sicher und bestimmt, bildet besondere Organe und Kraftvorräthe aus. Unzählige minimale Wirkungen häufen sich zu solchem Ergebniss. Wie das Widrige, Feindliche Schmerzen, so erregt das Fremde, Ungewohnte, in dem Maasse seiner scheinbaren Kraft, zuerst Furcht (instinctive Furcht), welche durch oft wiederholte Wirkung sich abschwächt, wenn die Gefahr vorübergeht, ohne Schmerzen zu bringen. So wird auch das Gefürchtete und Abscheuliche zuerst erträglich, endlich sogar angenehm. Wie auch die umgekehrte Verwandlung durch Erfahrenes bewirkt wird, als eine Art von Rückbildung und Entwöhnung. Die Widerstände, welche einer ruhigen und leichten Empfindung (*Apperception*) oder der Aneignung (*Assimilirung*) des Gegenstandes entgegen sind, werden durch die eigene, in Uebung sich vermehrende Kraft überwunden. Aber diese Vermehrung hat bestimmte, gesetzliche Grenzen. Ueberübung ist Ueberanstrengung und geschieht entweder auf Kosten (mit Beeinträchtigung) anderer Organe, oder hat unmittelbare E r m ü d u n g der geübten Muskeln, mittelbare des gesammten Organismus zur Folge, d. i. Erschöpfung der vorräthigen Kraft ohne ausreichende Kraft des Ersatzes. Hierdurch wird auch erklärt, dass ursprünglich leichte und natürliche Thätigkeit durch lange Dauer schwer, endlich unmöglich wird; dass lusthafte Empfindungen und Thätigkeiten indifferent, ja schmerzhaft werden; wie Hunger und Durst durch Uebergenuss in Uebersättigung umschlagen, sexuale Begierde in Ekel — überhaupt Wille in Widerwillen. Jedoch in erster Linie: wozu auch ursprüngliche Neigung treibt, solches wird zur Gewohnheit und das Ursprünglich-Angenehme also um so lieber. So treten besondere Arten der

auf Gefallen beruhenden Thätigkeiten als gewohnte um so
eher und um so eigenthümlicher in die Erscheinung: eine
bestimmte Lebensweise (daher die natürliche Umgebung)
wird als Gewohnheit dem Thiere angenehm, endlich un-
entbehrlich; ebenso eine bestimmte Nahrung und die Genossen seiner Art. Hierin ist auch der Mensch ganz und
gar Thier, wenn auch auf seine eigene Weise; man sagt
wohl, er sei ein Gewohnheitsthier, ein Sklave seiner Gewohnheiten, u. dergl., wodurch allgemeine und richtige
Erkenntniss ausgedrückt wird. Insofern also der Mensch
als eine animalische Species der anderen grossen Abtheilung
organischer Wesen mitgegenübersteht, so ist Gewohnheit
das Wesentliche und Substanzielle seines Geistes. Alle
Uebung und also Gewohnheit setzt irgendwelche sinnliche
Wahrnehmung voraus, also menschliche Gewohnheit auch
das Verständniss von Wortzeichen. Wenn aber ein Thier
zunächst an Gegenstände und deren Genuss sich gewöhnt,
welche mit den Lebensthätigkeiten auf unmittelbare Weise
zusammenhängen; so ferner und insonderheit an gewisse
ihm nothwendige und durch specielle Wahrnehmungen bedingte Bewegungen, Arbeiten, welche es einüben muss;
endlich an hiermit simultane, darauf wirkende und dadurch
bewirkte Verläufe und Zusammenhänge von Wahrnehmungen
und Vorstellungen, worauf die den oberen Thieren geläufige
Action des Schliessens als der Ergänzung eines Gegebenen
durch bestehende Associationen beruhet, und — welcher
als Fähigkeit dazu unterschieden wird — der Verstand.
In der menschlichen Natur werden diese Arten nur specia-
lisirt und modificirt, so dass man unterscheiden mag:
menschliche Lebens-, Arbeits- und Vorstellungsgewohn-
heiten, welche doch alle durch zahlreiche und sich kreu-
zende Fäden verbunden sind. Am meisten macht sich hier
merkwürdig — was ein Jeder weiss — wie damit, was man
kann und kennt, übereinkommt, was man mag, wozu man
Lust hat. Denn allerdings ist das Können selber, das Kraft-
gefühl, ein Drang und Wille zur Leistung, als die Nothwendigkeit des Organismus auf diese Art zu leben, um sich in
seiner gegebenen Vollkommenheit wenigstens zu erhalten;
denn das nichtgebrauchte Glied, die nichtgeübte Kraft ver-

kümmert durch Atrophie, wie ihre Thätigkeit die Bedingung und Wirklichkeit ihrer Ernährung ist. Daraus ist verstehbar, wiefern Gewohnheit, das eigentliche Princip des Könnens, zugleich activer Wille sei. Denn was man kennt und kann, das thut man leicht, folglich gern, und ist bereitwillig dazu, hingegen je fremder etwas ist, desto pein- oder mühevoller, desto ungerner wird es unternommen. Die Ausdrücke der originalen Sprachen sind in dieser Hinsicht bedeutend: das griechische φιλεῖν, wofür auch die Unsrigen sagen: man liebt = man pflegt solches und solches zu thun; dazu der besondere Ausdruck ἐθέλειν, welcher so »Wollen« und gerade »Bereitwilligkeit« als »Pflegen« sinnreich bedeutet. Man denket ferner an das römische Wort *consuetudo*, wodurch bezeichnet wird, was der Geist zu seiner Eigenheit sich geschaffen und verbunden hat: wenn das *suum* (rad. *sva-*) Athem und Blut als ererbten Besitz, so bezeichnet dieses die neuerworbene, aber mit jenem gleichartig gewordene Habe. Endlich mag auch der Sinn von Gewohnheit selber betrachtet werden, wie auch das entsprechende der Hellenen (ἔθος); beide weisen gleichsam auf Ansiedelungen der Ideen oder Impulse hin; sie haben ihren festen Ort gewonnen, den heimathlichen Boden, worauf sich ihre gemeinschaftliche Thätigkeit bezieht, welchem sie sich angepasst und anbequemt haben, um so mehr dadurch mit einander innig verbunden. — Zur Gewohnheit verhält sich Verstand als der speciell mitausgebildete *sensus communis*, wie zu Gefallen sich die einzelnen Sinnesorgane und deren Functionen verhalten.

§ 8.

Die dritte Form des menschlichen Wesenwillens nenne ich Gedächtniss. Sie ist nur eine besondere Evolution der zweiten und hat denselben Inhalt in Bezug auf die oberen, cerebralen, beim Menschen vorzüglich ausgebildeten Centren, welcher dem allgemeineren Begriff in Bezug auf die gesammte Rückenmarkssäule zukommt. So wird Gedächtniss hier als Princip des mentalen Lebens, somit als das specifische Merkmal des menschlichen Wesenwillens

begriffen. Nun aber darf man auch, aus dem Gesichtspunkte der originalen Gleichheit desselben mit allem organischen Leben, füglich sagen, dass die eigentliche Natur
des Willens überhaupt sich am deutlichsten als Gedächtniss
offenbar oder als die Verbundenheit von Ideen (denn als
solche gelangen die Empfindungen oder Erfahrungen zu
einer vergleichungsweise gesonderten Existenz). In der
That hat man in neuerer Zeit oft vom Gedächtniss als
einer allgemeinen Eigenschaft und Fähigkeit der organischen
Materie gesprochen (HERING, HAECKEL, S. BUTLER) und als
ererbte Gedächtnisse die thierischen Instincte zu erklären
versucht. Dieselben können aber ebenso allgemein als Gewohnheiten verstanden werden und sind nichts Anderes,
wenn sie in Relation zu der Art anstatt in Relation zum
Individuum betrachtet werden; indem die organischen Ur-
triebe — welche nicht ferner zurückführbar sind — solche
Fähigkeiten und Neigungen in sich aufgenommen haben
und als immer stärkere und immer inniger mit ihnen verbundene Keime über das individuelle Leben hinaus fortzusetzen tendiren. Und in ähnlicher Weise verhalten sich
Gewohnheit und Gedächtniss: der spätere Begriff löst sich
von dem früheren ab, tendirt aber zugleich als eine immer
stärkere Potenz in jenen zurückzusinken. In diesem Sinne
haben englische Psychologen (LEWES, ROMANES) das Theorem
der *lapsing intelligence* ausgebildet, als Formel für die bekannte Erscheinung, dass sogen. willkürliche, d. i. unter
Mitwirkung des Denkens oder — bei Thieren — bestimmter
Wahrnehmungs- oder Vorstellungsacte geschehende Handlungen unwillkürlich oder unbewusst werden, d. i. eines
immer geringeren oder allgemeineren Reizes bedürfen, um
hervorzutreten; ein Process, dessen allgemeiner Inhalt die
Verwachsung von intellectuellen Thätigkeiten mit kine-
tischen Impulsen überhaupt bedeutet; wobei aber zu ge-
denken ist, dass sowohl jede Art von Empfang als jede
Art von Ausgabe nur durch ihre gemeinsame Abstammung aus der Einheit des Organismus erklärbar sind, daher
die Möglichkeit ihrer Verbindung als ein Keim darin enthalten sein muss. Wenn Gedächtniss nach der gewöhnlichen Wortbedeutung die Fähigkeit ist, Eindrücke zu

reproduciren, und nun in den wissenschaftlichen Begriff verallgemeinert wird, als Fähigkeit zweckmässige Thätigkeiten zu wiederholen, so würde dies nicht verständlich sein, wenn man nicht wüsste, dass Eindrücke selber Thätigkeiten sind und dass diese Zwiefachheit im Begriffe des organischen Lebens, wovon alles besondere Leben Modificationen darstellt, als der Einheit von Ernährung und Reproduction unentwickelt enthalten ist. Wenn aber die Einheit sich theils in der Entwicklung erhält, theils durch Uebung sich ausbildet, so ist es endlich eine besondere Verknüpfung, welche des Erlernens bedarf, um behalten zu werden. Und diese ist in allen Thätigkeiten, welche ihrem Wesen nach durch die eigenthümlich menschlichen Begabungen bedingt sind. Erlernung ist theils eigene Erfahrung, theils Nachahmung, besonders aber Empfang von Weisung und Lehre, wie etwas gethan werden müsse, um richtig und gut zu sein, und welche Dinge und Wesen heilsam und werthvoll seien. Dies ist daher der wahre Schatz des Gedächtnisses: das Richtige und Gute zu wissen, um es zu lieben und zu thun. Denn es als solches wissen und bejahen, ist einerlei; wie etwas gewohnt sein und es bejahen einerlei ist; Gefallen an etwas haben und es bejahen einerlei ist; obschon keine dieser Bejahungen für sich allein auch die entsprechenden Thätigkeiten als nothwendige Folge hat, und auch ihre Verbindung nur, sofern sie die Widerstände überwindet. — Der allgemeine Ausdruck des mentalen Lebens ist die Rede: Mittheilung eigener Empfindungen, Wünsche und aller möglichen intellectuellen Erfahrung an Andere, oder im stummen Denken, an sich selber. Und wenn auch die Sprache selber als das Wissen der Bedeutungen und des Werthes von Wortzeichen, wie als Fähigkeit, sie zu verbinden und zu gebrauchen, erlernt werden muss — woran freilich Uebung und Gewöhnung den grössesten Antheil hat — so ist doch (eben durch Besitz der Kunst) das Gesprochene wenig vom Denken und in der Regel nur von augenblicklichem Gefallen, von Einfällen abhängig, deren Sinn aus dem Zustande des Redenden und aus den gegebenen Umständen hervorgeht; zumal aus der gestellten

Anrede, Forderung, Frage. Gefallen kann allerdings immer als unbewusstes Urtheil gedeutet werden; wie es denn auch als G u t d ü n k e n in unserer Sprache bestimmt wird. Und so herrschet es wählend in allem Leben, so auch in dem Leben der Fantasie, jener Form des Gedächtnisses, welche durch Wortzeichen noch gar nicht bedingt ist, aber wenn sie einmal vorhanden sind, sie fortwährend, in mannig-fachen Gruppen, gleich anderen Ideen reproducirt. Ebenso aber machen sich die g e w o h n t e n Ideen-Massen im stärksten Maasse als Functionen der Fantasie oder des Gedächtnisses geltend. Endlich aber gibt es Ideen, mit denen die Verbindung selber eine gedächtnisshafte ist; das will sagen: es bedarf der Erinnerung oder eines besonderen Einfalles und Gedankens, gleichsam eines Maasstabes oder einer Wage, um sie zu unterscheiden, ihren Werth zu er-kennen und demnach erst als die seinigen zu setzen. Der Rede gleich kommt aber alle andere, durch Fantasie, Ge-dächtniss oder Vernunft wesentlich mitbedingte menschliche Arbeit, die als eine schaffende und künstlerische, von denen der meisten, und besonders der ihm verwandtesten Thiere deutlich sich abhebt. — Also verhält sich wie Ver-stand zu Gewohnheit, Sinnlichkeit zu Gefallen, in dem-selben Sinne Vernunft als Vermögen der Sprache, des Denkens und denkenden Thuns, zu Gedächtniss. Und wenn Gedächtniss mentales Gefallen und Gewohnheit zu-gleich ist, so ist Gewohnheit ein niederes (animalisches) Gedächtniss und Gefallen das elementare (allgemein orga-nische) Gedächtniss.

(Anmerkung.) Spinoza hat im menschlichen Willen das Gedächtniss wiedererkannt. Man sehe am Schlusse des *Schol.* zu *Eth. III, prop. 2.* die Stelle, welche beginnt: »Ein Anderes ist es, was ich hier vorzüglich erwogen wünsche, nämlich dass wir nichts aus freiem Beschlusse des Geistes thun können, wenn wir uns nicht desselben erinnern. Z. E. wir können nicht ein Wort sprechen, wenn uns dasselbe nicht einfällt. Nun aber ist es doch nicht im freien Vermögen des Geistes, an eine Sache zu denken oder sie zu vergessen«; und nach Erörterung eines Einwandes endet: »so muss nothwendiger Weise eingeräumt werden, dass dieser Beschluss des Geistes, welcher für frei gehalten wird, von der Imagination selber oder dem Gedächtniss nicht sich unterscheidet und nichts Anderes ist ausser jener Bejahung, welche die Idee, insofern als sie Idee ist, involvirt. Und ferner entstehen diese Beschlüsse des Geistes mit derselben Nothwendigkeit im Geiste, als die Ideen der in Wirklichkeit existirenden Dinge. Die also glauben, dass sie aus freiem Beschlusse des Geistes reden oder schweigen oder irgend etwas thun, sind Träumer mit offenen Augen.«

Wir aber glauben freilich, diese Wahrheit in noch genauere Darstellung fassen zu können, wenn von den Gestalten der Willkür zu reden sein wird.

§ 9.

Hier aber wird zuvörderst die bisherige Ansicht in einigen allgemeinen Betrachtungen zusammengefasst und zu Bestimmungen fernerer Begriffe erweitert. A) Alle specifisch menschlichen, also die bewussten und gewöhnlich willkürlich genannten Thätigkeiten sind abzuleiten, sofern sie dem Wesenwillen angehören, aus den Eigenschaften desselben und aus seinem jedesmaligen Erregungszustande. Dieser ist, was wir als Stimmung, oder als Affect, oder auch als bestimmende Vorstellung, Meinung, Wahn verstehen müssen; ganz allgemein aber als Gefühl bezeichnen, welches zugleich die Richtung oder die Art und Weise anzugeben scheint; man thut wie einem zu Muthe ist, wie man es gewohnt ist, endlich wie es einem gut dünkt. In jedem Falle ist ein gewisser Vorrath von Nervenkraft im Gehirn vorhanden, welcher seinen Weg in die Muskeln nimmt, soweit er nicht im Gehirn selber sich entladen kann; hierin wird er aber theils durch die gegebenen äusseren Reize, theils durch den Zusammenhang des Organismus (des Nervensystemes) bestimmt, in welchem die geübten Bahnen diejenigen sind, welche das geringste Kraftmaass erfordern. Alle diese Thätigkeiten, als Ausgabe und Verwendung von Kraft, sind also bedingt durch vorherige oder gleichzeitige, specifische Einnahme von Kraft, welche selber nicht anders als durch Arbeit, wenn auch gleichsam auf ererbtem Grund und Boden geschehende, vor sich gehen kann. Diese Arbeit ist die Ausbildung des Gehirnes, sein Wachsthum durch die unter beständiger Ernährung aus dem vegetativen System geschehenden mentalen Functionen selber. Die Kraft, welche durch dieselben geübt und vermehrt, zugleich aber von aussen empfangen wird, ist intellectuelle Erfahrung. Sie wird gegeben: theils durch die — einzelnen und verbundenen — Productionen der Sinnesorgane, welche jedesmal unter Mitwirkung der schon vorhandenen, Theile früherer Erfahrungen involvirenden Kraft des Gehirnes vollzogen werden; theils durch die Arbeiten aller übrigen Organe, besonders die durch Sinne und Gehirn dirigirten; unter welchen am bedeutendsten in seinen Wirkungen das eigene Sprechen ist: zugleich Uebung höchst complicirter Gehirn- und Muskelthätigkeit und wiederum wahrnehmender Empfang durch das eigene Gehör; theils endlich durch die gesonderte Thätigkeit des Gehirnes selber, welche von dreifacher Art ist, 1) Bewahrung und Reproduction der unmittelbaren Ideen; die Function des eigentlichen »Gedächtnisses«, 2) Gestaltung derselben und Verbindung zu selbständigen Bildern, welche gleichsam eigenes Leben haben und sich vor dem »inneren Auge« zu bewegen scheinen; höchst »subjective« d. i. durch eine eigenthümliche Energie des Gedächtnisses bedingte Arbeit, die der Fantasie, 3) Auflösung und Zusammensetzung von Vorstellungen durch Namen, Annahme und Abstossung derselben — dies ist die bewusste Erinnerung, und erst von ihr eine besondere Abzweigung ist das vergleichende, mit Begriffen operirende Denken oder Rechnen. B) Die Ausbildung bestimmter Arten des Gefallens, als der Grundrichtungen des Willens, ist am meisten von inneren Bedingungen — den Anlagen — und am wenigsten von äusseren — den Umständen — abhängig. In der Entwicklung von Gewohnheiten mögen Anlagen und Umstände gleichmässig wirksam, aber von Modificationen des Gedächtnisses Umstände als überwiegend gedacht werden. Dies bedeutet dasselbe, als wenn die Erfolge der Uebung und jener besonderen Uebung, die als Erlernung unterschieden wurde, in die Schätzung fallen. Denn allerdings ist auch die Möglichkeit derselben, wie

Jeder weiss, durch Anlagen bedingt und das Gelingen höchst verschieden. Aber eine schwache Anlage kann durch starke Uebung einer starken, aber schlecht geübten wenigstens gleichkommen. Dies trifft ebenso die Anlagen zu besonderen Künsten und Leistungen, als die Anlagen zu bestimmten Arten des Verhaltens, Thuns oder Denkens überhaupt. Man ist gewohnt — und hierin stimmt mit der herkömmlichen Ansicht das Theorem SCHOPENHAUERS überein — als seelische Anlagen und Eigenschaften (nämlich ausser den körperlichen) intellectuelle und moralische zu unterscheiden. Dabei werden aber jene durchaus als Fähigkeiten und nur diese als Neigungen oder Abneigungen verstanden. Für die gegenwärtige Betrachtung giebt es nur Arten des Willens, welche einerseits in der gesammten leiblichen Constitution ihre objective Wirklichkeit haben, andererseits in jedem Zustande zugleich Fähigkeiten irgendwelcher Vollkommenheit sind. Sie sind am deutlichsten erkennbar durch die Dinge und Thätigkeiten, an welchen das Wesen Gefallen findet; ferner aber durch die Dinge und Thätigkeiten, an welche es sich leicht gewöhnt; endlich durch jene, für welche es ein (leichtes, gutes) Gedächtniss hat. C) Alles, was aber dem Gefallen (d. i. dem humanen Instincte), der Gewohnheit und dem Gedächtniss eines Menschen angehört, kann als von seiner Natur zu ihrem eigenthümlichen Inhalte assimilirt und verarbeitet verstanden werden, in der Weise, dass es ein Ganzes oder eine Einheit mit ihr ausmacht. Oder: wenn Gefallen mit den ursprünglichen Eigenschaften der individuellen Natur so völlig identisch angenommen wird, dass es durch blosses Wachsthum des gesammten Organismus, unter günstigen Umständen, sich entwickelt, so ist Gewohnheit (als durch Uebung entwickelt) die andere Natur, und Gedächtniss (durch Nachahmung und Erlernung) die dritte. Aber die Natur eines jeden animalischen Wesens stellt sich unabänderlich dar in Annahme und Ausstossung, Angriff und Abwehr, Nahung und Flucht oder, auf psychische und zugleich mentale Weise ausgedrückt: in Lust und Schmerz, Verlangen und Ekel, Hoffnung und Furcht; endlich durch neutrale und logische Begriffe: in Bejahungen und Verneinungen. Alles Leben und Wollen ist Selbst-Bejahung, daher Bejahung oder Verneinung des Anderen, je nach der Beziehung, in der es zum Selbst (als der Einheit von Seele und Leib) stehen mag; wie es gefühlt und vorausgefühlt (d. i. begehrt oder verabscheut) wird, als gut oder übel, freundlich oder feindlich, und in dem Maasse, in welchem solches der Fall ist. Der ganze Inhalt aber unserer besonderen Natur oder unseres eigenthümlichen Selbst kann bestimmt werden als das, was wir können oder wessen wir fähig sind — als unsere reale Kraft, d. i., was wir gewollt haben, und als Gewolltes haben, der ganze Zusammenhang unserer Instincte, Gewohnheiten und Gedächtnisse. Und dieses gibt sich im einzelnen Wollen insbesondere kund a) durch die unmittelbare (instinctive, vegetative) Aeusserung der Gefühle, welche von ihnen nicht verschieden ist: als Contraction oder Expansion der Leibesmasse, wodurch das Individuelle am wenigsten zur Geltung kommt, b) durch den Uebergang und die Verbreitung der Gefühle in (Ausdrucks-)Bewegungen, Tönen, c) durch ihre Erhöhung und Abklärung zu Urtheilen, als gesprochenen oder nach Art von gesprochenen vorgestellten (gedachten) Sätzen, wodurch das Individuelle am bedeutendsten sich ausdrückt. Ferner aber offenbart sich Kraft und Natur eines Menschen in dem, was objective seine Leistung ist: die Realitäten davon sein Dasein und Wirken als Ursache gedacht wird, d. i. sein Einfluss, seine Thaten und seine Werke. D) Aus allen solchen Aeusserungen versucht man das Innere oder das Wesen des Menschen zu erkennen. Wenn dieses an und für sich, in seiner ihm nothwendigen Action, nichts als blinder Trieb und Drang ist, so manifestirt sich derselbe doch anders im vegetativen, anders im animalischen und mentalen Leben. Wenn in bedeutenden und tiefen Zügen ausgeprägt, so nennen wir ihn dort Leidenschaft, als den Drang zum Genusse, allgemeinen »Lebensdrang«, welcher seine grösste Energie als Zeugungsdrang oder Wollust offenbart; so aber können wir ihn ferner, als »Thatendrang« oder Lust zur Bethätigung animalischer Kraft, Muth nennen, und definiren endlich den mentalen »Schaffensdrang« oder die Lust, das in Gedächtniss oder

Fantasie Lebendige zu ordnen, zu gestalten, mitzutheilen, als Genie. Jeder Mensch besitzt ein gewisses Maas von Leidenschaft, jeder ein gewisses Maas von Muth und jeder ein gewisses Maas und eine gewisse Art von Genie. Aber alle diese Eigenschaften müssen immer in Relation zu bestimmten Leistungen gedacht werden, wodurch die erste am wenigsten, die letzte am meisten variabel ist. Und alsbald leuchtet hervor, wie dies nur specialisirte Begriffe für die einfachen Gestaltungen des Wesenwillens sind, oder wie Leidenschaft auf Gefallen, Muth auf Gewohnheit, Genie auf Gedächtniss beruht. Den Wesenwillen aber, sofern er in diesen Gesammt-Formen — welche die Elemente der Willkür involviren und von sich abhängig haben — seine Ausdrücke besitzt, mögen wir als Naturell unterscheiden. Im Naturell eines Menschen sind die Tendenzen und Kräfte der Leidenschaft, des Muthes, des Genies in verschiedenen Verhältnissen gemischt. Aber Leidenschaft oder Lebhaftigkeit ist das ursprüngliche Merkmal und gleichsam die Basis dieses Begriffes. Und diese heisst in ihrer Anwendung und Wirklichkeit als bejahendes oder verneinendes Verhalten eines Menschen gegen andere, Gesinnung, nämlich Liebe oder Hass. So heisst ferner Muth, als Wille zur freundlichen oder feindseligen Bethätigung solcher Gesinnung, daher als Inbegriff der »moralischen« Qualitäten, Gemüth. Endlich der einem Individuo eigene Genius, als Gedächtniss und Gedankenwille in Erwägung und Beurtheilung eigener und fremder, freundlicher oder feindlicher Verhaltungsweisen und Eigenschaften, daher als der Begriff, welcher die moralischen Tendenzen und Meinungen (*Velleitäten*) ausdrückt, wird durch allgemeine Uebereinstimmung als Gewissen bestimmt. E) An diesen Gestaltungen haften die Qualitäten des Willens, welche bewundert gelobt geehrt, oder verachtet getadelt geschmäht werden. In dem allgemeinen Gebiete ist der gute Wille, vielmehr aber betont als der gute Wille, im Gegensatze zum Können und zur vollkommenen Leistung, die intensive Anspannung der vorhandenen Kräfte, welche in irgendwelcher Thätigkeit oder auch in einem fertigen Werke ihre Objectität hat. Hier treten also Kraft, d. i. Beschaffenheit als

die Möglichkeit von Actionen, und Wille als die Wirklichkeit derselben, welche bisher zusammenbegriffen wurden,
auseinander: jene als ein geronnener und fester, substan-
tieller Wille, dieser als Function, daher sich zersetzende,
flüssige Kraft — ein Verhältniss wie von potentieller zu
kinetischer Energie. Und während nun im Allgemeinen
die Kräfte und Fähigkeiten als empfangene Gaben — des
Schicksals oder eines Gottes — erscheinen, so wird als
Urheber gethaner Arbeit, sowohl ihrer Ergebnisse als der
Fähigkeiten an und für sich, der Mensch selber, in seiner
beharrenden Einheit und Individualität, verstanden; nicht
in dem besonderen und nachher zu betrachtenden Sinne,
dass er sie (vorher, in Gedanken) gewollt oder gewählt
habe, und auch anders wollen k o n n t e; sondern, auch
wenn Thätigkeit und Wille als identisch genommen werden,
so scheint aus dem gesammten und allgemeinen Willen der
einzelne und besondere Wille zu fliessen, entsprungen zu
sein. Nach den hier zu Grunde gelegten Bestimmungen
ist der Unterschied wesentlich der von blosser Entwicklung
und hingegen: eigentlicher Uebung (nebst lernender Ausbildung und Anwendung) gegebener Anlagen. An der
Uebung nimmt der ganze, schon entwickelte Mensch, nehmen
insonderheit seine specifischen Eigenschaften: Verstand,
Vernunft, physiologisch ausgedrückt: die Centren seines
grossen Gehirns, vollkommenen Antheil. Daher trifft das
Urtheil über die Thätigkeit oder den einzelnen Willen, das
gesammte Wesen, als zureichende Ursache oder involviren-
des Ganzes: wenn es anders wäre, so wäre auch die Wirkung oder der Theil anders; w e i l es so ist, so muss die
Wirkung oder der Theil also sein. An dem gesammten
Wesenwillen werden daher dauernde Eigenschaften unterschieden, welche ihn nicht sowohl als Kraft und Substanz,
sondern, in dem bezeichneten Sinne, als Willen und Thätigkeit expliciren: diese sind, wenn gross und bedeutend, seine
besonderen Vorzüge, Tüchtigkeiten, T u g e n d e n. Und
zwar: die allgemeine Tugend ist E n e r g i e — auch Thatkraft oder Willenskraft geheissen; als ihr besonderer Ausdruck kann im Gebiete der Thaten T a p f e r k e i t, im Gebiete der Werke F l e i s s (oder Ernst, Eifer, Sorgfalt) hin-

gestellt werden. Solche sind also die correlaten Begriffe von Leidenschaft, Muth, Genie. Da nämlich diese auf eine Bedeutung eingeschränkt werden können, wo sie den Willen als Naturkraft, Begabung (obgleich in so verschiedenen Anwendungen) bezeichnen, so gelten jene noch besonders als vernünftiger Wille, die Principien menschlicher Bemühung, Uebung, Arbeit. — Aber in diesen Tugenden und ihren mannigfachen Variationen wird doch die eigentliche und moralische Güte des Willens, wird daher die Güte des Menschen nicht gefunden. Wie man durch seine Fähigkeiten und Künste etwas Besonderes Seltenes Nützliches ist, und ein guter Handwerker, ein guter Soldat, ein guter Schriftsteller heissen mag, aber nicht ein guter Mensch: so ist man durch jene Tugenden, durch guten energischen Willen in Bezug auf irgendwelche vorgestellte Leistungen vielleicht ein tüchtiger, ein bedeutender, aber niemals ein guter Mensch. Die Gutheit (um so für den allgemeinen Begriff zu sagen) des Menschen wird allein in sein Verhalten zu anderen Menschen gesetzt, hat daher allein auf jene zweite Reihe der Ausdrücke des Wesenwillens Bezug. Sie ist die unmittelbar freundlich-günstige Tendenz des Willens, die Rücksicht (»Blüthe edelsten Gemüthes«, wie ein Dichter sagt), bereitwillige Mitfreude und Mitleid, die Anhänglichkeit und dankbare Erinnerung an freundliche Gefährten des Lebens. So mögen wir die Reinheit und Schönheit der »Gesinnung« als Aufrichtigkeit und Wahrhaftigkeit; die Tiefe, wie wir sagen, und den Adel des »Gemüthes« insonderheit als Güte; aber die Gutheit und Rechtschaffenheit des »Gewissens«, jene zarte vielleicht ängstliche Gewissenhaftigkeit, als Treue bestimmen. Von diesen dreien können alle natürlichen moralischen Werthe abgeleitet werden. Im Vergleiche mit solchen müssen aber jene gemeinen Tüchtigkeiten des Willens, so bedeutend auch sonst ihre Würdigung sein mag, als indifferente auf dem moralischen Gebiete erscheinen. Aus der Vermischung der einen mit der anderen Gattung von Urtheilen entspringt in dergleichen Erörterungen vieles Gewirre. Aber allerdings gewinnen jene indifferenten Tugenden moralische Bedeutung, insofern als sie erfreuen, fremdes Wohl fördern, nützliche

Eigenschaften oder Kräfte sind und mit solcher Tendenz geübt zu werden scheinen. Wogegen denn um so mehr ihr Mangel oder ihr Gegentheil nicht bloss verachtet und getadelt wird, sondern auch als directe beleidigender und also böser Wille (welcher Unwillen rege macht, wie der gute Wille Sympathie erweckt) sich darstellen kann. Bewundert werden die Tugenden, verachtet ihre Gegentheile (wir könnten sagen: die Laster, aber wider den Gebrauch unserer Sprache, worin das Wort keineswegs so weite Bedeutung hat), auch als Eigenschaften von Feinden, und doch können jene dann ebenso fürchterlich, als diese angenehm und vortheilhaft sein.

§ 10.

Es ist eine durchaus andere Betrachtung, welche den Willen als Gedankenproduct, als Willkür zu ihrem Gegenstande nimmt. Denn ihre Möglichkeit setzt schon die fertige Gestalt des menschlichen Organismus-Willens als ihre Bedingung voraus, und die unzähligen Ansätze, welche als Vorstellungen zukünftiger Thätigkeit in jedem Gedächtnisse sich finden, können nur durch festgehaltene und erneuerte, erweiterte Arbeit des Denkens zu mannigfachen Bildungen gelangen. Die einzelnen Tendenzen oder Kräfte, als gedachte, ordnen sich oder werden geordnet zu Systemen, in welchen jede ihre Stellung hat und das Ihrige leistet, in Bezug auf die anderen. Solche Einheit aber ist immer, dem Denken gegenüber sich vorstellend, eine Möglichkeit des ganzen Menschenwesens, sich zu äussern, zu wirken. Ein gedachter Zweck, d. i. ein zu erreichender Gegenstand oder ein erwünschtes Geschehniss, gibt immer das Maas ab, in Bezug auf welches die vorgenommenen Thätigkeiten gerichtet werden, und — im vollkommenen Falle — beherrscht der Gedanke an den Zweck alle anderen Gedanken und Ueberlegungen, folglich alle mit Willkür wählbaren Handlungen; sie müssen ihm dienen, zu ihm hinführen *(conducere)* oder wenigstens ihm nicht hinderlich sein. Dem einen Zwecke ordnen daher viele Zwecke sich unter, oder viele Zweckgedanken vereinigen sich auf einen gemeinsamen, dessen Erreichung ihnen insgesammt förderlich, also ein Mittel zu sein scheint. Sie werden selber dadurch immer wieder zu Mitteln herabgesetzt, nämlich in Bezug auf den höheren Zweck und durch denselben. Die vollkommene Herrschaft des Denkens über das Wollen würde mithin eine Hierarchie der Zwecke darstellen, in welcher alles Gewollte zuletzt auf einen obersten und allgemeinsten Zweck hinaufgeführt werden müsste, oder auf mehrere solche, wenn etwa mehrere als unabhängig von einander und von gleich grosser Bedeutung einander beigeordnet würden. Aber auch diese obersten Zwecke beziehen, nach dem aufgestellten Begriffe, ihre Kräfte insofern vom Denken, als dieses ihnen seine Anerkennung und Bestätigung verleiht, dadurch sich mit souveräner Geltung bewährend. Einem solchen Zustande gemäss, müssen alle Erscheinungen des Wollens aus Gedanken, welche über ihnen oder hinter ihnen vorhanden sein mögen, sich ableiten oder erklären lassen. — Die Tendenz zu solcher Herrschaft macht sich in jedem Acte des (für sich gedachten) Intellectes geltend; denn auch jede actuelle Wahrnehmung dient zur Leitung und Richtung der aus dem Wesenwillen entspringenden Conate. Sie bringt zwar keine Motive hervor; aber sie gibt die Directive den vorhandenen. Sogar können Vorstellungen und Gedanken die nothwendigen Bedingungen oder Gelegenheits-Ursachen abgeben, um schlummernde Potenzen des Willens zur Aeusserung zu bringen, und dennoch bleiben diese ihrem Wesen nach davon unabhängig; wie eine Naturkraft von den Gesetzen der Bewegung. Das Denken aber wirft sich zum Herrn auf; es wird der Gott, welcher von aussen einer trägen Masse Bewegung mittheilt. So muss es selber als von dem ursprünglichen Willen (daraus es doch hervorgegangen ist) abgelöst und frei gedacht werden, Willen und Wünsche in sich darstellend und enthaltend, anstatt in ihnen dargestellt und enthalten zu werden. Die Möglichkeit also der Willkür beruhet darauf, dass die Werke des Denkens in Bezug auf ein zukünftiges Verhalten beharren können, und, obgleich sie ausserhalb des sie festhaltenden und bewahrenden Denkens nichts sind, eine scheinbar unabhängige Existenz darstellen; und indem nun dieses Den-

ken als Willens- wie als Bewegungs-Zustand anderen Willens-
oder Bewegungs-Zuständen vorausgeht und als sie bewirkend
empfunden wird, so wird an jenen nur ihre psychische,
an diesen nur ihre physische Seite ins Auge gefasst, und
so entsteht die Folgerung, dass die Seele (oder der Wille)
auf den Körper wirke, was unmöglich ist, da sie (oder er)
mit dem Körper identisch ist. Das Wahre ist in diesem
Falle: insofern als jenen Gedankenproducten eine Existenz
zugeschrieben werden darf (was unter gehörigem Verständniss durchaus zulässig ist), so wirkt ein ideell Wirkliches
auf ein realiter Wirkliches: ideeller Wille auf realen Willen
(da auch die Möglichkeit, bewegt zu werden, noch psychisch
gedeutet werden muss); ideelle Materie auf reale Materie;
als Ausdruck für den höchst complicirten physiologischen
Vorgang, dass ein Quantum Energie des Gehirns durch
Nerven und Muskeln in die Glieder übergeht.

§ 11.

Der Begriff der Willkür soll zuerst in drei einfachen
Gestaltungen unterschieden werden, je nachdem sie sich
bezieht a) auf ein freies Verhalten im Allgemeinen oder
auf die Wahl eines Gegenstandes, d. i. einer Thätigkeit in
Bezug darauf: diese Form heisse Bedacht. Hier werde
vorgestellt, dass sich zwei von Natur feindliche Ideen begegnen: nämlich eine der Lust und eine des Schmerzes.
In Gedanken sich darstellend ist jene ein Grund für das
eine, diese ein Grund dagegen und für das andere Wollen.
Sie vertragen sich in Gedanken; sie werden einander gegenseitig dienstbar. Bedacht als Wille richtet sich auf das
Schmerzhafte, welches von Natur nicht gewollt wird; aber
nur um des dadurch bewirkten, daraus erfolgenden Lust-
haften willen, welches also eigentlich und wirklich zu
gleicher Zeit gewollt oder gewünscht wird. Einstweilen
muss aber dieses nachgeben und zurücktreten, um als
Hintergedanke ohne unmittelbare Kundgebung zu bleiben.
So ordnet sich die Idee des Widerwillens dem Willen und
die Idee des Willens dem Widerwillen unter; sie werden
sich einig; der gemeinsame Sinn und Zweck, nämlich ein

Ueberschuss von Lust, welcher unbedingter Weise willkommen ist, wird selbständig. Dasselbe Verhältniss findet statt, wenn eine Lust aufgegeben wird um einer anderen willen, oder ein Schmerz übernommen, um zukünftigen zu vermeiden. Das Wesentliche ist die Opposition. Denn durch Thätigkeit des Denkens in Bezug auf ein vorzunehmendes Werk geschieht die scharfe Trennung von Zweck und Mittel, welche durch ihren Gegensatz vollkommen und deutlich wird, wo das Eine die Verneinung des Anderen ist, nämlich der Zweck das Gute oder die Lust, das Mittel ein Uebel oder der Schmerz. Keines von beiden wird als solches gefühlt, indem sie Objecte des Denkens sind; aber sie werden als Gegensätze gedacht, als Begriffe die nichts mit einander gemein haben, ausser der Scala in welche sie zusammengebracht worden sind. Indem Eines sich als die Ursache des Anderen setzt, so setzt es sich als nothwendig in Bezug darauf, um gewollt zu werden, sobald die gewollte Lust gross genug scheint, ein solches »Opfer« aufzuwiegen. Ursache und Wirkung werden daher nach ihrem »Werthe« verglichen; sie müssen commensurabel sein, also in ihre Elemente aufgelöst und auf Maas-Einheiten reducirt werden, welche beiden Grössen gemeinsam sind. Daher verschwinden hier alle Qualitäten von Lust und Schmerz als irreal und imaginär: sie müssen sich in lauter quantitative Unterschiede verwandeln, so dass im Normalfalle ein Quantum Lust und ein Quantum Schmerz gleich und entgegengesetzt sind. — Die andere Form der Willkür, in welcher sie b) auf bestimmte einzelne Handlungen gerichtet ist, nenne ich Belieben oder Beschluss. Ein solches geht aus von einem fertigen über seine Möglichkeiten denkenden Ich, welches in Bezug auf ihm feststehenden Zweck eine dauernde Existenz hat, wenn auch dieser Zweck nur um vieler anderen Zwecke willen vorhanden ist, welche ihn als ihren Vereinigungspunkt gesetzt haben. Nun müssen sich vielmehr nach ihm alle richten innerhalb seines Bereiches, und während die ursprünglichen Zwecke alle aus der gemeinsamen Masse der intellectuellen Erfahrung — nämlich als Erinnerungen und Kenntnisse angenehmer Empfindungen und Dinge — sich herleiten, so ist in ihm alle solche Beziehung fast gänzlich erloschen. Daher verfügt es nur über eine gleichartige und gleichgültige Menge von Möglichkeiten, die ihm gegenwärtig sind und zustehen, und bestimmt jedesmal so viel davon, wirklich zu werden, als gerade nothwendig scheint zur Hervorrufung einer vorgestellten Wirkung. Eine Mehrheit von einzelnen möglichen Handlungen, welche als reale Objecte dem Denkenden vorzuschweben scheinen, wird gleichsam zusammengefügt und aufgestellt, um nicht mehr sein möglicher, sondern sein wirklicher Wille zu heissen, welcher nunmehr zwischen ihm und den Dingen steht, aber als der seine ganz und gar, nämlich durchaus gegen ihn ohnmächtig und wesenlos, so dass der Urheber sein Werk ebenso leicht wiederum auflösen und vernichten kann. So lange aber, als es besteht, so vermag er damit die Dinge und Wesen anzufassen und sie zu behandeln durch seinen Willen, sofern dieser selbst auf die Dinge zu wirken gedacht wird, oder sofern das Subject als directe Causalität gedacht wird (auf physische Art), so mag es doch und muss nach seinem Willen sich richten, als nach einem Vorbild oder einer Vorschrift, darinnen die allgemeinen Züge derjenigen Gestalt enthalten sind, welche durch das einzelne Geschehen ihre besonderen Umrisse empfängt. — Was aber Belieben in Bezug auf Handlungen ist, das ist c) in Bezug auf das Denken selber Begriff: nämlich eine bindende Affirmation über den Gebrauch von Wörtern in bestimmtem Sinne, wonach der Denkende in den Sätzen seiner Rede sich richten kann und will und zugleich im Stande ist, für die Vergleichung und derselben angepasste Bezeichnung der realen Dinge und Verhältnisse solche Einheit als einen Maasstab anzuwenden. Denn der Begriff selber, z. E. eines Kreises, ist ein pures Gedankending, nach dessen Aehnlichkeit aber Figuren in der Ebene, die entweder gegeben oder construirt worden sind, als Kreise gelten und behandelt werden. Hier ist das Denken in der ihm eigenthümlichen Leistung erkennbar, welche darin besteht, gegen die Vielfachheit und Wandelbarkeit der Erfahrung einfache und constante Schemata auszubilden und festzuhalten, als worauf die mehreren Erscheinungen bezogen werden können,

um desto besser eine in der anderen ausdrückbar zu sein.
Und so sind auch die Begriffe des Richtigen oder Nützlichen und Zweckmässigen, welche der Denkende sich gebildet oder doch bestätigt hat, um sich in Urtheilen oder
Handlungen danach zu richten. Mit ihnen ermisst er, was
die Dinge für ihn werth sind, und was er thun müsse, um
sein Gewünschtes zu erreichen. Solche sind darum in ge-
fasstem Beschlusse entweder implicite und ihren Elementen
nach enthalten, oder sie werden als allgemeine Maximen
darauf angewandt. — Im Bedacht deckt sich die verwirk-
lichende Action mit dem Gedanken selber. Belieben verhält sich wie ein Allgemeines dazu, welchem viele Einzelheiten untergeordnet sind. Endlich Begriff lässt die Verwirklichung in Handlungen unbestimmt und nur als Folge
seiner eigentlichen Verwirklichung im Denken selber. Um
Bedacht zu verstehen, muss man die Absicht oder den
Zweck erforschen; um Belieben, wo der Zweck vorausgesetzt ist, die Gründe; um Begriff: die Grundsätze, nach
welchen er gebildet sein mag.

§ 12.

Die Gesammtformen der Willkür — welche die Elemente des Wesenwillens in sich enthalten — sollen hiernach begriffen werden als Systeme von Gedanken, nämlich
Absichten, Zwecken und Mitteln, welche ein Mensch als
seinen Apparat im Kopfe trägt, um damit die Wirklichkeiten aufzufassen und anzufassen, woraus mithin wenigstens die Grundzüge seiner willkürlichen Handlungen, sofern
sie nicht aus den Gesammtformen seines Wesenwillens hervorgehen, müssen abgeleitet werden. Solches System heisse
im Allgemeinen Bestrebung. Dies ist, was den Willkürlichen beherrscht, obschon er diese Summe seiner Wünsche
und Ziele sich zurechtgemacht haben und als sein Frei-
gewähltes empfinden mag. Insbesondere ergibt sich daraus
sein freundliches oder feindliches Verhalten gegen die Mit-
menschen; durch den Begriff, dass es seiner Bestrebung
diene, wird ihm das Eine oder das Andere leicht, wo seine
Gesinnung indifferent ist, schwerer wider eine solche Prä-

occupation, welche überwunden werden muss. So darf der
Streber kein Bedenken tragen, irgendwelchen Schein anzunehmen, dessen Effect derjenige eines gleichen Wirklichen
sein kann. Was das wahrgesprochene Wort vereiteln würde,
kann die Lüge verbessern. Seine Gefühle zurückzuhalten,
wenn sie hässlich und abscheulich sind, lehrt das Gewissen.
Sie zu verbergen, wo ihre Offenbarung schädlich sein kann,
ist Begriff und Regel gemeiner Lebensklugheit. Aber ihre
Aeusserungen anzunehmen und abzulegen, je nach Forderung
der Umstände, ja oft die Zeichen entgegengesetzter Empfindungen vor sich her zu tragen, als der wirklich gehegten,
vor Allem aber seine A b s i c h t e n zu verstecken oder doch
Ungewissheit darüber auszubreiten: das ist einer Handlungsweise eigen, welche durch B e r e c h n u n g geleitet wird,
und dies ist der Begriff des Apparates in seiner anderen
Bestimmung. Der Streber will nichts umsonst thun; Alles,
was er thut, soll ihm etwas eintragen; was er ausgibt, soll
in anderer Gestalt zu ihm zurückkehren; er ist stets auf
seinen Vortheil bedacht; er ist interessirt. Der Berechnende
will nur ein endliches Ergebniss; er thut Vieles scheinbar
umsonst, aber in seinem Calcül ist es vorgesehen und nach
seinem Werthe verzeichnet; und der Abschluss seiner
Handlungen soll nicht blos allen Verlust wieder aufheben,
sondern dazu einen Gewinn ergeben, welchem kein Theil
des ursprünglichen Aufwandes entspricht — dieser Gewinn
ist der Zweck, welcher keine besonderen Mittel gekostet
hat, sondern nur durch richtige Disposition der vorhandenen,
durch Berechnung und Vorbereitung ihres Gebrauches nach
Zeit und Ort, erzielt wird. So zeigt sich Berechnung mehr
in dem Zusammenhange umfassender Handlungen als in
einzelnen kleinen Zügen, Gebahrungen, Reden. Der Streber sucht seinen Weg, auf welchem er nur eine kurze
Strecke deutlich vor sich sieht; er kennt seine Abhängigkeit
von zufälligen Ereignissen, und hofft auf Glück. Der Berechnende weiss sich überlegen und frei, seiner Zwecke
gewiss und seiner Machtmittel Herr, die er in Gedanken
von sich abhängig hat und nach seinen Beschlüssen lenkt,
wie sehr sie auch in ihren eigenen Bahnen sich zu bewegen
scheinen. Den Complex aber von Erkenntnissen und Mei-

nungen, welche einer über den regelmässigen oder wahrscheinlichen Verlauf der Dinge, wie sie durch ihn bestimmbar oder nicht bestimmbar sein mögen, hegen, vor sich haben und benutzen mag, daher die Kenntniss von den eigenen und fremden, entgegenstehenden (also zu überwindenden) oder günstigen (also zu gewinnenden) Kräften oder Mächten, nenne ich seine Bewusstheit. Solche muss, damit Berechnung richtig sei, allen Ansätzen und Schätzungen zu Grunde liegen. Das ist das verfügbare, zu planmässiger Anwendung geeignete Wissen: Theorie und Methode der Herrschaft über Natur und Menschen. Das bewusste Individuum verschmäht alle dunklen Gefühle, Ahnungen, Vorurtheile, als von nichtigem oder zweifelhaftem Werthe in dieser Beziehung, und will nur seinen klar und deutlich gefassten Begriffen gemäss seine Pläne, seine Lebensführung und seine Weltansicht einrichten. Bewusstheit ist daher als Selbstbeurtheilung mit seiner Verdammung ebensosehr gegen die eigenen (praktischen) Dummheiten, wie Gewissen gegen die eigenen, vermeintlichen Schlechtigkeiten gerichtet. Jene ist der höchste oder geistigste Ausdruck der Willkür, dieses der höchste oder geistigste Ausdruck des Wesenwillens.

§ 13.

Der oberste Zweck, welcher das Gedankensystem eines Menschen beherrscht, wird nur gewollt, insofern als das Wollen ein energisches Wünschen ist, in Gedanken. Er wird gedacht als zukünftige, herankommende Lust. Er steht nicht in der Freiheit, als etwas, das man — je nach Wunsch — thun oder lassen, ergreifen und anwenden oder müssig behalten könne. Er ist vielmehr etwas Fremdes: möglicher Weise Inhalt fremden Willens, fremder Freiheit; nothwendiger Weise von dem eigenen Thun und Wirken verschieden. Und so: was Alle wünschen und ersehnen, das Glück. Das ist zunächst nichts als günstige, angenehme Umstände, welche Leben und Thun erleichtern, Werke gelingen lassen, durch Gefahren sicher hindurchführen; Umstände, welche vielleicht sich voraussehen und verkündigen, aber vielleicht ganz und gar nicht sich bewirken lassen: wie gutes Wetter. Und Weniges, was wir wünschen, können oder mögen wir auch zu einem Zwecke machen, den wir bewirken oder erreichen wollen. Dennoch ist auch Glück, wonach Unzählige streben, rennen und jagen, als ob es an einem Ziele läge, das man erreichen müsse: rasch, weil das Verlangen so heftig ist, oder weil man fürchtet, es möge davongehen, oder Andere zuvorkommen und es nehmen, — oder als ob es vor einem her fliehe und müsse eingeholt werden und ergriffen, oder aus der Ferne mit Pfeil oder Kugel getroffen. In dieser Vorstellung ist das Glück wie ein äusserer Gegenstand, dessen man durch Anwendung seiner Kräfte, sich bemächtigen könne — wenn man Glück dabei habe, d. i. wenn die zufälligen Umstände Gunst gewähren mögen. Aber man kann auch darauf hoffend oder sogar — nach ihrer Wahrscheinlichkeit — rechnend, etwas unternehmen und wagen: auf die Gefahr des Misslingens oder Verlustes, wie der Spieler thut. Und hier sind unablässige oder oft wiederholte Versuche doch auch wiederum einem Streben und Ringen gleich, als ob man des Zufalles selber Herr werden wolle. Und in der That: die richtige Voraussicht der Ereignisse ist eine Art von Herrschaft darüber; obgleich man sie nicht verändern kann, so mag man sich doch danach richten, um der guten zu geniessen und die üblen zu vermeiden. Sie erspart also vergebliche Versuche und ermuthigt zu anderen, aussichtsvolleren. Aber gerade diese Voraussicht ist nur in beschränkten Gebieten möglich; als bloss faktische Erkenntniss ist sie höchst unsicher, als Erkenntniss aus den Ursachen höchst unvollkommen: wo sie sicher und vollkommen zugleich ist, würde sie den Begriff des Zufalles aufheben, dem doch in allen Gebieten des Geschehens als der Wirkung ungewöhnlicher oder unbekannter Umstände der weiteste Spielraum bleibt: je weiter die Entfernung und je weniger von unserer eigenen Kraft und deren Determination durch die Beschaffenheit eines verharrenden Willens abhängig ist; obgleich auch diese nur von Moment zu Moment ein sicherer Factor ihres Schicksales ist. — Wenn aber das Glück erstrebt, verfolgt wird, so wird zukünftiges Ereigniss durch das Denken einem Gegenstande gleich, dessen Wirklichkeit bedingt sei durch seine Ursachen, und dessen Ursachen als eigene mögliche Verhaltungen zu Gebote zu stehen scheinen. Und hiernach also seine Willkür als Verfügung über Mittel bestimmend, verwandelt der Mensch ein Stück seiner imaginären Freiheit in ihr Gegentheil — zunächst selber blos ein imaginäres, aber durch die Ausführung reales. Sonst sein eigener Herr, wird er, sich bindend, sein eigener Schuldner und Knecht. Denn allerdings: dieser ganze Begriff kann in seiner Reinheit nur aufgefasst werden, wenn alle solche willkürliche Thätigkeit als ein Opfer vorgestellt wird, mithin als an und für sich ungern, mit Widerwillen geschehend, so dass nur der Gedanke an den (allein erwünschten) Zweck, d. i. an Genuss, Vortheil, Glück, dazu als zu freiwilliger bewegen kann; und die Freiwilligkeit ist eben die Unfreiheit in Bezug auf sich selber oder der Selbstzwang, da fremder Zwang und Noth sie zerstört. Alle Willkür enthält etwas Unnatürliches und Falsches. Dem ist die Empfindung des unbefangenen Zuschauers gemäss, welche sich geltend macht, wenn häufig solche Thätigkeit als ›gemacht‹, ›forçirt‹, ›tendenziös‹ oder ›absichtlich‹ bezeichnet wird; eine Empfindung ästhetisch-moralischen Missfallens, welche in Leben und Dichtung oft auf energische Weise sich geltend macht.

§ 14.

Nun aber wird (wie bekannt genug ist) auf höchst mannigfache Weise Genuss, Vortheil, Glück erstrebt; in vielen verschiedenen Dingen wird das höchste Gut zu ruhen vermuthet. Solche Gegenstände aber können wiederum unterschieden werden, nach ihrer Beziehung auf die drei Arten des Lebens. Und innerhalb jeder Kategorie kann ferner eine Dichotomie stattfinden; indem die Zwecke anders aussehen, wenn das Denken selber auch den Genuss sich vorbehält und wesentlich in seiner Thätigkeit die Lust davon hat; anders, wenn die in ihm enthaltenen, ihm unterthanen, aber darum vielleicht nicht minder heftigen

Triebe und Begierden dasjenige in ihm sind, was eigentlich und im Grunde danach verlangt. So sind dieses die Vergnügungen der unteren ›Seelentheile‹, der grossen Masse; jenes diejenigen der oberen Theile, der Wenigen, Erlesenen, Vornehmen. Man mag ein sehr ausgeprägtes willkürliches Subject sein, auch in mentaler Beziehung, und doch nur von gemeinem Glück und nichts von den Genüssen des Denkens wissen; so dass es einem Solchen nicht einfallen kann, nach dergleichen zu streben — ausser um anderer, ihm wahrerer Zwecke willen. Wiederum ist Mancher, der das gemeine Glück gering achtet, aber um das, was ihm begehrenswerth scheinet, jegliches Mittel sich recht sein lässt. Und doch kommen Alle darin überein, dass sie die Mittel haben wollen oder die Macht, welche ihnen die Sicherheit darstellt, durch Anwendung soviel von ihren Genüssen als jedesmal beliebt, zu erwerben. Daher hat HOBBES recht, wenn er ›als eine allgemeine Neigung der Menschheit das beständige und rastlose Begehren von M a c h t über M a c h t, welches nur mit dem Tode aufhört‹, bezeichnet. ›Und die Ursache davon‹, sagt er, ›ist nicht immer, dass einer hofft auf ein intensiveres Vergnügen, als er schon erreicht hat, oder dass er nicht zufrieden sein kann mit einer mässigen Macht; sondern weil er nicht die Macht und Mittel zum Wohlleben, welche er zur Verfügung h a t, sichern kann, ohne die Erwerbung von mehr.‹ *(Leviath ch. XI.)* Eben darum ist solches Begehren fast gleichen Inhaltes mit dem Streben nach G e l d; da solches — in einem bestimmten socialen Zustande — die Macht über alle Güter und Genüsse, welche es für sich einzusetzen vermag, ist und bedeutet: das allgemeine Gut, der abstracte Genuss. — Dennoch aber sind die wirklichen Ziele so etwa verschieden, wie sie nunmehr durch die Arten der Bestrebungen bezeichnet werden sollen. Im Allgemeinen und an erster Stelle setze ich neben einander

a) Eigennutz, aa) Eitelkeit.

E i g e n n u t z schreitet von den allgemeinen groben und ›sinnlichen‹ Gegenständen — welche in sich eine vielfache Ausbildung erfahren — zu besonderen, raffinirten und intellectuellen Ausdrücken fort. Das Gedankenmotiv aber, welches ihm ausser den organisch-animalischen Reizen zu Grunde liegt, wird durch den Satz des soeben genannten Autors in schlagender Weise bezeichnet: »dass aller geistige Genuss darin bestehe, Andere um sich zu haben, mit welchen sich vergleichend man eine grossartige Meinung von sich selber haben könne.« *(Hobb. de civ. I, 5.)* Dies ist, worin die Eitelkeit oder Gefallsucht gelegen ist, das Trachten zu scheinen und zu glänzen, bewundert zu werden, sich gelten zu machen, Eindruck zu machen (zu »imponiren«). Wenn diese Genüsse der eigenen Macht und ihrer Wirkungen auf Andere geradezu das Ziel eines Strebens werden, so ist Genusssucht der allgemeine Charakter, welchen es mit Eigennutz gemeinsam hat; denn auch das Nützliche wird nur um endlicher Genüsse willen gesucht. Wenn auch der Eigennützige stolz darauf ist, Genüssen entsagen zu können, als ein Vernünftiger der Zukunft gedenkend, indem er dem Angenehmen das Erspriessliche vorzieht. — Eigennutz wie Eitelkeit ist Motiv der Geselligkeit: Eitelkeit braucht die anderen Menschen als Spiegel, Eigennutz als Werkzeug. — Seine besondere Gestalt, in welcher er als sein besonderes Ziel die Mittel zu allen möglichen Genüssen ins Auge fasst, nimmt Eigennutz an — wie schon vorausbedeutet wurde — als b) Geldgier. Und so verwandelt sich Eitelkeit in die besondere Art des Trachtens nach Selbstgenuss in Bezug auf äussere Güter, als bb) Gewinnsucht, welche die verfeinerte Form der Geldgier ist: ein Trachten mehr nach Wachsthum von Geld und Gut, als nach einer absoluten Menge davon, welches daher keineswegs durch diese begrenzt ist, ja vielmehr im Verhältnisse zu ihr zunimmt, nämlich in dem Maasse, als die eigentliche Geldgier gesättigt ist und zurücktretend das Feld der Gedanken an Gewinnsucht überlässt. Was ihnen aber gemeinsam ist, wird auf einfache Weise durch den Begriff der Habsucht ausgedrückt. — Wenn nun Eigennutz sich der anderen Menschen als Werkzeuge bedient, so ist er als das Streben nach solchen immateriellen und durch Denken allein erfassbaren Mitteln, nämlich den zur Verfügung stehenden menschlichen Willen und ihren Meinungen über

die eigene Stärke als c) Ehrgeiz zu bezeichnen. Die vollkommenste Herrschaft aber über Dinge, und zumal über
Menschen in einem bestimmten Sinne, ergibt sich durch
›Wissenschaft‹; in jener Ueberlegenheit, welche die Kenntniss der Zusammenhänge, der allgemeinen Bedingungen des
Geschehens und daher Voraussicht und Vorausverkündigung
des Zukünftigen verleiht. So kann cc) Wissbegierde
im Dienste aller übrigen Zwecke stehen, allerdings aber
auch sich ablösen und durchaus auf sich selber beruhen.
Auch in ihrer reinsten Gestalt bleibt sie eine Entwicklung
und Art der Eitelkeit, wenn auch zuletzt Einer mit der
Meinung, die er von sich selber hat, durch Bewusstheit
über Höhe und Inhalt seiner Einsicht, zufrieden und glück-
lich sein mag (was der berühmte Vers ausdrückt: *Felix
qui potuit rerum cognoscere causas*). Und auf der anderen Seite gehen Ehrgeiz und Herrschsucht unmerklich in einander über. Der Herrschende will geehrt werden:
die äusseren Zeichen, dass man seine Macht anerkennt,
fürchtet oder liebt, will er sehen und empfangen. Der
Ehrgeizige will herrschen, wäre es auch nur um frei zu
sein von der Herrschaft Anderer, und ihren Miteifer zu
besiegen.

§ 15.

Alle diese Motive sind — dieser Betrachtung gemäss
— nichts als leere Wünsche in Gedanken oder die instinctiven und unwillkürlichen Triebe oder Arten des Gefallens
selber, insofern als dessen Gegenstände zu Objecten und
Endzwecken des Denkens sind gemacht worden, nach
welchen also die Bildung der einzelnen Willküracte gerichtet wird und damit in einem systematischen Zusammenhange steht; sie sind nicht, wie sie als die Qualitäten des
Wesenwillens sein würden, unmittelbare Lust und Drang
und in gewissem Maasse Tüchtigkeit zu bestimmter Arbeit,
zu Thaten oder Werken, an deren Werth und Güte ihr
eigener Werth könnte gemessen werden, und es folgt nichts
aus ihnen, als dass ihr Subject viele schon vorhandene und
ihm zu Gebote stehende Mittel anwenden wird, welche die

erwünschten Wirkungen hervorrufen zu können scheinen. Es ergibt sich nicht eine originelle That, welche die Individualität des Subjectes ausdrückt und bedeutet, sondern das Mittel ist um so richtiger, je mehr es demjenigen gleichkömmt, was ein abstractes Subject wollen und thun würde, welches seine Mittel als zu allen Zwecken geeignete in unbeschränkter Menge ausser sich hat und kennt, und nur die Quantität des Aufwandes der zu erzielenden Wirkung anzupassen als seine Aufgabe findet: woran die höchst einfache und leichte Hantirung, dieselbe von sich ›loszuwerden‹ und an der richtigen Stelle ›anzubringen‹, als Erfüllung sich anschliesst. Daher kann hier nicht der Wille als ›guter‹ Wille in Bezug auf seine Aufgabe, ein zu vollendendes Werk, gelobt werden: in Versuchen und Bemühungen sich darstellend, welche immer hinzukommen müssen, auch um die vollkommene Fähigkeit schöpferisch zu machen; die Willkür steht nicht der Vollendung, auch nicht dem Können, sondern ihr steht allein die Verwirklichung gegenüber; diese aber prägt sie zwar in einer That, einem Werke aus, welches gelobt oder getadelt werden mag, jedoch niemals wird Lob oder Tadel auf den Willen dazu sich beziehen, weder im moralisch-indifferenten noch im moralischen Sinne; jenes nicht, weil Willkür keine Realität ist, die dem Wesen des Menschen angehört, dieses nicht, weil sie niemals eine directe Bejahung der Mitwesen enthalten kann, als welche allein der Gesinnung, dem Gemüthe und dem Gewissen entspringt; denn das reine und freie Denken muss immer wieder nach dem Grunde oder Zweck derselben fragen, und kann solchen nur in der Beziehung auf das eigene Wohl entdecken; nur in Bezug auf dieses kann das fremde einen Sinn haben, muss daher ihm untergeordnet und davon abhängig gemacht werden. Anerkennen, bewundern wird man nur die Klugheit als die eigenthümliche Tugend und Geschicklichkeit des Denkens selber, vermöge deren es zu gegebenen Zwecken die richtigen Mittel erwählt, und die Erfolge seiner Thätigkeiten vorauserkennt, überhaupt alle bekannten Umstände so sehr als möglich nutzbar macht. Sie ist die Tugend des Gehirns, wie etwa ›Schnelligkeit‹ Tugend der Beine, ›Schärfe‹ des Gesichts oder Gehöres ist.

Sie ist nicht eine Tugend des Menschen, darum weil sie
seinen gesammten Willen nicht ausdrückt. Der Kluge re-
flectirt, räsonnirt über seine Aufgaben und Bestrebungen;
er ist schlau, wenn seine Berechnung ungewöhnliche
Mittel zu finden und complicirte Pläne darauf zu bauen
weiss; er ist aufgeklärt, klar und deutlich in seinen
Begriffen, wenn er gewisse und richtige abstracte Kenntnisse
über die äusseren Zusammenhänge der menschlichen Dinge
besitzt, und durch keine Gefühle oder Vorurtheile sich be-
irren lässt. Aus der Verbindung und Einigkeit dieser
Eigenschaften geht die Consequenz der Willkür und
ihrer Verwirklichungen hervor, welche daher wiederum als
eine Stärke, als seltene und bedeutende Eigenschaft bewundert, aber auch gefürchtet wird.

§ 16.

Etwas Anderes ist es, wenn diese Arten des Strebens,
und Willkür überhaupt, vom Wesenwillen aus beurtheilt
werden, wo sie doch nur als seine hochentwickelten Modificationen erscheinen. Nämlich: nun kann Alles, was ihm
im unmittelbaren und eigentlichen Sinne angehört, als
durchaus gut und freundlich sich darstellen, insofern als es
den Zusammenhang und die Einheit der Menschen ausdrückt — welche in der That, wie durch die Gestalt des
Leibes, so durch die der Seele oder des Willens, die einem
jeden solchen Wesen von Geburt an mitgegebene Substanz
seiner Art, bezeichnet wird —, hingegen das »egoistische«
Denken, wodurch das Princip der Individuation aufs Höchste
gesteigert ist, als durchaus feindselig und böse. Im Sinne
dieser Betrachtung, welche nicht richtig, aber tief begründet
ist, wird dann Gemüth oder Herz, auch Gesinnung und Gewissen, mit Güte, als ob sie das nothwendige Attribut dazu
wäre, associirt; gilt dagegen der Berechnende und Bewusste,
weil für »herzlos« und »gewissenlos«, so auch für schlecht
und böse, und Egoismus als gleichbedeutend mit gehässiger,
feindseliger Gesinnung. In Wahrheit ist der Egoist, je
vollkommener ausgeprägt, desto mehr gleichgültig gegen
Wohl und Wehe der Anderen; an ihrem Unheil ist ihm

so wenig in unmittelbarer Weise gelegen als an ihrem Heile; aber dieses wie jenes kann er mit Absicht befördern, wenn es seinen Zwecken zu dienen scheint. Eine reine und allgemeine Bosheit hingegen ist eben so selten, ja fast unmöglich, als eine reine und allgemeine Güte »des Herzens«, und derselbigen correlat. Von Natur ist jeder Mensch gut und freundlich gegen seine Freunde und die er dafür halten mag (welche gut gegen ihn sind); aber böse und feindlich gesinnt wider seine Feinde (die ihn misshandeln, ihn angreifen oder ihm drohen). Jener abstracte und künstliche Mensch hat nicht Freund, nicht Feind, ist auch weder das Eine noch das Andere, sondern kennt nur Alliirte oder Gegner in Bezug auf die von ihm verfolgten Ziele; beide sind ihm nur Kräfte oder Mächte, und die Gefühle des Hasses und Zornes so ungehörig gegen die einen, wie die der Liebe und des Mitleides für die Anderen. Wenn je solche in ihm vorhanden sind oder entstehen, so empfindet sein Denken sie als etwas Fremdes, Störendes, Unvernünftiges, welches zu unterdrücken, ja auszurotten, eher als zu hegen und zu pflegen, seine Aufgabe ist; denn sie involviren eine Bejahung und Verneinung, welche nicht mehr durch die eigenen Interessen und Pläne bedingt und beschränkt ist, verführen also zu unbesonnenen Acten. Er mag nun allerdings, feindselig verfahrend, oder überhaupt, so dass er alle anderen Menschen wie Dinge als seine Mittel und Werkzeuge behandelt, böse sein und erscheinen gegenüber seinem eigenen Gemüth und Gewissen — was immerhin voraussetzt, dass solche Mächte noch in ihm lebendig sind und dass sie ein entgegengesetztes Verhalten heischen; wie sie es wenigstens in Bezug auf die Angehörigen und Freunde wirklich thun. So auch von dem Gemüth und Gewissen Anderer, welche an seine Stelle sich versetzen. Und von dieser Meinung, dass die Böse-Handelnden doch noch ein abmahnendes Gemüth (und also eine natürliche Güte desselben) wirklich haben, dass in ihnen die Stimme des Gewissens nicht ganz und gar »betäubt« und tot sei, machen sich die Menschen, wie wir sie kennen, ungern los (eine Erscheinung, deren Ursächlichkeit uns hier nicht angeht): darum denn auch ein »böses Gewissen« immer noch

als die Gewähr eines Restes von guter und richtiger Gesinnung gilt, weil es ja die bösen Thaten und Pläne gegen
Freunde missbilligen muss, wenn schon, seiner Natur nach,
nicht minder die guten Thaten oder den Mangel an gehöriger Bosheit gegen Feinde. Denn von den Freunden
aus wird darüber geurtheilt, Gemüth und Gewissen selber
gebilligt; insofern als ihnen auch die feindseligen Gebahrungen gegen Feinde erwünscht und ehrenvoll sind, so ist
Gemüth schlechthin gut, ausser wenn es irre geht und den
Freunden Uebles, den Feinden Gutes will, und Gewissen
schlechthin gut, als in diesem Sinne richtendes. Wiederum
erscheinen, aus solchem Gesichtspunkte, alle jene (ihrer
Form nach) höchst vernünftigen Bestrebungen, durch welche
man das Glück und die Mittel dazu zu erlangen versucht, wenn
nicht als geradezu böse, so doch als excessive Leidenschaften
(wie die Sprache denn die vornehmsten davon als Krank-
heiten bezeichnet), die wenigstens ausserhalb der Sphäre
der Tugend, in welchem Sinne sie auch verstanden werde,
gelegen seien. Und ferner kann das egoistisch-willkürliche
Thun und Treiben durchaus als ein feindseliges, beleidigen-
des aufgefasst werden, insofern als es durch und durch bewusste Schauspielerei ist: wie in allen Fällen, wo es zu
dem Zwecke gebraucht wird, ein Urtheil in einem anderen
Menschen zu bewirken, dessen Falschheit der Handelnde
weiss. Aus nichtigem Stoffe macht er scheinbare Sachen,
und stellt sie gleich Wirklichkeiten hin, um sie dafür aus-
zugeben; wer aber dergleichen annimmt, meinend Etwas zu
empfangen, wird demgemäss zurückwirken, also wie am
deutlichsten vorgestellt wird — etwas dafür geben; dieses
Etwas ist ihm mithin durch solches Kunststück genommen,
geraubt worden. Und wie diese Art der willkürlichen
Handlung zu ihrem allgemeinen Begriffe, so verhält sich
zum Tauschen das Täuschen, zum Verkauf der Betrug.
Die falsche Waare oder Münze und so überhaupt die Lüge
und Verstellung hat, wenn dasselbe leistend (im einzelnen
Falle oder im Durchschnitt der Fälle), gleichen Werth mit
der echten, dem wahren Wort und dem natürlichen Gebahren, wenn mehr leistend, höheren, wenn weniger
geringeren Werth. In Bezug auf die allgemeine Kate-

gorie der verwendbaren Kraft sind Seiendes und Nicht-
seiendes qualitativ gleich (d. i. vielmehr Wirkliches
und Nachgeahmtes, Gemachtes, Fingirtes).

§ 17.

So nun wird in unserer Sprache was bloss aus dem
kalten Verstande, dem »Kopfe« hervorgeht, von den warmen
Impulsen des »Herzens« unterschieden. Der Gegensatz
nämlich, um welchen es sich handelt, wird im Allgemeinen
getroffen, wenn das Gefühl als Impuls und Richtung
gebend, von dem Verstande unterschieden wird; aber in
der lebendigsten und sinnlichsten Weise: das Herz vom
Kopfe. Ehemalige Theorien begriffen solches Gefühl als
verworrene, den Akt des Verstandes aber als klare und
deutliche Vorstellung, und noch bis zu diesem Tage
hat man die Versuche nicht aufgegeben, jene aus diesen
als den scheinbar einfachen und daher als ursprünglich
angenommenen Phänomenen abzuleiten. In Wahrheit ist
das Denken — so rational und durch sich selber evident
es aussehen mag — die complicirteste aller psychischen
Thätigkeiten und erfordert, zumal um unabhängig von den
Impulsen des organischen Lebens vor sich zu gehen, viele
Uebung und Gewöhnung, selbst zur Anwendung so einfacher Kategorien wie Zweck und Mittel in Bezug auf einander. Fassung und Scheidung dieser Begriffe, und demnächst Festsetzung ihres Verhältnisses kann nur durch
Wortvorstellungen, als eigentliches und discursives Denken,
geschehen; so auch die Bildung einer Willkürform, wenn
allein nach überlegten Gründen geschehend, zu sich selber
sagen: ich muss und ich will. Alle Thiere, und in einem
grossen Bereiche auch der Mensch, folgen vielmehr, sich
bewegend und sich äussernd, ihrem »Gefühle« und »Herzen«,
d. i. einer Disposition und Bereitschaft, welche ihrem Keime
nach schon in der individuellen Anlage enthalten ist und
mit dieser sich entwickelt hat. Dies ist aber allerdings,
als intellectueller Besitz gedacht, dasselbe, in einem ursprünglichen, auf die Gesammtverfassung des psychischen
Daseins bezogenen Zustande, was nachher allein vom

denkenden Organe abhängig und hierdurch in eine neue
Ordnung gebracht wird, die dann freilich einfacher ist, weil
sie (wenn möglich) aus lauter gleichen oder doch (im geome-
trischen Sinne) ähnlichen Elementen, nämlich aus selbst-
gemachten, zusammengesetzt ist. So kömmt es, dass im
Menschen, wie er sich des Vergangenen erinnert und durch
sein Denken unzählige Bildempfindungen festhält, die nach
ihrem inneren Zusammenhange und angeregt durch gegebene
Reize, in ihm wechselnd auftauchen, jene »Priorität des
Willens« nur daraus erkennbar ist, dass auch die Abhängigkeit solcher Gedächtniss- oder Fantasiethätigkeit von dem
verzweigten Systeme der Neigungen und Abneigungen gesehen wird. Wir werden leicht hierüber getäuscht, weil
alle intellectuellen Vorgänge erst die Gefühle, Begehrungen
u. s. w. hervorzurufen scheinen. In Wahrheit aber
wiederholen sich hier immer die Processe der Differen-
zirung und Verknüpfung gegebener Tendenzen und der
Uebergang aus einem Gleichgewichts- in einen Bewegungs-
zustand, indem Bewegung zu dem wahrgenommenen oder
vorgestellten Gegenstande (oder bloss Orte) hingezogen oder
davon abgestossen wird. Hingegen ist die Spannung und
Aufmerksamkeit, daher auch die Schärfe der Sinne wesentlich bedingt durch die vorhandenen Antriebe und deren
Erregungszustand in Thätigkeiten und so auch Vorstellungen und Gedanken: das Tichten wird bestimmt durch
das Trachten; je nach dem Zusammenhange mit unseren
Wünschen, unserem Gefallen und Missfallen, unseren Hoffnungen und Befürchtungen, kurz: mit allen lust- oder
schmerzhaften Zuständen, denken und träumen wir häufig,
leicht und gern das Eine, Anderes selten und ungern.
Hiergegen lässt sich nicht einwenden, dass doch die trüben
und unangenehmen Vorstellungen einen wenigstens ebenso
grossen Raum in unserem Bewusstsein einnehmen mit den
heiteren und angenehmen; denn solche Vorstellungen können
selber als Schmerzgefühle betrachtet werden, und insofern
als sie es sind, so wehrt sich dagegen der Organismus oder
der Gesammtwille und ringt sie loszuwerden, was nicht
verhindert, dass in den Vorstellungen Stücke enthalten sind,
welche mit Lust empfunden werden, ja in welchen »die
Seele schwelgt«.

§ 18.

Uebrigens aber sind, wie bekannt, die Gesetze der Association von Ideen überaus mannigfaltig, weil ihre möglichen Berührungen und Zusammenhänge unzählige sind; indessen wird eben dieses zu wenig geschätzt: dass die individuellen Dispositionen und Fähigkeiten, von dem Einen auf das Andere überzugeben, aus dem Einen das Andere zu erzeugen, höchst verschiedene und mit der gesammten Constitution des Leibes und Geistes, wie sie durch alle Erlebnisse und Erfahrungen hindurch sich ausgebildet hat, verwachsen, weil daraus hervorgegangen sind. Denn im Grossen und Ganzen denkt ein Jeder an seine eigenen Angelegenheiten, und wenn er sich Gedanken macht, so sind es Sorgen oder Hoffnungen; wenn nicht Zweifel und Ueberlegungen, was zu thun sei und wie es auf richtige Weise zu thun sei. Das ist: den Mittelpunkt seiner mentalen Thätigkeit bildet seine sonstige gewöhnliche und obliegende Beschäftigung, daher seine Aufgabe und Pflicht, frühere, gegenwärtige und bevorstehende Function, sein Werk und seine Kunst. Und gerade darum kann Gedächtniss als eine Form des Wesenwillens bezeichnet werden, weil es Pflichtgefühl ist, oder eine Stimme und Vernunft, die das Nothwendige und Richtige in solchem Werke anzeigt, Erinnerung dessen, was man gelernt, erfahren, gedacht hat und als einen Schatz in sich bewahrt, ganz eigentlich ein *νοῦς πρακτικός*, *opinio necessitatis*, kategorischer Imperativ. Mithin auch in seiner vollkommenen Gestalt, identisch mit dem, was wir als Gewissen oder als Genius begreifen. Hier ist nichts Geheimnissvolles im Spiele: ausser sofern organisches Wollen an sich dunkel, irrational und Ursache seiner selbst ist. Denn diese besonderen Fähigkeiten sind — freilich einerseits angeboren, dann aber geworden als — feste Associationen, und wenn in Thätigkeiten übergehend, so beweisen sie dadurch nur die Stärke ihrer Tendenz oder ihres Conatus. Denn viele Conate streiten und wetteifern oft mit einander, und schon indem man an etwas Ausführbares denkt, so ist man in Versuchung und fühlt einen Antrieb, es zu thun; aber auch die blosse Wahrnehmung kann genügen, um die Glieder und Muskeln in Bewegung zu setzen, und um so mehr, je

stärker wir durch Gefallen oder Gewohnheit uns davon an-
gezogen oder abgestossen fühlen; wo dann wiederum die
denkende Auffassung der Sache hemmend entgegentreten
und in anderem Sinne bestimmen kann. In alle diesem,
wo das Gefühl und auch das Gedachte als Gefühl wirksam
ist oder gar herrscht, da ist unser Gebahren, unser Handeln und Reden nur ein besonderer Ausdruck unseres Lebens,
unserer Kraft und Natur, und wie wir als Subjecte dieser,
also der organischen Functionen, unseres Wachsthums und
Verfalles, uns fühlen und wissen, nur so auch, obschon
durch andere Empfindungen, jenes unseres Thuns, das »der
Geist« uns eingibt, d. i. ein Zustand und Drang, zusammen
mit denkender Anschauung der gegebenen Umstände, was
sie enthalten und heischen — oder was unbedingter Weise,
unter allen Umständen, das Richtige sei: das Schöne, Gute
und Edle. — Anders wird es in dem Maasse, als die Thätigkeit des Verstandes sich unabhängig macht und mit ihrem
Materiale frei zu schalten scheint, indem sie das Thunliche
trennt und zusammensetzt. Bisher durchaus bedingt durch
das Werk und von der Idee desselben getragen, reisst sich
nun das Denken davon los, erhebt sich darüber und setzt
das Ende und den Erfolg für sich hin als Zweck,
das Werk selber aber, als ob es davon getrennt und verschieden wäre, als Mittel und nützliche Ursache, so aber
nicht wesentlich und nothwendig, sofern viele Wege zu
demselben Ziele führen oder viele Ursachen dieselbe Wirkung haben können, und nun versucht wird, das beste
Mittel zu erfinden, d. i. das Verhältniss von Mittel und
Zweck möglichst zu Gunsten des Zweckes zu gestalten.
Sofern aber der Erfolg durch irgendwelche Mittel — sei es
als das einzige oder als das beste — wirklich bedingt
zu sein scheint, so ist dieses Mittel auch die nothwendige
Ursache und muss angewandt werden.

ZWEITER ABSCHNITT.

ERLAEUTERUNG DES GEGENSATZES.

---

§ 19.

Wie ein künstliches Geräth oder eine Maschine, welche zu bestimmten Zwecken angefertigt werden, zu den Organsystemen und einzelnen Organen eines thierischen Leibes sich verhält, so verhält sich ein Willens-Aggregat von dieser Art — eine Gestalt der Willkür — zu einem Willens-Aggregat der anderen Art — einer Gestalt des Wesen-willens. Die Betrachtung der verglichenen Phänomene als wahrnehmbarer Objecte, ist die leichtere, und Erkenntniss des Gegensatzes der dargestellten psychischen Begriffe kann durch sie gewonnen werden. Geräthe aber und Organe haben dieses mit einander gemein, dass sie aufgehäufte Arbeit oder Kraft (Energie) enthalten und darstellen, welche der Gesammtenergie des Wesens, zu welchem sie gehören, zugleich eine Bestimmtheit und Vermehrung gibt, und dass sie ihre besondere Kraft nur in Beziehung auf diese Gesammtenergie und in Abhängigkeit von derselben besitzen. Sie unterscheiden sich durch ihre Entstehung und durch ihre Eigenschaften. Ein Organ wird von selbst: d. i. durch häufige Anstrengung derselben Thätigkeit — von dem Gesammtorganismus oder von einem schon vorhandenen

Organe aus — welche auch das vollendete leistet und zu
leisten hat, bildet sich in grösserer oder geringerer Vollkommenheit die vermehrte und besonderte Kraft dazu aus.
Ein Geräth wird gemacht von menschlicher Hand, welche
sich eines ausser ihr liegenden Stoffes bemächtigt und
ihm eine besondere Einheit und Form verleiht, gemäss
der in Gedanken festgehaltenen Vorstellung oder Idee des
Zweckes, welchem dieses neue Ding dienen soll (nach dem
Willen des Urhebers), und (nach seiner Meinung und Erwartung) dienen wird, so dass es als vollendetes Ding
geeignet ist, besondere Arten von Arbeit zu leisten. —
Durch ihre Beschaffenheit: ein Organ ist als Einheit
nur vorhanden in Bezug auf die Einheit eines Organismus
und kann nicht von demselben getrennt werden, ohne seine
eigenthümlichen Qualitäten und Kräfte zu verlieren; daher
ist seine Individualität nur derivativ oder secundär; es ist
nichts Anderes als der Gesammtleib, auf eine besondere
Weise ausgedrückt oder differenzirt: dieser aber, und also
durch ihn auch das Organ, ist das alleinige seiner Materie
nach und insofern das einzige realiter Individuelle, oder
doch nach Individualität fortwährend Tendirende, was in
aller Erfahrung vorkömmt und vorkommen kann. Hingegen
ein Geräth ist seiner Materie nach allem übrigen Stoffe
gleich und nur eine bestimmte Masse davon, welche auf
fictive Einheiten von Atomen zurückgeführt und als daraus
zusammengesetzt gedacht werden kann. Seine eigene Einheit besteht nur in der Form, welche blos durch Denken
erkannt wird, nämlich als die Richtung und Hinweisung
auf einen Zweck oder Gebrauch. Aber als ein solches
Ding kann es aus der Hand und Macht eines Menschen
in die des anderen übergehen, und kann von jedem angewandt werden, der die Regeln seiner Anwendung kennt.
Seine individuelle und abgesonderte Existenz ist insoweit
vollkommen; aber es ist todt, da es nicht sich erhält und
nicht sich reproducirt; sondern wird abgenutzt, und seines
Gleichen kann nur dieselbe ihm fremde Arbeit und Geist
herstellen, durch welche es selber hervorgebracht wurde;
herstellen nach seinem Bilde oder nach dem Bilde, welches vor
ihm war.

§ 20.

Die (psychische) Materie, aus welcher die Formen menschlichen Wesenwillens sich gestalten, ist menschlicher Wille schlechthin oder Freiheit. Freiheit ist hier nichts Anderes als die reale Möglichkeit individuellen Lebens und Wirkens, indem sie empfunden oder gewusst ist; eine allgemeine und unbestimmte Tendenz (Thätigkeit, Kraft), welche in jenen Formen zur besonderen und bestimmten wird, die Möglichkeit zur determinirten Wahrscheinlichkeit. Das Subject des Wesenwillens, insofern als es mit dieser seiner Materie identisch ist, verhält sich zu seinen Formen, wie die Masse eines Organismus, sofern sie unter Abstraction von seiner Gestaltung gedacht wird, zu dieser Gestaltung selber und zu den einzelnen Organen; d. h. es ist nichts ausser ihnen, es ist ihre Einheit und Substanz. Seine Formen wachsen und differenziren sich durch ihre eigene Action und Uebung. Dieser Process vollzieht sich aber nur zu einem sehr geringen Theile durch die eigenthümliche Arbeit des Individuums. Modificationen, in welche sich dieses entwickelt hat, werden von ihm auf seine Erzeugten als angelegte (und also Willensformen der Materie nach) übertragen, von diesen — wenn die Bedingungen günstig sind — ausgebildet, und, bei gleicher Determination, ferner geübt, durch Uebung und Gebrauch sich verstärkend, oder durch besondere Anwendung wiederum sich specialisirend; — alle solche Arbeit seiner Vorfahren wiederholt aber das Einzelwesen in seinem Werden und Wachsen; auf eine eigenthümliche, verkürzte und erleichterte Weise. — Der Stoff der Willkür ist Freiheit, sofern sie im Denken ihres Subjectes existirt, als die Masse von Möglichkeiten oder Kräften des Wollens und Nicht-Wollens, Thuns und Nicht-Thuns. Ideelle Möglichkeiten — ideeller Stoff. Die Finger des Denkens begreifen eine Menge solches Stoffes, nehmen sie heraus und geben ihr eine Form und formale Einheit. Dieses Ding, die gebildete Willkür, ist also in der Macht seines Urhebers, welcher es festhält und es anwendet als seine Kraft, indem er handelt. Durch Handlung vermindert ef die Menge seiner Möglichkeiten oder vernutzt seine Kraft; bis zu diesem Moment konnte er noch (gemäss seiner Vorstellung) solches auch nicht-thun (unterlassen); indem er aber thut, verschwindet diese Möglichkeit aus seinem Bereiche, zugleich mit der entgegengesetzten, des Thuns. Denn eine (ideelle) Möglichkeit kann vernichtet werden, indem sie zur Wirklichkeit und indem sie zur Unmöglichkeit wird. Das vorherige Wollen einer möglichen Handlung kann einmal als eine Zurüstung zu dieser doppelten Vernichtung angesehen werden. Es vergrössert die eine und verkleinert die andere Möglichkeit; und zwar um so mehr, je wahrscheinlicher die Ausführung und Folge der That (des ἔργον) auf den Gedanken (λόγος) sein mag, oder je deutlicher dieser durch sein blosses Dasein als nothwendige und unbedingte U r s a c h e in Bezug auf jene sich darstellt. Eben als solche jedoch ist sie nur ein Werkzeug, ein Instrument, und in Wahrheit wirkt durch dasselbe das Subject, welches zugleich Denker des Gedankens und Thäter der That ist.

§ 21.

Andererseits aber: was Handlung in der Wirklichkeit (wie sie aus diesem subjectiven Gesichtspunkte aufgefasst wird), das ist der Wille dazu in der antecipirenden Idee vollständig, nämlich: Verbrauch von M i t t e l n, welche, um als solche begriffen zu werden, durchaus vom Denken abhängig sind, so dass die (gedachte) Willkür selber nichts Anderes ist als die Existenz dieser Mittel, insofern eine bestimmte Quantität davon in eine Einheit und Form gebracht worden ist, wie sie dem jedesmaligen Zwecke angemessen zu sein schien. Jene ideellen Möglichkeiten sind aber nicht mehr indifferent, indem sie so als Mittel zu erreichender Lust concipirt werden, sondern sind selber Lust-Elemente; und werden viel deutlicher, wenn der Gedanke sie als Sachen verkörpert, und so die Freiheit gleichsam in einzelne Stücke zerschneidet; so dass der Handelnde, wenn nicht eine wirkliche Sache, so doch ein Stück seiner Freiheit hinzugeben scheine. — Wenn dieses auf diese Weise verstanden wird, so ist jede Handlung ein K a u f, nämlich Erwerb eines Fremden durch Hingabe eines Eigenen. Und diese Conception kann der Wirklichkeit mehr oder weniger adäquat sein. Was man empfängt, das sind Genüsse oder Güter (d. i. Sachen als Möglichkeiten von Genüssen); was man zahlt, das sind Lust-Elemente, Mittel, Stücke der Freiheit oder wiederum Güter. — Wenn aber diese Verkörperung gleichsam zurückgenommen, und der blos subjective Begriff der Freiheit wiederhergestellt wird, so ist sie die absolute Position (Selbstbejahung) des Denkens. Hiergegen dann der Gedanke der Willkür, welcher, in Hinsicht auf den Zusammenhang der Natur, eine bestimmte Handlung als Ursache, und somit durch den eigenen Wunsch und Willen (eines Endes, Erfolges, Zweckes) gefordert, geboten, erheischt, als n o t h w e n d i g setzt, Negation schlechthin; ein Befehl, den man an sich selber richtet, ein Zwang, den man (zunächst in der Idee) sich anthut. ›Ich will‹ heisst hier soviel als ›du musst‹ oder ›du sollst‹. Man ist es dem Zwecke schuldig, d. h. sich selber schuldig. Durch die Ausführung löst man sich von seiner Schuld. — So stehen sich in Gedanken und in Handlung die Lust- oder Plus-Elemente und die Schmerz- oder Minus-Elemente als einander ausschliessend und aufhebend gegenüber.

§ 22.

Im Gebiete der Realität und des Wesenwillens gibt es keine zweiseitige Möglichkeit, kein Vermögen des Wollens oder nicht; sondern Möglichkeit und Wahrscheinlichkeit sind gleich Kräften und bedeuten die Thätigkeit selber — auf eine unvollkommene Weise —, welche ihr Inhalt und ihre Erfüllung ist. Was als einzelnes Stück davon gelöst werden kann, ist nur Erscheinung und Aeusserung eines Beharrenden, Bleibenden, das durch solche Function nicht nur sich erhält, sondern (unter gewissen Bedingungen) sogar sich verstärkt und vermehrt, indem es ernährt wird aus einem Gesammtvorrathe, welcher selber sich ernährt und erhält durch seine Berührungen und Wechselwirkungen mit den umgebenden, begrenzenden Dingen; als welche sowohl psychisch wie physisch verstanden werden können. Es ist Seiendes a l s Vergangenes, Gewesenes; hingegen die Mög-

lichkeit, welche in Willkür enthalten ist: Seiendes als
Zukünftiges, Unwirkliches. Jenes kann durch alle Arten
der Empfindung erfahren, gewusst werden, indem Erkanntes
und Erkennendes Eines und dasselbe, jenes so real als
dieses ist. Das Zukünftige aber, nur durch Denken erkannt, gewusst, steht ihm wie ein Object, von der Thätigkeit selber verschieden und ablösbar, gegenüber; Object
wie ein Producirtes, Gebildetes, Fingirtes, aber in einem
minderen und allgemeineren Sinne, als die Gebilde, welche
ferner aus solchem imaginären Stoff durch Denken
gemacht werden mögen; und wiederum, was dort als Production begriffen wird, ist, wenn auch unter schaffender
Mitthätigkeit des Subjectes, Bewegung der organisirten
Materie selber, deren Vollendung schon in ihrem Anfange
enthalten ist; so dass immer aus Demselbigen Unbestimmten
Dasselbe Bestimmtere wird. Hier aber ist zuerst Auflösung
in (so sehr als möglich) gleiche Elemente nothwendig, um
diese in beliebigen Formen und beliebiger Menge zusammen-
zusetzen. Und so gilt denn für den Begriff des Wesenwillens dieses. Alles Können involvirt ein (nicht gedachtes,
sondern reales) Müssen, und (davon nicht verschiedenes)
Geschehen, als seine Entelechie und Ergebniss einer Entwicklung, unter gegebenen Bedingungen. Gleichwie die
Frucht aus der Blüthe sich ergibt, und *animal ex ovo*. Es
ist Eines und dasselbe, in verwandeltem Zustande. Und so
verhält sich Anfang und Mitte aller Arbeit zu ihrer Vollendung, dem Werke. Hier ist nicht das Hingegebene das
Eine, und das Empfangene ein Anderes, so dass sie sonst
nichts mit einander zu thun haben, als dass Eines der
Preis des Anderen ist — wie denn die blosse Formgebung
an einen fremden Stoff so verstanden werden kann, dass
die fertige Sache durch solche Arbeit erkauft wurde —;
sondern die in Wahrheit immer in irgendwelchem Maasse
lebendige Materie wird ergriffen, und durch eine wechsel-
seitige Assimilirung strömen die Kräfte des eigenen Wesens
darin über, werden und bleiben darin lebendig; wie im
Acte der Zeugung und alles künstlerischen Schaffens und
Denkens. Diese Auffassung beruhet auf dem allgemein-
bedeutenden Gesetze: dass jede organische Modification, als

Vermehrung der *agendi potentia,* sich ausbildet und wächst, durch das *agere* selbst, durch die Function (und jede Verminderung, Rückbildung, Tod eintritt durch Nichtgebrauch, d. i. Nichtleben und Nichtwollen, unterbleibende Erneuerung der Zellsubstanz und der Gewebe). Denn dieses wird erweitert zu dem Satze: dass auch durch die Thätigkeit i n Be zu g auf etwas Aeusseres, d. i. durch Richtung des eigenen Willens darauf, Verwendung der eigenen Kraft zu seiner Bearbeitung und Cultur, so etwas wie ein besonderes Organ = besonderer Wille und (durch Uebung) besondere Fähigkeit sich gestalten müsse. Wie denn das Sehen eine solche (allgemein-animalische) Thätigkeit in Bezug auf Licht und beleuchtete Gegenstände, und durch Sehen das Auge geworden ist. Und wie dieses nur ein Organ ist im vollkommenen Zusammenhange mit dem Centralorgan, von dem aus es innervirt und mit dem Lebensherde, dem Herzen, von dem es ernährt wird — welche Ernährung selbst d u r c h seine eigenthümliche Thätigkeit b e d i n g t ist —, also können wir auch durch Lieben, Hegen und Pflegen *(amplecti)* von Wesen und Dingen uns besondere, obgleich nur psychologisch-reale Organe entwickeln, erhalten, ernähren; oder vielmehr: unsere allgemeine organische L i e b e s k r a f t specialisirend ausbilden. Und ferner: d u r c h Liebe, durch Mittheilung unserer Wesens-Energie nach aussen, im Maasse ihrer Intensität und Dauer, und je nachdem das Aeussere uns nahe ist, von uns empfunden und erkannt, gleichsam durch den Intellect festgehalten wird, also fortwährend von dem Strome des Lebens einen metaphysischen Antheil empfangend — so ist und wird und bleibt es selber, als ein Lebendig-Thätiges, von mir aus und d u r c h m i c h Thätiges, gleich einem Organe, mein organisches und e c h t e s E i g e n, eine nicht einmalige, sondern dauernde Emanation meines Seins, meiner Substanz. So ist Alles, was athmet und wirkt als m e i n e Creatur: was ich erzeugt oder geboren habe, was durch Zucht und Pflege, Nahrung und Schutz, sich von mir entlehnt und derivirt hat; endlich was ich geschaffen und gearbeitet, gewirkt und gestaltet habe, durch meinen Geist und meine Kunst. Dem Allen aber bin ich in irgendwelchem Maasse

ebenso zu eigen wie es mir. Als auch der Leib des Auges
so gut als das Auge des Leibes ist — wenn auch in gerin-
gerem Sinne: denn der Leib kann ohne das Auge, das
Auge kann nicht ohne den Leib lebendig bleiben.

§ 23.

Und so muss immer das organische Ganze im Verhältniss zu seinen Theilen, insofern als solche als distincte
und besondere ein Dasein haben, angeschaut und gedacht
werden. Das gesammte, allgemeine, und alles specielle
Wollen oder Leben, ist weder Lust noch Schmerz, aber insofern als es ganz und einheitlich ist, fortwährende Tendenz
zur Lust; als welche, nach der Definition des Spinoza,
Uebergang ist zu grösserer; und so ist Schmerz Uebergang zu geringerer Vollkommenheit. Beide sind nur
Excesse oder Verrückungen des labilen Gleichgewichtes,
als welches Wille oder Leben sich darstellt. Aber so ist
eben darin ein nothwendiger Consensus: was für das Ganze
Lust oder Schmerz ist, muss Lust oder Schmerz für den
Theil sein, sofern in demselben das Wesen des Ganzen
sich ausdrückt; daher was für den einen Theil, auch für
den anderen, sofern beide an einem gemeinsamen Herde
und beide an einander Antheil haben. Die Willensformen
selbst stehen also in diesen organischen Verhältnissen zu
einander, dass immer vor ihnen und über ihnen ein Ganzes
ist, welches in ihnen sich ausdrückt und zu ihnen sich verhält; und dass dieses Verhältniss das primäre ist, aus
welchem alle übrigen abgeleitet werden müssen. Daher
alle Herrschaft und Bestimmung zwischen den Theilen nur
eine Abbildung dieser Herrschaft des Ganzen über alle
Theile ist; wie denn innerhalb derselben immer von Neuem
relative Ganze vorkommen, die es in Bezug auf ihre Theile
oder Glieder sind. Dieses Alles gilt auch noch, wenn die
Willensformen in Gedanken producirt oder gleichsam expo-
nirt werden; sofern sie nur aus dem Inneren entsprungen
sind, und von demselbigen aus, in der beschriebenen Weise,
festgehalten werden. — Während also Willkür Negation der
(subjectiven) Freiheit ist und willkürliche Handlung eine

Verminderung des eigenen Vermögens; ihr äusserer Erfolg aber ein Ersatz dafür; so ist Wesenwille die (objective) Freiheit selber, in ihrer individuellen Wahrheit; und sein Werk hängt wie eine Frucht an diesem Baume: nicht bewirkt und gemacht durch Ueberwindung äusseren Widerstandes; sondern erzeugt, hervorgebracht, geworden. Und so verhält sich Erwerb und Schaffung durch Arbeit zum Erwerb und Aneignung durch Tausch (Kauf). Verhält sich wiederum eigentliche, schöpferische Arbeit, welche aus der Unendlichkeit des eigenen Wesens seines Gleichen bildet, zu der blossen Synthese gegebener stofflichen Elemente; deren Ganzes so todt und geistlos ist und nur für das Denken vorhanden als die Stücke und Theile selber; daher wohl begriffen werden kann als ein äusserer Zweck, welcher durch die Thätigkeit als Anwendung von Mitteln erkauft werde.

§ 24.

Die Willkürformen stellen den isolirten Menschen der gesammten Natur als Geber und Empfänger gegenüber. Er versucht die Natur zu beherrschen und mehr als das Gegebene von ihr zu empfangen; also Lust-Elemente aus ihr herauszuziehen, welche ihm keine Mühe und Arbeit oder andere Unlust gekostet haben. Aber innerhalb der Natur tritt ihm auch ein Gleiches erstrebendes, gleiches Willkür-Subject entgegen, der Andere, welcher seine Mittel und Zwecke im Ausschluss und Gegensatz gegen ihn hat, also durch seinen Schaden gewinnt und zu gewinnen trachtet. Sie müssen entweder sich nicht berühren oder sich vertragen, um als Willkür-Subjecte neben einander zu verharren; denn wenn Einer dem Anderen nimmt oder ihn zwingt, so will und agirt jener allein: in dem Maasse als der Zwang vorhanden ist, welches von der Beschaffenheit angewandter Mittel und Werkzeuge abhängt. Wenn dieselben nämlich nicht Lust-Elemente für ihn gleichwie für mich (also insoweit an sich, d. i. für uns Beide) sind, so handle ich nicht gütlich mit ihm; ich gebe ihm nicht was er selber begehrt. Er handelt entweder garnicht, oder gezwungen, d. h. nicht um seiner selbst willen; seine Handlung ist nicht Verwirk-

lichung seiner Willkür. Welches aber vorausgesetzt werden
sollte. Dies will aber sagen: der reine Begriff der abstracten Person treibt sein dialektisches Gegenstück aus
sich selber hervor; welcher auf dem Markte erscheint als
Kaufmann wider den Kaufmann, als Person wider die
Person: Concurrenten und Contrahenten. Und wiederum:
ebenso wie die Willensformen verhalten sich ganze Menschen
zu einander; sofern Jeder durch seinen Wesenwillen in
seinem Verhalten bestimmt ist. Auch hier wird durch
Zwang oder Gewalt die Freiheit und das eigene Selbst des
Gezwungenen annullirt; denn nur d u r c h seine Freiheit i s t
ein Selbst vorhanden. Aber alle Einzelnen sind hier in
ihren Verhältnissen zu einander nur aus einem Ganzen zu
begreifen, welches in ihnen lebendig ist. Und es ist schon
jetzt verständlich, wie die Glieder durch fortgesetzte besondere Entwicklung sich gegen einander isoliren und ihres
gemeinsamen Ursprunges gleichsam vergessen können. Sie
mögen, nicht mehr für ein Ganzes und sie Verbindendes
Functionen auszuüben und so (auf indirecte Weise) dieselben einander mitzutheilen scheinen; sondern nur noch
für einander: Jeder zu s e i n e m Besten und nur dadurch
(per accidens) etwa auch für des Anderen Bestes. Hingegen:
so lange als sie aus ihrem Ganzen begriffen werden, so ist
auch ihr Tausch nur eine Folge und Erscheinung ihrer
Function; also ihrer Daseinsweise als organischer Modificationen, Ausdruck der natürlichen Einheit und Gemeinsamkeit.

§ 25.

Die Begriffe der Willens - Formen und Gestaltungen
sind selber, an und für sich, nichts als Artefacte des Denkens; sind Geräthe, dazu bestimmt, das Verstehen der
Wirklichkeit zu erleichtern. So muss höchst mannigfaltige
Beschaffenheit der menschlichen Willen nach der zwiefachen
Betrachtung, ob es ihr realer oder imaginärer Wille ist, auf
diese N o r m a l b e g r i f f e als auf gemeinsame Nenner bezogen und dadurch unter sich um so vergleichbarer werden.
Als solche freie und willkürliche Gedankenproducte schliessen
diese Begriffe einander aus: in den Formen des Wesen-

willens soll nichts von Willkür, in den Formen der Willkür nichts von Wesenwillen mit gedacht werden. Wenn jedoch dieselben Begriffe als empirische genommen werden (als welche sie dann nichts als Namen sind, durch welche eine Vielheit der Anschauung oder Vorstellung umfasst und behalten wird; mithin je weiter desto leerer an Merkmalen), so ergibt sich aus Beobachtung und Ueberlegung leicht: dass kein Wesenwille ohne Willkür, worin er sich ausdrückt und keine Willkür ohne Wesenwillen, worauf sie beruht, in der Erfahrung vorkommen kann. Der Werth der strengen Scheidung jener normalen Begriffe stellt sich aber heraus, indem wir gewahr werden, wie die empirischen Tendenzen in der Richtung des einen und in der Richtung des anderen, zwar neben einander bestehen und wirken, ja einander fördern und vermehren können, dass aber, insofern als jede Gattung auf Macht und Herrschaft ausgeht, sie nothwendiger Weise zusammenstossen, sich widersprechen und sich bekämpfen müssen. Denn ihr Gehalt, in Normen und Regeln des Verhaltens ausgedrückt, ist von gleicher Art. Wenn daher Willkür Alles nach Zwecken oder Nützlichkeiten ordnen und bestimmen will, so muss sie die gegebenen, überlieferten, eingewurzelten Regeln verdrängen, soweit sie nicht sich solchen Zwecken anpassen lassen; sich unterwerfen, soweit dieses angehen mag. Also: nicht nur müssen, je entschiedener Willkür sich entwickelt, oder das Denken sich auf Zwecke, auf Erkenntniss, Erlangung, Anwendung von Mitteln, sich versammelt und concentrirt, desto mehr die Gefühls- und Gedankencomplexe, welche das Besondere oder Individuelle eines Wesenwillens ausmachen, durch Ungebrauch zu verkümmern in Gefahr sein; sondern es findet auch ein directer Antagonismus statt, indem diese die Willkür zurückhalten und sich ihrer Freiheit und Herrschaft entgegenstellen, Willkür aber vom Wesenwillen zuerst sich loszumachen, sodann ihn aufzulösen, zu vernichten oder zu beherrschen strebt. Diese Verhältnisse werden am leichtesten sichtbar, wenn wir neutrale empirische Begriffe nehmen und empfangen, um in ihnen solche Tendenzen zu untersuchen: Begriffe der menschlichen Natur und psychischen Beschaffenheit, wie sie dem wirklich geübten und unter gewissen Umständen regelmässig erfolgenden Verhalten entsprechend und zu Grunde liegend gedacht wird. Solche allgemeine Beschaffenheit kann dem Wesenwillen günstiger und angemessener sein oder der Willkür. Die Elemente der einen und die der anderen Art können sich in ihr begegnen und vermischen, und sie mehr oder minder ausfüllen und bestimmen. Wenn nun diese wiederum unterschieden wird, je nachdem sie im organischen, im animalischen oder im mentalen Leben des Menschen hauptsächlich erscheine, so mögen folgende bekannte Begriffe sich herausstellen:

1) Temperament,
2) Charakter,
3) Denkungsart.

Welche jedoch aller Connotationen, vermöge deren sie etwas mit dem »Wesen« oder Wesenwillen des Menschen Identisches bedeuten, entkleidet und auf den rein logischen Sinn von »Dispositionen«, die der durchschnittlichen Wirklichkeit entsprechend und antecedirend gedacht werden, zurückgeführt sein sollen. Man kann aber dieses Verhältniss auch so darstellen: zu den gegebenen und für Willkür apriorischen Eigenschaften, welche dem Wesenwillen inhärent gedacht werden und auch in Opposition zu denselben, kann sich Willkür ihre neuen und besonderen Eigenschaften herstellen und so etwas wie einen künstlichen Charakter (u. s. w.) machen, welcher jedoch mit dem natürlichen oder aus Wesenwillen herstammenden Charakter nichts als den Namen gemein hat, einen Namen, der darin begründet ist, dass durch beide die wechselnden Erscheinungen auf einen bleibenden oder substanziellen Träger bezogen werden. Dieser also, oder Charakter im allgemeinen Verstande, wird in der Regel aus dem zwiefachen Ursprunge zusammengeflossen sein; oder das normale Gebahren, Handeln, Urtheilen (Reden) zu einem Theile aus Gesinnung, Gemüth, Gewissen, zu einem anderen, sei er grösser oder kleiner, aus Bestrebung (Interesse), Berechnung, Bewusstheit hervorgehen. Wobei immerhin bemerkt werden möge, wie wenig aber überhaupt ein Mensch seinem eigenen Willen und seinen eigenen Gesetzen, zumal auf directe Weise, zu folgen pflegt und vermag.

§ 26.

Unsere Gefühle werden aber, bei denkender Anschauung, durch das Verhalten der Menschen in ähnlicher Weise afficirt, wie durch äussere Gegenstände; nämlich nicht blos so, dass Bejahung und Verneinung in uns erregt wird, sondern die psychischen Zustände und Geschehnisse selber werden auf eine Weise beurtheilt, als ob die Empfindungen denen des Tast- und Temperatursinnes, d. i. der allgemeinsten Arten unterscheidenden Gefühles überhaupt, gleichartig wären. Denn die Gegensätze des Flüssigen und Trockenen, des Weichen und Harten, des Warmen und Kalten, pflegen (wenn auch nicht gleichmässig) in popularer Rede auf die Unterschiede menschlichen Wesens und Betragens angewandt zu werden. Das Flüssige (Strömende), Weiche und Warme wird den »Gefühlen« zugeschrieben; von solcher Art ist die Materie, sofern sie reich an innerer Bewegung ist: daher die individuelle und organisirte, wie denn auch das Leben mit einem Strome und mit der Flamme oft verglichen wird; und plastische Weichheit ist allgemeinste Eigenschaft der Zellsubstanz. Hingegen müssen die letzten Partikel des Stoffes, welche die Träger mechanischer Wirkungen sind, absolut fest, hart und kalt, der inneren Bewegung bar, gedacht werden. So wird auch das blosse Denken und der Verstand empfunden; so auch sein Stoff und was er daraus hervorbringt. Also ist zu verstehen, wie ein Temperament u. s. w., worin die Gestalten des Wesenwillens überwiegen, mit den ersteren Prädicaten, wenn aber die Gestalten der Willkür, mit den entgegengesetzten belegt werden könne. Denn was im Wesenwillen enthalten ist und aus ihm hervorgeht, muss ihm selber gleich sein; und gedachte Actionen sind die Elemente, aus denen die Willkür zusammengesetzt wird. Dort ist das Concrete und Ursprüngliche (die Originalität) der Individuen: was schon als Naturell eine allgemeine Bezeichnung erfahren hat. Hier ist das Abstracte und Gemachte, das Schablonenhafte und Modellirte: und dies ist, was wir als Apparat verstehen wollten. Temperament, Charakter, Denkungsart, sofern sie dem Naturell entsprechen, sind selber natürlich; sofern dem Apparat, künstlich; sind

ein angenommenes (affectirtes) und zur Schau getragenes
»Wesen« eine gespielte »Rolle«.

§ 27.

Das menschliche Leben oder Wollen (und also die
Gesammtheit menschlicher Thätigkeiten) wird entweder als
ein essentiell-organischer und als solcher in die Mannigfaltigkeit des intellectuellen Lebens sich fortsetzender Process
betrachtet, der bei allen Menschen nur insoweit gleich ist,
als ihre organischen Beschaffenheiten und die Bedingungen
ihrer Entwicklung und ihres Daseins gleich sind; aber verschieden insofern als diese sich differenzirt haben. Das
Wollen ist hiernach nicht lehrbar; wie der alte Satz der
Schulen, welcher dem SENECA entnommen ist, aussagt: *Velle
non discitur;* oder doch nur lehrbar in dem Sinne, wie eine
schöne Kunst es ist, deren Werke nicht nach Regeln sich
hervorbringen lassen, sondern aus eigenthümlichen leiblich-
geistigen Qualitäten, insbesondere aus einer dahin gerichteten Kraft und Stimmung, der schaffenden Phantasie des
Künstlers entspringen müssen. Das Lernen ist hier nichts
als das Wachsthum, die Ausbildung eines angeborenen
Talentes, durch Uebung und durch Nachahmung. Die
künstlerische Thätigkeit ist ein Stück der diesem Menschen
eigenen Art zu leben, zu reden, zu schaffen. Diese prägt
sich aus in dem wahren Werke, wie die Natur und Kraft
eines jeden Organismus sich auf irgendwelche Weise in
allen seinen Theilen ausdrückt, und wie sie zumal in seinen
Generations-Producten auf vollkommene Weise enthalten
ist, und auf neue ihm gleichartige Wesen übertragen, vererbt wird. Dies ist das Leben und die Lebensweise als
Beruf. — Oder aber das Leben wird aufgefasst und betrieben wie ein Geschäft mit dem bestimmten Zwecke, ein
eingebildetes Glück als sein Ende zu erreichen. Es lassen
sich dann allerdings Begriffe und Regeln bilden, welche die
beste Methode, solchen Zweck und Erfolg durchzusetzen,
auf eine Art und Weise darstellen, beweisen, mittheilen, dass
sie von jedem Menschen, der logischer Operationen fähig
ist — welche in Wirklichkeit von Allen und in allen

Thätigkeiten vollzogen werden — begriffen und angewandt werden können. Die Natur aller solcher Theorie wird am deutlichsten durch die Mechanik. Die Mechanik selbst ist nichts als angewandte Mathematik. Die Mathematik ist nichts als angewandte Logik. Das Princip der angewandten Mechanik lässt sich auf folgende Weise als ein allgemeines aussprechen: möglichst hohen Nutzeffect mit möglichst geringem Aufwande von Kraft oder Arbeit zu erzielen. Der Inhalt desselben Princips aber kann in Bezug auf jede nach einem bestimmten Zwecke gerichtete Unternehmung dahin formulirt werden: der Zweck soll auf möglichst vollkommene Weise durch möglichst leichte und einfache Mittel erreicht werden. Oder in Anwendung auf ein Geschäft, das um des Geldes willen geführt wird: möglichst hohen Gewinn mit möglichst geringen Kosten, oder: möglichst hohen Reinertrag! Und in Anwendung auf das Leben als ein solches Geschäft: die grösste Menge von Lust oder Glück mit der geringsten Menge von Schmerz, Anstrengung und Mühsal; dem kleinsten Opfer an Gütern oder Lebenskraft (durch Arbeit). — Denn überall, wo ein Zweck erreicht werden soll, da ist es nothwendig, dass derselbe scharf und bestimmt ins Auge gefasst werde — wie ein sichtbares Ziel des Schützen ins leibliche Auge, also dieser in den Blickpunkt des Denkens —, dass mit Ruhe und Kälte überlegt werde, welches die besten, sichersten, leichtesten Mittel seien, das Vorhaben auf vollkommene Weise durchzuführen; endlich dass diese Mittel gleichsam mit fester Hand gepackt, und auf die als richtig erkannte Art und Weise zur Geltung gebracht werden. Man muss also 1) richtig zielen, 2) richtig urtheilen, 3) richtig handeln. Das Dritte ist entscheidend und dem Ende am nächsten; ihm sind wieder 1) und 2) untergeordnet, als Mittel in Bezug auf diesen ihren Zweck. Da aber auch das richtige Handeln nur Mittel ist, nämlich um den gewünschten Erfolg hervorzubringen oder zu erlangen, so ergeben sich solcher vermittelnden und durch diesen Zweck geforderten Thätigkeiten die 3 Gattungen, als in Bezug darauf einander coordinirte: 1) die Application des Geistes oder die Apprehension des Gewünschten oder die willkürliche, d. i. mit Gedanken verbundene Aufmerksamkeit, eine Form, welche allen übrigen willkürlichen Thätigkeiten zu Grunde liegt: man richtet gleichsam sein Teleskop auf die Sache und die Selbst-Erkenntniss in Bezug auf das, was man erstreben will, das Verständniss des eigenen Interesses, ist hiermit gleichbedeutend. Darüber kann aber jeder aufgeklärt werden, ein Berathender wird ihm den Vortheil zeigen, welchen er selber nicht sieht, »öffnet ihm die Augen«, »macht ihn aufmerksam«. 2) Zum richtigen Urtheilen gehört der Besitz richtiger Begriffe von den relativen Werthen der Dinge, von den gewissen oder in irgendwelchem Maasse wahrscheinlichen Wirkungen menschlicher Handlungsweise. Auch diese lassen sich als fertige überliefern, als Werkzeuge der Messung, deren Anwendung sich im Allgemeinen als von selbst evidente ergibt. 3) Diese Anwendung oder das richtige Handeln, bestehend in der zweckmässigen Disposition vorhandener Mittel und Kräfte, lässt sich am wenigsten auf unmittelbare Weise aneignen und hat doch auch seine besondere und mittheilbare Methode.

§ 28.

Also ist die gewonnene Erkenntniss, das Wissen, w i e es gemacht werden müsse, die entscheidende Bedingung; und es wird vorausgesetzt, dass J e d e r die Actionen, welche Anwendung solches Wissens sind, leicht und von selber vollziehen k ö n n e — die allgemein-menschlichen Fähigkeiten sind in dieser Beziehung genügend, es wird Nichts verlangt, als was ein Mensch kann, wenn er n u r will. Auf diese Art und Weise lässt zwar keine Kunst, kein Handwerk sich lehren, kann aber wohl K u n s t - S t ü c k e zu machen, beigebracht werden. Und solch' ein Kunststück ist das Wollen selber, insofern es als Willkür und also als gesondert von und vor dem Thun gedacht wird; nun aber nicht Etwas, das man wiederum, wenn man nur wolle, zu leisten v e r m ö g e, sondern das man (nicht blos möglicher und wahrscheinlicher, vielmehr) nothwendiger und gewisser Weise leisten w i r d, sobald als man erkannt hat und weiss, dass es in Wahrheit »das Beste« sei. Die Fähigkeit hierzu

ist die allgemein-menschliche des Denkens (wie die der
sinnlichen Wahrnehmung allgemein auch den Thieren eignet),
welches hier Erkennen und Wollen zugleich vollbringt. Da
nun aber das Thun als nothwendige Folge des Wollens
gesetzt wird, so heisst es auch: dass der Mensch immer
thun werde, was er als das in Bezug auf seinen vorgenommenen Zweck Nützlichste wisse. Und dieses muss als
richtig anerkannt werden, in dem Maasse, als der Mensch
dem Begriffe eines reinen (abstracten) Willkür-Subjectes
sich nähert. Hingegen je weiter er davon entfernt ist, desto
mehr kömmt auf sein gesammtes Wesen und dessen gesammten Zustand, worin die gerade präsenten Gedanken
nur ein hervorstechendes Moment ausmachen, die Beurtheilung, woraus dann seine jedesmaligen und beobachteten
Thätigkeiten erklärt werden sollen. Und zu diesen Thätigkeiten gehört auch das Denken selber, welches mannigfache
und complicirte Zusammenhänge von Ideen zu gestalten
vermag, je nach Begabung, Gewohnheit, Stimmung seines
Autors und den gerade auf ihn wirkenden Reizen; insbesondere aber für seine zukünftigen Handlungen ihm selber
Gesetze gibt, in Bezug auf vorgesetzte und bestimmende
Zwecke, welche Arbeit dann nicht sowohl Kenntniss ihrer
eigenen Methode, als vielmehr möglichst vollkommene Kenntniss der verfügbaren Mittel, der helfenden und widerstrei-
tenden Umstände, der Wahrscheinlichkeiten günstiger oder
widriger Zufälle, lauter Urtheile und deutlich-klare Wissenschaft erheischt, welche wenigstens in ihrer Allgemeinheit,
die auf gegebene Fälle anwendbar ist, von aussen als eine
fertige empfangen werden kann; und in dem Maasse als
dies geschehen ist, so besteht die eigene Arbeit eben nur
in der Anwendung, d. i. theils in Ziehung von Schlüssen
(der ersten Figur), theils in Einsetzung und Miterwägung
so gegebener Factoren; jenes wenn es Maximen oder Regeln
sind, dieses wenn Thatsachen oder Geschehnisse, welche,
sei es gewusst, sei es für wahrscheinlich gehalten, vermuthet,
gehofft werden, so dass darauf »gerechnet« wird. Denn
eine Rechnung ist dieses Ganze, Berechnung der Chancen
eines Unternehmens und, wenn es weit geht, Vorbereitung
in Gedanken auf verschiedene mögliche Fälle. Darum

durchaus ein wissenschaftliches Denken, welches von aller subjectiven Beimischung frei sein muss, Zusammensetzung (Synthese) und Trennung (Analyse) von willkürlich begrenzten (definirten), aber schlechthin als wirklich gedachten Elementen. Die Methodik, Technik oder Theorie alles solchen Verfahrens ist es eigentlich, was unter dem Namen der Logik vorgetragen werden muss: ein Organon der Wissenschaft, die Lehre, wie man mit begrifflichen Gegenständen *(Entia rationis)* operiren oder wie man denken, rechnen müsse, um zu richtigen Resultaten zu gelangen. Diese Regeln werden gerade im eigentlichen Rechnen und den verwandten mathematischen Disciplinen am meisten auf bewusste Weise gebraucht, können aber auf alles wissenschaftliche Denken, mithin auch auf jede Art des egoistischen Calcüls angewandt werden. Rechnen aber ist nichts anderes als »mechanische« (äusserliche) Zusammenfügung und Zertheilung eines fictiven Stoffes, der Zahlen oder algebraischen Symbole.

§ 29.

Und so wird nun hier versucht, auch das Willkürformen bildende Denken mit mechanischer Arbeit und seine Vollkommenheit mit durchaus klüglich angewandter Arbeit zu vergleichen, und diesem entspricht auch die Gleichnisskraft unserer Sprache, durch welche gesagt wird: Pläne schmieden, Ränke schmieden, Machinationen anzetteln, eine weitausgesponnene Unternehmung, ein dichtes Gewebe von Lug und Trug u. dergl. m.; — so ist hingegen schon Entstehung und Dasein der Formen des Wesenwillens mit organischer und — wie wir gewahren, fast unversehens — das Ideal derselben mit einer künstlerischen Thätigkeit verglichen worden. Denn in der That: so ist das Reden und das Denken selber, als worin menschliches Wesen und die Beschaffenheit der individuellen Seele am deutlichsten in ihrer besondersten und eigensten Ausbildung sich offenbart, die gemeine Kunst des Menschen, wie das Netzespinnen des Insectes, Nestbauen und Gesang des Vogels ist. Die Frage erhebt sich hier immer: wie kömmt das Wesen dazu, solches zu können? und die Antwort ist immer dieselbe, eine dreifache: durch angeborne Anlage und deren Entwicklung; durch Wiederholung (der Versuche) und also Uebung; durch Erlernung und Nachahmung, d. i. durch Empfang von den Könnenden, aber verstehend-mitthätigen, sympathischen. Anlage und Lehre weisen, je in verschiedener Weise, auf eine unbegrenzte Kette der Verursachung zurück. Anlage wird ganz und gar von den Erzeugern und durch einen blos organischen Act überliefert und kann nur von ihnen überliefert werden; nur ihre Entwicklung ist die Thätigkeit und selber wesentlich organische des ausgestatteten Wesens (wofür denn andere Umstände günstig sein müssen, und auch sorgende Erziehung, als die mentale Fortsetzung oder Ergänzung der Generation, hülfreich ist). Lernen ist ganz und gar dessen eigene, und im Menschen wesentlich mentale Thätigkeit, kann jedoch durch die Kundigen, Alten, Erfahrenen (seien es Eltern oder Andere), mit eigener Mühe gefördert und durch ihre Theilnahme die Mühe jenes erleichtert werden.

§ 30.

Die mannigfache, sich theilende und besondernde menschliche Kunst, bezieht sich als bildende auch, und in weitester Ausdehnung, auf die Herstellung von Geräthen und Werkzeugen; so dass zuletzt jede Art, Unterart, Varietät, ihren eigenen Meister und Künstler erfordert. Sie sind dann mehr als blosse Gebrauchs-Gegenstände, weil etwas von der inneren Harmonie, Schönheit und Vollkommenheit des Gestaltung gebenden Organismus in ihrem Leibe und Wesen ist. Wenn es aber einen Punkt der Entwicklung gibt, in etwelchen Künsten, oder auch ganze Gattungen von Künsten, worin die Wirkung ihrer eigenen Werkzeuge, oder (was denselben Erfolg hat) die Methode der Arbeit, in dieser Weise die Oberhand gewinnt (oder auch von Natur das Hauptsächliche ist), dass nur sie zu begreifen und anzuwenden nöthig ist, so handelt es sich nur noch um mechanische oder quasi-mechanische Operationen, in dem Sinne, dass dabei der Verbrauch von

Energie, wenn auch durch ein menschliches Gehirn, von mittlerer Beschaffenheit, dirigirter oder verrichteter, die eigentliche und entscheidende Function ist, welche geschehen muss, um auf die gegebene Maschinerie eine bestimmte Energie mitzutheilen, vermöge deren sie fähig ist, gewisse Arbeit zu leisten, gewisse Werke hervorzubringen, so dass jenes Quantum menschlicher Arbeitskraft auch ohne Veränderung der Wirkung durch ein gleiches Quantum irgendwelcher anderen mechanischen Kraft ersetzt werden kann. — Diese Entwicklung vollzieht sich um so leichter, je mehr blos im Hinblick auf ihren Nutzen, ihre Verwendung und Aufzehrung eine Sache hervorgebracht wird; und hier gibt es eine Grenze, von welcher an jene allgemeinmenschliche, vernünftige Arbeit, auch ohne sich durch arbeitende Werkzeuge zu vermitteln, der allein nothwendige und natürliche Process ist. — Und jener Hergang — des Productivwerdens der Instrumente — ist nun freilich ganz und gar nur gleichnissweise zu verstehen, wenn Begriffe und Methoden die Werkzeuge sind, wie in geistiger Arbeit und besonders im wissenschaftlichen Denken; aber die Analogie ist leicht zu verstehen. Es ist nicht so sehr eine besondere Begabung, Zucht und Uebung mehr erfordert, um das Werk zu gestalten, als nur die durchschnittliche, abstracte Qualität des *animal rationale*; denn die Methode erleichtert Alles und thut die eigentliche Arbeit; nur ihr Gebrauch muss erlernt werden und um dessen willen ihr Wesen erkannt werden. Und hierfür wird die wahre mentale Production, die Thätigkeit des Gedächtnisses oder der Einbildungskraft, durchaus überflüssig, ja schädlich; Willkür muss eintreten, d. h. Absicht (Aufmerksamkeit) und logische Operationen, deren einfacher Ablauf sich zu jener mentalen Production verhält, wie die blos dirigirte Ausgabe menschlicher Muskelkraft zu der liebevollen, nach seinem Geschmack und seiner Sorgfalt vollbrachten Hand- und Geistesarbeit des Bildhauers oder Malers.

§ 31.

Wesenwille selbst ist künstlerischer Geist. Er bildet sich selber aus, mit neuem Inhalte sich erfüllend, und gestaltet denselben in neue Formen. So bildet er aber auch Vorstellungs- und Gedankencomplexe, Worte und Sätze, als Urtheile, Einfälle, Vorsätze, welches Alles aus der Phantasie hervorgehend, einem Ganzen der Empfindung entspriesst. Wo aber diese productive Thätigkeit gleichsam erstarrt zu blos logischem Denken, da tritt die abstracte, allgemeine gleiche geistige Arbeit an die Stelle aller besonderen, concreten, qualificirten; also schon ihrer Natur nach von dieser Art und auch ohne dass sie sich selber durch den Gebrauch von Werkzeugen erleichtert und reducirt hat. Vollends aber insofern als diese selber ganz und gar nach ihrem Zwecke, ihrem Nutzen, ihrer Bestimmung gerichtet werden, so werden sie mit Willkür und aus Willkür gemacht und werden, anstatt concret-menschlicher, abstract-menschliche Producte: so entsteht denn auch ein freies System der Willkür oder eine höhere gegenüber den niederen Willkürformen, indem diese nunmehr durch jene bestimmt und von ihr abhängig erscheinen. Und so sind es insbesondere die Begriffe, welche gleich Geräthen oder Werkzeugen gemacht werden und gleich Dingen der Aussenwelt von einer Hand in die andere gehen. Als Empfänger und Anwender derselben sind alle Menschen einander gleich. Denn begreifen und demnächst im Gedächtnisse behalten, wie etwas zu machen sei, kann Jeder, dem das Richtige bewiesen wird; Beweis wendet sich an die allgemeine menschliche Kraft der Vernunft (d. i. des logischen Denkens), welche den bewiesenen Satz, das Urtheil als ein richtiges, d. i. die darin behauptete Relation von Begriffen als wirklich-seiende »fassen« soll. Eine »Wahrheit« wird so objectiv gemacht für die Vernunft, wie ein Gegenstand für den Sinn. Und nicht anders ist es, wenn ein Mittel zu feststehendem Zwecke gewiesen und solcher »Rath« angenommen wird. Kein Schluss aber kann besser begründet sein als dieser: wer einen Zweck mit Entschiedenheit ins Auge gefasst und die Mittel zu seiner Erreichung deutlich erkannt hat, der wird auch diese Mittel ergreifen und anwenden, wenn sie in seiner Macht sind, oder sie zu erlangen versuchen, wenn sie es nicht sind. Mithin kann hier der Weg-Weiser und Lehrer von aussen her Alles leisten, und doch thut er nichts als dass er eine richtige Methode oder die Mittel und Wege zu einem Ziele wie ein wirkliches Ding hingibt oder zeigt; sie aufzufassen, zu ergreifen und zu benutzen ist des Adepten eigene Sache; es wird vorausgesetzt, dass er die allgemeine Fähigkeit dazu habe, denn dass sie sich ausbilde zu helfen, geht nicht den Demonstrirenden als solchen an. Dieser, als Lehrender oder Rathgeber, hat hier eine begrenzte Aufgabe und Geschäft, dessen er sich entledigen kann und seine Leistung dem Anderen mittheilen, damit dieser ihren Inhalt wie das Seinige benutze. Für die Wirkung der Erkenntniss und der erkannten begriffenen Methode, des angenommenen Rathes (welche der Beschluss und somit die That ist) bleibt es gleichgültig, ob sie selbstgeschaffen und erarbeitet oder als fertige empfangen und genommen wurde. Dass aber die nach ihr gerichtete, ihrer sich bedienende That, wirklich den gewünschten und vorgestellten Erfolg habe, hierdurch allein wird die Bewährung ihrer Wahrheit und Richtigkeit gegeben, denn sie ist so wahr und richtig, als sie tauglich, zweckmässig, brauchbar ist. — Sowie aber hier Erkenntniss zu derjenigen Zweck-Handlung sich verhält, welche Fassung des Beschlusses ist, so verhält sie sich überall, wo sie auf die möglichst zweckmässige oder richtige Bildung der Willensgeräthe als solcher sich bezieht. — Der Lehrer und Rathgeber verhält sich anders, wenn es nicht sowohl um Mittheilung von Wahrheiten, als um Erzeugung und Ausbildung der Fähigkeit zu bestimmten Leistungen, gerade insofern als diese eine mentale Kraft sein mag, sich handelt. Jener muss dann selber ein Meister oder doch ein Erfahrener und Geübter in dieser Kunst sein; oder wenn doch die Form der Mittheilung einer Lehre und Weisheit nothwendig ist, Glauben und Vertrauen finden oder erzeugen; an den guten Willen anstatt an die Vernunft sich wenden: Versuche und Bemühung mehr als Auffassung und Begreifen fordern.

§ 32.

Die Formen des Wesenwillens sind in stärkerer oder schwächerer Weise immer thätig und wirksam, weil sie

zum Leben gehören; in entschiedener Weise aber, als
Motive, treten sie auf, bei den Gelegenheiten, wo
der Inhalt, auf den sie sich beziehen, irgendwie in Frage
oder zur Wahl kömmt. Dieser Inhalt wird insbesondere
durch Normen oder Gesetze ausgemacht, welche vom Allgemeinen und Unbestimmten ins Besondere und Bestimmte
sich ausbilden können. Die Formen der Willkür werden
angewandt, indem sie verwirklicht werden. Dies geschieht,
indem das Subject sie denkend festhält und durch gemessen-
bestimmte Action gleichsam ihre Nachahmung und Uebertragung in die Wirklichkeit vollzieht. Ihre Arbeit und ihr Zweck
besteht aber darin, als Motiv dazu zu wirken, entweder
einmalig, dann hört ihr Werth oder ihre Brauchbarkeit auf,
nachdem die Sache gethan ist; oder regelmässig unter gewissen Umständen. Der Fortschritt ihres Inhaltes geht von
einzelnen, durch Addition und Collection, zu umfassenden
und gesammten Normen über. — Nur in dem Maasse, als
der Wille solchen seinen eigenen Normen und Gesetzen, d. i.
seinem natürlichen Gefallen, Sinn und Geschmack (für oder
wider etwas), seinen Gewohnheiten, seinen Ideen (deren
Verbindungen im Gedächtniss) und also im Grossen: seiner
Gesinnung, seinem Gemüthe, seinem Gewissen, diesen
inneren Gesetzen folgt und danach sich richtet, — oder
aber den äusseren Regeln, welche er durch seine Bestrebung, seine Berechnung, seine Bewusstheit sich vorgesetzt haben mag, gehorchet: nur in diesem Maasse ist
der Wille frei, seiner selbst mächtig. Denn jene sind
Determinationen der Freiheit, in welchen sie, als in ihren
nothwendigen Formen, selber erhalten bleibt (wenn auch die
Willkür-Formen zugleich ihre Verneinungen sind). Und so
verhält sich zur rohen und stofflichen Freiheit der Möglichkeit die gebildete und bestimmte Freiheit der Wirklichkeit. Denn Freiheit und Wille ist einerlei. Aber jedes
Wollen, wie jede Bewegung, ist nothwendig, insofern als es
in der Natur der Dinge enthalten ist; und frei, insofern
als ein einzelner Körper oder ein individualer Organismus-
Wille sein Subjekt ist. So ist die Bewegung des Wasser-
tropfens, der auf den Stein fallend seinen Weg abwärts zu
suchen scheint und ihn findet in der Linie des geringsten

Widerstandes oder des stärksten Zuges, eine freie und nothwendige zugleich: frei, indem seine jedesmalige Lage und Richtung durch seine eigene Kraft und sein Moment; nothwendig, indem sie durch andere, fremde Kräfte und Momente bestimmt ist. So sind auch die höchst geistigen und vernünftigen Bewegungen der Menschen, zum Theil aus ihrem eigenen Willen, aber zum Theile aus dem Druck der Umstände zu erklären; und insofern als er diesem unterliegt, ist der Wille unfrei oder gezwungen. Dass aber Nichts — weder ein Ding und seine Beschaffenheit, also auch keine Willens- oder Willkürform; noch eine Bewegung oder ein Willensact — in dem Sinne frei könne genannt werden, als ob es durch die Vollkommenheit seiner inneren und äusseren Bedingungen nicht in jedem Zeittheilchen auf vollkommene Weise bedingt und bestimmt wäre: dies wird hier als verstandene logisch-apriorische Wahrheit vorausgesetzt. Die wirkliche Freiheit des Willens besteht in seinem Dasein, welches ein Modus der unter dem psychischen Attribute verstandenen unendlichen, unbegreiflichen, unverursachten Substanz ist; aber nicht insofern es Modalität, sondern insofern als es selber substantiell ist. Ausserdem gibt es eine imaginäre Freiheit für das Denken des Menschen, insofern er seine Handlungen und Unterlassungen als Objecte denkt, zwischen denen als zu ergreifenden er wählen könne, oder insofern er seinen Willen selber macht und zusammensetzt, also in Wahrheit als Herr und freier Schöpfer dieser seiner Gedanken-Creatur gegenüberstehend gedacht wird.

DRITTER ABSCHNITT.

EMPIRISCHE BEDEUTUNG.

---

§ 33.

Wenn wir nun versuchen, durch diese Kategorieen die erkennbaren Eigenthümlichkeiten der Menschen zu begreifen, so ergeben sich, wie durch den ersten Anblick, etwan folgende Bemerkungen. Zuerst gewahren wir in grossen Zügen den psychologischen Gegensatz der Geschlechter. Es ist eine verbrauchte Wahrheit, um so mehr aber wichtig, als der Niederschlag einer allgemeinen Erfahrung: dass die Weiber durch ihr Gefühl zumeist sich leiten lassen, die Männer ihrem Verstande folgen. Die Männer sind klüger. Sie allein sind des Rechnens, des ruhigen (abstracten) Denkens, Ueberlegens, Combinirens, der Logik fähig; die Weiber bewegen sich in der Regel nur auf sehr mangelhafte Weise in diesen Bahnen. Also fehlt ihnen die wesentliche Voraussetzung der Willkür. Es ist nicht richtig, dass erst durch (abstractes) Denken und durch Willkür die Menschen zu eigentlicher Activität, zur Unabhängigkeit von der Natur und zu irgend welcher Herrschaft über dieselbe gelangen; richtig ist, dass die Activität Willkür nothwendig macht und entwickelt und dass sie mit Hülfe derselben ins Grenzenlose sich steigert.

Nun aber ist, nicht erst unter den Menschen, sondern
wenigstens auch bei den oberen Säugethieren und überall,
wo das weibliche Thier einen grossen Theil seiner Zeit und
Sorge der Brut widmen muss, eben dadurch das Leben
des Männlichen activer, weil ihm die Nahrungssorge an-
heimfällt und als Kampfarbeit vorzüglich jene, welche zu
Angriff und Raub nothwendig ist, ja um den Erwerb des
Weibchens selber er seine Rivalen zu tödten sich bemühen
muss. Als Jäger aber und als Räuber ist er in die Ferne
zu spähen und zu horchen angeregt: er übt diese activsten
und selbständigsten Sinnesorgane, schärft sie für die Wahrnehmung entfernter Dinge und macht ihren Gebrauch eben
dadurch willenshafter, d. i. mehr von dem eigenen Gesammtzustande und weniger von unmittelbar empfangenen Eindrücken abhängig (was die gewöhnliche und physiologische
Sprache eben als »willkürlich« bezeichnet). (Das Gesicht
aber ist in weit höherem Grade als das Gehör für solche
Verbesserung und Spannung geeignet.) So wird ein Mann
eher der activen und eigenen Perception und Apperception
fähig, welche den Stoff der Eindrücke wie mit Greiforganen
anfasst und zurechtmacht, die gegebenen Stücke und Zeichen
synthetisch zu ihrem Ganzen gestaltet. Und dies ist es,
diese w a c h e A u f m e r k s a m k e i t, wodurch — wie schon
gesagt worden — der Verstand oder das animalische Gedächtniss wächst und sich ausbildet: ein Organ, dessen
Anlage dann, durch jede Generation vollkommener, auch
auf das weibliche Geschlecht vererbt zu werden tendirt.
Wenn nun zwar die Thätigkeit desselben noch keineswegs
Denken ist, so ist sie doch eine Vorbereitung dazu, insofern
als eine intellectuale Thätigkeit, welche unabhängig von
den unmittelbaren Antrieben des Lebens (ohne Mitbewe-
gungen), und unabhängig von den gerade empfangenen
Eindrücken vollzogen werden kann (nämlich was Verstand
aus eigenen Vorräthen zu den empfangenen und wirksamen
Reizen hinzuthut, wodurch dann es wahr ist ὅτι νοῦς ὁρᾷ
ϰαὶ νοῦς ἀϰούει, τἄλλα ϰωφὰ ϰαὶ τυφλά: *mentem esse quae
videt, mentem quae audit, reliqua surda esse et caeca*). Denn
die mit solcher wachen Aufmerksamkeit geschehende Vergleichung von Daten, welche blos vermöge der mit Wort-

zeichen operirenden Erinnerung wahrnehmbar sind, ihre
Auflösung und Zusammensetzung, macht das eigentliche
(oder abstracte) Denken aus; und macht Willkür aus, wenn
die Daten wollbare Handlungen und deren, wahrscheinliche
oder gewisse, Wirkungen sind, und der Gedanke eines bestimmten Wollens gewählt (ergriffen) oder gebildet wird,
als reine Folge des Denkens an eine (davon total verschiedene) solche erwünschte Wirkung. Je mehr nun ein desgleichen Erfolg in der Zukunft verborgen liegt, desto mehr
gehört eine geistige Fernsicht, in die Zeit vorausgehend
anstatt in den Raum, dazu um anderes Gedachte daran
zu messen, danach zu richten. Und diese Fernsicht muss
der Mann schon üben, weil ihm die Führung und Leitung
wenigstens in allem nach aussen gehenden gemeinsamen
Wirken obliegt: als welche ihm zunächst als Stärkerem
und Kämpfer natürlich ist, auch als dem Beweglicheren,
Hurtigen, denn das Weib ist dagegen sesshaft und schwer-
fällig zu nennen. Aber ein Wanderer, und besonders der
vorausgehend Lenkende, bedarf der Fernsicht: Umsicht und
Vorsicht, in jedem Sinne, er muss endlich zu urtheilen
sich gewöhnen und lernen: entscheidend was, im Hinblick
auf gegebene Umstände, zu thun das Richtige sei. Aus
dem Vorgefühl nahenden Uebels entwickelt sich Vermuthung, aus Zeichen werden Argumente, Kenntniss gleicher
Gefahren bestimmt Pläne. Ebenso muss der Führer denken, wie er die Ordnung im Inneren seiner Gruppe, seines
Zuges, erhalten soll. Streit-Entscheidung fordert und züchtet
die Eigenschaften, welche den Richter auszeichnen: die
Wage ist das Symbol der Gerechtigkeit, als die objectiven,
wahren und wirklichen Verhältnisse von Thun und Leiden,
Haben und Schulden, Rechten und Pflichten ergebend.
Denn insonderheit auch, wofern es gilt, dass Jedem das
Seine zukomme, zu geniessen und zu ertragen, da ist Vergleichung von Grösse, Schwere, Nützlichkeit, Schönheit,
einzelner oder zu einzelnen gemachter Dinge, von erbeuteten
Thieren oder Menschen, von Grundstücken oder Geräthen,
nothwendig. Und aus allgemeiner Vergleichung gehen die
besonderen formalen Thätigkeiten: Messen, Wägen, Rechnung aller Art hervor; welche alle mit der Bestimmung

von Quantitäten und den Verhältnissen derselben zu einander zu thun haben. Hierauf kömmt aber auch das causale Denken, insofern als es ein vorhergehendes Ereigniss mit
einem nachfolgenden in Bezug auf ihren objectiven Inhalt
— wir sagen nunmehr: in Bezug auf die Menge ihrer
Energie — einander gleichsetzen wird. Und darauf beruhet
jedes wissenschaftliche Verfahren, wie solches, seinen Rudi-
menten nach, auch eingeschlossen liegt in allen praktischen
Betrieben und Künsten, wenn auch hier überall mehr unmittelbare Anschauung und Gefühl für das Richtige als
discursive Erkenntniss und Bewusstheit der Verhältnisse
und der Regeln erfordert wird. Aber man pflegt anzunehmen, dass diese immer das ursprünglich Gegebene sei,
jenes allmählich durch mit einander verwachsende Associationen daraus entstehe. Diese Theorie bleibt hier — wie
auch aus der früheren Erörterung sich ergibt — nur in
erheblich modificirter Geltung bestehen. Denn jene Erkenntniss ist schon etwas Anderes, wenn sie von einem
a priori bereiten Gemüth und aus sich selber gebildetem
Talent, gleichsam getrunken wird, etwas Anderes, wenn
ohne solche Voraussetzung äusserlich angeeignet, angefasst
und gebraucht. Von der ersten Art ist sie einer Leier
gleich, welche der Kundige spielt; von der anderen einem
Leierkasten, welchen der Beliebige drehend in Bewegung
setzt. Also ist es auch mit dem Wissen der Gerechtigkeit:
entweder es ist, schon nach seiner Natur, ein Zusammenleben damit durch innere Ueberzeugung und lebendigen
Glauben; oder sie ist ein todter Begriff und bleibt es: dessen
man sich bemächtigt hat, und ihn zur Anwendung bringen
mag. Das Eine ist des Edlen Sache; das Andere Sache
eines Jeden. Indessen hierüber ist Vieles gesagt zu werden
übrig.

§ 34.

In den Zusammenhang kehrt aber folgende Betrachtung zurück. Wenn dem Manne der Vorzug der Klugheit
zugeschrieben wird, so ist jedoch Klugheit keineswegs gleich
mit intellectueller Kraft überhaupt. Insofern als diese pro-
ductiv ist, synthetisch, so ist vielmehr der weibliche Geist

bedeutender darin. Denn wie in der männlichen Constitution das musculöse, so scheint in der weiblichen Constitution das nervöse System zu überwiegen. Ihrer passiveren, stetigen, in engem Kreise sich bewegenden Thätigkeit gemäss, sind sie im Allgemeinen empfänglicher und empfindlicher für die Eindrücke, welche ungesucht, unerwartet von aussen herankommen: lieber das nahe gegenwärtige fortwährende Gute geniessend, als nach entferntem zukünftigem seltenem Glücke strebend. Um so entschiedener, leidenschaftlicher reagirt ihr Wille auf angenehme und unangenehme Veränderungen seines Zustandes: daher denn Sinnlichkeit, als diese bejahenden und verneinenden Gefühle vermittelnd und also als Fähigkeit der Unterscheidung des Guten und Bösen, des Schönen und Hässlichen, sich in einer Weise ausbildet und verfeinert, die mit der Erkenntniss von Gegenständen und Vorgängen (der objectiven Erkenntniss) durchaus nicht zusammenfällt. Diese wird (schon als Wahrnehmung) vorzüglich durch angespannte Thätigkeit des Auges, demnächst des Ohres, unter Hülfe des Tastsinnes, gewonnen; jene gehört zunächst (ausser dem Gemeingefühl) den besonderen Organen des Geruchs und Geschmackes an und bedarf nur der passiven Apperception. Sie ist Sache des Weibes, mithin alles das u n m i t t e l b a r e Verhältniss zu den Dingen, welches den Wesenwillen bezeichnet. Und alle Thätigkeit, welche in unmittelbarer Weise, sei es ursprünglich, oder durch Gewohnheit und Gedächtniss, als Folge und als Artung des Lebens selber sich äussert; daher alle Ausdrücke, und Ausbrüche der Gesinnungen, der Gemüthsbewegungen, der Gedanken, welche das Gewissen eingibt: dies ist dem Weibe, als dem in jedem Bezuge natürlicheren Menschen, eigenthümliche Wahrhaftigkeit und Naivetät, Unmittelbarkeit und Leidenschaftlichkeit. Und hierin beruhet die Productivität des Geistes, der Phantasie, welche durch die Feinheit des wählenden Gefühles, des ›Geschmackes‹, zur künstlerischen Productivität wird. Wenn auch dieselbe, um grosse Werke leisten zu können, zumeist männlicher Kraft und Klugheit bedurft hat, sehr oft auch der (egoistischen) Motive, welche des Mannes Thatkraft anspornen und erhöhen; so pflegt doch das beste Theil, der Kern des G e n i e s, ein

mütterlich Erbe zu sein. Und der allgemeinste künstlerische
Geist im Volke, wie er in Schmuck, Gesang, Erzählung sich
äussert, wird durch Mädchensinn, Mutterlust, weibliches
Gedächtniss, Aberglauben und ahnendes Wesen getragen.
So bleibt auch der geniale Mensch in vielen Stücken eine
frauenhafte Natur: naiv und aufrichtig, weich, zartfühlend,
lebhaft, in Stimmungen und Launen leicht wechselnd, heiter
oder melancholisch; dazu träumerisch und schwärmend, ja
wie in einem beständigen Rausche dahinlebend, den Dingen
und den Menschen mit Glauben und Vertrauen sich ergebend; daher unabsichtlich, ja oft blind und thöricht, in
leichtem wie in schwerem Sinne. Hieraus folgt, dass ein
so Begeisterter, unter den eigentlichen Männern, denen des
trockenen, geschäftsmässigen Ernstes, unverständig, ja dumm,
oder albern, närrisch, wahnwitzig erscheinen kann: wie
unter Nüchternen der Trunkene. Und nicht viel anders
kömmt Solchen, wenn ihr Urtheil völlig unbefangen bleibt,
das Gebahren und Wesen eines echten Weibes vor: sie
verstehen es nicht, es ist ihnen absurd. — In Wahrheit ist
der geniale Mensch mit denjenigen ausgeprägten Eigenschaften angethan, welche bei allen redenden Geschöpfen
irgendwie angedeutet sich finden; er kömmt dem Typus
des vollkommenen Menschen, welchen wir hieraus als ein
Idealbild gestalten mögen, am nächsten. Denn Muskelkraft
und Muth zeichnet schon Thiere unter Thieren aus; Gehirn-
kraft und Genie ist der menschlichen Gattung, auch als
Möglichkeit, vorbehalten. Der geniale Mensch ist der
künstlerische Mensch; er ist die entwickelte Gestalt (die
»Blüthe«) des natürlichen (einfachen, wahren) Menschen.
Hingegen was über ihn hinausgeht, durch absichtliches und
bewusstes Thun und Treiben, ist der künstliche Mensch,
d. h. in welchem das Gegentheil des natürlichen erscheint:
als ob er aus sich selber einen anderen gemacht habe,
welchen vor sich her zu tragen ihm nützlich und gut dünkt.
Wenn das Weib dem natürlichen, der Mann dem künstlichen
Menschen, ein jedes seiner Idee nach, ähnlicher sieht, so
ist der Mann, in welchem Wesenwille vorherrscht, noch
vom weiblichen Geiste umfangen; durch Willkür macht er
sich davon ledig und steht erst in seiner blossen Mannheit

da; und das willkürliche Weib ist, in dieser Reihenfolge, das späteste Phänomen; als welches der freie männliche Geist sich wiederum gleich gemacht hat. — Uns Allen kömmt es wohl an, das Un-Bewusste des Weibes, die geheimnissvolle Tiefe seines Wesens und Gemüthes, die fromme Einfalt seiner Seele zu preisen: wir ahnen zuweilen, was wir verloren haben, wenn wir kalt und berechnend, flach und aufgeklärt geworden sind. Und doch bewähret sich auch hier, dass die Natur ihre Zerstörungen nur vollbringt, um die werdekräftigen Elemente zu neuem Leben gedeihen zu lassen. Denn so gewinnt der Mensch, durch reinste und höchste Erkenntniss, wo ihm Wissenschaft zur Philosophie wird, jene Freude der Anschauung und Liebe zurück, welche ihm durch alle Arten der Reflexion und des Strebens verdorben war. Aber diese Aussicht geht über die Grenzen der hier abgesteckten Betrachtung hinweg. — Wenn wir hingegen die bezeichneten Antinomieen mit Anlehnung an die früher geordneten Begriffe darstellen wollen, so ergibt sich, dass

das Temperament

des Weibes:　　　　des Mannes:

durch Gesinnung　　durch Bestrebung

der Charakter

des Weibes:　　　　des Mannes:

durch Gemüth　　　durch Berechnung

die Denkungsart

des Weibes:　　　　des Mannes:

durch Gewissen　　durch Bewusstheit

im Allgemeinen ihre Bestimmtheit und Prägung erhalten. — Was aber jene Gesammtausdrücke des Wesenwillens betrifft, welche ausserhalb dieser Gegensätze hingestellt worden sind, so können Leidenschaft und Muth in einem analogen Verhältnisse, wie Genie zur weiblichen und zur männlichen Natur gedacht werden: jedoch so, dass das Leidenschaftliche (το επιθυμητικον), als dem vegetativen Leben und der Reproductionskraft entsprechend, in jener, in dieser das Muthige

(το θυμωτικον) als zum animalischen Leben und zur Irritabilität gehörig, am stärksten vorhanden ist: Leidenschaft,
ihrem Begriffe nach passiver Wille, ist im Manne activer;
Muth, seinem Begriffe nach activer Wille, ist im Weibe
(als Geduld, Standhaftigkeit) mehr von passiver Art. Genie,
der geistige Wille (το νοητικον), hat an beiden Charakteren
einen gleichmässigen Antheil; im weiblichen Wesen beruhend, vollendet er sich im männlichen: er ist so viel
inneres, dunkles, passives, als äusseres, helles, actives Leben
und Denken.

§ 35.

Auf gleiche Weise aber wie Weibliches und Männ-
liches, in den meisten dieser Beziehungen, verhalten sich
Jugend und Alter. Das jugendliche Weib ist das eigentliche Weib; das alte Weib wird dem Manne ähnlicher. Und
der junge Mann hat noch des Weiblichen viel in seinem
Wesen; der gereifte, ältere Mann ist der wahre Mann. So
gehören denn Frauen und Kinder zusammen, als von
gleichem Geiste, und einander leicht verstehend. Kinder
sind naiv, harmlos, leben im Gegenwärtigen, durch die
Natur, das Haus, und durch den Willen der Liebenden und
Pflegenden, in ihrer Lebensweise und ihrem einfachen
Berufe bestimmt. Das Wachsthum oder die Auswickelung
der in ihnen schlummernden Anlagen — Neigungen und
Fähigkeiten — macht den eigentlichen Gehalt ihres Daseins
aus. Dadurch erscheinen sie als wahre unschuldige
Geschöpfe, d. i. als auch was sie Uebels thun aus einem
ihnen fremden, in ihnen mächtigen Geiste wirkend. Erst
durch das Denken und Wissen oder das Gelernt-Haben
des Richtigen und der Pflicht, also durch Gedächtniss und
Gewissen, wird der Mensch er selber und wird verantwortlich, d. h. weiss was er thut. Aber doch findet dies
erst seine vollkommene Erfüllung, wenn er mit kaltem
Blute, mit Vor-Bedacht gehandelt hat, zu seinem eigenen
Vortheile, ganz als ein Vernünftiger. Alsdann ist auch das
Gesetz und die Regel nicht mehr über und in ihm, sondern
unter und ausser ihm, er befolgt es nicht, weil und wann

er auf andere Weise besser zu seinem Ziele zu kommen meint; und er nimmt die Folgen seiner Uebertretung auf sich: als gewisse oder als wahrscheinliche. Er kann sich verrechnen; und er kann thöricht zu schelten sein, weil er eine Art von Uebeln der anderen, eine geringere Art von Gütern der besseren Art vorzieht, vielleicht kömmt er sich selber so vor, und bereut, wenn er sein Ziel erreicht hat. Aber, da er überlegte und sich entschied, konnte er (der Voraussetzung nach) nur mit seiner eigenen Denkkraft über die ihm bewussten und zu Gebote stehenden Data verfügen. Die denkende Beurtheilung derselben war seine eigentliche Thätigkeit: er konnte sie anders beurtheilen: nicht wenn er wollte, sondern wenn seine Erkenntniss grösser und weiter gewesen wäre, so hätte er es können. Die Berichtigung und Verbesserung der Einsicht bleibt daher das alleinige Wünschenswerthe: um ein klügeres und also dem Subjecte besseres Handeln zu bewirken. Durch das unbefangene, rechnende Denken wird der Mensch frei, nämlich von den Impulsen, Gefühlen, Leidenschaften, Vorurtheilen, welche ihn sonst zu beherrschen scheinen, frei. So nimmt denn, mit steigendem Alter, die Leidenschaft der Liebe und Freundschaft ab, auch Hass und Zorn und Feindschaft. Aber freilich: in weitem Umfange werden doch diese selbigen Empfindungen erst lebendig durch die Bedingungen vermehrter Jahre: wie die Geschlechtsliebe, und ihr Correlat, die Eifersucht. Ferner wird erst durch die Dauer der Zustände Gewohnheit und das bleibende, wachsende Gefühl ihres Werthes eine mächtige Potenz, welche Menschen an Menschen knüpft. Vollends gilt dasselbe, wenn die intellectuelle Entwicklung und Reife in Betracht genommen wird. Daher wird der Leidenschaftliche, sofern seine Leidenschaften Begierden sind und auf ihre Befriedigung und Stillung nothwendiger Weise ausgehen, leichter und mit minderer Rücksicht auf andere Motive, die in ihm noch schwach sind und ihn weniger hemmen, seine vorhandene Fähigkeit zu listigem, Pläne machendem Denken anwenden können; also der Junge eher als der Alte. Auch wird er leichter Gefahren für Leib und Leben auf sich nehmen, um seine Zwecke zu erreichen, da ihm der jugendliche Muth, der als solcher unbesonnen ist, zu Hülfe kömmt. Jedoch: die hauptsächliche Bedingung für ein reines willkürliches Verfahren bleibt immer die Unabhängigkeit des denkenden Gehirnes, und sein Reichthum, wodurch es über eine Fülle gesammelter Erfahrung, hieraus gebildeter und von aussen angeeigneter Wissenschaft verfügt, klug geworden, seinen d. i. seines Leibes und Lebens Nutzen erkannt hat. Und dies ist der Zug, welcher dem Alten eigenthümlich ist, zumal wenn seine Angelegenheiten und Gedanken alle auf bestimmte, einfache Ziele, welche durch Klugheit erreichbar scheinen, sich concentriren: wie ganz besonders die Vermehrung der Habe oder Erhöhung der Geltung, des Einflusses, der Ehre solche natürliche Ziele sind, als Dinge und Freuden, die unter allen Umständen und allen Menschen willkommen sind, aber ihren ausschliesslichen Werth und Reiz erst gewinnen, wenn sie 1) schon genossen worden sind, also bekannt sind, und 2) nachdem andere, minder besonnene und vernünftige Liebhabereien, die dem jüngeren Menschen »in den Gliedern sitzen«, alle jene Erscheinungsformen der ursprünglichen, übersprudelnden Irritabilität und Lust zu leben, zu kämpfen, zu spielen (wie man sagt) ausgetobt haben, stille geworden sind. So ist das bedeutende Wort zu verstehen, welches, auch sonst dieser Betrachtung vielfach hingegeben, GOETHE als ein Motto erwählte, dass »was man in der Jugend sich wünscht, hat man im Alter die Fülle«, nämlich (so wird diese Idee sich erläutern) die Mittel und Methoden des Glückes; hingegen der wirkliche Genuss desselben und seine innere Bedingung ist die Jugend selber und was ihr angehört, durch keine Künste wiedergewinnbar.

§ 36.

Während nun der Gegensatz der Geschlechter ein beharrender und starrer ist, ebendarum auch nur in seltenen Fällen vollkommen ausgeprägt gefunden wird: so ist der Gegensatz der Lebensalter wohl entschiedener, aber zugleich ganz und gar fliessend und kann nur in Entwicklung beobachtet werden. Und während jener im vegetativen Leben

wurzelt, dessen Einfluss so viel mächtiger sich erhält im
Weibe, so bezieht sich dieser hauptsächlich auf das animalische Leben, welches zwar auch, insofern es im Manne
bedeutender ist, der Betrachtung auffallend war, aber ganz
besonders, als überwiegend, die absteigende Hälfte eines
normalen Lebenslaufs der aufsteigenden gegenüber auszeichnet; mithin eines männlichen Lebenslaufs um so mehr.
Also ist dort die Antinomie von Gesinnung und Bestrebung,
hier von Gemüth und Berechnung vorwaltend. Der dritte
Gegensatz, welcher hier der Erörterung vorliegt, bewegt
sich vorzüglich im mentalen Gebiete; er betrifft die
Denkungsart, das Wissen. Es ist der Gegensatz zwischen
den Menschen des Volkes und den Gebildeten. Er ist
ein starrer, gleich dem ersten, indem er ganze Classen
unterscheidet, und doch ein fliessender, insofern als dieselben nur künstlich bestimmt werden können und fortwährend Uebergänge aus der einen in die andere stattfinden, zahlreiche Zwischenstufen immer angetroffen werden.
Seine Gültigkeit ist auch dem oberflächlichen Beobachter
erkennbar und wird doch schwer in ihrem begrifflichen
und wahren Sinne verstanden. Doch müssen wir sagen:
nur im Volke ist das Gewissen wirklich lebendig. Es
ist ein gemeinsames Gut und Organ, das doch von dem
Einzelnen auf besondere Weise besessen wird. Von dem
allgemeinen Willen und Geiste, der überlieferten Denkungsart abhängig, wird es als Anlage dem Geborenen vererbt,
es wächst mit dem gesammten Denken und als wesentlicher
Inhalt des Gedächtnisses in Bezug auf die eigenen Instincte
und Gewohnheiten, daher als Bestätigung und Heiligung
der empfundenen und wachsenden Liebe zu den Nächsten,
als Gefühl für das eigene und Geschmack in Bezug auf
das fremde Gute und Böse: dort das Natürliche, Gewöhnliche, Gebilligte; hier das Widernatürliche, Sonderbare,
Getadelte; daher im Ganzen, im Kreise der Menschen, auf
welche sich ursprünglich allein seine Wirkungen erstrecken,
Freundlichkeit und Artigkeit als Gutes, Widerstreben,
Zornigkeit, Muthwille als das Böse, insbesondere aber
gegenüber den Aelteren, Stärkeren, Gebietenden, der Gehorsam und die vollkommene Ergebung in ihren Willen,

und hingegen Ungehorsam, Eigenwille, Täuschung. Alles solches Gefühl wird sodann vermehrt und gefördert durch Beispiel und Lehre, durch Erweckung von Furcht und Hoffnung, Erziehung zu Ehrfurcht, Vertrauen und Glauben. So auch erweitert und verfeinert in Anwendung auf höhere, allgemeinere Autoritäten und Mächte, die Würdenträger und Edlen in der Gemeinde und die Gebote des Herkommens, welche sie vertreten; endlich und zumal den unsichtbaren, heiligen Göttern und Dämonen geweiht. Nun aber kann dieser fromme Wille des Gemüthes schon im Kinde sowohl verkümmern als sich entwickeln, sowohl zurückgebildet als ausgebildet werden, wenn alle die mannigfachen günstigen Bedingungen ihm versagt werden, und zumal bei schwacher oder fehlerhafter Anlage. Und um so mehr, je geringer es geworden ist, desto leichter wird es den ihm feindlichen Kräften im Kampfe des Lebens erliegen, und so wird es von dem Willkürlichen als Hemniss aus dem Wege geräumt, indem er es als einen Complex von Vorurtheilen zu erkennen und in seine Elemente aufzulösen beflissen ist. Aber erst der Gebildete, Wissende, Aufgeklärte, — in welchem es, sofern er ein Edler, Erzogener, Denkender ist, auch zu seiner höchsten Entfaltung, seiner zartesten Blüthe gelangt — kann es auch vollkommen und auf radicale Weise in sich vernichten, indem er von dem Glauben seiner Väter und seines Volkes, aus Einsicht in dessen Gründe, sich lossagt und besser begründete, wissenschaftliche Meinungen über das, was für ihn und etwa auch für jeden so Vernünftigen erlaubt und richtig oder verboten und falsch sei, an die Stelle zu setzen versuchen kann; entschlossen wie er ist, berechtigt wie er sich hält, nicht nach blinden und dummen Gefühlen, sondern allein nach deutlich begriffenen Gründen seine Handlungen einzurichten. Und solche willkürliche, eigene Lebensansicht ist dasjenige, was hier als Bewusstheit verstanden wird. Bewusstheit ist die willkürliche Freiheit in ihrem höchsten Ausdrucke und wird, wenn missfallend, »Frechheit« geheissen.

§ 37.

Das Gewissen dagegen erscheint am einfachsten und tiefsten als S c h a m : ein Widerwille, gewisse Dinge zu thun oder zu sagen, ein Unwille über sich selber, ja möglicher Weise auch über Andere, deren Gebahren man wie das Seinige empfindet, nach geschehenem Argen. Als Widerwille oder Scheu ist sie der Furcht, als Unwille oder Entrüstung dem Zornesmuth verwandt, und ist immer eine Mischung aus beiden Affecten, ob vorher oder nachher auftretend. Scham ist zuvörderst Einhüllung, Verbergung, Verheimlichung; Scheu vor dem Nackten, Offenbaren, Bekannten; daher in sonderlichem Bezuge auf das geschlechtige, eheliche, häusliche Leben, Weibern und zumal Jungfrauen, Kindern und auch Jünglingen vorzüglich eigen, und als ihre Zier geachtet; eben darum weil, und insofern als es ihnen gewohnt ist und zukömmt, in engem Kreise und in abhängigem, ehrfürchtigem, bescheidenem Verhältnisse zu leben, gegen Gatten oder Mutter oder Vater oder Lehrer. Wer ein Herr ist, wer auf die Strasse und den Markt, ins öffentliche Leben und die Welt hinaustritt, muss diese Scham in einigem Maasse überwinden oder doch sie verwandeln in eine neue Gestalt. Stets ist sie eine Kraft des Wesenwillens, welche zurückhält, verwehrt, wozu andere Antriebe drängen möchten, und zwar als anerkannte Herrin, als unbedingter Weise gültige Auctorität, welche immer Recht hat, immer Recht behält. Man darf nicht Allen zeigen und sagen und thun, was Einigen zu offenbaren gehörig ist; noch von Allen erdulden, was von Einigen man sich gern gefallen lässt, als Gewohnheit liebt, ja als Gebührendes verlangt. Scham erstreckt sich von dem natürlich Ekelhaften, insgemein Missfallenden auf das Verbotene schlechthin: was als über die Grenzen der eigenen Freiheit, eigenen Rechts hinausgehend, als Uebertretung und Unrecht wirklich empfunden, gedacht und gewusst ist; daher alles unbescheidene, unmässige, schrankenlose Thun und Reden. In dieser Beziehung also ist es nicht f r e m d e r Wille, der auf An- und Eingriff in s e i n Gebiet verneinend zurückwirkt; auch nicht a l l e i n irgend ein gemeinschaftlicher Wille, welcher Jedem das Seine zuweist und was Keinem frei steht, schon darum nicht geben und erlauben kann, weil er es nicht h a t; der aber a l l e n Uebertretungen wehrt, insofern als sie w i d e r seine Bestimmungen sind; sondern es ist wenigstens z u g l e i c h eine Gestaltung des e i g e n e n Wesenwillens, welche mit dem gemeinschaftlichen Willen übereinstimmt, g e g e n eine Gestaltung desselben Wesenwillens, oder gegen die Willkür, welche in eine a n d e r e Richtung strebt. Scham ist hier entweder die mit Schmerz e m p f u n d e n e eigene Missbilligung und die der Genossen oder die Furcht davor, gleich jeder Furcht ein vorausgefühlter Schmerz. Als Schmerz aber ist sie eine Verminderung der eigenen Kraft, ist empfundene Ohnmacht, Geringheit: darum wer der Schande theilhaftig wird, findet sich als Erniedrigten, Verletzten, Besudelten; die Heilheit und Schönheit seines geistigen Leibes, seiner E h r e, ist nicht mehr unversehrt: denn diese wird als Realität empfunden und gedacht, da sie der Wesenwille selber ist, insofern als derselbe Antheil hat an dem Guten, welches in einer Gemeinschaft geglaubt wird, als er mithin g u t i s t, und durch sein Sein auch gut erscheinen muss. Folglich: wer das Schändliche thut, thut es sich selber zuwider. Dies ist die ursprüngliche und auch die ausgebildete Idee der Moralität, bis etwa der Mensch als Individuum und als blosses Subject seiner Willkür vorgestellt wird. Solcher natürlicher Grund kann auch so bezeichnet werden: Niemand m a g in üblem Geruche stehen, er i s t dadurch sich selber ekelhaft und ein Schlechterer; ja, die sinnliche Bedeutung dieses Wortes enthüllt den Kern derjenigen Verrichtungen, auf welche das Schamgefühl ursprünglicher Weise sich bezogen hat und noch bezieht. Die Umkehrung, in welcher moralische Begriffe conventionell werden und erstarren, sagt: im gesellschaftlichen Leben, welches dir nützlich, ja für deine Zwecke nothwendig ist, musst du deine Freiheit aus Rücksicht auf die Freiheiten der Anderen einschränken, insonderheit aber, um dein Gebiet zu bewahren und etwan auch zu erweitern, in ihrer Achtung und Furcht, als den Meinungen von deiner Stärke, dich erhalten, darum a u c h moralisch gut und edel, ehrlich und gerecht scheinen, w e n n e i n m a l und so lange als auf den S c h e i n

dieser Qualitäten Werth gelegt wird; es kann aber nur
auf den Schein der Werth gelegt werden, wenn jedes Mitwesen an sich selber denkt und um ihrer übrigen Wirkungen willen, theils im Allgemeinen, theils für sich,
solche Qualitäten schätzt; wo denn, da dieselben Wirkungen ganz verschiedenen Motiven (aus Wesenwillen oder
aus Willkür) entspringen können, die wirklichen Ursachen
gleichgültig sind, und nur zunächst die gewöhnlichen und
gewohnheitsmässig beliebten vorausgesetzt werden. Denn
allerdings: wenn nur auf dem Markte ein Jeder nach der
Maxime handeln will, dass Ehrlichkeit die beste Politik
sei, so kann es wohl gleichgültig sein, ob er ehrliche Gesinnungen hege, und wenn nur im Salon einer auf
artige, demüthige, verbindliche Weise sich benimmt, so
genügt das, und nur Unerfahrene weigern sich, solches
Papiergeld anzunehmen, obgleich es wirklich durch Convention den gleichen Werth mit barer Münze erhalten hat.

§ 38.

Und wie die Gesetze des Marktverkehrs nur äussere
Schranken einer von Natur grenzenlosen Bestrebung er-
richten, also der Salon einer durch und durch schamlosen
Sucht, sich geltend zu machen, über ein gewisses Maas
hinauszugehen verwehrt. Solche Beschaffenheit der gegebenen Regeln muss um so mehr offenbar werden, je mehr
solche gesellschaftliche Cirkel nach ihren immanenten Principien sich entwickeln, mithin von ihren gemeinschaftlichen
Ursprüngen sich entfernen. Das willkürliche Subject, welches alsdann in beiden zum Vorschein kommt, hat in der
That gar keine Qualitäten, sondern nur eine mehr oder
minder grosse Wissenschaft in Betreff seiner Zwecke und
ihrer richtigen Verfolgung. Kenntniss von Objecten ist die
nothwendige Bedingung des Strebens danach, und Kenntniss
der verfügbaren oder erreichbaren Mittel Voraussetzung für
ihre Benutzung. Daher bedeutet Erweiterung der Kenntniss
Vermehrung und Vermannigfachung der Begierden, und je
klarer und sicherer das Wissen, dass ein gegebenes Mittel
zum Ziele führen werde, desto leichter wird das Wider-

streben, die Scrupulosität, sofern noch dergleichen übrig ist, überwunden. Die Scham ist Thorheit für denjenigen, der da weiss, was er thut, der also seine Handlungen abwägt und ihren Werth misst an ihrem Erfolge, dem gewissen oder wahrscheinlichen; wenn er also erwartet, dem Tadel der Anderen zu begegnen, so wird er untersuchen, ein wie grosses Uebel dieses für ihn sei und ob nicht 1) der Schmerz, 2) der Schade, d. i. der bewirkte zukünftige Schmerz, durch die zugleich sich ergebenden Vortheile mehr als aufgewogen werden. Es gibt kein absolutes Uebel, ausser dem Abstractum: Schmerz, und kein absolutes Gut, ausser dem Abstractum: Lust. Scham aber ist trotzig und setzt absolutes Verbot, absolute Missbilligung gewissen Neigungen entgegen. Und so ist zu verstehen, wie dieselbe dem Gebildeten, Bewussten unangemessen sei. Wenn man nun aber der Thatsache sich erinnert, dass die Scham ihre tiefste Kraft gewinnt als Scham der Sünde und Sündhaftigkeit, und dass überhaupt Gewissen seinen gedankenhaften Ausdruck und seine Stütze findet im religiösen Glauben; so wird erst deutlich, wie der jetzt bezeichnete Gegensatz hauptsächlich auf die Denkungsart sich erstreckt und scheinbar eine blos theoretische Bedeutung gewinnt; wie denn allerdings aus dem Unglauben des Individuums seine Gewissenlosigkeit nicht folgt. Aber die Zerstörung des Glaubens als des objectiven Gewissens macht das subjective Gewissen zu einem schwachen Widerstande. Ueber die Wurzeln kann man noch stolpern, wenn man den Baum niedergeschlagen hat; aber man wird nicht mehr mit dem Schädel dawiderrennen. Nun ist der Glaube ebenso sehr volksthümlich, als der Unglaube wissenschaftlich und gebildet ist. Wenn daher ein Dichter und Seher als das eigentliche Thema der Welthistorie den Kampf zwischen Glauben und Unglauben bezeichnet hat, so hätte er denselben erläutern mögen als einen Kampf zwischen dem Volke und den Gebildeten. Und dieselbe Bedeutung hat auch der Gegensatz des weiblichen und männlichen Geschlechtes. Denn die Weiber sind gläubig, die Männer ungläubig. Ja, wir werden ihn auch in den Lebensaltern wiederfinden. Ist doch Frömmigkeit kindlich und bleibt auch dem anschaulichen, poetischen Natursinne des Jünglings durchaus innewohnend; dagegen wird ein höheres Mannesalter zu selbständigem Zweifel, zu wissenschaftlichem Denken tüchtiger und geneigt; wenn auch der beschauliche philosophirende Greis zuweilen in die Heiterkeit und das hingebende Vertrauen der Kindheit zurückkehrt, wo er sein Herz in Enkeln erneuert findet. Und wie der Greis für die Jugend, so sind in einem organischen Zusammenleben Männer für Weiber, also die Wissenden und Weisen für das Volk, so lange sie ihm nicht als Fremde gegenüberstehen, ehrwürdig und bedeutend. Des Greises ist die Weisheit in Bezug auf die Jugend, des Mannes in Bezug auf das Weib, und die volksthümlichen Lehrer und Gelehrten wandeln als alte und gescheute Leute zwischen bäuerlicher Einfalt und Frömmigkeit. So sind denn alle diese Antithesen nur als mögliche Gegensätze zu verstehen, welche das Leben ausgleicht, aber das Sterben entwickelt.

§ 39.

Aus allem diesem gehet hervor, wie der Wesenwille zu Gemeinschaft prädisponirt, die Willkür Gesellschaft hervorbringt. Und folglich ist auch die Sphäre des gemeinschaftlichen Lebens und Arbeitens den Frauen vorzüglich angemessen, ja nothwendig. Ihnen ist das Haus und nicht der Markt, das eigene oder Freundes Gemach, und nicht der Salon, die natürliche Stätte. Im Dorfe ist die Haushaltung selbständig und stark, auch in der Stadt bleibt sie als bürgerliche Haushaltung erhalten und bildet sich zur Schönheit aus; aber in der Grosstadt wird sie steril, eng, nichtig, und geht unter in den Begriff einer blossen Wohnstätte, dergleichen überall, für beliebige Fristen, um Geld zu haben ist; nicht anders als eine Herberge auf Reisen, in der Welt. Und alles Heimathliche ist so weiblich als das Reisen unweiblich. »Ein ungewanderter Geselle ist so gut als eine gewanderte Jungfrau« ging einst die Handwerkerrede. »Es ist kein ûsgên als guot, ein innebliben wêr denn besser«, dieser Spruch des

Mystikers ist ein recht frauenhafter Gedanke. Alle ihre
Thätigkeit ist mehr ein Schaffen nach innen als ein
Wirken nach aussen. Dessen Zweck ist an ihm selber,
und nicht an seinem Ende. Darum scheinen die persönlichen Dienste so sehr des Weibes Bestimmung zu sein,
als welche sich in ihrem Dasein vollenden und nicht einmal eine Sache als ihr Ergebniss haben können. So
stehen auch viele Arbeiten des Ackerbaues dem Weib
wohl an, und sind von je, in gesundesten Volkszuständen,
wenn auch oft im Uebermaasse, ihmzugefallen; denn Ackerbau ist Arbeit schlechthin, ihrer selbst vergessene Mühe,
durch des Himmels Hauch angeregter Kraft; kann als eine
Dienstleistung an die Natur verstanden werden; dem Haus-
halte unmittelbar nahe und an Segen für ihn fruchtbar.
Ferner aber sind unter den Künsten die redenden weib-
licher als die bildenden; man sollte sagen: die tönenden.
Denn Musik, Gesang vor Allem, ist des Weibes Gabe; seine
hohe helle, weiche und geschmeidige Stimme ist Organ der
Vertheidigung und des Angriffs. Schreien und Kreischen,
Jubeln und Wehklagen, wie alles klangreiche, endlich in
Worten sich ergiessende Lachen und Weinen, bricht ihm
wie aus Felsen das Quellwasser aus der Seele. Und das
ist Musik, der laute, wie Mimik der stumme Ausdruck der
Gemüthsbewegung. Alle Musen sind Weiber und Gedächtniss ist ihre Mutter. Zwischen Musik und Mimik
mitten inne steht der Tanz, jene so zwecklosen, so leiden-
schaftlichen und so anmuthigen Bewegungen, in welchen
auch die Tochter einer weichlichen Bildung Kräfte entwickelt,
deren planmässige Anstrengung ihr Todesmüdheit zu bringen
gewiss wäre. Aber wie leicht lernen sie auch alles Unsinnig-
Liebliche, Sinnreich-Wunderbare. Daher ihre Behaltsamkeit
für Formen, Riten, für alte Weisen und Sprüchwörter, für
Räthsel und Zauber, für tragische und komische Geschichten;
ihr Hang zur Nachahmung, ihre Lust an gefälliger Verstellung und zu allem Spielerischen, Reizenden, Einfältigen;
aber auch die Neigung und Stimmung zu tiefstem schwer-
müthigem Ernste, zu frommem Schauder und zum Gebet,
zur ahnungsvollen Geberde, und, wie früher gesagt ward,
zum Träumen, Sinnen und Dichten. Gesang und Dichtung
sind in Ursprüngen Eins; aber auch Gesang und Rede

werden erst allmählich unterschieden und jedes besonders ausgebildet, und doch behält das eigentlich R e d n e r i s c h e immer von den Intervallen und Cadenzen des Singens Vieles übrig. (Dass aber die Sprache schlechthin, das natürliche Verständniss des I n h a l t e s von Worten durch Mutterliebe sei erfunden worden, haben wir schon zu vermuthen wagen dürfen. Am mächtigsten g e f ö r d e r t, würde wohl richtiger sein zu sagen; denn auch die Geschlechtsliebe hat einen heftigen Antheil daran, schon von der Thierwelt her [man erinnere sich des D a r w i n'schen Werkes], ja an dem Musikalischen und eigentlich Pathetischen von Gesang und Rede einen grösseren. Und eine wie viel schwerere, heiligere Angelegenheit ist für die Frau solche Liebe als dem strebenden Jüngling. Auch die Schwesterliebe ist mittheilsam, redselig, phantastisch. Und so ist überhaupt das Weib als gesprächig oder geschwätzig von je berufen; wenn auch viele sinnige es gibt, die im Denken geschwinder sind und Schweigen für ihre Zier halten.) Unter den bildenden Künsten — welchem Ausdruck eine weite Bedeutung gelassen werde — sind die t e x t i l e n, wie bekannt, schon durch ihre häusliche Bestimmung dem weiblichen Sinne am nächsten; eine Art der Arbeit, bei welcher das nahe Gesicht, die emsige Sorgfalt, die genaue Wiederholung eines Musters, treue geduldige Anhänglichkeit an überlieferten Stil, aber auch die Freiheit in Erfindung und Darstellung zierlicher Formen, bedeutungsloser Schnörkel, und die ganze Intensität eines auf das Warme, Zarte, Behagliche gerichteten Geschmackes, lauter Tugenden und Freuden der Frauenseele sind. So ist ihr auch die A b b i l d u n g des Wirklichen, Gefallenden, Bewunderten, zumal diejenige leibhaftig-lieber und schöner Gestalten, und zur Bewahrung des A n d e n k e n s für die A n s c h a u u n g ein rechtes Liebewerk, wie denn die überaus feine hellenische Legende von der Erfindung des Portraitmalens bekannt ist. Denn freilich findet mit der schattenhaften Projection von Formen in die Ebene — wovon auch die Schreibekunst abstammt — das weibliche Genie seine Schranken, da Plastik wie Tektonik eine massivere, bewusstere Phantasie und eine stärkere Herrschaft über die Widerstände der Stoffe erfordern.

§ 40.

Solches alles ist Mannes Werk, welchem der Stoff fremd, wenn nicht feindlich ist, den er umwandeln, wenn nicht bezwingen muss. Und doch ist alle Arbeit dem Wesenwillen angehörig, so lange sie nicht mit lauter Widerwillen geschieht und dennoch um des Zweckes willen durch Denken gewollt wird. So ist alle Arbeit ihrer Natur nach gemeinschaftlich, aber andere mehr, andere weniger, taugt dazu, als blosses Mittel begriffen zu werden; mehr weil sie mit Bitterkeit gemengt ist, daher alle männliche und harte cher als weibliche und weiche. Die Momente dieser Dialektik sind mithin theils im Objecte, theils im menschlichen Geiste enthalten. Aber alle Kunst entfällt ihrer Natur nach, gleich den ländlichen und häuslichen Betrieben, in das Gebiet der warmen, weichen und feuchten, das ist organisch-lebendigen und eben dadurch auch weiblich-natürlichen Arbeit und ist folglich gemeinschaftlich. Wiederum bildet Gemeinschaft, so lange als sie dessen kräftig ist, auch widrige Arbeit sich gemäss zu einer Art von Kunst, indem sie ihr Stil, Würde und Anmuth verleiht und einen Rang in ihrer Gliederung, als Beruf und Ehre. Aber durch die Belohnung mit Geld, ebenso wie durch Feilhaltung fertiger Sachen, vollends durch die Arbeit auf Vorrath, tendirt dieser Process fortwährend, in sein Gegentheil umzuschlagen; das Individuum zu seinem alleinigen Subjecte zu machen, neben dem Gedankendinge, das mit ihm gesetzt ist, der Gesellschaft. Seiner ganzen Beschaffenheit nach und mit voller Bewusstheit ist solches Subject, wie früher betrachtet wurde, der Händler oder Kaufmann. Die Opposition und gegenseitige Negation von Mitteln und Zweck ist um so deutlicher, weil die Mittel n i c h t Arbeit sind, wenn auch unerquickliche, dürre, trockene Thätigkeit. Sondern, was viel ärger, eine freiwillige Verminderung, wenn auch nur als möglich gedachte, seines Vermögens, ein Risico, das eben so sehr seiner Natur nach unlustig, als der Profit seiner Natur nach lustig ist. (So begibt auch der Krieger sich in Gefahr: er setzt sein Leben auf's Spiel; einen Lorbeerzweig kann er gewinnen. Ein verrückter Speculant, in der That.) Wir verstehen hieraus, wie sehr der Handel

dem w e i b l i c h e n Gemüthe zuwider sein muss. Die Handels-
frau, eine schon im frühen Städteleben nicht seltene Er-
scheinung, tritt auch dem Rechte nach aus ihrer natürlichen
Sphäre heraus, sie ist die erste mündige oder emancipirte
Frau. Der Handel ist, in seiner empirisch gewöhnlichen
Erscheinung, auch dem Gewissen entgegen, und vorzüglich
jener höchst weiblichen Empfindung der Scham. Denn
Handel ist dreist und frech. Und er ist lügenhaft. Das
Lob, welches der Händler seiner Waare gibt, ist in der
Regel Lüge, und doch der Wahrheit gleich zu wirken berechnet. Alle Worte sind hier willkürlich und zweckmässig,
darum auch durch und durch prosaisch und kalt. Auch
das wahre Wort kommt darin der bewussten Lüge gleich.
Diejenige Lüge ist innerhalb des Handels nicht verpönt,
weil kein Betrug, welche blos bestimmt ist, die Kauflust zu
erregen und nicht, die Waare über ihrem Werthe zu verkaufen. Aber Alles, was an berechneten Worten im Systeme
des Handels nothwendig, ist, wenn nicht eigentliche Lüge,
so doch seinem Wesen nach Unwahrheit, weil das Wort
seine Qualitäten eingebüsst hat und (gleich allen möglichen
Sachen) zu einer blossen Quantität angewandter Mittel erniedrigt wird. In diesem Verstande gilt darum: dass d i e
L ü g e G r u n d l a g e d e r G e s e l l s c h a f t ist. — Gleichwie
zum Handel aber, so steht das Weib zu aller unfrei-freien
Arbeit und Dienstleistung, welche seinem Gefallen und
seiner Gewohnheit ungemäss ist und doch seinem Pflichtgefühl nicht entspringt; daher die käufliche und verkaufte
Arbeit, welche auch an ihrem Producte keine Frucht hat
und Dienstleistung nicht an Menschen oder an die Natur
ist, sondern an todte Geräthe von unheimlich-überwäl-
tigender Macht: die Fabrikarbeit. Und gerade für diese
Bedienung von Maschinen muss den Käufern und Subjecten
der kapitalistischen Production die weibliche Arbeitskraft
vorzüglich geeignet erscheinen, da sie dem Begriffe der einfachen und mittleren (durchschnittlichen) menschlichen
Arbeit am nächsten entspricht, zwischen der Gewandtheit,
Bildsamkeit von Kinderarbeit und der Kraft und Sicherheit
von Mannesarbeit in der Mitte stehend. Denn diese gemeine Fabrikarbeit ist l e i c h t: darum von Kindern manche

thubar, als mechanische, gleichartig wiederholte, geringe Mus-
kelenergie jedesmal erfordernde Application, und schwer,
darum oft auch Männer heischend, als Handhabung kyklo-
pischer Werkzeuge mit Aufmerksamkeit, Anstrengung, Ruhe.
Alles was von Kindern nicht geleistet werden kann und
doch von Männern nicht geleistet zu werden braucht, fällt
den Frauen anheim. Wo aber die Umstände gleich sind,
haben sie vor Kindern den Vorzug der Zuverlässigkeit, vor
Männern (aus bekannten Gründen) den Vorzug der Billigkeit, und damit durch den Arbeitslohn die durchschnittliche
Familien - Erhaltung ausgedrückt werde, müssen sie und
nicht minder die anfügbaren Kinderkräfte auf dem Arbeitsmarkte in Concurrenz mit ihren »Ernährern«, den anfänglichen Repräsentanten menschlicher Arbeitskraft, eintreten
(da die Familie aus dem commerciellen Gesichtspunkte
nichts als eine cooperative Societät zum Behuf der Consumtion von Lebensmitteln und der Reproduction von
Arbeitskraft ist). Nun ist ferner offenbar, dass zuerst der
Handel, dann aber nicht eben die industrielle Arbeit, wohl
aber jene Freiheit und Selbständigkeit, mit welcher die
Arbeiterin als Urheberin ihrer Contracte, Inhaberin von
Geld u. s. w. in den Ringkampf um die Lebensfristung
hineingestellt wird, eine Entwicklung ihrer Bewusstheit
fordern und fördern, in welcher sie des rechnenden Denkens mächtig werden muss. Das Weib wird aufgeklärt,
wird herzenskalt, bewusst. Nichts ist ihrer ursprünglichen,
trotz aller erworbenen Modificationen immer wieder angeborenen Natur fremdartiger, ja schauderhafter. Nichts
ist vielleicht für den gesellschaftlichen Bildungs- und den
Auflösungsprocess des gemeinschaftlichen Lebens charakte-
ristischer und bedeutender. Möget Ihr wehklagen oder
frohlocken über Widernatürlichkeit oder Schönheit dieses
ungeheuren Fortschrittes! Aber wähnet nicht, dass von dem
Verhalten Eurer Empfindung dazu, von Euren Meinungen
und Eurem Geschrei, die Bewegungen desselben abhängen.
Sie sind die einfache und nothwendige Consequenz von
Thatsachen, welche jenseits Eures heftigen Wünschens und
schwächlichen Wollens liegen. Sicherlich ist innerhalb der
allgemeinen Veränderungen dieser ihr intellectueller Aus-

druck derjenige, welcher am wenigsten verdient, als u r - s ä c h l i c h e Tendenz angesehen zu werden, und doch — einer leicht erklärbaren Neigung gemäss — am häufigsten und am liebsten so angesehen wird.

§ 41.

Es würde auch möglich sein, eine correspondirende Reihe von Folgerungen aus dem Gegensatze von Jugend und Alter und aus dem Gegensatze von Volk und Gebildeten hervorzubringen. Wie Kinder auf Haus und Familie angewiesen sind, das ist greifbar, und wie ihre Natur wohl in Dorf und Stadt gedeiht, aber in der Grosstadt und in der grossen Welt der Gesellschaft allem Verderben ausgesetzt ist. Spielende, übende, lernende Arbeit ist mit zunehmender Kraft des Leibes und Intellects dem jungen Menschen angemessen, ja nothwendig; handeln, Profit machen, Kapitalist sein, ist nicht seine Sache; er ist auch in seinem Unverstande dafür dem Weibe ähnlich. Ebenso wird er nicht leicht zur Klarheit darüber gelangen, dass seine Arbeitskraft eine Waare in seiner Hand sei und Arbeit nur die Form, in welcher dieselbe tradirt werden müsse. Für die kapitalistische Production handelt es sich auch gegenüber dem jugendlichen Willen, etwas zu w e r d e n , durch allmähliches Wachsthum von Hirn und Hand zu einem Können zu gelangen, nur um das, was die Arbeitskräfte in jedem gegebenen Momente s i n d , anwendbar oder nicht anwendbar? »Sofern die M a s c h i n e r i e Muskelkraft entbehrlich macht, wird sie zum Mittel, Arbeiter ohne Muskelkraft oder von unreifer Körperentwicklung, aber grösserer Geschmeidigkeit der Glieder anzuwenden. Weiber- und Kinderarbeit war daher das erste Wort der kapitalistischen Anwendung der Maschinerie! Dies gewaltige Ersatzmittel von Arbeit und Arbeitern verwandelte sich damit sofort in ein Mittel, die Zahl der Lohnarbeiter zu vermehren durch Einrollirung aller Mitglieder der Arbeiterfamilie, ohne Unterschied von Geschlecht und Alter, unter die unmittelbare Botmässigkeit des Kapitals. Die Zwangsarbeit für den Kapitalisten usurpirte nicht nur die Stelle des Kinderspiels, sondern auch der freien Arbeit im häuslichen Kreise, innerhalb sittlicher Schranken, für die Familie selbst« (K. MARX, *d. Kapital 1. Kap. 13, 3 a*). Wie sich das kindliche, überhaupt jugendliche Gemüth zur Wissenschaft verhalte, ist einleuchtend genug. Es gehört eine gewisse Trockenheit der Phantasie dazu, welcher freilich die energische Anspannung der vorhandenen Kräfte helfen kann, um mathematische Schemata und Formeln zu begreifen; die Mathematik aber ist Urbild aller wirklichen Wissenschaft, die ihrer innersten Natur nach willkürlich-künstlich ist. Auch stellt in einigem Maasse der (ob zwar zu grossem Theile blos den Phrasen nach) »wissenschaftliche« Unterricht, welchen die Jugend zumal der höheren d. i. der kapitalistischen Klassen durch Civilisation erhält, auf ihrer Seite als eine Art von Zwangsarbeit sich dar, wodurch leicht die besten Keime eigenthümlichen Geistes in ihnen verkrüppeln, ihr Gemüth erkältet und ihr Gewissen verhärtet wird; während doch dergleichen seiner eigentlichen Natur nach Musik und Gymnastik, d. h. eine harmonische Ausbildung des ganzen Menschen (des Leibes und der Seele) sein will, so ist oder wird es jene besondere und einseitige Erziehung des Gedächtnisses, welche zur Willkür gewandt macht, als zur bewussten Anwendung eingeprägter Regeln, und mit Worten, Sätzen, ja sogar Methoden auf mechanische Weise operiren lehrt; wie denn aber in der That solche gedrillte, gleichgültig-überlegene, abgebrühte Menschen in den meisten jener Beschäftigungen gefordert werden, oder doch am meisten brauchbar sind, welchen solche Jugend im Dienste der Gesellschaft oder des Staates (als der personificirten Gesellschaft) sich hinzugeben geneigt oder genöthigt ist. In allen diesen Rücksichten aber sind in Willen und Anlagen des gereiften Mannes die Widerstände um so eher verschwunden oder gering geworden, je mehr sie schon ursprünglich schwach waren und je mehr durch den Verlauf des Lebens ihre Kraft gebrochen wurde. In jeder Hinsicht ist er der tüchtige gesellschaftliche Mensch, sei es dass er als freien Herrn seines Vermögens oder nur seiner Arbeitskraft und anderer Leistungsfähigkeit sich erkenne, immer ein Strebender, Berechnender, Meinungen kritisch aufnehmend oder zu seinem Nutzen sich solcher bemächtigend. So ist er, den Anderen gegenüber, durchaus ein Verkaufender, für sich aber ein Geniessender, insoweit es ihm möglich ist.

§ 42.

Das Volk ist auch in dieser Beziehung gleich Frauen und Kindern, dass ihm das Familienleben Leben schlechthin ist; dazu was unmittelbar an diese Enge sich anschliesst, Nachbarschaft und Freundschaft. Unter den Gebildeten, sofern dieselben vom Volke sich losgemacht haben und gänzlich auf eigene Faust ihre Einrichtungen treffen (was theils schwer sich in allen Stücken vollbringt, theils durch conventionelle Erhaltung und Erneuerung überwundener Ideen verhüllt wird), treten diese Zusammenhänge hinter der willkürlichen Freiheit der Individuen mehr und mehr zurück. Familie wird eine zufällige Form zur Befriedigung natürlicher Bedürfnisse, Nachbarschaft und Freundschaft werden durch Interessen-Verknüpfungen und durch conventionelle Geselligkeit ersetzt. So erfüllt sich auch das volkheitliche Leben in Haus, Dorf und Stadt; der Gebildete ist grosstädtisch, national, international. Von fernerer Ausführung dieser Contraste möge hier nur der eine Punkt hervorgehoben werden. Der Handel ist in aller ursprünglichen einheimisch-sesshaften Cultur eine fremde und leicht verhasste Erscheinung. Und der Händler ist zugleich der typische Gebildete: heimathlos, ein Reisender, fremde Sitten und Künste kennend, ohne Liebe und Pietät für diejenigen eines bestimmten Landes, mehrerer Sprachen mächtig, zungenfertig und doppelzüngig, ein Gewandter, sich Accommodirender, und doch überall seine Zwecke im Auge Behaltender, bewegt er, geschwind und geschmeidig, sich hin und her, wechselt Charakter und Denkungsart (Glauben oder Meinungen) wie eine Kleidermode, trägt das Eine wie das Andere über die Grenzen der Gebiete, ein Mischer und Ausgleicher, Altes und Neues zu seinem Vortheile Wendender: so stellt er den entschiedenen Widerspruch gegen

den an der Scholle klebenden Bauern, wie auch gegen den
soliden, des Handwerkes pflegenden Bürger dar. Diese sind
beschränkt, unreif, ungebildet im Vergleiche zu jenem.
Wir werden belehrt: »Ist ein Volk schon reif genug, um
des eigentlichen Handels zu bedürfen, aber noch zu unreif,
um selbst einen nationalen Kaufmannsstand zu haben: so
liegt es in seinem eigenen Interesse, dass ein fremdes
höher cultivirtes Volk durch einen sehr tief ein-
dringenden Activhandel einstweilen die Lücke ausfülle«
(ROSCHER N. Oe. III, S. 134). Aber in Wahrheit ist dies
niemals ein Verhältniss von Volk zu Volk, sondern von
einzelnen zerstreuten Fremden (obgleich sie in Bezug auf
sich selber eine Volksgemeinschaft haben mögen) zu
einem wirklichen Volke; da solches ohne ein wenigstens
bewohntes (wenn nicht bebautes) eigenes Land nicht gedacht
werden kann. Und wo der Handelsmann nicht Fremder
ist, da wird er als ein Fremder geachtet. »Der Kornhändler ist niemals (in Indien) Inhaber eines erblichen und
in die Dorfgemeinde einverleibten Gewerbes, noch ist er
ein Mitglied der Bürgerschaft in Städten, die aus einem
oder mehreren Dörfern erwachsen sind. Die Handels-
betriebe, welche solchergestalt ausserhalb der organischen
Gruppe bleiben, sind diejenigen, welche ihre Güter von
entfernten Märkten herbringen« (SIR H. MAINE, *Village
Communities p. 126).* Hingegen, wenn dem Handel oder
Kapitalismus das Volk mit seiner Arbeit unterthan geworden
ist, und in dem Maasse als dieses sich erfüllt hat, hört es
auf, Volk zu sein; es wird den ihm fremden äusseren
Mächten und Bedingungen adaptirt, es wird gebildet
gemacht. Wissenschaft, welche eigentlich die Gebildeten
auszeichnet, wird ihm, in was für Mischungen und Formen
auch immer, wie eine Medicin zur Heilung seiner Roheit
beigebracht. Sehr wider den Willen der Gebildeten, insofern
als dieselben mit der kapitalistischen Gesellschaft identisch
sind, wird dadurch das zum »Proletariat« verwandelte Volk
zum Denken und zur Bewusstheit gefördert über die Bedingungen, an welche es auf dem Arbeitsmarkte gefesselt
ist. Aus seiner Erkenntniss entstehen Beschlüsse und Bemühungen, solche Fesseln zu sprengen. Es vereinigt sich

zu gesellschaftlicher und politischer Action (in Handels-
vereinen und Parteien). Diese Vereinigungen sind ebenso
von vorzugsweise grosstädtischer, demnächst nationaler,
endlich internationaler Ausdehnung und Beschaffenheit, wie
die ihnen vorausgehenden und vorbildlichen Vereinigungen
der Gebildeten, Kapitalisten, der (eigentlichen) Gesellschaft.
Um so mehr werden jene auch active Subjecte der Gesellschaft, sofern dies durch gleiches Denken und Thun bedingt
ist. Ihr Ziel ist, auch Miteigenthümer des (nationalen oder
internationalen) Kapitals zu werden, als der Stoffe und
Hülfsmittel ihrer Arbeit; und dies würde, weil es Waaren-
produktion und auswärtigen Handel aufhebt, das Ende der
(im ökonomistischen Sinne begriffenen) Gesellschaft bedeuten.

(Anmerkung 1.) Weil das Thema dieses Buches von
der individualen Psychologie ausgeht, so fehlt die parallele
und entgegengesetzte Betrachtung, wie Gemeinschaft den
Wesenwillen entwickelt und bildet, Willkür bindet und hemmt;
Gesellschaft diese nicht allein entfesselt, sondern auch fordert
und fördert, ja im Wettkampfe ihren rücksichtslosen Gebrauch zu einer Bedingung der Erhaltung des Individuums
macht, daher die Blüthen und Früchte des natürlichen Willens verkümmern lässt, bricht und zerstört. Denn seinen
Bedingungen sich anzupassen, das Thun der Anderen,
welche gewinnen und Erfolg haben, nachzuahmen, ist nicht
allein natürlicher Trieb, sondern wird zwingendes Gebot,
bei Strafe des Unterganges. Gemeinschaft fordert und
züchtet bei den Herrschenden, welche immer Vorbilder sind,
eine Kunst des Herrschens und des Zusammenlebens überhaupt. Ihr steht nur gegenüber die Gefahr der Spaltung
natürlicher Verhältnisse, weil jedes Feindliche und so Empfundene Feindliches hervorruft; und je grösser auf der einen
Seite die Ueberlegenheit der Kraft oder anderer Macht zu
schaden, desto stärker die Anregung für den Unterdrückten,
seine Vernunft zu Willkür als zu Listen des Kampfes auszubilden. Denn der Gegner nöthigt den Gegner, dieselben
Waffen sich zu schaffen; aber auch andere und bessere zu
erfinden. Daher sind überall, in zerrissenen Zuständen, die
Weiber listig wider die Männer, die Jungen wider die Alten,
die unteren wider die oberen Stände. Und gegen Feinde

ist von je Willkür (wie Gewalt) geübt, und auch als erlaubt, ja preiswürdig empfunden worden.

Aber Gesellschaft ist die Allgemeinheit und Nothwendigkeit solches Gebrauches, weil und insofern als in ihren elementaren Verhältnissen wenigstens von der einen Seite Zwecke gesetzt werden, denen alle Mittel recht sind; und als schon dadurch dieselben nicht blos mögliche, sondern natürliche und nur verhüllte (daher höchst wahrscheinliche, leicht ausbrechende) Feindseligkeiten sin d.

(A n m e r k u n g 2.) Der Zusammenhang der (socialen) Lebens- und der (individualen) Willensformen führt hinüber zu ihrer Einheit in Formen des Rechtes. Recht entspringt nicht aus Gedanken und Meinungen über die Gerechtigkeit, sondern das Leben erzeugt beide Ausdrücke seiner Realität zugleich, welche dann zu einander in gegenseitiger Causalität vielfach sich verhalten.

DRITTES BUCH.

PROOEMIEN DES NATURRECHTS.

'Η οὐκ ἴσμεν ὅτι πάντα ταῦτα
προοίμιά ἐστιν αὐτοῦ τοῦ *NOMOY*
ὅν δεῖ μαθεῖν: Plat. Rep. p. 531 D.

ERSTER ABSCHNITT.

DEFINITIONEN UND THESEN.

———

§ 1.

Das Selbst oder das Subject menschlichen Wesenwillens ist Einheit, wie die Form des Wesenwillens: nämlich Einheit innerhalb einer Einheit und Einheit, welche
Einheiten in sich begreift. Alles solches aber — gleich
einem Organismus und organischen Theile — ist, insofern
es Einheit ist, Einheit durch seine innere Bestimmtheit,
unum per se (ἓν καϑ᾽ αὑτό), oder durch das Verhältniss seiner
Theile zu ihm, als lebendigem, welches in ihrem Wechsel
und durch ihren Wechsel sich erhält, alte ausscheidend und
so ihres Lebens und ihrer besonderen Einheit beraubend,
neue bildend oder aus der unorganischen Materie in sich
aufnehmend und sich assimilirend. Daher ist nichts Einheit, insofern es Theil ist, und jegliches Einheit insofern es
Ganzes ist. Als Ganzes ist es nicht blos wiederum Theil
eines Ganzen und in dieser Abhängigkeit zu betrachten,
sondern zugleich Exemplar seiner Art oder Gattung oder
seines realen Begriffs, indem so alle organischen Wesen
zuletzt in der Idee des Organismus enthalten sind, welche
dann selber nur als ein Modus der unendlichen Energie oder

des allgemeinen Willens begreiflich ist, als woraus sie unter
gegebenen Bedingungen sich zu entwickeln vermocht hat.
Denn in Wahrheit steht das Ergebniss hoher Forschung
da, dass alle organischen Individuen zugleich Congregationen
solcher Elementarorganismen sind (der Zellen), welche je
durch ihre Abstammung und durch ihren Zusammenhang
determinirt, selber in ihren bleibenden Relationen die
Form und Einheit des Ganzen darstellen und constituiren,
welchem sie angehören, und das so in seinem jedesmaligen
momentanen Bestande als ihr Werk oder Product erscheinen kann, obgleich es doch als sie überdauernde, substanzielle oder metaphysische Essenz, d. i. als die Einheit jener
bleibenden Relationen, vielmehr sie als seine blossen Accidentien zu haben und hervorzubringen, wie auch durch
Verbrauch zu zerstören gedacht wird. Solcher Widerspruch
gibt nur den adäquaten Ausdruck für ein wirkliches
Wechselverhältniss und Wechselwirkung zwischen den verbündeten Ganzen, welche je in ihrem Ganzen zwar entstehen und vergehen und seinem Leben und Willen untergeordnet zu sein scheinen, indem sie Theile sind; jedoch
selbständig als Ganze, ein höheres Ganze nur durch ihr
Zusammenwirken und die Idee desselben als ihren gemeinsamen Willen darstellen: dies ist das eigenthümliche Merkmal eines organischen Ganzen, dessen letzte Theile selber Organismen sind. Denn von diesen aus gesehen, sind auch
alle die höchst mannigfachen Gewebe, welche die Organe
und Organsysteme ausmachen, ebenso ihre Zusammensetzun-
gen und Gebilde; ob sie gleich ihr eigenes Leben haben,
welches durch die Energie des Gesammtsystems getragen
und bedingt ist, und wiederum dieses bedingt, dazu beiträgt,
ein integrirender Theil desselben ist. Man betrachte die
Anwendung hiervon auf den so bedeutenden Begriff des
Zweckes. Denn jedes Ganze ist sich selber Zweck: dies
ist nur ein anderer Ausdruck für seine Einheit, also für
sein Dasein als dauerndes, als welches durch seine eigene
Kraft von Moment zu Moment, wenn auch zugleich durch
zusammenkommende günstige Bedingungen, d. i. andere,
fördernde Kräfte erhalten wird. Leben ist fortwährende
Arbeit der Assimilirung solcher Energien und fortwähren-

der Kampf gegen widerstebende, Ueberwindung oder Anpassung, Ausscheidung innerer, Verdrängung äusserer Widrigkeiten. Lebend bewährt und beweist der Organismus seine Lebens-Fähigkeit, d. i. die zweckmässige (richtige gute) Beschaffenheit, Einrichtung, Ordnung seiner Kräfte oder Theile. Aber vom Leben schlechthin und daher von der Fähigkeit dazu muss die Fähigkeit zum Leben auf eine bestimmte Weise, in einer besonderen Gestalt, und folglich unter besonderen erleichternden und erschwerenden Bedingungen unterschieden werden. Wo die Bedingungen günstig sind, kann auch das Schwächere leben oder länger leben, als es sonst vermöchte; wo ungünstig, vermag das Starke sich nicht zu erhalten. Und was mit seinen gegebenen Eigenschaften in gewisser Beziehung unzweckmässig ist, kann vielleicht durch Veränderung derselben, also durch Anpassung an die Umstände fortleben. · Und wie vom Individuo, so gilt dies von jeder durch Abstammung verbundenen Gruppe, sofern dieselbe als Einheit begriffen wird. In Bezug auf sie kann ein Individuum und dessen besondere Beschaffenheit mehr oder minder zweckmässig, d. h. sie darzustellen, zu erhalten und fortzusetzen tüchtig sein. Denn wenn von Verschiedenheit der Umstände abgesehen und dagegen durchschnittlich-gleiche Günstigkeit derselben angenommen wird, so gibt es kein anderes Kriterium für die Zweckmässigkeit, welche ein Lebendiges in Bezug auf sich selber und daher auch, wenn es in Bezug auf ein anderes Ganzes betrachtet wird, haben möge, als seine Dauer. Was aber dauert, ist nicht die Materie, sondern die Form. Und in dieser Hinsicht stehen die Formen der Structur und die Formen des Wesenwillens ganz und gar auf gleicher Linie; beide nicht durch Sinne fassbar, nicht durch sinnliche Kategorien denkbar. Die Form, als das Ganze, wird jedesmal constituirt durch ihre Elemente, welche in Bezug auf sie materielle sind, und durch diesen ihren Zusammenhang sich erhalten und sich propagiren. So ist denn überhaupt immer für ein Ganzes (als überlebende Form) sein Theil eine vergänglichere Modification seiner selbst, welche seine Natur in mehr oder minder vollständiger Weise ausdrückt; und könnte als ein blosses Mittel zu seinem Leben und Zwecke angesehen

werden, wenn er nicht zugleich, während seiner Dauer,
dieses Leben und dieser Zweck selber wäre. Sie — die
Theile — sind gleich, insofern sie an dem Ganzen Antheil
haben; verschieden und mannigfach, insofern als jeder sich
selber ausdrückt und seine eigenthümliche Thätigkeit hat.
Und auf ähnliche Weise verhalten sich zu dem Realbegriff,
d. i. der Gattung, die in ihr enthaltenen Gruppen und Individuen, und wiederum die Individuen zu jeder sie umfassenden wirklichen Gruppe, dergleichen erst im Werden
oder auch im Vergehen und etwan im Uebergange zu einer
höheren Bildung begriffen sein kann, immer als ein Actives,
Lebendig-Veränderliches aufgefasst zu werden fordernd. —
Demnach wird hier von der Essentia des Menschen, nicht von
einer Abstraction, sondern von dem concreten Inbegriff der
gesammten Menschheit, als dem Allgemeinst-Wirklichen dieser
Art, ausgegangen; und demnächst fortgeschritten, etwa durch
die Essentia der Race, des Volkes, des Stammes und engerer
Verbände, endlich zu dem einzelnen Individuo, gleichsam dem
Centro dieser vielen concentrischen Kreise, hinabgestiegen. Dieses ist um so vollkommener erklärt, je mehr sich verengernde
Kreislinien die Brücke zu ihm hinüber schlagen. Die in-
tuitive und ganz mentale Erkenntniss jedes solchen Ganzen
kann aber mit Fug erleichtert und versinnlicht werden durch
die Vorstellung von Typen, deren jeder die Merkmale aller
zu dieser Gruppe gehörigen Exemplare vor ihrer Diffe-
renzirung zu enthalten gedacht werde; also sowohl vollkommener als sie — nämlich durch die Anlagen und Kräfte,
welche in ihnen durch Nichtgebrauch verkümmert sind —
als unvollkommener: durch diejenigen, so in ihnen besonders
sich entwickelt haben. Das sinnliche aber construirte Bild
eines solchen typischen Exemplars und seine Beschreibung
vertreten also die intellectuelle Idee der realen Essenz jenes
metempirischen Ganzen, für die Theorie. Im Leben aber
kann sich die Fülle des Geistes und der Kraft eines solchen Ganzen, in Bezug auf seine Theile, nur durch den
natürlichen Congress der jedesmal lebenden wirklichen
Leiber in ihrer Gesammtheit ursprünglich und wirklich
darstellen; demnächst aber auch durch eine erlesene Schaar

von Häuptern oder gar durch ein einziges, welche die Wesen und Willen der übrigen Gemeinheit in sich begreifen.

§ 2.

Die Person oder das Willkürsubject ist, wie eine Willkürbildung, Einheit durch ihre äussere Bestimmung, *unum per accidens* (ἓν κατὰ τὸ συμβεβηκός) mechanische Einheit. Nämlich: so wie jene nur Realität und Einheit hat für ihr Subject und durch ihre Beziehung auf mögliche Wirkungen, so ist der Begriff der Person eine Fiction oder (verwirklicht gedacht) eine Construction des wissenschaftlichen Denkens, dazu bestimmt die Einheit der Urheberschaft solcher Bildungen, also der Verfügungen über einen Complex von Kraft, Macht, Mitteln auszudrücken, eine Einheit, welche aus vielen Stücken einzelner möglicher Acte — wie immer deren eigene Einheit begriffen werden möge — erst durch das Denken zusammengesetzt wird, und mithin ihre Existenz welche durchaus ideeller Natur ist, nach der Existenz der Vielheit, ausserhalb derselben und gleichsam über ihr hat; wenn nämlich vorgestellt wird, dass in der Vielheit Elemente enthalten sind, welche zu dieser Einheit, d. i. zu ihrem realen Vor- oder Gegenbild, der Uebereinstimmung in den Richtungen auf gleiche Zwecke, wie in die Höhe emporstreben (weil, einer uns natürlichen Einbildung gemäss, das bloss Gedachte über den wirklichen Dingen in der Luft zu schweben scheint), während hingegen die Einheit des organischen Wesens nicht allein in der Vielheit enthalten, sondern auch ihr zu Grunde liegend und also wie in der Tiefe unter ihr vorhanden (ohne doch darum getrennt und von ihr verschieden zu sein) begriffen werden muss. Ebenso: wenn aus einer Menge solcher empirisch-ideeller Einheiten ihr Begriff abgezogen wird, so verhält sich dieses Gemeinsame zu der quasi-dinglichen Mannigfaltigkeit wiederum auf gleiche Weise wie die Einheit des einzelnen Dinges zu ihrer Vielheit: das *universale* ist *post rem* und *extra res;* auch die begriffliche oder Gattungs-(Klassen-)Einheit ist nur nominell, ideell, fictiv.

Wenn nun in dem Gedankensystem, in welches sie hineingesetzt ist, die Person alles Mögliche will und thut, d. h. als Subject wirklicher Willküracte, daher als wirk-

liche Zwecke verfolgend, über wirkliche Mittel verfügend
gedacht wird, so muss auch — sofern sie eine menschliche
sein soll — ein wirklicher Mensch oder eine Vielheit solcher an ihrer Statt denken, wollen und agiren, ihre
Zwecke verfolgen, über ihre Mittel verfügen. Ein Einzelner
oder eine Vielheit: denn die Vielen können gleich einem
Einzelnen zusammendenken, zusammen ihre Willkür »for-
muliren« — nämlich 1) berathen, indem irgend Einer
sein Denken äussert, was er wünsche und für gut halte,
dass Alle wollen möchten, also ihrer Aller Gedanken in Bewegung setzend, anregend; sodann etwa Andere dasselbe
oder Aehnliches rathen oder aber dawider rathen; 2) beschliessen, indem Alle oder wenigstens so Viele als wollen
(indem die Uebrigen, sich indifferent verhaltend, durch
eigenen Willen sich selber und ihre Macht unwirksam
machen) etwas Bestimmtes zu wollen oder nicht zu wollen,
zu bejahen oder zu verneinen durch bestimmte Worte oder
Zeichen erklären, und also — da jede Stimme oder Willkür als gleich stark, als gleich schwer mit jeder anderen
gedacht wird — entweder ein Gleichgewicht entsteht: dann
ist kein Beschluss, keine Entscheidung vorhanden, oder aber
ein Mehr, ein Uebergewicht auf der einen oder der anderen,
der bejahenden oder der verneinenden Seite: dies bedeutet
jedesmal einen positiven Beschluss, möge derselbe die Annahme oder Ablehnung eines Gerathenen, Vorgeschlagenen
zum Inhalte haben. Der einzelne Mensch mus gedacht werden als immer des Beschliessens fähig: das will wenigstens sagen, es sei immer möglich, dass er, gefragt oder
berathen — durch sich selber oder durch Andere — bejahende oder verneinende Antwort, Entscheidung gebe; es
heisst aber auch: wenn er es will und versucht (»sich zu
entschliessen«), es anfängt (*conatur*), so müsse es auch gelingen, fertig werden; es ist nicht blos möglich, sondern,
als Werk betrachtet, sehr leicht. Man sagt zwar: er kann
sich nicht entschliessen, oder: es wird mir sehr schwer,
mich zu entschliessen; aber dann wirken die Umstände nicht
stark genug, um Willen und Versuch dieses Thuns hervorzurufen: die Frage wird gleichsam nicht dringend genug gestellt; wenn Einer sieht, dass er sich entschliessen muss
(z. B. um nicht zu verhungern), so ist es so gut als sicher,

dass dieser innere Widerstand überwunden wird, und das Ergebniss wird dann nie, gegenüber der Vorstellung einer bestimmten proponirten Handlung, $= 0$ sein, sondern entweder Bejahung oder Verneinung. Hingegen eine Menge ist in diesem Sinne nur dann fortwährend beschlussfähig, wenn ihre Anzahl eine ungerade ist: dass dieses der Fall sei, darum eine nothwendige Forderung an ihren Begriff, wenn sie insoweit einem Einzigen gleich sein soll. Eine solche Menge nun, welche willens und fähig ist, als eine Einheit zu beschliessen, heisst eine Versammlung. Sie kann auch, nach Art des einzelnen Menschen, ein dauerndes Dasein haben, sofern sie: 1) ideell immer zusammenbleibt, für ihre wirklichen Berathungen aber nach bestimmten (und bekannten) Regeln zusammenkommt oder zusammengerufen wird; 2) wenn es nöthig ist, sich ergänzt oder ergänzt wird. — Nun ist jeder einzelne Mensch der natürliche Repräsentant seiner eigenen Person. Der Begriff der Person kann von keinen anderen empirischen Subjecten abgezogen werden, ausser von den einzelnen Menschen, welche begriffen werden, insofern als jeder ein Denkender und in Gedanken Wollender in Wahrheit ist, und folglich gibt es insoweit wirkliche und natürliche Personen, als Menschen vorhanden sind, welche sich als solche vorstellen, diese »Rolle« übernehmen und spielen, oder den »Charakter« einer Person wie eine Maske vor ihr Antlitz halten. Und als natürliche Personen sind alle Menschen einander gleich. Jeder ist mit unbeschränkter Freiheit ausgestattet, beliebige Zwecke sich zu setzen, beliebige Mittel anzuwenden. Jeder ist sein eigener Herr. Keiner des Anderen Herr. Sie sind unabhängig von einander.

§ 3.

Auch eine Versammlung repräsentirt ihre eigene Person. Aber dieser ihr Dasein ist keineswegs ein empirisch gegebenes in dem Sinne, wie es von den Personen der einzelnen, sinnlich wahrnehmbaren Menschen mit Grund gesagt werden kann. Die Wirklichkeit der Versammlung setzt die Wirklichkeit der von ihr dargestellten Person voraus, während im Gegentheil aus der Wirklichkeit des Menschen die Vorstellung der Person entnommen wird. Eine Versammlung, insofern sie sich selber repräsentirt, ist eine künstliche Person. Sie kann als einheitliches Subject einer Willkür nur dadurch agiren, dass die Menschen, welche als natürliche Personen in ihr enthalten sind, selber die übereinstimmende Bejahung oder Verneinung ihrer Mehrzahl als die Willkür — nicht etwa dieser Uebereinstimmenden, auch nicht ihrer Aller, denn beides würde immer nur viele Willküren ergeben, sondern dieses ausser und über sich vorgestellten einheitlichen, persönlichen Wesens (der Versammlung) setzen und fingiren. Und durch solchen Act ist sie allerdings den natürlichen Personen gleichgesetzt; sie existirt für die einzelnen Personen, wie diese für einander existiren, nämlich durch gegenseitige Kenntniss und Anerkennung, dadurch, dass sie einander als Personen begreifen. Die Theorie kann noch aus vielen Gründen andere Personificationen unternehmen, und diese ihre Geschöpfe durch eine natürliche oder durch eine constituirte künstliche Person repräsentiren lassen; aber jede Person ist für die übrigen und in ihrem System nur durch so gemachte ›Anerkennung‹ ihrer Personen-Qualität und damit ihrer Gleichheit vorhanden. In der eigenen Setzung ist die Anerkennung als secundäres Element nothwendiger Weise enthalten. Wiederum: allgemeine Anerkennung involvirt die besondere der Gültigkeit einer gegebenen Vertretung, wo dieselbe zwar nicht von selbst sich zu verstehen (wie jene des einzelnen vernünftigen Menschen und einer constituirten Versammlung), aber auf zureichendem Grunde zu beruhen gedacht wird. Dieser Grund ist immer, wo eine wirkliche Person durch eine wirkliche vertreten wird, Uebertragung ihrer Vollmacht (Autorität) von jener auf diese, welche, undenkbar, wo eine fingirte Person vertreten wird (weil diese ohne Vertretung auch des Actes der Uebertragung nicht fähig ist) doch als der Form nach gültiges Schema solches zureichenden Grundes vorgestellt werden kann, da die Thatsache einer Wirkung aus dieser normalen und deutlichen Ursache gleichkommt. Aus einem System von wirklichen einzelnen Personen (Menschen) kann aber eine fingirte Person (sei es durch ein Individuum oder durch eine Versamm-

lung vertreten) hervorgehend gedacht werden (wie sie
darin vorhanden ist nur durch die Anerkennung Aller) allein
aus der Willkür eines der vorhandenen Subjecte oder mehrerer solcher, welche Stücke ihres Inhaltes (ihrer Freiheit,
ihrer Mittel) zusammensetzen und als eine abgesonderte
Person, mit gegebener oder gemachter Vertretung, constituiren; mit welchem constituirenden Acte die Bezeichnung
einer vertretenden Person verbunden sein muss — wenn
dies eine Versammlung ist, so gilt schon die Einigkeit ihrer
›Mitglieder‹ über den gültigen Ausdruck ihres Willens als
Voraussetzung. Aber solche Schöpfung kann, von vernünftigen Subjecten aus, nur geschehen als Mittel zu einem bestimmten Zwecke, welcher den Mehreren gemeinsam ist und
sie verbindet. Die fictive Person ist dieser Zweck (oder
ein Aggregat von Zwecken) als einheitlicher, an und für
sich existirender gedacht; während er ohnehin nur als das
Zusammentreffen und die Coexistenz der getrennten Zwecke
vorhanden war. Ihr (der Person) Dasein ist in Wirklichkeit nur das Dasein der in Bezug auf diese coexistenten
Zwecke zusammengelegten Mittel. Aber durch die (in den
Köpfen seiner Autoren vollzogene) Metamorphose desselben
in Dasein und Begriff einer Person werden diese Mittel ein
Zweck, ihr eigner persönlicher Zweck, aber nicht von ihr
verschieden; denn in Wahrheit ist sie nicht denkend und
hat keinen Zweck; und der Fiction nach hat sie keinen
Zweck ausser diesem, welcher ihre Bestimmung und ihr
Begriff ist. — Nun aber: da der Begriff der Person an und
für sich ein künstliches Product, eine Fiction ist, so entspricht insofern ihm das fingirte Willkürsubject auf vollkommenere Weise als das natürliche; und kein Mensch kann
so reinlich als blos auf seinen Vortheil bedacht, blos auf
Gewinn abzielend und nach vorgestellten Zwecken seine
Actionen richtend gedacht werden, als ein denkendes und
handelndes Ding, das als solches blos in der Einbildung
existirt; darum vermag es sowohl ein Individuum als eine
Versammlung leichter ›im Namen‹ solches Gedankendinges
als irgend ein Mensch in seinem eigenen Namen. —

§ 4.

Jedes Verhältniss der **Gemeinschaft** ist der Anlage oder dem Kerne seines Wesens nach ein höheres und allgemeineres Selbst gleich der Art oder Idee, woraus die einzelnen Selbste (oder »Häupter«, wie wir mit leichterem Ausdruck sagen mögen) sich und ihre Freiheit ableiten. Hingegen stellt jedes **gesellschaftliche** Verhältniss den Anfang und die Möglichkeit einer ihm vorgesetzten künstlichen Person dar, welche über einen bestimmten Betrag von Kräften oder Mitteln verfüge; demnach auch Gesellschaft selber als ein wirkungsfähiges Ganzes gedacht. So ist, in allgemeiner Fassung, Gemeinschaft das Subject verbundener Wesenwillen, Gesellschaft das Subject verbundener Willküren. Aber um als für sich bestehende Einheit und in möglichen Verhältnissen zu ihren Theilen als ebensolchen Einheiten gedacht werden zu können, so muss Gemeinschaft über eine Phase, in welcher sie von der Mehrheit in ihr verbundener und sie logisch constituirender Willen nicht unterschieden werden kann, hinausgewachsen sein und in einem besonderen dauernden Willen, sei es dem einmüthigen ihrer gesammten oder etlicher Theile sich ausprägen. Dies ist ein Process der Entwicklung, den als vollendeten zu erkennen dem Beobachter obliegt. Hingegen die separate Existenz der künstlichen Person muss durch einen besonderen Act contrahirender Willküren für einen besonderen vorgestellten Zweck gewollt und gesetzt werden; der einfachste solche Zweck ist aber die Garantie für andere schwebende Contracte, wodurch die Erfüllung derselben, bisher als Wille der Parteien vorausgesetzt, nunmehr zum Willen dieser einheitlichen künstlichen Person wird, welche folglich die Aufgabe erhält, diesen Zweck mit den Mitteln zu verfolgen, welche ihr dazu gewährt werden. Wenn daher als (objectives) **Recht** der Willensinhalt jeder Verbindung von Willen in Bezug auf die verbundenen Theile bestimmt wird, so hat Gesellschaft schlechthin ihr **eigenes** Recht, in welchem sie die Befugnisse und Verbindlichkeiten ihrer Constituenten behauptet; aber aus deren ursprünglicher vollkommener Freiheit, als dem Stoffe ihrer Willkür, muss es abgeleitet und zusammengesetzt sein. Dagegen hat Ge-

meinschaft, welche am vollkommensten begriffen wird als
metaphysische Verbundenheit der Leiber oder des Blutes,
von Natur ihren eigenen Willen und ihre eigene Kraft
zum Leben, folglich ihr eigenes Recht in Bezug auf die
Willen ihrer Glieder, so gar dass diese, insofern als sie solches sind, nur als Modificationen und Emanationen jener
organischen Gesammtsubstanz erscheinen dürfen. — Diesem Unterschiede gemäss stehen sich ein Rechtssystem, in
welchem die Menschen als natürliche Glieder eines Ganzen
auf einander bezogen sind, und ein Rechtssystem, in welchem sie als Individuen durchaus unabhängig von einander
nur durch eigene Willkür in Beziehungen zu einander treten,
principieller Weise gegenüber. In der empirischen Juris-
prudenz, insbesondere der römisch-modernen, welche eine
Wissenschaft gegebenen gültigen Rechtes ist, wie es im gesellschaftlichen Verstande sich darstellt, erhält sich jenes
unter dem Namen des Familienrechtes, worin aber eine
pure rechtliche Beschaffenheit darin beruhender Verhältnisse
entbehrt wird, welche um so deutlicher in der anderen und
am meisten differenten Partie des Obligationenrechts
sich abhebt. Denn hier ist eine eigentliche Mathematik und
rationale Mechanik des Rechtes möglich, welche auf lauter
identische Sätze zurückgeführt werden kann, da sie nur mit
modificirten Tauschacten und der dadurch begründeten
Herrschaft einer Person über bestimmte Handlungen der
anderen zu thun hat: die Handlungen gehen gleich Waaren
oder Geldstücken von einer Hand zur anderen, so dass auf
der einen Seite subtrahirt, auf der anderen Seite der gleiche
Betrag addirt wird, wie in einfachen Gleichungen. Die
beiden Rechtsmassen aber entfalten ihr Wesen erst in dem
mittleren Gebiete, dem des Eigenthumsrechtes, wo
sie auch einander nothwendiger Weise begegnen. Hierauf
zielen darum die zunächst folgenden Definitionen.

§ 5.

Als die Sphäre eines menschlichen Wesenwillens
verstehe ich: den Inbegriff alles dessen, was ein Mensch
oder ein Complex von Menschen als die ihm zugehörigen
Kräfte in und an sich hat, insofern als dieselben eine Ein-

heit darstellen, deren Subject alle ihre Zustände und Veränderungen nach innen und nach aussen durch Gedächtniss
und Gewissen auf sich bezieht und mit sich verbunden empfindet.

Als die S p h ä r e einer menschlichen W i l l k ü r verstehe ich: Alles, was Einer ist und was Einer hat, insofern
als er dessen Zustände und Veränderungen als durch sein
Denken bestimmt und davon abhängig begreift und in seiner
Bewusstheit hat.

Die Sphäre des Wesenwillens — oder wie man schlechthin sagen mag: die Willenssphäre — ist gleich der Materie
des Wesenwillens, insofern als dieselbe auf äussere Wesen
und Sachen ausgedehnt gedacht wird. Wenn der allgemeine
Begriff durch F r e i h e i t, so kann dieser besondere durch
E i g e n t h u m definirt werden. Ebenso verhalten sich Willkürsphäre und Stoff der Willkür. Das wirkliche Eigenthum, insofern es der Willenssphäre entspricht, nenne ich
B e s i t z, insofern der Willkürsphäre, V e r m ö g e n. Also
wie Besitz zu den Formen des Wesenwillens, so verhält sich
Vermögen zu den Formen der Willkür. Aeussere Gegenstände werden hier betrachtet nur insofern als der Wille
eines Subjectes darin enthalten ist, sich darauf bezieht und
damit verbunden ist. Und: wie die Formen des Willens
überhaupt determinirte Kräfte und Möglichkeiten des Thuns,
so sind Besitz und Vermögen determinirte Kräfte und Möglichkeiten des Genusses oder Gebrauches von Sachen.

Zur Erkenntniss dieses Gegensatzes dient wiederum
die doppelte Kategorie des Organes und des Werkzeuges.
Besitz kann als organisches und inneres, Vermögen als
äusseres und mechanisches Eigenthum begriffen werden.
Rein psychologisch angesehen ist jener eine Erweiterung des
eigenen realen Wesens, daher nothwendiger Weise selber
eine Realität und am vollkommensten, wenn ein individuell
Lebendiges oder aus solchem bestehend. Dagegen der psychologische Werth des Vermögens: Erweiterung und Vermehrung von Objecten seines Denkens als von den ihm zu-
stehenden Möglichkeiten der Action; an und für sich
durchaus ideeller Natur, wird es am besten auf einen realen
Ausdruck gebracht durch Sachen, welche blos die subjective

Möglichkeit ihrer zweckmässigen Anwendung, als Realisirung, darstellen und bedeuten. Dies ist der das Vermögen bezeichnende Zweck und Gebrauch. — Besitz ist mithin — seiner Idee oder seinem Normalbegriffe gemäss — durchaus eins und verwachsen mit seinem Subjecte und mit dem Leben desselben, hat aber zugleich sein eigenes Leben und seine eigenen Qualitäten, welche dasselbe auf mannigfache Weise ausdrücken; ist daher eine natürliche Einheit und untheilbar, und ist unveräusserlich und unabtrennbar von seinem Subjecte mit Willen, sondern nur durch Zwang und Noth, mit Widerwillen und Schmerzen.

Hingegen wird Vermögen, seinem Begriffe nach, vorgestellt als eine Menge und Summe von einzelnen Sachen, deren jede eine bestimmte Quantität von Kraft darstelle in einzelne Genüsse sich umzusetzen und zu realisiren, so dass diese Quantitäten nach Wünschen und Zwecken in beliebiger Weise theilbar und zusammensetzbar, ferner nicht blos veräusserlich, sondern veräussert zu werden bestimmt sein müssen.

§ 6.

Wenn nun von Freiheit als dem Besitze des eigenen Leibes und seiner Organe oder dem Vermögen an eigenen möglichen Handlungen abgesehen wird, so stellt sich die Idee des Besitzes am reinsten dar in der Beziehung auf Leib und Leben eines anderen Menschen, die des Vermögens in der Beziehung auf die mögliche Handlung eines anderen Menschen. Zwischen diesen beiden Grenzpunkten bewegt sich daher der Begriff des Eigenthums überhaupt. Jener entspricht dem Wesen des Familienrechts, dieser gehört dem Obligationenrecht an. Dort ist nur eine Erscheinung des natürlichen Rechtes der Gemeinschaft an ihren Gliedern: welches ihre Freiheit ist. Hier ist der adäquate Ausdruck des gesellschaftlichen Verhältnisses überhaupt, welches in dem Uebergange eines Stückes der Freiheit aus einer Willkürsphäre in die andere besteht. In beiden Begriffen ist wirkliches Eigenthum — als Recht an Sachen — die Ausdehnung der Freiheit; welche am nächsten auf andere Freiheit gleichwie auf Sachen — als Recht an

Wesen oder Personen — sich erstreckt. Daher reicht das
Recht der Gemeinschaft an den Leibern ihrer Glieder nothwendiger Weise über alle Sachen, welche zu diesen Gliedern, als zu ihr selbst, gehören; und so ist es einerlei, ob
das hingegebene Stück einer Freiheit in Handlungen als
Dienstleistungen oder in der Ueberlieferung einer bestimmten Sache sich darstelle, und kann die Bedeutung oder der
Werth jener nach Art eines Sachwerthes, als des leichter
begreiflichen, geschätzt werden. Von allen Sachen aber,
die als organisches Eigenthum einer Gemeinschaft angeschaut
werden, stehen dem Menschen selber die lebendigen Thiere
am nächsten, welche als Gehülfen der Arbeit aufgezogen,
gehegt und gepflegt werden müssen; sie gehören zum H a u s e,
und das Haus ist der Leib der einfachen Gemeinschaft
selber. Die U r - S a c h e ist vielmehr, welche ganz eigentlich
von jeder menschlichen Gemeinschaft be-sessen wird, der
Grund und Boden. Stücke und Antheile daran gehören zu
jeder einzelnen freien Familie, insofern als sie aus höherer
Gemeinschaft sich ableitet, als die natürliche Sphäre ihres
Wesenwillens und Wirkens. Wie das V o l k sich gliedert
und ausbildet, so wird in paralleler Entwicklung das L a n d
aufgetheilt und cultivirt und bleibt doch eine Einheit und
gemeinsames Gut, in weiteren oder engeren Bezügen und
Folgen. So viel auch Arbeit daran thut, sie verbessert
doch nur die Bedingungen für das freie Wachsthum von
Pflanzen, erhält und fördert die productive Kraft der Erde
selber, bereitet die dargebotenen gereiften Früchte für den
Genuss. Anders, wenn Arbeit neue Sachen s c h a f f t — wo
die Form so wichtig ist für den Gebrauch als der Stoff,
oder noch mehr. Die Form verleiht ihr der Geist und die
Hand des Einzelnen, des Künstlers, Handwerkers. Aber
d u r c h i h n arbeitet und schafft für sich das gesammte
Haus, dessen Mitglied — Vater, Sohn oder Knecht — er
ist, die Gemeinde, deren Bürger, oder die Zunft, deren Ge-
nosse und Meister er ist. Die Gemeinschaft behält ein
oberes Eigenthum an seinem Werke, auch wenn ihm allein
der Gebrauch als eine natürliche Gerechtsame und Folge
seiner Urheberschaft eingeräumt wird. Der wirkliche Gebrauch aber ist wiederum entweder — im natürlichen und

regelmässigen Verlaufe — Gebrauch durch Gemeinschaft
oder durch den einzelnen Menschen. Der natürliche Gebrauch, welcher sich auf den Gegenstand als solchen bezieht, ist entweder Abnutzung oder Erhaltung zum Behuf
zukünftigen Gebrauches oder fernerer Production. In jedem
Falle ist er eine vollkommenere Aneignung, eine Verinne-
rung oder Assimilation: auch wenn etwa das kostbare
Metall in den Schoos der Erde als Schatz versenkt wird;
sofern nämlich die Erde selber das organische Eigenthum
der Gemeinschaft ist. Entgegengesetzt aber der Gebrauch
durch Veräusserung, in Wahrheit ein Nichtgebrauch.
Berühmt ist die Stelle des classischen Autors, welche diese
Unterscheidung trifft. »Zum Beispiel des Schuhes ist der
eigentliche Gebrauch die Beschuhung, der andere die Veräusserung. Denn auch wer von dem, der des Schuhes bedarf, Geld oder Nahrung dagegen sich eintauscht, gebraucht
den Schuh als Schuh, aber nicht im eigentlichen Gebrauche;
denn nicht des Tausches wegen ist er geworden«. Tausch
ist anderseits der einzige vollkommen willkürliche Gebrauch.
Er ist selber der adäquate Ausdruck des einfachen Will-
kür-Actes, die Handlung mit Bedacht. Er setzt daher das
vergleichende, rechnende Individuum voraus, und setzt jedoch nichts voraus als dieses allein, nicht mit einem anderen, sondern ihm gegenüber. Wo Mehrere zusammen das
Subject auf einer Seite sind, da müssen sie gedacht werden
als eine beschlussfähige Versammlung und also gleich der
natürlichen Person. Als zu veräussernder Gegenstand oder
Tauschwerth ist die Sache eine Waare. Die Waare ist für
ihren Eigenthümer nichts als Mittel, andere Waaren zu erwerben. Durch diese wesentliche Eigenschaft sind alle
Waaren als solche gleich, und werden ihre Unterschiede auf
die Quantität eingeschränkt. Den Ausdruck dieser Gleichheit haben sie als Geld. Alle Waaren sind potentielles
Geld — Kraft, Geld zu erwerben. Geld ist die Potenz
aller Waaren — Kraft, irgendwelche Waaren zu erwerben.
Daher ist Geld die als Sache begriffene Willkürsphäre überhaupt Auch die einzelne Handlung, welche aus der Freiheit ausscheiden und Gegenstand eines Contractes, mithin
einer Obligation werden kann, hat als solche Tauschwerth

14*

und ist einer bestimmten Menge Geldes gleichzusetzen. »Nur diejenigen Handlungen aber sind zu Obligationen geeignet, die einen solchen äusserlichen Charakter annehmen können und dadurch fähig werden, gleich den Sachen einem fremden Willen unterworfen zu werden. Dazu aber wird vorausgesetzt, dass diese Handlungen einen Vermögenswerth haben oder einer Schätzung in Geld empfänglich sind« (SAVIGNY, *Obligationenr.* I, S. 9). Umgekehrter Weise kann daher ein Versprechen von Sachen, welche Tauschwerth haben, also insbesondere Geldversprechen, mithin eine Obligation, selber als Geld dienen und umlaufen. Das Versprechen, als Ausdruck einer Willkürform, des Beschlusses, ist selber Macht, Waaren oder Geld zu erwerben, insofern es an genommen wird; ist Vermögen. Die allgemeine Annahme muss für sich als Gegenstand einer (stillschweigenden) Verabredung, der gesellschaftlichen Convention gedacht werden, deren Grund, einer Person solchen »Credit« zu gewähren, die wie immer basirte Grösse der Wahrscheinlichkeit ist, dass ein dergleichen Versprechen gehalten, dass die Obligation erfüllt, der »Wechsel« bezahlt oder realisirt werde. Solche Creditzeichen sind mithin und wirken in um so vollkommenerer Weise dem Gelde gleich, je mehr diese Wahrscheinlichkeit der Gewissheit und Sicherheit nahe ist. Also ist aber das Geld als Obligation und die Obligation als Geld der vollkommene und abstracte Ausdruck des gesellschaftlichen Eigenthums oder des Vermögens, als der sicheren Macht über fremde, ihrer Natur nach freie, aber hierzu verbundene Willkür.

§ 7.

Nunmehr ergibt sich hieraus folgende Tabelle zusammengehöriger und entgegengesetzter Begriffe:

Gemeinschaft.	Gesellschaft.
Wesenwille	Willkür
Selbst	Person
Besitz	Vermögen
Grund und Boden	Geld
Familienrecht	Obligationenrecht.

Zu diesen Gegensätzen gehört ferner und ist in allen

gegebenen Begriffen enthalten derjenige, welchen man neuerdings oft als die Opposition der rechtlichen Formen des *Status* gegen diejenigen des *Contracts* behandelt hat. Die Stelle des gelehrten und einsichtigen englischen Autors, von welcher ein weitgehender Anstoss zu dieser Auffassung sich vorbereitet hat, verdient hier (als bisher nicht in's Deutsche übertragen) angeführt zu werden. »Die Bewegung der progressiven Gesellschaften«, sagt in zusammenfassender Betrachtung SIR HENRY MAINE (*Ancient Law, p. 168 7th ed.*) »ist in e i n e r Hinsicht gleichförmig gewesen. In ihrem ganzen Verlaufe wird sie bezeichnet durch die stufenweise Auflösung des Familien-Zusammenhanges und das Wachsthum individueller Obligation an seiner Stelle. Das Individuum wird fortwährend eingesetzt für die Familie, als die Einheit, welche das bürgerliche Recht zu Grunde legt. Dieser Fortschritt hat sich vollzogen in verschiedenen Verhältnissen der Geschwindigkeit, und es gibt Culturen, die nicht schlechthin stationär sind, in welchen doch der Verfall der ursprünglichen Organisation nur durch sorgfältiges Studium der Erscheinungen, welche sie darbieten, entdeckt werden kann . . . Es ist aber nicht schwer zu sehen, welches das Band ist zwischen Menschen und Menschen, das allmählich jene Formen der Reciprocität von Gerechtsamen und Verpflichtungen ersetzt, die ihren Ursprung in der Familie haben: kein anderes als Contract. Wenn wir, als von einem Endpunkte der Geschichte, ausgehen von einem socialen Zustande, in welchem alle Beziehungen der Personen in den Beziehungen der Familie vereinigt sind, so scheinen wir uns stetig auf eine Phase der socialen Ordnung hinbewegt zu haben, in welcher alle diese Beziehungen aus der freien Uebereinstimmung von Individuen entspringen. Im westlichen Europa ist der in dieser Richtung vollendete Fortschritt beträchtlich gewesen. So ist der Stand des Sklaven verschwunden — er ist verdrängt worden durch die contractliche Beziehung des Dienstboten zu seiner Herrschaft, des Arbeiters zum Unternehmer. Der Stand der Frau unter Vormundschaft, ausserhalb der ehelichen Vormundschaft, hat ebenfalls aufgehört zu existiren; von ihrer Altersreife bis zu ihrer Heirath sind alle Beziehungen, welche

sie bilden kann, contractliche. So hat auch der Stand des
Sohnes unter väterlicher Gewalt keine wirkliche Stelle mehr
im Rechte moderner europäischer Gesellschaften. Wenn
irgendwelche civile Obligation Vater und erwachsenes Kind
verbindet, so ist es eine, der nur Contract ihre gesetzliche
Gültigkeit verleiht. Die scheinbaren Ausnahmen sind Ausnahmen von der Art, welche die Regel beleuchten ... Die
meisten Juristen sind darüber einig, dass die Classen von
Personen, welche im Rechte äusserer Controle unterworfen
sind, aus dem einzigen Grunde in dieser Lage beharren,
weil sie die Fähigkeit nicht besitzen, ein Urtheil über ihre
eigenen Interessen sich zu bilden: mit anderen Worten, dass
sie des zuerst wesentlichen Merkmals einer Verpflichtung
durch Contract entbehren. — So kann nun das Wort *Status*
schicklich angewandt werden, um eine Formel des Ausdrucks
zu construiren für das also angezeigte Gesetz des Fort-
schritts, welches, wie gross immer sein Werth sein möge, hinlänglich, so viel ich sehe, sichergestellt ist. Alle die Formen
des *Status*, die im Personenrechte erwähnt werden, leiten
sich her von den Gewalten und Vorrechten, welche ehemals in
der Familie ihren Sitz hatten, und haben in einigem Maasse
noch jetzt davon ihre Färbung. Wenn wir also das Wort
Status, in Uebereinstimmung mit dem Gebrauche der besten
Schriftsteller, auf die Bezeichnung dieser persönlichen Verhältnisse einschränken, und es vermeiden, den Ausdruck auf
Verhältnisse anzuwenden, welche in unmittelbarer oder entfernter Weise Ergebniss einer Uebereinkunft sind, so können
wir sagen, dass die Bewegung der fortschreitenden Gesellschaften bisher gewesen ist: eine Bewegung von *Status*
zu *Contract*.« Diese klare Ansicht, deren Gültigkeit durch
die hier vorgetragenen Theoreme theils erweitert, theils er-
läutert werden soll, möge zunächst als Thema dienen für
die folgenden Erörterungen.

§ 8.

Herrschaft des Menschen über Menschen wird hier
unterschieden und im engsten Zusammenhange mit dem Begriffe des Eigenthums betrachtet. Familienrechtliche Herrschaft ist ihrem Wesen nach Herrschaft des Ganzen über

seine Theile, und ist nur Herrschaft des Theiles über Theile, z. E. des Vaters, Hausherrn über Söhne und Knechte, insofern als ein Theil die Fülle des unsichtbaren Ganzen in seinem Selbste sichtbarlich darstellt. Dasselbe gilt von allem gemeinschaftlichen Eigenthum, insonderheit vom Besitze an Grund und Boden. Hingegen gesellschaftliche Herrschaft wie Eigenthum ist *a priori* der individuellen Person gehörig; jedoch, insofern als in der Obligation wirklich eine andere Person vorausgesetzt wird, so ist diese Mitsubject an ihrer eigenen abgetretenen Handlung, so lange als dieselbe sich noch in ihrer Freiheit befindet, und hat ein Miteigenthum an dem Gegenstande oder Geldwerthe, worauf die Obligation gerichtet ist, so lange, bis sie durch ihre Erfüllung erlischt oder bis dasselbe durch ihre Fälligkeit unrechtmässig — im Rechte a l s Eigenthum nicht mehr vorhanden gedacht — wird, wenn es auch als *possessio* oder thatsächliche Inhaberschaft im Rechte fortdauern und besonderen Regeln unterliegen mag. Mithin ist ebenso die Handlung, Thätigkeit, Arbeit, als veräusserte, von dem Augenblicke an, auf welchen ihr Beginn ist festgesetzt, verabredet worden, im Rechte s e i n e, des Empfängers, Handlung, Thätigkeit, Arbeit. Nun ist es allerdings richtig, was die Naturrechtstheorie lehrt, dass eine Person nicht sich selbst verkaufen könne, da das Empfangen eines (vermeintlichen) Aequivalents und also das Beharren einer Willkürsphäre, in welche dasselbe eingeht, Voraussetzung jedes Tausches ist. Hingegen ist allerdings denkbar, dass ein Mensch seine Arbeitskraft für Lebensdauer verkaufe, im Uebrigen frei und des Eigenthums fähig bleibend. Und ferner gibt es kein begriffliches Hinderniss, warum der Mensch selber nicht als eine Waare im Eigenthum sich befinden oder als ein Gebrauchsgegenstand verzehrt werden könne. Vielmehr sind die absolute Bejahung und die absolute Verneinung der Personenqualität reciprok. Daher ist die reine Sklaverei keineswegs im r e c h t l i c h e n Widerspruch mit einem gesellschaftlichen System, wenn auch eine durchaus künstliche und positive Einrichtung, da die Voraussetzung, dass alle (erwachsenen oder wirklichen) Menschen durch Willkürfähigkeit gleich seien, von der Natur dargeboten wird und also die einfache und wissenschaftlich erste ist. So gut als von Natur werthlose Dinge: Stücke Papiers, können aber auch die Subjecte aller Werthe und Werthbestimmungen durch Convention zu Gegenständen des Vermögens und marktfähig gemacht werden, und in der That sind menschliche Leiber natürlichere Waaren als menschliche Arbeitskräfte; wenn auch nur diese, und jene nicht, eigene Waaren, von ihrem natürlichen Eigenthümer feilgehalten, sein können. Hingegen entspricht diese absolute Knechtschaft ebensowenig als die absolute Freiheit der Person dem Wesen einer Gemeinschaft. Vielmehr ist Knechtschaft solches Rechtes in erster Linie eine Art der Zugehörigkeit zu ihrem Ganzen, z. B. zum Hause, wenn auch mehr eine passive, gleich den Besitzstücken, als eine active, gleich den Selbstträgern seines Lebens; wirklich in einer mittleren Stellung zwischen beiden und zum wenigsten mit einer Möglichkeit der Theilnahme an dem gemeinschaftlichen Frieden und Rechte, durch Gewohnheit und aufmerksame Treue besondere Gerechtsame zu erwerben fähig. Dieser concrete Begriff ist derjenige einer Cultur, welche durch Ackerbau und Arbeit, anstatt durch Handel und Wucher beherrscht wird. Nach dem Urbilde der häuslichen Verhältnisse werden alle Formen der Abhängigkeit und Dienstbarkeit gestaltet und gedacht. Und ihnen allen steht eine Art von patriarchalischer Würde und Gewalt gegenüber. Das Amt des Herrschers hat einen zwieschlächtigen Charakter. Entweder ihm liegt hauptsächlich die S o r g e für seine Unterthanen ob: Schutz, Führung, Unterweisung. Hier sind sie durchaus gegen ihn die Geringeren *(Inferiores)*, und obgleich i h r Wohl sicherlich ebensosehr ihr eigener Wunsch und Wille ist als der seine, so ist doch die Form des B e f e h l e s die angemessene, wodurch er ihren Willen wie zu s e i n e m Besten bewegt, denn sie werden nur als ein Stück oder ein Glied von ihm empfunden. Oder aber es ist allerdings und z u v ö r d e r s t seine e i g e n e Sache, welcher er sich widmet; er ist der Haupturheber und Vorsteher eines Werkes, wozu e r der H ü l f e bedarf. Alsdann nimmt er, wenn es möglich ist, seines G l e i c h e n zu sich, wenn auch zugleich unter seine Hut und Abhängigkeit sie stellend, und hier ist die B i t t e

(als Aufforderung, Geheiss, Auftrag des Ueberlegenen sowohl als des Gleichen und Untergeordneten) diejenige Form,
welche einer solchen, ihrem Wesen nach gegenseitigen Bedingtheit am meisten entspricht. Die Herrschaft der ersten
Art hat ihren reinen Ausdruck, auf einer vollkommen gemeinschaftlichen Basis, als die des Vaters über Kinder: die
potestas; die der anderen Art als die eheherrliche Gewalt:
die *manus*. Alle Beziehungen zwischen Würde und Dienst,
welche minder tiefen Ursprung haben und minder auch die
Herzen verbinden, lassen sich doch auf eines dieser Schemata oder auf eine Mischung aus beiden zurückführen. Die
Hörigkeit kann von solcher Beschaffenheit sein, dass sie
mehr als die Unterthanschaft eines Sohnes, einer Creatur
oder dass sie gleich der des Gehülfen, Vasallen, Gefolgsmannes, Freundes erscheint. In beiden Gestalten kann sie
sich der Knechtschaft, als dem Stande vollkommener Abhängigkeit, mehr oder minder nähern. Aber die Knechtschaft selber ist nach dem Maasse jener Typen verschieden,
zumal wo sie wirklich in eine empfundene Familiengliedschaft sich entwickelt. Sie wird der Kindschaft ähnlicher,
oder sogar der ehelichen Genossenschaft und Kameradschaft.
Und auf's deutlichste treten die Erscheinungen wiederum
auseinander, wo der Meister (des Handwerks, der Kunst)
einmal dem Lehrlinge und Jünger gegenübersteht, sodann
aber anders zu dem ›losgesprochenen‹ Gesellen als dem
Gehülfen seiner Arbeit, dem Ausführer seiner Gedanken
sich verhält.

§ 9.

In einer neueren Darstellung, welche die schlechthin
gesellschaftlich ausgebildeten Verhältnisse als ›egoistische‹
unterschieden hat, ist unternommen worden, den Hebel aller
dieser Verhältnisse und alles Verkehrs als Lohn zu definiren
(R. v. Jhering, *Der Zweck im Recht* Bd. I). Gegen den Begriff
wird kein Einwand erhoben, aber die Bezeichnung ist irreführend. Denn gerade wer — wie dieser Schriftsteller — dem tiefen
Sinne der Sprache nachzudenken beflissen ist, wird gewahren, dass es unangemessen sei, eine dargebotene Waare als

Lohn für Zahlung der Münze oder den Preis als Lohn für Abtretung der Waare zu definiren; wenngleich es üblich geblieben ist, in einem Zeitalter, wo Niemand zweifelt, die Arbeitskraft als Waare und den Arbeitscontract als Tauschgeschäft zu erkennen, die hier gegebene Geldsumme mit jenem Namen zu schmücken. Vielmehr ist die eigentliche Bedeutung des Lohnes die einer Wohlthat, welche aus freien Stücken, d. h. in diesem Falle aus dem Wesenwillen, gewährt wird, offenbar jedoch regelmässig in Erwägung geleisteter guter Dienste, wie auch geschätzter Eigenschaften des Wesens und Charakters: der Sorgfalt, des Fleisses, der Treue, immer aber aus einseitigem Bedünken, Gefallen, Würdigung, etwa auch daher als Geschenk, Gunst, Gnade auffassbar. Es ist — kurz geredet — die Art und Weise des *Superior* zu geben, und wird dem Verdienste gebührender Maassen zu Theil; daher zu verstehen als nach genossenem Guten, empfangener Hülfe u. s. w. erfolgend. Allerdings mag nun der Diener in Hoffnung und Erwartung des Lohnes Anstrengungen machen, sich zusammennehmen, Alles thun, was in seinen Kräften steht, also gleichsam eine hohe Belohnung zu erkaufen versuchen, wie im Wettrennen jeder den Anderen zu übertreffen ringt; und ebenso ist, wie wir wissen, die Concurrenz im Handel, so alle Mitbewerbung um die Kronen des Ehrgeizes. Aber schon hier vermischen wir, was getrennt werden muss. Wo es in Wirklichkeit um ausgesetzte Preise sich handelt, da mögen zwar die sich Bemühenden als Käufer oder Verkäufer begriffen werden, keineswegs aber der Belohnende. Seine Versprechung ist in der Regel nicht diejenige eines Contrahenten; er ist nur in moralischem Sinne schuldig, wenn die Bedingungen erfüllt zu sein scheinen, das Versprochene nicht vorzuenthalten. Aber er ist selber Richter über die Leistungen, wie ein Herr (eben darum kann er auch das Amt des Preisrichters »vergeben«); und was er gibt, gibt er nach und wegen dem Guten, dahingegen der Tausch wesentlich ein doppelter und gleichzeitiger Act ist, das Vor und Nach nicht kennend, so wenig als das Oben und Unten, (*scil.* des Ranges, da diese Vorstellung immer eine räumliche ist, wie ja von Natur der Erzeuger

gegen das Kind, der Mann gegen das Weib dem Wuchse
nach höher und grösser zu sein pflegt) Kein Vor und
Nach; denn wenn die Gegenleistung in der Zeit folgen
soll, so besteht der wirkliche Tausch in dem Wechsel eines
(angenommenen, geglaubten) Versprechens gegen die Sache.
Dort ist ein Act der distributiven, hier der commu-
tativen Gerechtigkeit gegeben, welcher bedeutende Gegensatz in der Wurzel identisch ist mit dem unsrigen der Gemeinschaft gegen Gesellschaft, und in neue und wichtige
Erörterungen den Ausblick eröffnet. Um aber zurückzu-
kehren: so ist die Handels- und andere Concurrenz (wo ein
Jeder, der mitläuft, reich, mächtig, angesehen zu werden trachtet) doch nur eine metaphorische; ihr steht gar kein Subject,
weder ein verkaufendes, noch ein schenkendes gegenüber,
sondern die berechenbaren oder unberechenbaren Umstände
des Schicksals, das Glück, welches aus bekannten oder un-
bekannten Ursachen den Fleiss oder die Frechheit des
Einen belohnt, des Anderen vergeblich sein lässt. Ferner:
die Versprechung eines Preises ist nur dann der ideellen
Hingabe desselben gleich, wenn die geforderte Leistung eine
durchaus objective Beschaffenheit hat, also wie eine Sache
aus der Willkürsphäre des Leistenden ablösbar ist; denn
so wird der Tausch ein vollendeter, sobald als diese auf die
Gegenseite übergegangen ist, indem eine Forderung auf den
Preis oder eine Obligation des Preisstellers daraus entsteht.

§ 10.

Und auf diese wie auf andere Weise kann aus jedem
Dienstverhältniss ein reines Contractverhältniss werden,
wie durch Erfahrung bekannt ist. Aber wiederum erkennen
wir auch, dass durch keine Anstrengung und Willkür gemacht werden kann, was nur die freie Natur und der mit
ihr harmonische menschliche Wesenwille hervorbringt, und
dazu gehören dessen Eigenschaften sowohl als nicht weniger
die ihm eigenthümlichen Werke. Alles von dieser Art
kann wohl belohnt, aber nicht bezahlt werden. Von den
Eigenschaften nur was sich etwa aus ihnen in bestimmten
Thaten darstellt, was daher — oder desgleichen — ein
jeder Mensch, auch ohne solche Eigenschaften, zu können

gedacht wird, wenn er nur wolle, d. i. durch eine hinlänglich reizende Zweckvorstellung als Motiv zum Gebrauche
seiner Kräfte bewogen werde. Dies ist fictiv: denn es
gibt nicht solche physisch-psychischen Kräfte, die ausser ihm
wären, von Natur. Aber die allgemein-menschlichen
Fähigkeiten, an welchen Jeder einen quantitativ messbaren
Antheil hat, der ihm zur Verfügung steht, insofern als dem
Wirken der Gehirnerregung Contraction der Muskeln folgt,
sind eben in dieser Hinsicht äusseren Dingen gleich, in
Bezug auf welche Jeder ein Gleicher, nämlich Mensch
schlechthin ist, der sie anzufassen und zu dem ihnen eigenthümlichen Gebrauche anwenden kann, welcher Gebrauch
wiederum für alle Dinge der gleiche und mithin der leich-
teste ist, insofern als sie die Bestimmung der Waare empfangen, wo also die wahre Anwendung in eine scheinbare,
der Gebrauch in einen Ungebrauch umschlägt. Jedoch
auch der gleiche, insofern als sie nur die Exertion allge-
mein-menschlicher Muskelkraft erfordern. Es berührt sich
hier, wie sonst, das Concret-Allgemeine, welches die Anlagen alles Besonderen in sich enthält, mit dem Abstract-
Allgemeinen, in welchem durch den Act eines individuellen
oder gesellschaftlichen Denkens alle Besonderheiten künstlich ausgelöscht worden sind: das Allgemeine der Idee und
das Allgemeine des Begriffs. In Wirklichkeit ist jedoch
keineswegs, wenn eine Thätigkeit angeboten und verkauft
wird, hiermit gegeben, dass jeder Mensch derselben fähig
sei. Es ist nur die einzelne Person, welche sie für sich
äusserlich macht, und sie nimmt die Form einer solchen
dem Menschen schlechthin möglichen Sache an. Ob dann
und in welchem Maasse, auch die Ausführung solcher
durchschnittlich-allgemeinen Arbeit sich nähere, ist eine
Frage anderen Bereiches. Dies ist allerdings der Fall, je
mehr die Arbeit in Bezug auf dasselbe Werk, daher innerhalb der Manufacturwerkstatt getheilt, die getheilte sim-
plificirt wird, endlich aber ganz besonders, wenn die Arbeit
durch Maschinen, indem dieselben mehr und mehr selbst-
wirkend werden, zuletzt nur eine Bedienung erfordert; und
wie Maschinen, so Methoden: dahin tendirend, die ausgebildete Geschicklichkeit und Kunst zunächst vollkommener,

alsdann aber überflüssig zu machen. Und je mehr die Arbeit abstracte und einfache Arbeit wird, desto deutlicher bedingt sie als solche ihren Preis und wird auf ihren Werth als Art der Nutzung und Ausbeutung eines Objectes — wie der Unternehmer sie einkauft — reducirt; oder: der durchschnittliche Preis, zunächst ein imaginäres Mittel zwischen hohen und niedrigen, wird durch verminderte Zugkraft der hohen, welche qualificirter Arbeit entsprechen, dem Stande der niedrigen immer mehr angenähert. Dieser Process vollzieht sich noch innerhalb des Systems gesellschaftlicher Production, welches auf Trennung des Arbeiters von seinen Stoffen und Werkzeugen beruht. — Hiernach werde beurtheilt, wie unangemessen der Name des Lohn-Arbeiters dem Proletarier des gesellschaftlichen Systemes sei. Er correspondirt in der That dem Namen des Brodherrn oder des Meisters für den unternehmenden Kaufmann oder Fabrikanten oder die noch unpatriarchalischere Actiengesellschaft, endlich gar den allerungnädigsten Fiscus.

§ 11.

Dem Lohne als der Gabe des Höheren an den Niederen stellt sich die Abgabe als Beitrag des Niederen für Leben und Haushaltung des Höheren zur Seite. Beide entwickeln sich durch die thatsächliche Uebung zur Gewohnheit und werden durch mitwirkende Umstände, zumal als allgemeine Gewohnheit, auch in Bezug auf Art und Menge zur Pflicht. Als durchaus freiwilligen steht ihnen die Bitte (namentlich dem Lohne) oder versprochene, wenn nicht vorgewährte Gunst gegenüber (namentlich der Abgabe). Als pflichtmässigen das Verlangen (*postulatum*) oder der Titel einer Gerechtsame. Endlich aber schlagen beide Gattungen in contractmässige, — ferner, was aber hier noch nicht in die Betrachtung fällt, in gesetzmässige — um, wo sie nichts als bedungene und bewilligte Aequivalente sind für empfangene und in Aussicht gestellte andere Sachen oder Dienstleistungen. Da nun ihrem Ursprunge nach die Abgabe so sehr als der Lohn dem Gedächtniss und der Erkennung (*recognitio*) eines gemeinschaftlichen Verhältnisses gilt, so sind beide nichts als sichtbare Ausdrücke des Dankes für ge-

nossenes Gute. Und so kann auch die Abgabe als ein
ehrender, erhöhender Lohn, der Lohn als eine gnädige, er-
niedrigende Abgabe begriffen werden. In dem einen Sinne
ist, beschenkt zu werden, auch ausserhalb des Werthes und
Nutzens, angenehm, in dem anderen lästig. Daher denn
ist die Abschaffung der Abgaben, ihre Ablösung, Verwandlung in Steuern u. dgl. als ein Moment der Verwesung gemeinschaftlicher Verhältnisse, zugleich zerstörend für den
hierdurch bedingten Rang der Oberen; wenn sie auch ihre
gesellschaftliche Bedeutung, nämlich die vollkommene
vermögensrechtliche Unabhängigkeit durch ein festes, aus
Handels- oder Wuchergeschäften hervorgehendes Geldein-
kommen, allererst möglich macht. Denn zu einem derartigen
Geschäft, auch wenn nicht durchaus als Geschäft betrieben,
wird der schlechthin freie Grundbesitz schon durch die
Form des Pachtcontracts und hieraus fliessenden Bezug
der Grundrente. Wie also jene Veränderung eine doppelte
Seite für die Destinatäre hat: eine schlechte für ihre Ehre
und eine gute für ihr Vermögen, so auch die Abschaffung
des Lohnes, aber in umgewandter Weise für die ihrigen.
Die Oberen haben, auch nachdem alle wirklichen Bande
zwischen ihnen und der Menge zerrissen sind, ein starkes
Interesse daran, den vollen Consequenzen der Gleichheit
aller Willkürfähigen sich entgegenzustemmen, in sofern als
dieselben eine Leugnung ihrer Superiorität enthalten, welche
Superiorität in der That nicht blos beharrt, sondern starrer
und schärfer wird, indem sie in eine gesellschaftliche sich
verwandelt, wo sie ganz und gar nicht im Subject — der
nackten Person —, aber um so mehr im Objecte, im Umfange ihrer Willkürsphäre, also zumal ihres Vermögens,
sich findet. Daher haben sie ihre Freude am Scheine und
Namen des Lohnes. Derselbe Schein, wenn auch nicht der
Name, wird von den Unteren als Marke der Dienstbarkeit,
als Unehre empfunden. Hingegen ist ihnen die Sache in
manchen Beziehungen, welche durch sich selber wohl der
Reduction auf reinen Tausch oder Contract fähig sind, nach
ökonomischem Werthe gemessen, günstig. Denn wer es verschmäht (unter seiner Würde hält, sich zu gut dafür hält),
um den Preis einer Waare oder einer Leistung zu feilschen,

der begibt sich dadurch seines hauptsächlichen Vortheils
als Käufer und entgeht, wenn die Leistung schon geschehen
— also, nach dem gesellschaftlichen Schema, ein stillschwei-
gender Contract vorher abgeschlossen worden ist — der
Gefahr, durch Nachforderung des Verkäufers dazu genöthigt
zu werden, nur durch reichliche Zahlung, welche also
über den Werth und Preis hinaus eine freie Gabe zu enthalten gedacht wird; und diese mag allerdings als eine Vergütung und eigentlicher Lohn für Eigenschaften und Thätigkeiten, deren Werth nicht angeboten worden ist oder
werden kann, angesehen werden.   Sonst aber hat sie den
Charakter des Almosens, als der freiwilligen Abgabe des
Höheren an Niedere, als deren einziger Grund die Noth der
Niederen vorgestellt wird. Doch hat auch dieses einen verschiedenen, gemeinschaftlichen oder gesellschaftlichen Sinn;
oder vielmehr verschieden, je wie es aus individualem
Wesenwillen oder individualer Willkür hervorgeht.   Denn
einmal geschieht es aus besonderem oder allgemeinem Mit-
leiden, besonderem oder allgemeinem Pflichtgefühl, aus hel-
fender, fördernder Gesinnung, und die Idee einer Nothwendigkeit (aus dem eigenen Antriebe) oder Schuldigkeit (aus
dem Verhältnisse einer Verwandtschaft oder Nachbarschaft oder Standes oder Berufsgenossenschaft, endlich gar
einer religiösen und etwa allgemein-menschlichen Brüder-
lichkeit) involvirend.   Anders, wenn es mit vollkommener
Kälte, um eines äusseren Zweckes willen — z. B. um den
lästigen Anblick des Bettlers los zu werden — gegeben
wird, oder um die Eigenschaft der Freigebigkeit zu zeigen,
um sich in der Meinung von Macht und Reichthum (im
Credit) zu erhalten, oder endlich — und das ist das Häu-
figste, mit dem Uebrigen aber sehr nahe zusammenhängend
— unter dem Drucke der gesellschaftlichen Convention und
Etikette, welche ihre guten Gründe hat, solche Vorschriften
zu machen und durchzusetzen.   Und dies ist die Art des
Wohlthuns der Reichen und Vornehmen — eine vornehme
Art, wie alle vornehme Art kühl und gefühllos ist. — Aus
diesen Gesichtspunkten möge das interessante und von
den Neueren so angelegentlich erörterte Phänomen des
Trinkgeldes beurtheilt werden: eine seltsame Mischung

von Preis, Lohn, Almosen, jedenfalls die Gemeinschaft der
Menschen weder zu erhalten, noch zu fördern geeignet.
Es ist wie der letzte Ausläufer und die äusserste Entartung
aller solcher Bildungen. Hingegen ihre ursprüngliche und
allgemeinste Gestalt ist das G e s c h e n k zwischen Liebenden, Verwandten, Freunden, wie die vollkommene Gast-
lichkeit und alle echte Hülfe ebensosehr um des Gebenden
selber als um des Anderen willen: die in Wahrheit als natürliche Einheit sich empfinden. Auch dieses kann, wie
Alles von gleicher Art, willkürlich und conventionell w e r -
d e n; aber der S c h e i n entsprechender Gesinnung wird mit
um so grösserer Aengstlichkeit festgehalten, da der sonst
sich ergebende Austausch von Naturalgegenständen ohne
Vergleichung und Schätzung, gar zu hybride und absurd
erscheinen müsste. Denn wiederum: ein Geldgeschenk auf
den Platz zu legen, ist nur d a n n ohne Verletzung jedes
logischen oder ästhetischen Verständnisses zulässig, wenn an
eine Erwiderung n i c h t gedacht werden kann, als welche eine
totale oder partielle Aufhebung ergeben würde — daher
etwa wohl als Freundesgabe des Höheren, der mit der
Macht auch den Willen haben kann, den Geringeren in
Bezug auf abstractes V e r m ö g e n zu stärken; zumal wenn
derselbe mit seiner gesammten Willenssphäre von ihm sich
herleitet, wie vom Vater der Sohn. Dagegen ist ein Geldgeschenk des Aermeren an den Reicheren durch seinen inneren Widerspruch lächerlich. Aus eben demselben, nicht
oberflächlichen Grunde kann zwar der Lohn sein Wesen
bewahren, wenn er in Geld verwandelt wird; die Abgabe
schwerlich. Denn die in Geldform gesetzte S t e u e r gilt
durchaus, ob nun dem Staate oder einer Unterabtheilung
desselben dargebracht, einer gemeinsamen, von den individuellen Personen ausser sich gesetzten C a s s e. Sie ist ein
gesellschaftlicher Begriff und wird im Zusammenhange mit
den Begriffen des Staates und aller solcher Vereine erklärt
werden.

§ 12.

An der Bewegung von Status zu Contract erkennen
wir eine Parallele des Lebens und des Rechtes. Recht ist,

in jedem Sinne, nichts als gemeinsamer Wille; es ist in die-
sem Sinne, als natürliches Recht, die Form oder der
Geist schlechthin, derjenigen Verhältnisse, deren Materie das
Zusammenleben, oder, im allgemeinsten Ausdrucke, der
Connex von Willens-Sphären ist; so jedoch, dass dieselbige
Form auf der einen Seite als die nothwendige Einheit der
Willen und Willenssphären oder als Emanation aus solcher
Einheit gedacht wird, mithin als so real wie die Materie,
deren subjective (psychische oder metaphysische) Erscheinung
sie ist — auch wenn jene (die Materie) als blosses Product
des einheitlichen oder harmonischen Gedächtnisses, socialer
Phantasie, begriffen wird (in dem Sinne, in welchem man
von der dichtenden, schaffenden Volks-Seele auch wissenschaftlich geredet hat), — auf der anderen aber als zu dergleichen, nur durch Denken existirenden Materie, aus den
Willkürsphären hinzugefügte Form, die blosse Erscheinung einer bestimmten Zusammensetzung derselben.
Die allgemeine und einfache Thatsache ist dort die Verbundenheit der Leiber, welche als beständige vorgestellt
wird, wenn das Volk spricht: ›Mann und Weib sind Ein
Leib‹. Sie ist mithin an und für sich verbundener Wesenwille = natürliches Recht: die Form der ehelichen und
aller derartigen Thatsachen, welche als eine organisch angelegte Materie gedacht werden. Hier ist die einfache und
elementare Thatsache der Eigenthums-Wechsel oder Austausch von Sachen, welcher in zahlreichen Fällen ganz und
gar indifferent ist, immer aber ein blos mechanischer Vorgang, Bewegung dessen, was schon vorhanden, und seine
Bedeutung nur durch die Absichten und Berechnungen der
Personen erhält, welche ihn vollziehen und denken. Ihre
bestimmte Willkür macht ihn erst zum rechtlichen Vorgang, setzt die Form des Rechtes, welche ›natürlich‹ heissen
darf, weil sie innerhalb dieser ihrer Art das einfachste und
schlechthin rationale Gebilde darstellt. Da aber jede solche
gemeinsame Willkür durch Contract, also dieses Recht, an
und für sich gedacht, nur für seine Subjecte vorhanden ist
— als ihnen zusammen eigener Gedanke oder Begriff — so
bedarf es, um zu einer quasi-objectiven Existenz zu gelangen, der allgemeinen Willkür als anerkennender, be-

stätigender, und fordert die Gesellschaft als derselben
Subject. Ihr Wille als natürlicher und einfacher ist Convention, und ist natürliches Recht in diesem quasi-
objectiven Verstande. Aber weder durch die besonderen,
noch durch den allgemeinen Contract ist ein Subject
solches Willens und Rechtes als Einheit, ausserhalb
und getrennt von der Gesammt-Vielheit, gegeben, wenn
es nicht durch besondere Bestimmung gesetzt worden ist.
Alsdann aber verhalten sich solche Einheiten wie die Contracte zu einander: durch die allgemeine Einheit werden
erst die besonderen Einheiten objectiv-real; sie erheischen
doppelte Setzung. Aber die allgemeine Einheit kann,
wenn selber einheitliche Person (als Staat) auch von sich
abhängige Einheiten einsetzen und benennen, welche gar nicht
auf Contracten von Individuen beruhen, aber Subjecte für
Massen ihrer Willkürsphäre sind, welche dauernd oder in
provisorischer Weise sich darin befinden. Hieraus ergibt
sich die Doctrin der juristischen Personen. Wenn
nun — in neutralen Ausdrücken — als die beiden Grund-
formen des socialen Daseins überhaupt »Verbindung« und
»Bündniss« betrachtet werden, so ist in Gemeinschaft (als
Status) Verbindung früher, die Einheit vor der Vielheit,
wenn auch in der empirischen Erscheinung Einheit und
Vielheit noch nicht auseinander gegangen sein mögen; Bündniss ist später, als ein besonderer Fall, in welchem die besondere Einheit unentwickelt bleiben soll; so wie der
Mann früher ist — der Idee nach — als der Knabe, dieser
aber sowohl als werdender, zukünftiger Mann betrachtet
werden kann, wie auch als Knabe in seiner unentwickelten
Gestalt. In Gesellschaft ist Bündniss das frühere, als der
einfache Fall; Verbindung ist das zwiefache oder mehrfache
Bündniss. Gemeinschaft steigt von Verbindung zu Bündniss
hinab: dieses kann hier nur innerhalb einer objectiv-allge-
meinen Ordnung gedacht werden, da in ihm die Willen am
meisten der Willkür ähnlich werden. Gesellschaft erhebt
sich von Bündniss zu Verbindung. Während aber für
alle einzelnen Willenseinigungen Bündniss die adäquatere
Form ist, insbesondere die allein mögliche für einfache
Combination, so ist hingegen für die Einigung Vieler, welche

Bündnisse Aller mit Allen involvirt, Verbindung die adäquatere Form. Und sie kann wiederum in ihrer höchsten
Entfaltung der Gemeinschaft ähnlicher werden, die sie
setzende Willkür um so mehr dem Wesenwillen gleich erscheinen, je allgemeiner sie ist, in ihrem Umfange und in
Bezug auf ihre Zwecke. Denn um so schwerer sind die ihr
unterliegenden Contracte nachweisbar, und sind um so complicirter ihrem Inhalte nach.

§ 13.

Innerhalb einer sich entwickelnden und in viele
Gruppen gegliederten Volks-Gemeinschaft muss aber der
Austausch von Gegenständen und somit die Form des Contractes als in stätiger Zunahme begriffen gedacht werden.
Ungeheure Hemmungen sind jedoch vorhanden und werden
aufgerichtet, dass diese Thatsachen und Formen nicht zu
herrschenden oder gar alleinigen werden. Und die gesammte Entwicklung ist zuvörderst auch eine Vermannigfachung und Erweiterung der gemeinschaftlichen Thatsachen
und der Formen des Verständnisses, oder, wie wir im Sinne
des Naturrechts sagen wollen, des Status, als welcher immer
neuen Bildungen sich anpasst. Aus jedem Status wie aus
jedem Contract ergeben sich für die individuellen Selbste
oder Personen, Rechte und Pflichten. Der Status setzt die
Individuen nicht voraus, sondern ist in und mit ihnen da;
was er voraussetzt, ist seine eigene Idee und Form, welche
entweder durch sich selber begriffen oder aus einer anderen
abgeleitet wird. Der Contract ist erst ganz er selber, wenn
er als gemacht von Individuen und als ihr Gedankending
ausserhalb ihrer begriffen wird.

Die Parallele von Leben und Recht wird demnach
zuerst einen Fortgang zeigen von gemeinschaftlichen Verbindungen zu gemeinschaftlichen Bündniss-Verhältnissen; an
deren Stelle treten alsdann gesellschaftliche Bündniss-Ver-
hältnisse, und hieraus entstehen endlich gesellschaftliche
Verbindungen. Die Verhältnisse der ersten Classe sind
wesentlich familienrechtlich und besitzrechtlich; die der anderen gehören dem Vermögens- und Obligationenrecht an.

15*

Der Typus aller gemeinschaftlichen »Verbindungen« ist die Familie selber, in allen ihren Gestaltungen. Der Mensch findet sich in dieselbe hineingeboren; er kann zwar das Verbleiben darin, aber keineswegs die Begründung solches Verhältnisses als aus seiner willkürlichen Freiheit erfolgend mit irgendwelchem Sinne denken. Wenn wir zurückgreifen auf die drei unterschiedenen Fundamente aller Gemeinschaft: das des Blutes, des Landes und des Geistes — oder: Verwandtschaft, Nachbarschaft, Freundschaft — so sind in der Familie alle zugleich, aber das erste als ihr Wesen constituirend. Die gemeinschaftlichen »Bündnisse« werden am vollkommensten als Freundschaften aufgefasst; die Gemeinschaft des Geistes beruhend auf gemeinsamem Werk oder Beruf, und so auf gemeinsamem Glauben. Es gibt aber auch Verbindungen, die selber in der Gemeinschaft des Geistes ihren hauptsächlichen Inhalt haben, und aus freiem Willen nicht blos gehalten, sondern auch geschlossen werden: von solcher Art sind vorzüglich die Corporationen oder Genossenschaften der Kunst und des Handwerks, die Gemeinden oder Brüderschaften der Religion oder eines bestimmten Cultuszweckes: Gilden, Zünfte, Kirchen, Orden; in allen diesen bleibt aber Typus und Idee der Familie erhalten. Als Urbild der gemeinschaftlichen Bündnisse kann aber das Verhältniss von Herren und Knecht, besser: von Meister und Jünger, in unserer Betrachtung verharren; zumal inwiefern es von einer jener Verbindungen als von einem wirklichen oder ideellen Hause überdacht bleibt. Zwischen Verbindung und Bündniss stehen viele wichtige Verhältnisse, unter welchen das wichtigste die Ehe ist, als welche einerseits die Basis neuer Familie darstellt, andererseits durch freie Einigung des Mannes und Weibes gestiftet zu werden scheint, welche doch nur aus der Idee und dem Geiste der Familie begriffen werden kann. Die Ehe in ihrem moralischen Sinne, d. i. die einfache Ehe (Monogamie), kann als vollkommene Nachbarschaft definirt werden; das Zusammen-Wohnen, die beständige leibliche Nähe, Gemeinsamkeit täglicher und nächtlicher Stätte, Tisches und Bettes macht ihr ganzes Wesen aus; ihre Willenssphären und Gebiete grenzen nicht an einander, sondern sind wesentlich

Eins, wie die Mark der Dorfgenossen. So stellt auch ihre
Güter-Gemeinschaft im Besitze desselben Ackerlandes
auf die höchste Weise sich dar. — Alle diese Verhältnisse
des Status können zwar im Leben und im Rechte zu Contracten werden, aber nicht ohne ihren wirklichen und organischen Charakter einzubüssen. Das Dasein von Menschen
in ihnen ist durch besondere Qualitäten derselben bedingt;
sie schliessen daher anders bedingte Menschen von sich aus.
Als Contracte sind sie durch gar keine Qualitäten bedingt,
sondern erfordern blos Menschen, welche dem Begriffe der
Person entsprechen durch irgendwelche als Quantitäten
messbare Fähigkeiten oder Vermögensmengen. So sind nun
die einfachen Contracte des Handelsverkehrs, als worin die
Tauschenden und Geschäfte-Machenden immer als Gleich-
Berechtigte einander gegenüberstehen; und so dass ihre innere
Gleichgültigkeit gegen einander keineswegs der Möglichkeit
und Wahrscheinlichkeit ihrer Verträge entgegen ist, vielmehr dieselbe begünstigt, und von dem reinen Begriffe als
Bedingung gefordert wird. Scheinbar beruhen Contracte, sofern nicht Zug um Zug geleistet wird, auf Vertrauen und Glauben, wie der Name des Credits anzeigt; und dieses Moment,
dem Wesenwillen angehörig und darauf sich beziehend, kann
bei unentwickeltem derartigem Verkehre wirklich wirksam
sein und bleiben. Mehr und mehr aber wird es verdrängt
und ersetzt durch die Rechnung, in welcher aus objectiven Gründen zukünftige Leistung für sicher oder für mehr
oder minder wahrscheinlich gehalten wird, als aus dem eigenen Interesse des Contrahenten erfolgend; sei es, weil er ein
geschätztes Pfand hinterlegt hat oder weil die Möglichkeit
fernerer Geschäfte für ihn von bewiesener Zahlungsfähigkeit
abhängt. Also ist dann der Schuldner nicht mehr ein
Armer, Dienender, Verpflichteter, sondern ein Geschäftsmann, wie umgekehrter Weise jeder Geschäftsmann ein
Schuldner zu sein pflegt. Daneben aber gehen die Dienst-
Contracte, vor allen der Arbeits-Contract, welcher die
beiden grossen Classen der Gesellschaft verbindet und die
Form ist, durch deren Eingehung Mengen von Menschen
zu gemeinsamer Arbeit vereinigt werden oder sich vereinigen: der wahre Hebel einer socialistisch-revolutionären mög-

licher Weise so gut als einer socialistisch-positiven Construction des Zusammenlebens.

§ 14.

Gesellschaftliche Verbindungen können sich auf Zwecke aller Art beziehen, welche als mögliche Erfolge gedacht werden und als erreichbar durch vereinigte Kräfte oder Mittel; indessen kann eine künstliche Person nicht auf andere Weise über menschliche Kräfte verfügen, als indem dieselben zu ihrem Eigenthum gehören, also durch ihren Geldwerth anderem Vermögen gleichartig sind; und so kann sie entweder, wie eine natürliche Person, Arbeitskräfte eingekauft haben — was ihr Dasein und Geldvermögen voraussetzt — oder es mögen bestimmte Leistungen von ihren Urhebern selber, sei es mit oder nach der Stiftung, ebenso wie Geldsummen, ihr bewilligt werden; und diese können von Allen gleichartige oder verschiedenartige sein, wobei jedoch die Verabredung möglich ist, dass als Gleichheit auch ein gleiches Verhältniss zu den Gesammtkräften eines Jeden gelten solle. Nun ist ein sich wiederholendes Ergebniss oder die fortwährende Thätigkeit der Verbindung, worin der gewünschte Erfolg, der gesetzte Zweck besteht. Wenn ein Ergebniss: so ist dasselbe entweder nach Belieben theilbar und getheilt zu werden bestimmt, wie ein Geldertrag — alsdann muss bei gleichen Gesammteinlagen (an persönlichen und Vermögensleistungen) zu gleichen Theilen, bei ungleichen zu proportionalen getheilt werden; oder nicht theilbar und nicht getheilt zu werden bestimmt: dann muss der mögliche und vorausgesehene Genuss ein gleicher oder proportionaler sein. Und ebenso wird es stehen mit dem Nutzen einer fortwährenden Thätigkeit. In allen diesen Fällen wird aber angenommen, dass der Aufwand von Kräften und Mitteln mit dem Erfolge im günstigsten Falle das Verhältniss der Gleichheit habe, d. h. dass keine Quantität von Kraft ohne ihre Wirkung bleibe (verschwendet werde). Was also die Sich-Verbindenden wollen, ist nur ein Umsatz und Erhaltung ihrer Energieen, wie auch durch jeden Act des Wesenwillens auf bessere oder geringere Weise producirt wird.

Mithin ist eine gesellschaftliche Verbindung nicht als solche auf die höhere willkürliche Thätigkeit hingewiesen (die es nicht blos der Form nach ist), und nicht darin ist ihr Unterschied von der gemeinschaftlichen Verbindung gelegen, als welche doch auch — vermittelst ihres Hauptes (ihrer Häupter) — ihren Willen als Willkür darstellen kann; aber jene ist die allein mögliche Art der Verbindung, nachdem einmal nichts als individuelle Personen mit getrennten Willkürsphären sind vorausgesetzt worden; und sie unterscheidet sich deutlich dadurch, dass auf einen bestimmten Zweck und bestimmte Mittel dazu alle ihre Thätigkeit, sofern sie dem Willen ihrer Theilnehmer gemäss, also rechtmässig sein soll, muss eingeschränkt werden. (Hingegen ist es der gemeinschaftlichen Verbindung wesentlich, so universal zu sein, wie das Leben ist, und ihre Kräfte nicht ausser ihr, sondern in sich selbst zu haben.) Allerdings kommen viele solche Zweck-Gesellschaften vor, bei welchen die Basis eines Contractes mit diesem Inhalte nicht mehr deutlich ist, weil keine Obligation im rechtlichen Sinne daraus entsteht, d. h. die in der allgemeinen Rechtsordnung als solche anerkannt wäre. Ebenso gehören daher andere Verbindungen in diese Kategorie, welche zwar die äussere Gestalt eines reinen Contractes annehmen, aber wiederum ohne diese gewöhnliche Folge einer gleichsam handgreiflichen und der Schätzung in Geld empfänglichen Obligation. »So lässt sich eine Verabredung mehrerer Menschen denken, in regelmässigen Zusammenkünften sich gegenseitig in Wissenschaft oder Kunst auszubilden. Diese Verabredung wird vielleicht die äussere Gestalt eines Vertrages an sich tragen [und, möge hinzugefügt werden, einen Verein begründen], aber eine Obligation auf die so verabredete Thätigkeit wird nicht entstehen können« (SAVIGNY a. a. O.). So kann denn auch ein Verein entstehen, welcher für seine Theilnehmer volle Realität als Person hat, ohne doch in der Rechtsordnung überhaupt vorhanden zu sein (nicht-juristische künstliche Person). Hingegen sind die eigentlich rechtlichen und gesellschaftlich bedeutendsten Associationen solche des Vermögens, auch in Absicht auf den Zweck: eine Zusammenlegung von Mitteln zum Behuf

ihrer eigenen Vermehrung; daher insbesondere die Verbindungen des Kapitals für die Zwecke des Wuchers, des
Handels und der Production. Solche Verbindung will Profit
machen, wie die einzelne handelnde Person. Sie hat zu
diesem Behufe Häuser oder Schiffe, oder Maschinen und
Stoffe erworben. Alles, was sie im Vermögen hat, gehört
ihren Theilhabern, aber nicht denselben als Einzelnen, sondern insofern sie einheitliche Person sind. Und insoweit haben sie folglich ein Interesse an Erhaltung, Herstellung, Vermehrung solcher Geräthe. Davon trennt sich
hier das Interesse der Einzelnen an dem blossen zur Vertheilung gelangenden Einkommen, welches in der That
der letzte Zweck ist, dem auch jenes einheitliche Interesse
dienen muss und um dessen willen die ganze Einigkeit gemacht worden ist. Diese Trennung kann an einer wirklichen und individuellen Person nur *in abstracto* vollzogen
werden. Mithin zeigt die Form der Association den reinen
Zusammenhang der Motive auch des individuellen willkürlichen Handelns auf deutlichere Weise. Ihre Actionen aber
sind theils nach aussen gerichtet, theils nach innen in Bezug auf sich selber und ihre Theilhaber. Zunächst ist sie,
d. i. die sie vertretende Person, auch für jene den Einzelnen verantwortlich, welche sich aber zum Behuf
ihrer Controle eine besondere Einheit und Vertretung —
als einfachster Weise in ihrer eigenen beschlussfähigen
»General-Versammlung« — geben können (dieselbe
wird nun aber ihrerseits den Einzelnen verantwortlich werden); nämlich gebunden, wie sie (die Person der Association) war, nach der angenommenen Regel eines Mandats-
Contractes zu verfahren. Aber ihre nach innen gerichtete
Action, und das ist, die Theilung ihres (an bestimmten
Terminen) verfügbaren Gewinnes (als des Erfolges ihrer
Handlungen) zwischen sich als Einheit und sich als Vielheit, fällt ebenfalls unter dieselbe besondere oder unter
anerkannte allgemeine Rechtsregeln, und stellt, sofern sie
die Einzelnen angeht, ganz und gar wie eine äussere Action
sich dar. Dieselbe ist aber nicht als solche Erfüllung einer
Obligation, unter welcher die Association sich befindet, sondern
ist nur die etwanige Folge ihrer allgemeinen Obligation, das

gesellschaftliche Vermögen theils überhaupt auf zweckmässige
Weise zu verwalten, theils insbesondere zum grössten möglichen Vortheile der Theilhaber. So ist eines Jeden Antheil
in Wirklichkeit nur ein projicirtes und unter besondere,
von ihm selber (wenn überhaupt so) blos mit-abhängige Verwaltung gestelltes Stück seines Vermögens; wie auch jeder
für sich zu seinem Geschäfte oder seinen Geschäften wie
zu fremden, obgleich von ihm selber fingirten Personen
sich verhalten kann, sein privates und Genuss-Vermögen
als das eigentlich Seine behauptend. Während aber jene
Geschäfte zwar nach aussen hin (im Handelsrecht) als besondere Personen figuriren können, niemals jedoch auf öffentliche Weise gegen ihr eigenes Subject oder gar gegen einander (sondern nichts sind als er selbst, in besonderen und
anerkannten Ausdrücken; so dass in der That auch mehrere
solche in den wichtigsten Beziehungen selber als eine und
dieselbe Person gelten müssen); a n d e r s verhält es sich
mit Vermögens - G e s e l l s c h a f t e n, wenigstens rechtlich-
m ö g l i c h e r Weise; denn es kann zwar auch eine solche
mit der Vereinigung ihrer Subjecte — obschon einer Vereinigung zu diesem b e s t i m m t e n Z w e c k e — insoweit
identisch sein, dass sie (als eine eigentliche Societät oder offene
Gesellschaft) nur für und nicht gegen dieselben vorhanden
ist, mithin auch keine einheitliche juristische Person darstellend (keine *universitas,* so wenig als das Geschäft, unabhängig von seinem Inhaber, dies sein kann, wenn es auch
als »Firma« die Person desselben zu perpetuiren vermag),
sondern allein die in gewissen Folgen als Einheit g e l t e n d e
Mehrheit der theilhabenden Personen. Hingegen wird die
Vermögens-Gesellschaft frei und selbständig, wenn sie selbst
als ein der Repräsentation bedürfendes Subject vorgestellt
wird, das zwar ohne Obligationen in Bezug auf ihre A c t i o -
n ä r e (welche darum so heissen, weil sie eine Klage, frz.
action, gegen die Gesellschaft haben) nicht denkbar ist, zugleich aber ein vollkommenes E i g e n t h u m an dem zu-
sammengetragenen Vermögen inne hat, und gleich jeder anderen Person bis zur Höhe ihres Eigenthums für eingegangene
Verbindlichkeiten haftet. Andere Formen von Associationen
des Vermögens, wie die eingetragene Genossenschaft, mit

unbeschränkter oder doch über die Antheile hinausgehender
Haftung der Genossen, sind zwar ganz und gar aus beson-
d e r e n Contracten ableitbar, müssen aber in Wirklichkeit,
um leben zu können (ebenso wie die analoge offene Gesellschaft), vielmehr auf Gemeinschafts-Verhältnissen der Mitglieder beruhen, sind also dadurch dem gesellschaftlichen
Rechte unangemessen, was die Erfahrung bestätigt. Sie behält entweder ihren Charakter als freie Person: dies wird
·für ihre Theilhaber unerträglich; oder sie verliert ihn und
sinkt zu einer blossen Societät herab, alsdann fällt sie unter
die frühere Betrachtung. Die A c t i e n - G e s e l l s c h a f t dagegen, welche nur für sich selber haftet, und zumal in ihrer
natürlichen und fast ausschliesslichen Beschränkung auf
Zwecke des Profitmachens, ist der vollkommene Typus aller
durch Willkür möglichen socialen Rechtsbildungen; eben darum, weil eine gesellschaftliche Verbindung ohne alle Beimischung gemeinschaftlicher Elemente, selbst ihrer Entstehung
nach, als welche sonst so oft über die wirkliche Beschaffenheit
dieser Dinge das Urtheil täuscht. Die Allgemeinheit aber
einer Form der Actien-Gesellschaft, in welcher die Antheile
Mengen von Arbeit anstatt Mengen von Kapital sein würden,
müsste die kapitalistische Productionsweise umschlagen und
damit die Production von Waaren überhaupt aufheben.

ZWEITER ABSCHNITT.

DAS NATÜRLICHE IM RECHTE.

---

§ 15.

Die antike Philosophie des Rechtes hatte sich das Problem gestellt, ob das Recht ein Naturproduct ($\varphi\acute{\upsilon}\sigma\varepsilon\iota$) oder ein Kunstproduct ($\vartheta\acute{\varepsilon}\sigma\varepsilon\iota$ s. $\nu\acute{o}\mu\psi$) sei. Die Antwort gegenwärtiger Theorie geht dahin: dass Alles, was aus menschlichem Willen hervorgeht oder gebildet wird, natürlich ist und kunsthaft zugleich. Aber in seiner Entwicklung steigert sich das Kunsthafte gegen das Natürliche, je mehr die specifisch menschliche und insonderheit die mentale Kraft des Willens in Bedeutung und Anteil zunimmt; bis sie endlich in eine (relative) Freiheit von ihrer natürlichen Basis sich gestaltend, auch in einen Gegensatz gegen dieselbe gerathen kann. So ist alles gemeinschaftliche Recht zu verstehen als ein Er-z e u g n i s s des menschlichen, denkenden Geistes: ein System von Gedanken, Regeln, Sätzen, das als solches einem Organe oder Werke vergleichbar, entstanden durch die vielfache entsprechende Thätigkeit selber, durch U e b u n g, als Modification eines schon vorhandenen Gleichartig-Substantiellen, im Fortschritte vom Allgemeinen zum Besonderen. So ist es sich selber Zweck, wenn auch in nothwendigem

Bezuge auf jenes Ganze, welchem es angehört und ent-
sprossen ist, welches es selber ist, auf eine eigenthümliche
Weise erscheinend. Mithin ist eine verbundene Menschheit
als Natürliches und Nothwendiges vorausgesetzt, ja es ist
ein Protoplasma des Rechtes vorausgesetzt, als ursprüngliches und nothwendiges Product ihres Zusammenlebens und Zusammendenkens, dessen fernere Entwicklung
wesentlich durch seine gleichsam eigene Thätigkeit, nämlich
durch den vernünftigen Gebrauch seines Urhebers geschehen
sei. Also ist es zu verstehen, wenn gelehrt wurde, dass es
ein Recht gebe, worin die Natur alle thierischen Wesen
unterwiesen habe, und das als solches auch aller Menschheit
gemein sei. Denn wenn auch Recht hier in einem unbestimmten Sinne gedacht wurde, so ist eben aus diesem unbestimmten der bestimmtere abzuleiten; und allerdings ist
der Naturtrieb, welcher Mann und Weib zusammenführt,
Keim des ihnen gemeinsamen, für sie verbindlichen Willens,
welcher die Familie begründet. Und von dieser Idee aus
kann durch Analyse jedes positiven Gewohnheitsrechtes
die Basis jener Normen gefunden werden, welche im Inneren des Hauses die Verhältnisse zwischen Ehegenossen,
zwischen Eltern und Kindern, zwischen Herren und Dienern
ordnend feststellen. Dieselben sind im Ganzen unabhängig
von der Idee des Eigenthums, welche erst durch die Cultur
des Ackers tiefere Bedeutung gewinnt. Dieses bildet daher
als die sichtbar gewordene Willenssphäre den Kern des
eigentlichen Rechts, welches sich mehr auf die Verhältnisse
zwischen den Häusern, als zwischen den individuellen Fa-
miliengliedern bezieht. Ein mittleres Gebiet ist daher, was
die Verhältnisse zwischen repräsentativen Gliedern, also
insonderheit den Hausherren angeht, inwiefern sie zusammen
einem höheren Verbande angehören, dessen stummer oder
lauter Wille, dessen Idee sie beherrscht. Und in einem solchen sich ausdehnenden verlieren und vereinzeln sie sich,
steht zuletzt als gleiches Individuum der Sohn gegen den
Vater, das Weib gegen den Mann, der Knecht gegen den
Herrn, berühren sich dagegen die entferntesten, einander
gleichgültigsten, ja ihrem Wesenwillen nach feindlichsten
Verkäufer von Waaren, mit angenommener Freundlichkeit,

tauschen und schliessen Contracte. Und diese **Freiheit** der **Zusammenkunft**, die **Leichtigkeit** Geschäfte zu machen und die **Gleichheit** der vernünftigen Menschen, erscheint alsdann und **ist** ihnen das Natürliche.

§ 16.

Das natürliche Recht in **diesem** Verstande überwand das bürgerliche Recht der Römer und aller politischen Gemeinden der antiken Cultur. Es wurde definirt, wie bekannt ist, als das gemeinsame Recht aller Menschen; als was die natürliche **Vernunft** unter allen Menschen festgesetzt habe, das daher bei allen Völkern durchweg in gleicher Weise, beobachtet und auch gemeines Recht *(ius gentium)* geh**ei**ssen werde. Und es wurde, von dem richtigen Begriffe aus, dass die Entwicklung vom Allgemeinen zum Besonderen ihren Progress habe, der Schluss gezogen, dass dieses **gemeine Recht** der Zeit nach früher sei, als das particulare der Städte. Und doch erhob die Wirklichkeit den Widerspruch, dass sie jenes (nach den Bedürfnissen eines Verkehrs, der nicht zwischen Städten und Städten, mithin nicht zwischen Bürgern der einen und Bürgern der anderen als solchen, sondern zwischen Allen und Allen, den nackten Individuen sich entspann, welche ihre differenten bürgerlichen Trachten abgeworfen hatten), als ein Reagens in den Mischkessel warf, das alle verschiedenen Stoffe in ihre gleichen Elemente auflösen musste. Und also war es **später** als das particulare Recht, nicht dessen Grund und Voraussetzung, sondern seine Folge und Negation. Denn es ist ihm nichts als Hemmniss; und das Gemeine ist so natürlich und einfach, als ob es von Ewigkeit her müsse vorhanden gewesen sein und habe gar keine Voraussetzungen, sondern sei nur durch künstlich-positive Erfindungen und Satzungen verdunkelt worden, deren Auslöschung mithin die Wiederherstellung **ursprünglichen** Zustandes bedeute. Hier ist die Lösung des Widerspruchs gelegen; denn hier ist die Verwechslung fast unvermeidlich. Nämlich es ist diese Ursprünglichkeit **eigentlich nicht** als zeitliche zu verstehen, sondern als *aeterna veritas*, als ein Gedankending oder Ideal, das ebensowohl in die grenzenlose Ferne der Zukunft als der Vergangenheit könnte gesetzt werden. Dass es zu irgend einer Zeit wirklich g e w e s e n sei, wird nicht als historische Ansicht, sondern als ein zweckmässig fingirtes Schema gemeint, welches der Absicht dienen soll, jenen Begriff in die zukünftige Wirklichkeit zu übertragen. Dieselbe Fiction wird allerdings erleichtert durch die Vorstellung, dass ein Allgemein-Menschliches als Kern in allen sonderbaren Gebräuchen und Formen enthalten sei, und dass die bewusste Auffassung desselben mit demjenigen sich decke, was die Vernunft auch ohne alle Erfahrung denken und begreifen müsse. »*Ius gentium* war thatsächlich die Summe der gemeinsamen Bestandtheile in den Gewohnheiten der alten italischen Stämme, denn s i e waren »alle Nationen«, welche die Römer in der Lage waren zu beobachten und welche von Zeit zu Zeit Schwärme von Einwanderern auf römischen Boden entsandten. So oft als gesehen wurde, dass ein besonderer Brauch in gemeinsamer Uebung sich fand bei einer grossen Zahl getrennter Völkerschaften, so ward derselbe gebucht als Theil des Rechtes, das allen Nationen gemein sei, des *Ius gentium*. Also, obgleich die Uebertragung von Eigenthum sicherlich in den zahlreichen Republiken, welche Rom umgaben, sehr verschiedene Formen angenommen hatte, so war doch die eigentliche Uebergabe (Tradition) des Gegenstandes, der übertragen werden sollte, ein Theil des Ceremoniells in allen [und schien, füge ich hinzu, allein das Wesen der Sache darzustellen] . . . . diese wurde folglich aufgefasst als Institution des gemeinen Rechtes« (H. MAINE A. L. p. 49). Allerdings aber, auch wenn die Uebersicht der Erfahrung weiter ging und über die höher ausgebildeten griechischen Rechtssysteme sich erstreckte, so wurden die Thatsachen der mannigfachen Contracte als Kauf, Miethe, Depositum, Mandat, ebenso wie die Institutionen der Ehe, der Vormundschaft u. s. w., wenn auch in bunten Verkleidungen, in allen entdeckt; mithin das Gerüste der entsprechenden Rechtsformen als allgemein und nothwendig erkannt.

§ 17.

Folglich schloss man: dies sei das Wesentliche, dass alle Menschen mit einander h a n d e l n und Verhältnisse bilden können — wenn sie nur wollen; dass also, ausserhalb aller durch eigene Willkür übernommener Verpflichtungen, geschlossener Verträge, eingegangener Verhältnisse, Jeder vollkommene Freiheit habe und behalte. Dieser Freiheit war aber nicht blos ein Institut wie die Knechtschaft entgegen, sondern auch die väterliche Gewalt (ausser über Kinder und Wahnwitzige) und alle Gesetze, welche in einer gegebenen Stadt, z. B. in Rom, dem eingeborenen Bürger und seinem Eigenthum Standesvorrechte vor dem Fremden verliehen. Insofern als die begriffliche in zeitliche Folge umgesetzt ward, so schien es, als habe die Willkür von Gesetzgebern alle diese Schranken aufgerichtet wider die Natur. Und doch vermochte sich gegen das Fundament dieser Ansicht, als ob die Menschen von Natur und ursprünglich (weil ihrem Begriffe nach) vernünftig, frei und gleich seien, die als historische tiefer begründete Anschauung geltend zu machen, wie sie von Ulpian und anderen Juristen ausgesprochen wird. Diese unterscheidet natürliches und gemeines Recht; sie behauptet sogar den hauptsächlichen Gegensatz zwischen diesen beiden Schichten; denn obgleich das letztere als eine mittlere Lage zwischen natürlichem und civilem Rechte dargestellt wird, so wird doch zugleich das civile nur als Anhängsel und speciellere Ausbildung jenes früheren betrachtet. Hier ist das Naturrecht Inbegriff der Einrichtungen, welche auch bei den Thieren sich finden, gemeines Recht derjenigen, die den Menschen eigenthümlich sind. Diese also beruhen auf einem Grunde, welchen nicht natürliche Vernunft gelegt hat, sondern eine viel allgemeinere Notwendigkeit des Zusammenlebens geschaffen hat. Es musste nahe liegen zu folgern, dass so etwas wie diese Nothwendigkeit auch in den besonderen menschlichen Institutionen gemeinen oder civilen Rechtes enthalten sei; und gegen die Einräumung und Behauptung, dass eben das Allgemeine und nur das Allgemeine offenbar das Nothwendige sei, welches daher als solches geachtet, erhalten oder wiederhergestellt werden müsse, konnte zuvörderst sich der Zweifel erheben, was denn jenes Allgemeine sei? Dass es geschiedene Völker und Reiche gibt, Sklaverei, Eigenthum, Handelsgeschäfte

und Obligationen, so wird geantwortet. Denn dem civilen
Rechte werden nur einige Vermehrungen und Veränderungen dieser Institute zugeschrieben. Es ist deutlich, dass
hier eine ganz verschiedene Ansicht des Allgemeinen vorliegt, aus welcher auch ganz verschiedene Folgerungen sich
ergeben. Gewisse Arten der Verbundenheit und Zusammengehörigkeit sind schon in der animalischen Idee des Menschen enthalten. Dieselben werden nicht durch irgend einen
Willen, geschweige durch irgend einen menschlichen Willen
geschlossen; es folgt auch nicht da r a u s, dass sie bei den
Thieren vorhanden sind, dass ein Mensch mit einem Thiere
sie eingehen könne oder können müsse; mithin folgt ebenso
wenig, w e i l sie allen Menschen g e m e i n sind, dass jeder
Mensch mit jedem Menschen, wenn er nur wolle, dergleichen
Verbindungen m a c h e n könne. Ebenso folgt so etwas
nicht in Bezug auf die Institutionen, welche specifisch
menschlich sind. Vielmehr: wie sich die Idee des Menschen
zu der des Thieres oder einer engeren animalischen Gattung verhält, also verhält sich die Idee, sage des Hellenen,
zur Idee des Menschen. Wie sich, obgleich Paarung auch
Sitte der Thiere ist, nur Mensch mit Menschen paart, so
mag auch, so allgemein die Ehe unter den Menschen ist,
der Hellene nur mit der Hellenin in g ü l t i g e m B u n d e
leben; ob zwar mit irgendwelchem Menschenweibe seine
Begattung vorkommen mag, ja als physiologischer Act sogar
(turpe dictu) mit Thieren m ö g l i c h i s t.

§ 18.

So hat die A l l g e m e i n h e i t der Ehe u n t e r Men-
s c h e n den zwiefachen Sinn: einmal diesen, dass solches
gemeinschaftliche Zusammenleben zwischen männlichen und
weiblichen Menschen ü b e r h a u p t stattfinden kann; den anderen aber, dass jedes Volk oder sogar jede Stadt jene allgemeine Idee auf eine eigenthümliche Weise ausprägt und
an bestimmte Bedingungen die Möglichkeit der nach i h r e m
Willen und Recht gültigen Ehe anknüpft. Mithin, wie jeder
Mensch, als Mensch, prädestinirt ist zu einem bestimmten
Rechte, also der Römer als Römer zu einem bestimmteren.
Hierin ist kein Grund entdeckbar, warum das Allgemeine

richtiger und vernünftiger sei. Das Allgemeine in der früheren Bed eutung setzt eine Rechts-Ordnung voraus, als ebenso über Menschen waltend, wie die römische Rechts-ordnung über römischen Bürgern. Aber auch in der späteren Bedeutung kann das gemeine Recht als eine Ordnung verstanden werden, welche nur nicht als ein Recht gewillkürt und gewusst werde, sondern im menschlichen Herzen als Gefühl für das Nothwendige und Gute, als Widerwille wohne gegen den Greuel, d. h. als Gesetz des Gewissens. »Es ist dieses Gesetz nicht geschrieben, sondern geboren, welches wir nicht gelernt, angenommen, gelesen, sondern aus der Natur selber empfangen, geschöpft, uns eingeprägt haben, wozu wir nicht gelehrt, sondern geschaffen, nicht gebildet, sondern begabt worden sind,« sagt der rhetorische Ausdruck Cicero's (p. Mil. c. X). So hat den Instinct der Mutterliebe Thier und Mensch; der Mensch hat aber zu dem Instincte dessen Ausbildung in Pflichtgefühl; und so ist Mutter-Recht gemeines Recht. Das uneheliche Kind gehört zur Mutter und folgt ihrem Stande. Diese Ordnung ist in Geboten und Verboten ehrwürdiger und wichtiger; sie hat grössere m o r a l i s c h e Bedeutung. So ist Incest nach gemeinem Recht verboten und ein Greuel; uneheliche Verbindung anderer Art ist hauptsächlich wegen seiner mangelhaften Folgen im heiligen Rechte vom Uebel. Denn jenes Naturrecht ist zugleich heiliges und göttliches Recht und steht unter priesterlicher Verwaltung. Ein Anderes ist es, wenn die Analogie des bürgerlichen Rechtes auf eine unbegrenzte Sphäre, um zum Weltrecht zu werden, ausgedehnt wird, nachdem in dem Wesen jenes die Nabelschnur, welche es mit dem seiner Natur nach früheren und ihm gleichsam mütterlichen gemeinen Rechte verband, ist durchschnitten worden (oder indem der eine Process die Function des anderen ist). Denn nunmehr ist das bürgerliche Recht nur eine zufällige Beschränkung, welche sich die dahinter latirende, empirischwirkliche Freiheit von Menschen (die metaphysische Freiheit des Willens) gesetzt hat und fortwährend setzt und auch zerstören kann, wie ja zwei Contrahenten das, was sie obligirt, auch auflösen können. Zufällig ist jede besondere Ordnung; nothwendig ist nur eine Ordnung überhaupt, eine Weltordnung, auch diese aber nicht nothwendig als Wirklichkeit, sondern als ein Mittel zum vernünftigen Leben, welches der Denkende setzen und bejahen muss. Je mehr daher die Menschen »als Menschen schlechthin« zusammenkommen oder, was dasselbe ist, je mehr Menschen von allerlei Art zusammenkommen und einander als vernünftige Menschen oder als Gleiche anerkennen, desto wahrscheinlicher, und endlich nothwendig, wird unter ihnen die Darstellung und Errichtung einer universalen Gesellschaft und Ordnung. Diese Vermischung geschieht in Wirklichkeit durch Handel und Wandel; die Herrschaft Roms über den *Orbis Terrarum*, welche selber im Handel und Wandel ihre materielle Basis hat, nähert alle Städte der Einen Stadt, bringt alle bewussten, feilschenden, reichen Individuen, den ganzen Herrenstand des unermesslichen Reiches auf dem Forum zusammen, schleift ihre Unterschiede und Unebenheiten gegen einander ab, gibt Allen die gleichen Mienen, die gleiche Sprache und Aussprache, das gleiche Geld, die gleiche Bildung, gleiche Habsucht, gleiche Neugier — der a b s t r a c t e M e n s c h, die künstlichste, regelmässigste, raffinirteste aller Maschinen, ist construirt und erfunden, und ist anzuschauen wie ein Gespenst in nüchterner, heller Tages-Wahrheit.

§ 19.

Das allgemeine und natürliche Recht in diesem neuen, auflösenden, umwälzenden, nivellirenden Sinne ist durch und durch gesellschaftliche Ordnung, am reinsten sich darstellend als Verkehrs- oder Handelsrecht. In seinen Anfängen tritt es durchaus unschuldig auf, es ist nichts als Fortschritt, Verfeinerung, Veredlung, Erleichterung, es ist Billigkeit, Vernunft, Aufklärung. Und bleibt dasselbe, der Form nach, im vollen Marasmus des Kaiserreichs. Beide Entwicklungen, die Ausbildung, Mobilisirung, Universalisirung — endlich als Systematisirung und Codification abschliessend — des R e c h t e s, auf der einen Seite; auf der anderen der Verfall des L e b e n s und der Sitten innerhalb der glänzenden Staatsbildung und grossen friedlichen Administration, raschen, sicheren, freisinnigen Rechtsprechung —

beide Entwicklungen sind oft und in hinlänglich belehrender Weise geschildert worden. Aber Wenige scheinen den nothwendigen Zusammenhang, die Einheit und Wechselwirkung dieser Bewegungen zu erkennen. Allerdings: auch die gelehrten Schriftsteller vermögen beinahe niemals von ihren Urtheilen des Gefallens und Missfallens sich zu befreien und zu einer durchaus unbefangenen, kalten, gleichgültigen Auffassung der Physiologie und Pathologie des socialen Lebens zu gelangen. Sie bewundern das römische Reich; sie verabscheuen den Ruin der Familie, der Sitte. Den Causalnexus zwischen den beiden Phänomenen zu sehen, ist ihr Gesicht nicht ausgebildet. Und freilich gibt es in allem Wirklichen und Organischen keine Entzweiung von Ursache und Wirkung, wie der stossenden Kugel und der gestossenen. In der That aber war ein rationales, wissenschaftliches, freies Recht erst möglich durch die actuelle Emancipation der Individuen von allen Banden der Familie, des Landes und der Stadt, des Aberglaubens und Glaubens, der angeerbten überlieferten Formen, der Gewohnheit und Pflicht. Und diese war der Untergang des schaffenden und geniessenden gemeinschaftlichen Haushalts in Dorf und Stadt, der ackerbauenden Gemeinde und der städtischen handwerksmässig, genossenschaftlich, religiös-patriotisch gepflogenen Kunst. Sie war der Sieg des Egoismus, der Frechheit, der Lüge und Künstelei, der Geldgier, der Genussucht, des Ehrgeizes, aber freilich auch der beschaulichen, klaren, nüchternen Bewusstheit, mit welcher Gebildete und Gelehrte den göttlichen und menschlichen Dingen gegenüberzustehen versuchen. Und dieser Process ist doch niemals als ein vollendeter anschaubar. Er findet seinen letzten, besiegelnden Ausdruck einigermaassen in der kaiserlichen Erklärung, welche alle Freien des Reiches zu römischen Bürgern erhebt, Allen die Klage gibt und die Steuer nimmt. Dass nicht eine Constitution folgte, welche auch alle Knechte für Freie erklärte, war vielleicht eine letzte Ehrlichkeit oder letzte Dummheit der Imperatoren und Juristen. Denn man hätte wissen können, dass dadurch an dem glücklich-friedseligen socialen Zustande n i c h t s wäre geändert worden. Die alte Hausdienstbarkeit war längst verschwunden oder zerrüttet. Die formelle Sklaverei war eine ziemlich gleichgültige und folgenlose Sache, wie auch die formelle Freiheit gewesen wäre, wenigstens im Privatrecht gewesen wäre. Willkürliche Freiheit (des Individuums) und willkürlicher Despotismus (eines Cäsaren oder Staates) sind nicht Gegensätze. Sie sind nur zwiefache Erscheinung desselben Zustandes. Sie mögen streiten um ein Mehr oder Weniger. Aber von Natur sind sie Alliirte.

§ 20.

Innerhalb der christlichen Cultur wiederholt sich ein dem antiken anologer Process der Auflösung von Leben und Recht (wodurch aber Recht seine w i s s e n s c h a f t l i c h e Vollkommenheit erhält) als einer Vermischung und Verallgemeinerung, Nivellirung und Mobilisirung in vergrösserten Dimensionen; nach dem Verhältnisse, wie die Gebiete selber weiter sind, der oceanische Handel mannigfacher als der des Mittelmeeres, die industrielle Technik complicirter, die Wissenschaft mächtiger; wie überhaupt die ganze Cultur in der Beherrschung äusserer Mittel als eine Fortsetzung der antiken erscheint, mit deren Erbe schaltend sie ihre Gebäude den Sternen näher zu bringen vermag, wenn auch auf Kosten harmonischen Stiles. So hat denn auch die Aufnahme des fertigen r ö m i s c h e n W e l t r e c h t e s dazu gedient und dient ferner, die Entwicklung der Gesellschaft in einem grossen Theile dieser christlich-germanischen Welt zu befördern. Als wissenschaftlich erforschtes System, von grosser Klarheit, Einfachheit und logischer Consequenz, schien es die »geschriebene Vernunft« selber zu sein. Diese Vernunft war allen Vermögenden und Mächtigen günstig, um ihr Vermögen und ihre Macht absolut zu machen; wie den Kaufleuten und allen Grossen, die ihre Natural- und Dienstrenten in steigende Geldeinkünfte zu verwandeln trachteten, ebenso nothwendig war, als den Fürsten, die durch neue Finanzen die Kosten eines grösseren und stehenden Heeres, wie einer wachsenden Hofhaltung zu decken versuchten. Es ist sehr falsch, das römische Recht als eine Ursache oder Potenz zu betrachten, welche diese ganze Entwicklung bewirkt habe. Es war nur ein bereites und brauchbares Werkzeug, und doch keinesweges, auch nur in der Regel, mit Bewusstheit ergriffen, sondern in gutem Glauben an seine Richtigkeit und Zweckmässigkeit. In England hat sich dieselbe Entwicklung bis auf den heutigen Tag ohne römisches Recht (oder doch nur unter vergleichungsweise geringen Einflüssen desselben) vollzogen, als allmähliche Ueberschattung des gemeinen (d. i. gemeinschaftlichen) durch das statutarische (d. i. gesellschaftliche) Recht, oder als Sieg der Principien des personalen über die des realen Eigenthums. Das allgemeine contractuelle Privatrecht ist nur der andere Ausdruck des allgemeinen contractuellen Tausch-Verkehrs und wächst mit ihm, bis es in einem codificirten Handels-, Wechsel-, See-Recht seine am meisten adäquate Darstellung findet, welche auf sichtliche Weise nur zufällige und durchaus provisorische nationale Beschränkung hat. In dieser Darstellung wiederum so unabhängig vom römischen Recht, als die Thatsachen und Verhältnisse über diesem zu Grunde liegende hinausgeschritten sind; vielmehr zum guten Theil aus den conventionellen Uebungen (Usancen) seiner Subjecte selber hervorgegangen. Hingegen hat mit entschiedener Tendenz das römische Recht zur Auflösung aller Gemeinschaften, welche der Construction des Privatrechts aus handlungsfähigen Individuen entgegen sind, mitgewirkt. Gemeinschaftliches und gebundenes Eigenthum ist für die rationale Theorie ein Unding, eine Anomalie. Der Satz, dass Niemand wider seinen Willen in Gemeinschaft festgehalten werden kann (*Nemo in communione potest invitus detineri*), schneidet dem Rechte der Gemeinschaft die Wurzel ab. Die Familie und ihr Recht wird nur erhalten, insoweit als sie aus rechtlich Unmündigen bestehend gedacht wird, wodurch die Frau in gleiche Condition mit Kindern, Kinder in gleiche mit Knechten hinabsinken; der Begriff des Knechtes als des Sklaven im freien Eigenthum (was er auch in Rom nicht war, so lange als die *res mancipi* unterschieden wurden) ist der elementare und gesellschaftliche Begriff. Indem aber endlich auch die Frau zu gesellschaftlicher Selbständigkeit und folglich zur civilen Emancipation gelangt, muss auch das Wesen der Ehe und der ehelichen Gütergemeinschaft in einen

bürgerlichen Contract zerfliessen; der, wenn nicht auf Zeit-
frist geschlossen, doch durch gegenseitige Uebereinkunft zu
jeder Zeit lösbar zu sein verlangt, und dessen monogamische
Beschränkung zufällig wird. Hiermit sind einige der wichtigsten Linien dieser in zunehmendem Fortschritte unauf-
haltbaren Disintegration bezeichnet. — Neben dem römischen
Recht läuft aber als sein rechtes Geschwister das philosophische, rationalistische N a t u r r e c h t der neueren Zeit. Von
seinen Anfängen an fand es die bedeutendsten Plätze, an
denen es hätte wirken können, theils durch die Reception,
theils durch casuale Gesetzgebung occupirt. Es wurde auf
die Construction des öffentlichen Rechtes als in seine eigentliche Sphäre gewiesen; und hier ist es in (wenn auch ver-
hohlener) Geltung geblieben, trotz des tödtlichen Stosses,
welchen die h i s t o r i s c h e Ansicht der römischen Jurispru-
denz ihm zu geben gemeint hat. Als W i r k u n g des öffentlichen auf das private Recht, oder des Staates auf die Gesellschaft war es vorher allerdings für Codification und
planmässige Gesetzgebung gebraucht worden, und hat auch
in dieser Bedeutung seine Rolle nicht ausgespielt. Nachdem
es der Evolution der herrschenden Classe selber gedient
hat, lebt es wieder auf als Programm der unterdrückten
Classe, in der Forderung des Ertrages der eigenen Arbeit.

DRITTER ABSCHNITT.

FORMEN DES VERBUNDENEN WILLENS — GEMEINWESEN UND STAAT.

---

§ 21.

Wenn nun die gegenwärtige Theorie den Begriff des natürlichen Rechtes in einem zwiefachen Sinne festhalten will, so ist darin die Behauptung enthalten, dass Recht sowohl als gemeinsamer Wesenwille, wie als gemeinsame Willkür verstanden werden kann. Die Wurzel des individualen Wesenwillens aber wurde im vegetativen Leben gefunden, die der individualen Willkür ist ihre allgemeine Möglichkeit als Vereinigung zweier Gedanken von gleichem und entgegengesetztem Lustwerth. So ist auch die Wurzel des gemeinschaftlichen Willens im vegetativen Leben verborgen; denn das Gattungs- und Familienwesen ist vegetatives Leben im sociologischen Sinne: als die substanzielle Basis menschlichen Zusammenlebens überhaupt. Die Wurzel des gesellschaftlichen Willens ist das Zusammentreffen individueller Willküren, welche in einem Punkte des Tausches, der für beide vernünftig oder richtig ist, sich schneiden. Wie aber jedes Verständniss seine Abstammung aus einem Allgemeineren hat, das wir als Eintracht bezeichnet haben, so wurde gelehrt, dass die vereinzelte sociale Willkür den

Begriff der socialen Willkür schlechthin zu ihrer Ergänzung
fordert. Dort geht ein realer objectiver Geist aus der Substanz des objectiven Geistes, als sein Ausdruck und seine
Modification hervor. Hier entsteht ein Atom des ideellen
Objectiven, welches in ein absolutes Ganzes von solcher Art
sich hineinpassen muss, um auch unabhängig von seinen
Subjecten in objectiver Existenz gedacht werden zu können.
Wir schreiten nun dahin fort, die übrigen Formen gemein-
.schaftlichen und gesellschaftlichen Willens zu entwickeln.
Hierbei ist zu erinnern, dass dieselben nur betrachtet werden können, inwiefern sie nach innen verbindlich wirken
oder die einzelnen Willen determiniren. In diesem Sinne
ist Verständniss dem Gefallen, Eintracht der Gesinnung
analog und können wechselweise aus einander erklärt werden. Und so bestimme ich die Analogie von Gewohnheit
als B r a u c h, die von Gemüth als S i t t e. Brauch und Sitte
sind mithin der animalische Wille menschlicher Gemeinschaft. Sie setzen eine oft wiederholte gemeinsame Thätigkeit voraus, welchen ursprünglichen Sinnes auch immer,
aber durch die Uebung, das Herkommen, die Ueberlieferung,
leicht und natürlich, von selbst verständlich g e w o r d e n,
und daher, unter den gegebenen Umständen, für n o t h -
w e n d i g gehalten. Die wichtigsten Bräuche des Volkes
knüpfen sich an die Ereignisse des Familienlebens: Geburt,
Hochzeit, Sterben, welche regelmässig wiederkehren und
woran, ob sie gleich am nächsten die einzelnen Häuser angehen, alle, auch nachbarlich Zusammenlebende, unwillkürlichen Antheil nehmen; wo Clan ʸund Gemeinde noch zusammenfallen, da ist die Gemeinde selber eine grosse
Familie; nachher aber empfindet sie doch die einzelnen Familien als ihre Glieder, und je mehr ein solches Glied für
sie bedeutend, edel, erhaben ist, desto williger und stärker
(wo nicht feindliche Motive dazwischentreten) die allgemeine
Theilnahme. Dies bleibt immer der innere Sinn des Brauches;
sein anfänglicher Inhalt, der theils einfache Handlung, theils
ein symbolischer Ausdruck oder sinnliches Zeichen eines
Gedankens ist, kann dagegen zur leeren Form werden oder
(wie Alles, was dem Gedächtniss angehört) in Vergessenheit
fallen. Der Gedanke ist entweder: Begründung, Bestätigung

oder Erhaltung einer Gemeinschaft; daher der Wille, hierauf bezogene Gefühle, als Liebe, Ehrfurcht, Pietät des Gedächtnisses, zu pflegen und heilig zu halten; oder ist ein Versuch, Gutes zu bewirken, Uebles abzuwehren, in einer Form, die dem herrschenden Glauben an Zusammenhänge von Ursachen und Wirkungen entspricht, mithin in ursprünglichem, phantastischem Volksthum zumeist als Communication mit guten und bösen Geistern.

§ 22.

Die wahre Substanz des gemeinschaftlichen Willens in einem sesshaften Volke, worin daher zahlreiche einzelne Bräuche beruhen, ist seine Sitte. Wir haben bemerkt, wie zu der Gemeinschaft des Blutes die Gemeinschaft des Landes, der Heimath, mit neuen Wirkungen auf die Gemüther der Menschen, daher theils als Ersatz, theils als Ergänzung hinzutritt. Der Grund und Boden hat seinen eigenen Willen, wodurch die Wildheit unstäter Familien gebunden wird. Wie das gebärende Weib den zeitlichen Zusammenhang der menschlichen Leiber sinnlich darstellt, der Kette des Lebens einen neuen Ring einfügend; so bedeutet das Land die Zusammengehörigkeit einer zu gleicher Zeit lebenden Menge, welche nach den in ihm gleichsam verkörperten Regeln sich richten muss.

Schon die bewohnte Erde umgiebt das Volk, wie das Kind von der Mutter Gestalt umhegt wird; und süsse Nahrung entquillt als freie Gabe ihrer breiten Brust; so scheint sie auch wie Bäume und Kräuter und Gethier im Anfange der Dinge die Menschen selber aus ihrem Schoosse hervorgebracht zu haben, die sich als Erdgeborene und als Ureinwohner dieses Landes fühlen. Das Land trägt ihre Zelte und Häuser; und je fester und dauernder das Gebäude wird, desto mehr verwachsen die Menschen mit dieser seiner begrenzten Scholle. Ein stärkeres und tieferes Verhältniss aber bildet sich erst zum bebauten Acker: wenn das Eisen in sein Fleisch schneidet und die Scholle umwälzt, so wird die wilde Natur bezwungen und gezähmt, wie auch die Thiere des Waldes gebändigt und zu Haus-Thieren ver-

wandelt werden. Aber dieses Beides ist die allmähliche,
immer erneuerte Arbeit unzähliger Geschlechter und wird
wie ein fertiges Organ, aber auch nur als die Anlage desselben und als Forderung zu eigenem Erwerbe und Ausbildung von Vätern auf Söhne überliefert. Daher ist das
besessene, behauptete Gebiet ein gemeinsames Erbe, Land
der Väter und Vorfahren, in Bezug worauf sich Alle als
echte Nachkommen und gleich leiblichen Brüdern empfinden
und verhalten. Und also begriffen, kann es wie eine lebendige Substanz sich darstellen, die im Wechsel der Menschen
als ihrer Accidentien und Elemente zugleich, nach diesem
ihrem geistigen oder psychologischen Werthe beharret, als
gemeinsame Willenssphäre den Zusammenhang nicht blos der
neben einander, sondern auch die Einheit der nach einander wohnenden und wirkenden Generationen darstellend.
Wie die Gewohnheit der Nebeneinander-Lebenden ausserhalb der Instincte des Blutes das stärkste Band bildet, so
erhält Gedächtniss sogar die Lebenden mit den Todten
zusammen, sie noch zu kennen, zu fürchten, zu verehren.
Und wenn die Heimath überhaupt als Stätte lieber Erinnerungen das Herz fesselt, Trennung schwer macht, den Entfernten mit Sehnsucht und Heimweh zurückzieht, so hat sie
als der Ort, wo die Vorfahren gelebt haben und begraben
sind, wo noch die Geister der Abgeschiedenen schweifen und
verweilen, über den Dächern und unter den Wänden, schützend und sorgend, aber auch ihrer eingedenk zu sein, mächtig fordernd, für einfältige und gläubige Gemüther noch eine
besondere und erhabenere Bedeutung. Dieses ist zwar schon
in Haus und Familie unmittelbar vorhanden, auch wenn
noch das Zelt von Lager zu Lager getragen und der Grund
und Boden nur als Träger von Baum- und Krautfrucht,
als Berger des Wildes und endlich als Weideplatz des zahmen
Viehes, um solche freien und reichlichen, keine Sesshaftigkeit
heischenden Gaben geschätzt wird. Jedoch muss die Empfindung dafür stärker werden, je mehr Haus und Hof bleibend
dasteht und mit der Erde verwachsen zu sein scheint, welche
nun auch, urbar gemacht, die umgesetzte lebendige Kraft, und
gleichsam Blut und Schweiss selber, der Vergangenen in sich

trägt und der Geniessenden frommen D a n k für sich verlangt.
Das metaphysische Wesen der Sippe, des Stammes,
oder auch der Dorf-, der Mark- oder Stadt-Genossen, ist
seinem Boden, so zu sagen, vermählt, es lebt in gesetzmässi-
ger Dauer, wie im Ehebunde mit ihm. Was in der Ehe Gewohnheit, das ist hier Sitte.

<h2 style="text-align:center">§ 23.</h2>

So gestaltete sich auch, in altem Glauben und Mythus,
die Anschauung des Gleichnisses der Arbeit des Pflügers,
Säemannes mit dem Gatten, der des rechten Bundes Pflicht
vollzieht; die echten Kinder, welche solchem Bunde ent-
spriessen, sind so der Frucht des gepflegten Feldes ähnlich,
wie die blossen Muttersöhne dem Schilfhalm, der im Sumpfe
ohne Samen zu wachsen scheint. Und hierauf: auf die Ordnung, Befestigung, Heiligung der rechten Ehe (zumal wo
sie sich zur reiner Monogamie gestaltet) ebenso entschieden
wie auf Eintheilung, Befriedigung, Nutzung der Aecker,
und worin beide Sphären verknüpft werden, Besitz und Gerechtsame der einzelnen Familien und Familienglieder, Mit-
gift, Erbgang, bezieht sich in seinen bedeutendsten Wirkungen der Inhalt der S i t t e und des durch Sitte gegebenen
Rechtes als G e w o h n h e i t s - R e c h t e s. — Unsere Sitte, Sitte
der Väter, Sitte des Landes und des Volkes ist einerlei. Sitte
besteht mehr in Uebung als, in Empfindung und Meinung;
sie thut sich in der Empfindung lebhafter als Schmerz und
Unwille kund, wenn sie verletzt, gebrochen wird, und dem
gemäss erfolgt ihre Reaction, in That und Urtheil; und die
Meinung tritt um so stärker für sie ein, je mehr sie in
merkbarer Weise sich verändert, die Meinung der Alten
eher als die der Jungen. — In der Dorfgemeinde vor Allem
und die Dörfer umfassender Landschaft herrschet Sitte
und Gewohnheitsrecht; nach ihm als dem allgemeinen und
gemeinsamen, gültigen Willen richten sich die also verbundenen Menschen in weiteren oder engeren Bezirken
ihres Thuns und Treibens, die Herrschenden in ihrem
Herrschen, die Dienenden in ihrem Dienen, und glauben,
dass sie es also müssen, weil Alle es thun und die Väter
es gethan haben, und dass es so richtig sei, weil es immer

so gewesen ist. — Eintracht und Sitte bedingen und fördern einander, können aber auch in Conflicte gerathen und
ihre Grenzen mannigfach gegen einander verschieben. Sie
haben als nothwendigen Inhalt gemein, dass sie durchaus
Frieden bedeuten und gebieten, d. i. zunächst (negativ) den
zahlreichen Ursachen des Streites entgegenzuwirken, bestehenden zu schlichten, zu sühnen streben; aber schon von
diesen beiden Aufgaben fällt der Eintracht als dem Familien-.
Körperschaftsgeiste eher die erste, die andere der Sitte zu;
denn in dem engeren, häuslichen Kreise sind freilich durch
die fortwährenden und nahen Berührungen alle Arten des
Zankes, der Reibung und Hemmung in dem Maasse wahrscheinlich, als Gleichheit des Alters, der Kräfte, der An-
sprüche sich begegnet; aber sie gehen auch, im Wechsel
der Affecte und Stimmungen, rascher vorüber, werden leicht
bereut und leicht verziehen; weichen auch eher der überlegenen Hand, der hier schlechthin natürlichen Autorität,
welche verschiedene Würde auf eine sinnliche und von
selbst verständliche Art in sich vereinigt. Je mehr aber
solche Würde uneigentlich, blos herkömmlich und durch
Denken vermittelt sich darstellt, und d. i. je weiter der
Kreis sich ausdehnt und je mehr an die Stelle der verwandtschaftlichen Beziehungen die blos nachbarlichen eintreten, desto seltener vielleicht, aber auch desto tiefer und
grimmiger mag Unfrieden werden: aus Uebermuth, Herrsch-
und Habsucht, wie aus Hass, Neid, Rachbegierde; und hier
muss die Macht der überlieferten Normen, in welchen theils
alte, bestätigte Wirklichkeit, theils die aufgehäufte Erfahrung
ehemals gefällter Entscheidungen niedergelegt ist, wirksam
sein, um die Zwiespalte zu heilen, die durch geschehene Verletzung oder durch Anfechtung bestehender Sphäre der
Freiheit, des Eigenthums und der Ehre entspringen. Aber
Eintracht und Sitte haben auch zusammen eine positive
friedliche Richtung; sie bejahen die einzelnen, natürlichen
oder durch Gewohnheit begründeten Verhältnisse und
machen die freundliche Leistung und Hülfe zur Pflicht;
und bringen ursprüngliche oder ideelle Einheit und Harmonie der Gemüther — Familiengeist mehr auf einen unmittelbaren, Sitte eher auf bildlichen, symbolischen Ausdruck, und

somit in Erinnerung und Erneuerung. Dies ist Sinn und Werth von Festen und Ceremonien, worin Theilnahme an Freude und Trauer, gemeinschaftliche Hingebung an ein Höheres, Göttliches sich kundgibt.

§ 24.

Was aber durch Eintracht sich ergibt, als Inhalt und Form des Zusammenlebens, das ist eine natürliche und *a priori* in ihrem Keime enthaltene Ordnung und Harmonie, nach welcher jedes Mitglied das Seine thut, thun muss oder doch soll; das Seine geniesst, geniessen soll oder doch darf. Das will sagen: es ist durch die organisch-animalische Natur des Menschen, also vor aller menschlichen Cultur oder Geschichte, gegeben und bedarf nur der Entwicklung durch ein freies W a c h s t h u m, welches nichts als die ihm günstigen ä u s s e r e n Bedingungen erfordert; und diese mögen freilich auch in h i s t o r i s c h e n Umständen liegen. Hingegen Sitte kann auch ihrer inneren Anlage nach nur aus der schon entwickelten mentalen Fähigkeit und Arbeit der Menschen begriffen werden; und sie entwickelt sich mit und an solcher Arbeit, insonderheit wie gesagt wurde: dem Ackerbau und je mehr diese und andere Kunst mit Geschick und Klugheit betrieben werden. So muss denn in der Volksgemeinde aus einem allgemeinen gleichen Wesenwillen, allgemeiner gleicher Kraft, Pflicht und Gerechtsame, alles Besondere von dieser Art abgeleitet werden, als durch eigene Anlage und Thätigkeit ausgebildet; und insofern also jene selber, in Gesammtheit, solche Arbeit aus sich hervorgebracht hat und in ihrer Beschaffenheit und Verfassung die Kraft und den Willen dazu darstellt, ungleiche Pflichten und Gerechtsame auf ihre Einheit beziehend — so ist solcher Wille Sitte und (positives) Recht. Hierdurch hat die Gemeinde zu einzelnen Individuen oder einzelnen Gruppen das Verhältniss des Organismus zu seinen Geweben und Organen; und dies ergibt die Begriffe von Aemtern und Ständen, welche, indem sie d a u e r n d und etwa gar in Familien e r b l i c h werden, zugleich ihren Zusammenhang mit dem Ganzen u n d ihre eigene Freiheit vermehren und befestigen; sofern nicht das eine auf Kosten des anderen geschieht, wie

denn eine beständige Wahrscheinlichkeit und Gefahr, zu
Gunsten des Zusammenhanges bei eigentlich dienenden,
untergeordneten Gliedern, zu Gunsten der Freiheit bei den
wesentlich herrschenden Functionen gegeben ist. Denn ihrer
Natur nach müssen auch jene irgend welche bestimmende
Wirkungen auf das Ganze ausüben, und sind doch auch diese
so zu definiren, dass sie Gliedern oder Theilen angehören,
welche als solche dem Ganzen dienen und sich nach ihm
richten müssen. Alle diese Verhältnisse aber und ihre Einrichtungen sind, wo und wie sie immer gestaltet sein mögen,
p o s i t i v e n Rechtes, als Gewohnheitsrechte, d. i. sie gehören dem Allgemein-Willen an, sofern er als Brauch und
Sitte sich darstellt. Das Volk eines Landes, als Subject
und Träger solches positiven Rechtes nenne ich ein G e -
m e i n w e s e n. Gemeinwesen ist das o r g a n i s i r t e Volk
als besonderes, individuelles Selbst, daher in möglichen Verhältnissen zu seinen Gliedern oder Organen gedacht. Diesem seinem Dasein nach stellt ein Gemeinwesen als Institution n a t ü r l i c h e n Rechtes sich dar, welches aber eben
mit diesem Acte seiner Schöpfung in das Gebiet des positiven Rechtes übergehend gedacht wird. Denn wie jede
Verbindung als für sich seiendes Wesen auf einem Verständnisse beruhet — indem sie für ein gemeinsames Gedächtniss und Sprache vorhanden ist, hat sie für die Mehreren objective psychologische Wirklichkeit —, so entwickelt sich der ursprüngliche organische Zusammenhang
zwischen Menschen, welcher durch Eintracht getragen wird,
auf einer gewissen Höhe, unter gewissen Bedingungen, in
die Idee und Essenz eines Gemeinwesens. Diese kann nicht
durch Sitte entstehen; insofern sie Sitte voraussetzt. Man
muss nun an dem Zustande oder der Verfassung eines Gemeinwesens unterscheiden, welche Merkmale oder Eigenschaften ihm wesentlich, also nothwendig und natürlich (in
diesem bestimmteren Sinne) sind, von den blos accidentellen,
positiven und insoweit veränderlichen. Hiernach kann folgende Eintheilung leicht sich ergeben: 1) patriarchalische
Gemeinwesen, in welchen das Fundament des gemeinsamen
Besitzes an Grund und Boden schon vorhanden, aber n o c h
n i c h t ganz und gar wesentlich ist, 2) landschaftliche Ge-

meinwesen, in welchen es vorhanden und durchaus wesentlich ist; 3) städtische Gemeinwesen, in welchen es noch vorhanden, aber n i c h t m e h r schlechthin wesentlich ist. Diese Begriffe wollen der fliessenden und überaus mannigfaltigen Beschaffenheit ihrer Gegenstände in einigem Maasse sich anzupassen versuchen. Haus, Dorf und Stadt — insofern als jedes ein Gemeinwesen sein kann — sind zugleich die Typen für grössere Complexe, in welchen sie sich lebendig erhalten und entwickeln mögen Das einzelne Haus hat am schwersten, die einzelne Stadt am leichtesten den Charakter eines eigenen und selbständigen Gemeinwesens. Demnach kann vorgestellt werden, dass ein allgemeinster und weitester Kreis als patriarchalisches und genokratisches Gemeinwesen sich ausdrücke, innerhalb desselben viele engere als landschaftliche, nachbarlich-heimathliche, endlich aus jedem von diesen einige engste, städtische sich erheben. Und so denken wir ein R e i c h , zerfallend in Landschaften oder Provinzen, eine Landschaft oder Provinz, zerfallend in Herrschaften, Dörfer und Städte; die Stadt hat keine Gemeinwesen mehr innerhalb ihrer — es sei denn als Dörfer — sondern zerfällt in Corporationen und Häuser oder endlich in Individuen. Aber so kann es auch Herrschaften, Dörfer und Städte geben, welche unmittelbar dem Reiche und seinem Rechte angehören; so auch Corporationen und Häuser, die unmittelbar unter Land und Landrecht fallen.

§ 25.

Gemeinwesen verhält sich zu Gemeinschaft schlechthin wie Thier *(zoon)* zu Pflanze *(phyton)*. Die allgemeine Idee des lebendigen Wesens wird durch die Pflanze reiner, durch das Thier vollkommener dargestellt; so die Idee des s o c i a l e n Körpers reiner durch Gemeinschaft, vollkommener durch Gemeinwesen. Wie die Pflanze in Dasein, Ernährung und Fortpflanzung ihr Leben vollendet, so ist die Gemeinschaft des Hauses ganz und gar nach innen gerichtet und in Bezug auf sich selber thätig. Das Gemeinwesen wie das Thier, und im Thiere die besonderen dazu ausgebildeten Organe, wenden sich nach aussen, abwehrend, suchend, erobernd, in Allem k ä m p f e n d , so aber, dass in

ihnen die vegetativen Functionen als die wesentlichen sich
erhalten, denen jene dienen. Dem Thiere gibt das Nervensystem, im Zusammenhange mit der Musculatur, seine besonderen Kräfte der einheitlichen Empfindung und Bewegung. Das Gemeinwesen stellt auf gleiche Weise als Heer
sich dar: in vielen verbündeten Aggregaten, von denen
aber einige, voranzugehen bestimmt und geübt, zugleich in
der Wahrnehmung von Freund und Feind, von Beute
und Gefahr, als führende sich ausbilden und ihre Impulse
den übrigen mittheilen. So ist hier die herzogliche Würde
inmitten jedes Kreises wirksam, und die oberste unter ihnen
unterscheidet sich als königliche in mehrerer oder minderer Deutlichkeit von allen. Gemeinwesen und Heer sind
auf einer unteren Stufe ihrer Entwicklung so lange, als
ein Volk oder Stamm in gesammter Kopfzahl seine Wohn-
sitze wechselt und zum Kämpfen oder Rauben bereit ist;
nur die Männer eignen sich zu Kriegern und aus Männern
setzt ein wirkliches Heer sich zusammen. Es muss sich
ergänzen aus den zurückbleibenden Knaben und auch von
Tüchtigkeit der Weiber ist in hohem Maasse seine Kraft
abhängig, dass sie starke Knaben gebären und erziehen.
Das Heer ist nicht das Gemeinwesen, sondern das System
von Familien, Geschlechtern, Gemeinden ist es; aber das
Heer, insofern es nach aussen geeinte Einsicht und Macht
ist, Wirkungen ausübend und empfangend. Und die geord-
nete Versammlung der Männer, als führende, richtende, von
der ursprünglichen Menge der Erwachsenen, Vernünftigen (welche im Volke gegenüber Kindern und Greisen,
wie Fremden und Knechten, eine natürliche Einheit bildet,
die Frauen also einschliesst) sich absondernd, hat ihre
Gerechtsame und ihren Vorzug nur als Heeres-Versammlung und kann als solche jene frühere völlig verdrängen
und ersetzen. Jede ihrer Gruppen schaart sich um ihr
Centrum, ihren Häuptling-Vater und Herzog, alle Gruppen
zusammen um den gemeinsamen Häuptling-Vater, Fürst
oder König; mögen sie den Mann dazu erwählen oder mag
er als bestimmter durch Herkommen und Glauben gegeben
sein; und dieses Gegebensein ist es, was durch den empfundenen Zusammenhang der verwandtschaftlichen Verbindung

als nothwendig sich offenbart, so dass Wahl nur Bestätigung oder Ausforschung eines Ersatzes bei mangelndem Herkommen oder verlorener Kunde sein muss. Je weniger aber die Wahl als willkürliche gedacht wird, desto mehr scheint sie einer göttlichen Hülfe und Inspiration zu bedürfen, um eine günstige und wahre zu sein; wie denn auch das Werfen von L o o s e n dem Schicksal oder der ungesehenen Macht die Wahl anheimstellen will. Diese Vorstellungen sind so lange lebendig, als die objective Einheit vor ihrer Ueberwindung durch die Bewusstheit der Subjecte sich zu schützen ringt. Die Einheit wird durch die Uebereinstimmung und Einmüthigkeit der Menge am vollkommensten dargestellt; demnächst durch gemeinsamen Rath und Beschluss der Führer; endlich durch entscheidenden Willen des einzigen Fürsten. Und diese Kräfte müssen sich in einander fügen, um gemeinsame Action zu bewirken. Dies ist unwahrscheinlich und schwer, wenn nicht ihre bindenden Normen als gewohnte und geglaubte vor ihnen sind und unabhängig von ihrer möglichen Willkür. Daher kann jedes dieser Organe, und können alle zusammen, sei es in ihrer blos inneren oder auch in äusserer Vereinigung, das Gerechte nicht machen, sondern nur finden.

§ 26.

Ein Heer, als Land zu vertheidigen oder zu erobern bestimmt, muss aus Männern bestehen, die am E i g e n t h u m des Landes einen unmittelbaren Antheil haben; denn nur in diesen kann ein solcher starker Wille als natürlicher und als Pflichtgefühl vorhanden gedacht werden. Aber erst der Ackerbau macht den Grund und Boden werthvoll; jedoch eine kriegerische Gemeinde, sei es, dass sie im ernsten Kampfe steht, oder in Kampfspielen sich übt, oder aus gleicher Gesinnung und nach uralter Gewohnheit der Jagd als dem Kampfe wider die Thierheit obliegt, ist schwerlich geeignet, der mühsamen Haushaltung sich zu widmen, zu pflügen, zu säen, zu ernten. Wo daher und so lange als jene Nothwendigkeit und Gepflogenheit eine allgemeine ist, da bleibt Weibern und Knechten die Arbeit des Feldes und die Zucht der Hausthiere. Wenn aber in befestigtem

Frieden über weites Gebiet das Gemeinwesen eines ganzen Volkes ausgebreitet ist, so dass nur der Schutz der Reichs-Grenzen erfordert wird, und vollends, wenn in Folge dessen zugleich der schwergerüstete und berittene Streiter die regelmässige, desshalb aber um so seltenere Einheit des Heeres wird, so bildet sich aus Denen, die vormals etwa nur in kleineren oder grösseren Gruppen Führer waren, eine besondere Krieger-Kaste, welche insofern, als in ihr die ältesten Herren und directesten Nachkommen der Vorfahren ganzer Stammes-Abtheilungen, man setze: der Clans, verbunden sind, mit dem Stande des Adels zusammenfällt und so geheissen wird. Dieser ist daher in besonderem und höherem Sinne frei, nämlich in Bezug auf die Gesammtheit des Reiches oder, in engerem Sinne, des Landes, welches er zu schützen und etwa auch zu mehren berufen ist. Im Verhältniss zu ihm ist daher die Freiheit der Gemeinen eine geminderte, ausser sofern diese auch selber fortfahren, zur Heeresfolge oder zu einem gültigen Ersatze derselben fähig und bereit zu sein; oder wenn sie einem engeren Gemeinwesen angehören, das von den Wirkungen dieser Umstände frei bleibend seine Abhängigkeit vom Reiche nur durch sachliche Leistungen an den Fürsten desselben zu bewähren nöthig hat. Der Adel aber mag theils seines besonderen Eigenthums, durch welches der Einzelne den Mark- oder Dorfgenossen gleich ist oder doch nur einige solche aufwiegt, durch Knechte, die durchaus von ihm abhängig sind, walten — wie denn ein solcher Stand aus einer ursprünglich überwundenen Bevölkerung herrühren oder durch Einwanderungen Fremder sich bilden, endlich aber auch durch Vermehrung, zumal ungesetzliche, des freien Volkes selber entstehen mag — oder wenn dies unmöglich oder unzureichend ist, durch Beiträge, Abgaben der um seinen Hof herum ansässigen Bauern ernährt und gepflegt werden. Solche Abgaben können, so lange als gedacht wird, dass die Dorfgemeinden ihrer Feldmark rechte Eigenthümer nach geglaubtem und gehaltenem Herkommen sind, nur als freiwillige, wenn auch durch Sitte pflichtmässige begriffen werden. Wenn der Baron oder Ritter als Freiherr über ihnen im politischen, d. h. im

Sinne des Gemeinwesens, steht, so steht er zugleich im ökonomischem u. d. i. im Sinne ursprünglicher patriarchalischer
Gemeinschaft, welche immer als die Basis des Gemeinwesens
betrachtet werden muss, unter ihnen; er ist (insofern als
jenes Verhältniss besteht) von ihrer Gunst, von ihrem guten
Willen abhängig, wird von der Gemeinde als ihr Dienender
unterhalten.

§ 27.

Wenn nun jedes Gemeinwesen als Landschaft in
einer Mehrheit von Herrschaften, von Dörfern, von Städten
sich darstellt, oder aber in solche conföderirte Landschaften
zerfällt, so hat jedes dieser Bestandtheile, insofern es auf
behauptetem Grund und Boden festsitzt und sich zu wahren
fähig ist, eine gewisse Tendenz und Kraft, selber zum Gemeinwesen zu werden. In dem Maasse aber, als es dieses
vermag und nicht selber wieder aus möglichen Gemeinwesen
zusammengesetzt ist, so ist es zugleich der vollkommenste
und intensivste Ausdruck eines Gemeinwesens, nämlich am
leichtesten durch die Nähe des Zusammenwohnens, durch
die geringere Wahrscheinlichkeit innerer Reibungen, welche
zwischen selbständigen wehrfähigen Körpern drohen, als
bewegungsfähige Heeres-Versammlung, daher auch als spruch-
fähige Gerichtsversammlung erscheinend. In dieser Bedeutung erfüllt sich als Stadt, welche ein bestimmtes Landgebiet beherrscht, die Idee des Gemeinwesens. Sie kann sogar, wie die POLIS der hellenischen Cultur, das einzige wirkliche
Gemeinwesen sein, welches nur als Bundes-Glied selber ein
Gemeinwesen über sich herstellt — welches alsdann nur
noch vermöge einer religiösen und schöpferischen Imagination (im Mythus) als ein ursprüngliches und zeugendes
gedacht werden kann — oder aber, wie die freie Stadt der
germanischen Cultur, als Theil und Product eines Landes,
eines Reiches, von dem gemeinsamen Boden durch Macht
und Reichthum sich abheben und so doch, mit ihresgleichen
zusammen, in ein analoges Verhältniss zu jenem ihrem Bunde
sich setzen, als ob sie es bildeten, constituirten, wogegen
aber dieses durch seine reale apriorische als heilig geglaubte
Natur gegen die Verwandlung in den Charakter einer blos fic-

tiven und begrifflichen Einheit sich zu retten vermag. Auf dieselbe Weise aber, wie die Stadt zu ihrem Bunde, verhält sich der Bürger, als freier und wehrhafter Mann, zu seiner Stadt. Die Gesammtheit der Bürger schaut das bürgerliche Gemeinwesen an als ihr Kunstwerk, als ihre Idee. Sie verdanken ihm ihre Freiheit, ihr Eigenthum und ihre Ehre; und doch hat es selber sein Dasein nur durch ihre verbundenen, vernünftigen Willen, wenn auch als ein nothwendiges, unwillkürliches Erzeugniss derselben. Wenn regelmässig der Wille eines Gemeinwesens in seiner Versammlung durch Einen (den Fürsten), durch Mehrere (die Vornehmen, Aeltesten) und durch Viele (die Menge, das Volk) in ihrer Eintracht dargestellt wird, so überwiegt in einem patriarchalischen und weitesten Gemeinwesen der Monarch; in einem ländlichen, engeren, der Adel; im städtischen und engsten das Volk. Wenn ursprünglich jener das Haupt oder das Gehirn im Haupte ausmacht, der Adel gleichsam die Ganglien des Rückenmarks, und die Menge gleich den Centren des sympathischen Systems gedacht wird, so wird hingegen endlich diese, sich selber beherrschend, gleich dem Gehirn im wahrnehmenden und wollenden Körper die denkende Potenz und kann als solche vollkommener werden, als die früheren, da sie in ihrem leichten und häufigen Zusammensein schwereren Problemen gegenübersteht, aber auch durch häufige Uebung und Belehrung sich schärft, und um so mehr Wahrscheinlichkeit hat, die höchste und edelste, politisch-künstlerische Vernunft aus sich hervorzubringen. Aber die volle Majestät des Gemeinwesens geht erst aus der Uebereinstimmung dieser drei Organe hervor, wenn auch in der empirischen Erscheinung das eine überwiegen, das andere verkümmert sein mag. Und freilich kann die Volksgemeinde über ihrer jüngeren und besonderen Bedeutung, in welcher sie ein coordinirter Factor ist, die ältere und allgemeine behalten, vermöge deren sie die Gesammtheit und Substanz des Gemeinwesens sichtbar darstellt, aus welcher also alle jene Centren und Machtträger erst hervorgegangen sind, und dadurch bedingt werden. Aber so verstanden und in letzter Instanz, besteht allerdings das Volk aus Allen, die irgendwie in Gemeinschaft zusammenhängen und begreift Weiber, Kinder

und Greise, Schutzgenossen und Knechte als integrirende
Theile in sich.

§ 28.

Es ergibt sich aus allen Vordersätzen dieser Erörterung, dass jede Corporation oder Verbindung von Menschen
sowohl als eine Art von Organismus oder organischem Kunstwerk, wie auch als eine Art von Werkzeug oder Maschine
aufgefasst werden kann. Denn in Wirklichkeit ist die Essenz eines solchen Dinges nichts Anderes, als bestehender,
gemeinsamer Wesenwille, oder constituirte gemeinsame
Willkür, beides nicht mehr in seiner Vielheit, sondern in
seiner Einheit begriffen und gedacht. Wenn wir den Namen
der Genossenschaft auf den ersten Begriff (einer gemeinschaftlichen Verbindung), den des Vereines auf den anderen (einer gesellschaftlichen Verbindung) anwenden, so folgt,
dass eine Genossenschaft als Naturproduct nur beschrieben
und als ein Gewordenes durch seine Abstammung und durch
die Bedingungen seiner Entwicklung begriffen werden kann.
Dies bezieht sich folglich auch auf den Begriff eines Gemeinwesens. Hingegen ein Verein ist ein in Gedanken gemachtes oder fingirtes Wesen, welches seinen Urhebern
dient, um ihre gemeinsame Willkür in irgendwelchen Beziehungen auszudrücken: nach dem Zwecke, wofür er als
Mittel und Ursache bestimmt ist, muss hier in erster Linie
gefragt werden. Und hiervon wird die Anwendung gemacht
auf den Begriff des Staates als des allgemeinen gesellschaftlichen Vereines. — Die psychologische oder metaphysische Essenz einer Genossenschaft, und folglich eines Gemeinwesens, geht immer darin auf, Wille zu sein, d. h.
Leben zu haben und in einem — der Dauer nach unbe-
grenzten — Zusammenleben seiner Mitglieder zu bestehen.
Sie führt daher immer zurück auf die ursprüngliche Einheit
der Wesenwillen, welche ich Verständniss genannt
habe, und wie auch immer sie sich aus diesem entwickelt
hat, so ist jedesmal ihr Inhalt so gross, als die Kraft, mit
der sie sich im Dasein behauptet; und dieser Inhalt, als
Sitte und Recht, hat mithin unbedingte und ewige Gültigkeit für die Mitglieder, welche erst aus ihm ihr eigenes

Recht ableiten, welches sie in Bezug auf einander und alsdann auch gegen einander haben, folglich auch in Bezug auf und gegen das eigene Selbst der Genossenschaft, insofern als dieses seinen gegebenen Willen nicht nach Willkür verändern kann. Aber die Willenssphäre des Ganzen muss als v o r allen einzelnen Willenssphären dieselben involvirend gedacht werden, und Freiheit und Eigenthum der Menschen sind nur vorhanden als Modificationen der Freiheit und Eigenthums des Gemeinwesens. In einem allgemeinen Zusammenhange der Gemeinschaft würde aber die Sphäre jeder Genossenschaft wiederum bedingt und bestimmt sein durch frühere und höhere Genossenschaft, zu welcher sie als Mitglied sich verhält, bis endlich die höchste als ein alle Menschheit umfassendes Gemeinwesen sich würde vorstellen müssen. Und dies ist die Idee der K i r c h e und des geistlich-weltlichen Universal-Reiches. — Hingegen jeder Verein beruht auf einem Complex von Contracten jedes mit jedem Subjecte, und dieser Complex heisst als Vereinbarung, durch welche die fingirte Person gleichsam ins Leben gerufen wird, ein S t a t u t. Das Statut gibt dem Verein einen Willen durch Ernennung einer bestimmten Vertretung, es gibt ihm einen Zweck, welcher nur ein Zweck sein kann, in Bezug auf welchen die Contrahenten sich einig wissen, und gibt ihm die Mittel zur Verfolgung oder Erreichung solches Zweckes, welche Mittel aus den Mitteln jener gegeben und zusammengelegt werden müssen. Diese Mittel sind theils Rechte in Bezug auf gewisse Handlungen der einzelnen Personen, über welche der Verein folglich (im Rechte) auf dieselbe Weise verfügen kann oder darf, wie jedes Individuum die seinigen in der Willkür hat und darüber verfügt. Sie sind mithin Stücke der Freiheit. Es sind Zwangsrechte. Wie solche durch jede Obligation sich ergeben, ist früher betrachtet worden. Zur Ausübung des Zwanges ist aber ein Verein seiner Natur nach nicht mehr fähig, als der einzelne Mensch. Er kann nur handeln durch seinen Repräsentanten; dieser ist ein Individuum oder eine Versammlung. Wenn ein Individuum, so ist derselbe Fall gegeben, als ob dasselbe in seinem eigenen Namen zu zwingen versuchen würde. Wenn eine Versammlung, so kann dieselbe zwar als ein Ganzes

Beschlüsse fassen, aber als handelnde zerfällt sie in die vielen Einzelnen, welche ihr Wille bewegen oder zwingen soll, da er doch an und für sich keiner Action fähig ist; und es ist keineswegs gewiss, dass auch nur die Mehrheit, als Summe von Einzelnen, zu gemeinsamer Action im Sinne ihres Willens fähig sei. Die Vereins-Person muss daher, gleich jeder anderen Person, um zwingen zu können, eine Uebermacht menschlicher Kräfte durch andere als Zwangsmittel zu ihrer Verfügung haben, was in einem gesellschaftlichen Zustande nur dadurch erreichbar ist, dass sie dieselben einkauft. Sie muss daher über Geld als das allgemeine Kaufmittel in ausreichender Menge verfügen. Auch dann aber bleibt die Ausübung des Zwanges an eine grosse Bedingung gebunden. Das ist die wenigstens negative Mitwirkung der gesammten Gesellschaft. Der Zwang kann nur dann mit Sicherheit und Regelmässigkeit erfolgen, wenn Niemand bereit ist oder sich bewegen lässt, dem Gezwungenen zum Widerstande Hülfe zu leisten, oder wenn doch im Vergleiche zur Macht des Zwingenden die Zahl Solcher eine verschwindende ist, also dass die zwingende Abwehr derselben mit der gleichen Sicherheit wie der Zwang des ersten ›Delinquenten‹ erfolgen wird. Wie bei der ökonomischen Seite jedes Contractes (oder Tausches) im Sinne der Gültigkeit, so ist bei der rechtlichen im Sinne der obligatorischen Wirksamkeit also die Gesellschaft betheiligt. Sie macht durch Neutralität den Widerstand unmöglich, wenn die Kräfte des Berechtigten überlegene sind. Ueberlegenheit des Einzelnen über den Einzelnen im Sinne momentaner und sicherer Wirkung ist für den durchschnittlichen Fall ausgeschlossen, da jeder Kräfte genug hat, um sich einem Einzelnen zu widersetzen. Der Berechtigte muss also Hülfskräfte für sich werben. Daher würde jeder Verein gegen reale Personen ohnmächtig sein ohne Geld. Dieses Geld muss ihm vorher gegeben sein. Er muss darüber mit Freiheit verfügen. Dadurch verfügt er auch über menschliche Kräfte. Er kann derselben auch zu anderen Zwecken als zum Zwingen nach innen und aussen bedürfen, und vielleicht nur zu anderen Zwecken die aus seinem Hauptzwecke folgen, z. B. aus dem Betriebe eines Handelsgeschäftes. Die

Form, in welcher er für diese seine Untergebenen seine Willkür durch allgemeine Sätze ausdrückt, nenne ich Satzung. Die Ausführung solcher Satzungen als für sie verbindlicher Normen ist die im Begriffe zusammengefasste Dienstleistung, für welche jene bezahlt werden; sie darf nicht selber als obligatorisch gedacht werden, sondern sie ist wie im momentanen Tausche dargebotenes Aequivalent. Auch die individuelle Person kann auf diese Weise ihren Willen in allgemeine Befehle fassen und ausführen. Jeder Mandant ist für seinen Mandatar Gesetzgeber. Aber das Förmliche der Satzung ist darum dem Vereine angemessen, weil dieser, auch wenn er durch eine individuelle Person vertreten wird, zumal aber wenn durch eine Versammlung, eines bestimmten (im Statut vorgesehenen) Schematismus bedarf, um seinen Willen überhaupt zu bilden und als gültigen Beschluss darzustellen. Eben desshalb ist ihm auch der allgemeinste Ausdruck am meisten natürlich, als wodurch in gegebener Zeit die grösste Leistung geschieht, wenn die Anwendung auf Gruppen von Fällen und auf einzelne Fälle jenen seinen abhängigen Personen überlassen werden kann.

§ 29.

Der Staat hat einen zwieschlächtigen Charakter. Er ist zuerst die allgemeine gesellschaftliche Verbindung, bestehend und gleichsam errichtet zu dem Zwecke, Freiheit und Eigenthum seiner Subjecte zu beschützen, mithin das auf der Gültigkeit von Contracten beruhende natürliche Recht auszudrücken und durchzuführen. Er ist also, gleich jedem anderen constituirten Vereine, eine fingirte oder künstliche Person und steht als solche in der Rechtsordnung allen übrigen Personen gleich und gegenüber. Es gibt ein natürliches Recht zwischen ihm und den Einzelnen, als zwischen einem Mandatar und seinen Mandanten. Dieses Recht bleibt also auch über ihm, als gesellschaftlicher Wille, conventionelles Naturrecht, bestehen. Dazu gehört seine gesammte Verfassung und die Ordnung, in welcher er seinen Willen als gültigen ausdrücken soll. Dieses Recht kann, wie jedes Recht, streitig sein und es kann eine besondere Person oder Behörde geben, welche von den Contrahenten (dem Staate auf der einen Seite, den Einzelnen, d. i. der Gesell- schaft, auf der anderen) eingesetzt oder anerkannt wird, um es zu entscheiden. Für diese richterliche Behörde gibt es dann kein ferneres Recht und ist nicht erfordert, weil ihr Wille nichts als wissenschaftliche Wahrheit in Bezug auf das Recht, ihr Handeln nichts als Sprechen ist. Sie hat mithin auch weder Recht noch Gewalt zu zwingen, viel weniger als irgendwelche physische Person haben kann. Sie ist die nackte sociale Vernunft in höchster Potenz, aber darum auch von allen anderrn Kräften entblösst. Hingegen ist der Staat, gerade seiner rechtlichen Bestimmung nach, nichts als Gewalt, Inhaber und Vertreter aller natürlichen Zwangsrechte. Er selbst bedarf der Erkenntniss des Rechtes, um es zu erzwingen. Er macht das natürliche Recht zu seinem Objecte, er nimmt es in seinen Willen auf und wird Interpret desselben. Was er aber auf diese Art in seiner Hand hat, das kann er auch verändern. Nicht blos thatsächlich. Er muss es auch rechtmässiger Weise verändern können. Denn er kann die Regeln, nach welchen er es interpretiren will, für seine Untergebenen als Satzun- gen verbindlich machen. Seine Erklärung, was Rechtens ist, bedeutet für diese so viel als: was Rechtens sein soll, mithin in allen praktischen Folgen des Rechtes. In diesem Sinne kann der Staat beliebiges Recht machen, indem er seinen Richtern befiehlt, sich darnach zu richten und seinen Executiv-Beamten, es zu vollziehen. Der unbeschränk- ten Ausdehnung dieser legislativen Gewalt oder der Verdrängung des Rechtes von Natur oder aus Convention, durch Recht von Staats wegen oder aus Politik kann sich mit Behauptung ihres Rechtes die neben und doch gleichsam unter dem Staate verharrende Gesellschaft, als Summe von Einzelnen, widersetzen. Hier würde alsdann eine rechtliche Entscheidung nur durch das bezeichnete Schiedsgericht möglich sein. Aber der Staat ist zweitens die Gesellschaft selber oder die sociale Vernunft, welche mit dem Begriffe des einzelnen vernünftigen gesellschaft- lichen Subjectes gegeben ist; die Gesellschaft in ihrer Ein- heit, nicht als besondere Person ausser und neben die übri-

gen Personen gesetzt, sondern als die absolute Person, in
Bezug auf welche die übrigen Personen allein ihre Existenz
haben; in diesem Sinne gibt es k e i n Recht gegen s e i n
Recht, das Recht der Politik i s t das Recht der Natur. Mithin ist auch keine Recht sprechende Instanz zwischen Staat
und Gesellschaft — welche doch, wie der Staat selber, aus
der Gesellschaft hervorgehen müsste — noch denkbar; die
gesammte Jurisdiction wird vom Staate abhängig und wird
Anwendung s e i n e r Gesetze. Denn es wird geleugnet, dass
die Gesellschaft ohne den Staat eines allgemeinen Willens
fähig sei, oder doch gesagt, dass sie dessen nur in dem
Maasse fähig sei, um den Willen des Staates als i h r e n Willen
zu erkennen. Demnach ergibt sich als die natürliche Ordnung anstatt der blos negativen eine positive Bestimmung
der Individuen; deren einige durch den Staat mit einem gebietenden Mandate ausgerüstet werden, welches sie weiter-
zugeben fähig sind und gehßssen, so dass endlich jede Person in vermittelter Abhängigkeit an dem Staatswillen theilnehmen würde. Dieser Gedanke erfährt eine beschränkte
Durchführung im Systeme der V e r w a l t u n g; seine Verallgemeinerung würde die gesammte Güterproduction zu
einem Theile der Verwaltung machen und ist eine (dem Begriffe nach) mögliche Form des S o c i a l i s m u s. Diese
kann gedacht werden, ohne die fundamentale Distinction der
gesellschaftlichen Classen aufzuheben. Der Staat würde die
alle Concurrenz ausschliessende Coalition der Kapitalisten
sein; die Production würde fortfahren, zu ihrem Nutzen zu
geschehen. In der internationalen Arbeitstheilung, welche
der Weltmarkt regulirt, würde immer noch die vereinigte
Kapitalistenschaft als Urheber und Verkäufer ihres Gesammt-
products auftreten; wenn auch die Productionsmittel dem
Staate gehören, so würde jene doch als formelles Subject
und Dirigentin der Arbeit Eigenthümer des ganzen Werth-
Theiles sein, welcher nicht zum E r s a t z e der Productionsmittel erfordert wird. Aber sobald die Gesellschaft über
alle Grenzen hinaus sich erstreckt hätte und folglich der
W e l t - S t a a t eingerichtet würde, so hätte die Waaren-Production ein Ende, mithin auch die wahre Ursache des ›Unter-
nehmergewinnes‹, des Handelsprofits und aller Formen des

Mehrwerths. Die von der unteren Classe (wie bisher) hervorgebrachten Güter könnten von der oberen nur noch angeeignet werden, weil und insofern als sie den Staat vertritt, im N a m e n des Staates, in dessen Namen sie auch den Theil derselben, welcher nicht zur Unterhaltung der Arbeiter nothwendig erschiene, unter sich vertheilen würde. Die willkürliche Basis des Rechtes kommt zu deutlicherem Ausdruck, wenn das staatliche und gesetzliche Recht alles gesellschaftliche und contractliche Recht verschlungen hat. Sie ist immer vorhanden; aber sie wird nicht begriffen, bis das Subject auch des Naturrechtes als der fortwährenden Willkür fähige und doch ganz und gar fictive (juristische) Person sich geltend macht. Auch nach dem ersten Begriffe, wo der Staat als blosser Mandatar der Gesellschaft dargestellt wird, ist es nur scheinbar die Willkür aller W a a r e n v e r - k ä u f e r, welche das conventionelle und erst in zweiter Linie politische Naturrecht setzt, in demselben Maasse scheinbar, als die Arbeitskraft scheinbare Waare ist; in Wahrheit ist es die Willkür aller Verkäufer w i r k l i c h e r Waaren, der in Producten verkörperten Arbeitskräfte. Der Staat ist kapitalistische Institution und bleibt es, wenn er sich für identisch mit der Gesellschaft erklärt. Er hört daher auf, wenn die Arbeiter-Classe sich zum Subjecte seines Willens macht, um die kapitalistische Production zu zerstören. Und hieraus folgt, dass die politische Bestrebung derselben ihrem Ziele nach ausserhalb des Rahmens der Gesellschaft fällt, welche den Staat und die Politik als nothwendige Ausdrücke und Formen ihres Willens einschliesst. Hingegen findet der tiefste gesellschaftliche Gegensatz zwischen den beiden Begriffen vom Staate statt, deren Skizze gezeichnet worden ist. Sie stehen sich als Systeme der Volkssouveränetät — wofür Gesellschaftssouveränetät — und der Herrschersouveränetät — wofür Staatssouveränetät gesagt werden sollte — gegenüber und können doch in mannigfache Mischungen und Verwirrungen eingehen.

§ 30.

Die dritte und endliche Gestaltung eines gemeinsamen und verbindenden Willens muss als mentale begriffen wer-

den. Auch ihr kann, in der Theorie, zu grösserer Deutlichkeit, ein Subject vorgesetzt und dasselbe als ein geistiger (geistlicher) Verband oder Verein; wenn als allgemeines
gedacht: als geistiges (geistliches) Gemeinwesen, geistiger
Staat unterschieden werden. Die Willensformen selber aber
nenne ich: A) die gemeinschaftlichen: im Einzelnen Glaube,
im Ganzen Religion, B) die gesellschaftlichen: im Einzelnen Doctrin, im Ganzen öffentliche Meinung. Dies
sind Mächte, denen weder durch menschliche Kräfte (physische), noch durch äussere Dinge als Werkzeuge (Geld)
sich geltend zu machen und durchzusetzen eigenthümlich
ist, sondern allein durch Vorstellungen und Gedanken,
welche in der Gehirnthätigkeit des Menschen zu sein und
zu wirken bestimmt sind. Sie verhalten sich in ihren bedeutendsten socialen Actionen urtheilend, richtend, d. h. sie
messen an sich oder an ihren Willens-Meinungen, Maximen
und Regeln die Thaten und Handlungen, also den Willen
derer, worauf sie sich beziehen; so auch, und insbesondere
den Willen des Gemeinwesens, des Staates. So stellt sich
Religion über das Gemeinwesen, öffentliche Meinung über
den Staat. Religion beurtheilt die Sitte und Sitten oder
Gebräuche als gut und richtig oder missbilligt sie als schlecht
und falsch. Oeffentliche Meinung billigt Politik und Gesetzgebung als richtig und klug oder verurtheilt sie als un-
richtig und dumm. — Glaube gehört wesentlich der
Menge an und dem unteren Volke: in Kindern und Frauen
ist er am meisten lebendig. Doctrin ist eine Sache, die
nur Wenige zu begreifen, Wenigere zu ersinnen vermögen;
und dies sind klügelnde, vornehm-kühle Individuen, Männer
und Greise. Sie verhalten sich wie Poesie (in ihren Wurzeln, als Stimmung zum Gesang, zur erzählenden Mittheilung, mimischen Darstellung) zur vollkommenen Prosa eines
mathematischen Räsonnements oder anderer begrifflicher Com-
binationen. — Die Beziehung der Religion zum Familienleben und zur Sitte ist schon angedeutet worden. Sie ist
selber das Familienleben, insofern als die Theilnahme daran
auf vorgestellte, der Phantasie gegenwärtige, treu-verwandte
und befreundete Wesen erstreckt wird; und so von der einen
Seite (der menschlichen) Ehrfurcht, mit frommen Gaben,

Opfern und Spenden, von der anderen (der göttlichen) Gunst, Schutz und Hülfe entgegengebracht wird; das väterliche oder mütterliche Walten ist der Grund und Ursprung des göttlichen und alles gottähnlichen Waltens und bleibet darinnen als seine Wahrheit. Religion ist sodann selber ein Stück der Sitte, durch das Herkommen, Ueberlieferung und Alter als wirklich und nothwendig gegeben, worin das einzelne Menschenkind geboren und erzogen wird, wie in die Mundart seiner Sprache, wie in die Lebensweise, der Kleidung, Speise und Trankes, welche seiner Heimath gewohnt ist: Glaube der Väter, Glaube und Brauch, erbliche Empfindung und Pflicht. — Wiederum hat und behält Religion überall und in ihrer höchsten Entwicklung alle eigentlichen Wirkungen in Gemüth und Gewissen der Menschen, durch die Weihe, welche sie den Ereignissen des Familienlebens: der ehelichen Gemeinschaft, der Freude über die Neugeborenen, der Traurigkeit um die Hingeschiedenen, verleihet. Und ebenso heiligt sie das Gemeinwesen, erhöht und befestigt die Geltung des Rechtes: als Wille der Alten und der Vorfahren ist es schon würdig und wichtig, als Wille der Götter wird es noch gewaltiger und gewisser. So fordert und erzeugt die frühere Anschauung die spätere, wirkt die spätere auf die frühere zurück. Das religiöse Gemeinwesen ist insonderheit Darstellung der ursprünglichen Einheit und Gleichheit eines ganzen Volkes, das Volk als eine Familie, das Gedächtniss seiner Verwandtschaft durch gemeinsame Culte und Stätten festhaltend. Dies ist es in seiner extensiven Bedeutung; seine intensive Kraft hat es am stärksten als städtisches Gemeinwesen, als worin die Wichtigkeit des Glaubens und der Deutung göttlichen Willens, den Inhalt der Sitte zu ergänzen, für verwickeltere Zustände des Lebens zu modificiren und zum Theile zu ersetzen, in entschiedener Weise hervortritt. Dies geschieht ganz hauptsächlich durch den Gebrauch des Eides: worin die Gegenwart des göttlichen Wesens mehr als furchtbare, denn als geliebte, herbeigerufen wird, damit sie zur Treue und zur Wahrhaftigkeit ermahne, Betrug und Lüge rächen möge. Und so wird man nicht irre gehen, wenn man in der Ehe, als dem Schwerpunkt des Familienwesens, der Eintracht männlichen und weiblichen Geistes und ferner im Eidschwur die beiden Säulen erkennt, durch welche Religion das Gebäude des Gemeinwesens und erhöhten gemeinschaftlichen Lebens unterstützt: sie sind die Hauptstücke der M o r a l , und diese, ihrem besonderen Charakter nach, ebensosehr Erzeugniss der Religion, als Recht Erzeugniss der Sitte ist.

§ 31.

Oeffentliche Meinung erhebt selber den Anspruch, allgemeine und gültige Normen zu setzen, und zwar nicht auf Grund eines blinden Glaubens, sondern der klaren Einsicht in die Richtigkeit der von ihr anerkannten, angenommenen Doctrinen. Sie ist in ihrer Tendenz und ihrer Form nach die wissenschaftliche und aufgeklärte Meinung. Wenn sie als solche sich bilden kann, in Bezug auf alle möglichen Probleme, welche das Denken und die Erkenntniss beschäftigen mögen, so ist sie doch vorzugsweise gerichtet auf das Leben und den Verkehr der Gesellschaft und des Staates. Alle bewussten Theilnehmer an demselben müssen für diese Begriffe und Ansichten sich interessiren, sie zu bilden helfen, die falschen und schädlichen bekämpfen. Was erlaubt und nicht erlaubt sei in der Praxis des Handels, und was von der Kraft und dem Werthe dieser und jener Firma, dieser und jener Waare, Forderung, einer Münze oder eines »Papieres« zu halten sei; und in ähnlicher Weise von cursirenden Werthen, Personen und ihren Fähigkeiten in anderer Geselligkeit, welche dem Verkehre des Marktes und der Börse analog vorgestellt wird, das macht, zu allgemeinen Sätzen erhoben, eine Art von Moral-Codex aus, welcher zwar sehr veränderlich ist, je nach vermeintlich besserer Erkenntniss, und viele Opposition wider sich haben mag, aber um nichts weniger streng ist in seinen Verboten, Verurtheilungen, Strafen; denn wie es ihm nicht um irgendwelche zu bethätigende Gesinnung, sondern nur um formale Correctheit der Handlungsweise zu thun ist, so findet eine Reaction eigentlich nur gegen Uebertretungen statt, während eine Auszeichnung nach der anderen, der positiven Seite nicht sowohl möglich ist, da mehr als Regelmässigkeit nicht verlangt noch erwartet wird: und Bewunderung ist nicht

eben Sache der öffentlichen Meinung, welche vielmehr alle
Erscheinungen auf das Niveau ihres Begreifens zu bringen
sich bemühet. Sie hat es aber keineswegs allein mit correcten und guten Handlungen, sondern ganz vorzüglich auch
mit correcten und guten Meinungen selber zu thun, indem
sie die Uebereinstimmung der einzelnen und privaten Meinungen mit ihr, der allgemeinen und öffentlichen, fordern
muss, um so mehr, da die (vorausgesetzten) vernünftigen und
willkürlichen Subjecte nach ihren Meinungen ihre Handlungen richten. Unter den Meinungen aber sind viele
gleichgültig, keine weniger gleichgültig, als die p o l i t i s c h e n
Meinungen; denn davon scheint zuletzt abhängig zu sein,
welche Gesetze der S t a a t geben oder aufrecht erhalten,
welche Politik nach innen und nach aussen er führen werde.
Ist nun hierüber die Gesellschaft zwar theilweise in sich
einig, in vielen Stücken aber auf die heftigste Weise wider-
streitend, so muss jede P a r t e i darnach, streben, i h r e Meinung zur öffentlichen Meinung oder wenigstens zum Scheine
derselben zu erheben, ihren Willen als den allgemeinen und
vernünftigen Willen, der das gemeinsame Wohl bezwecke,
darzustellen, um hierdurch »ans Ruder« des Staates zu gelangen oder die »Klinke der Gesetzgebung« unter ihre Hand
zu bekommen. Auf der anderen Seite hat der Staat selber
oder das G o u v e r n e m e n t, d. i. diejenige Partei, welche
gerade die souveräne Person darstellt oder auf dieselbe den
stärksten Einfluss ausübt, eben so starkes Interesse, die
öffentliche Meinung zu »machen«, zu »bearbeiten«, zu stimmen und umzustimmen. Was nun auch immer als öffentliche Meinung dasein und gelten mag, es tritt an die einzelnen Meinenden als eine fremde und äussere Macht heran.
Dies geschieht aber vorzüglich durch diejenige Art der Mittheilung, in welcher alle menschliche Beziehung, Glaube und
Vertrauen zwischen einem Redenden, Lehrenden und einem
Zuhörenden, Verstehenden ausgelöscht ist oder doch werden
kann: die litterarische. Als worin Urtheile und Meinungen
gleich Sachen des Kramhändlers eingewickelt und in ihrer
objectiven Realität zum Genusse dargeboten werden. Wie
denn solches durch das Z e i t u n g s w e s e n: die geschwin-
deste Fabrication, Vervielfältigung und Verbreitung von Ge-

danken, uns gegenwärtig Lebenden, gleich allen anderen
Genussmitteln der Welt, in der vollkommensten Weise zu-
bereitet und dargeboten wird: wie die Küche des Hôtels die
Stoffe zum Essen und Trinken in beliebigen Formen und
beliebigen Mengen vorsetzt. So ist die »Presse« das eigentliche Mittel (»Organ«) der öffentlichen Meinung, eine Waffe
und Werkzeug in den Händen Aller, die es zu gebrauchen
wissen, es gebrauchen müssen, von einer universalen Macht
als gefürchtete Kritik von Vorgängen und Veränderungen
der gesellschaftlichen Zustände, der materiellen Macht, welche
die Staaten haben durch Heere, Finanzen und »organisirte«
Beamtenschaften, wohl vergleichbar, in mancher Hinsicht
überlegen; nicht wie diese auf nationale Grenzen beschränkt,
sondern der Tendenz und Möglichkeit nach durchaus international, also vielmehr mit der Macht, welche die dauernde
oder vorübergehende Einigkeit und Alliance der Staaten
haben mag, sich messend. Daher denn auch als ihr letztes
Ziel angegeben werden kann, die Vielheit der Staaten aufzuheben und zu ersetzen, eine einzige Welt-Republik
von gleicher Ausdehnung mit dem Welt-Markte zu stiften,
welche von den Denkenden, Wissenden und Schreiben-
den dirigirt werde und der Zwangsmittel von anderer als
psychologischer Art entbehren könne. Solche Tendenzen und
Absichten gelangen vielleicht niemals zu einem klaren und
reinen Ausdrucke, geschweige denn zu einer Verwirklichung; aber ihre Auffassung dient zum Verständnisse vieler
wirklicher Erscheinungen und zu der wichtigen Einsicht,
dass die Ausbildung nationaler Staaten nur eine vorläufige
Beschränkung der schrankenlosen Gesellschaft ist. Wie
denn der am meisten moderne und gesellschaftliche Staat,
die nordamerikanische Union, am wenigsten so etwas wie
einen nationalen Charakter in Anspruch nehmen kann oder
will. — Ueberhaupt aber gilt die Bemerkung, dass das
Künstliche, ja Gewaltsame in diesen Abstractionen fortwährend in Erinnerung bleiben muss und der tiefe Zusammenhang, in welchem alle diese gesellschaftlichen Mächte mit
ihrer gemeinschaftlichen Basis, den ursprünglichen und
natürlichen, den »historischen« Gestaltungen des Zu-
sammen-Lebens und -Wollens, verharren. Denn gleichwie

die gesammte individuelle Willkür nur ideell von den Impulsen des Lebens und Wesenwillens getrennt werden kann und unter dem objectiven Aspect vielmehr als ein Product des Gedächtnisses erscheint, so verhält es sich auch mit der socialen Willkür. Alle ihre Satzungen und Normen behalten eine gewisse Aehnlichkeit mit den Geboten der Religion, indem sie, wie diese, dem intellectuellen oder mentalen Ausdrucke des Gesammtgeistes entspringen und die nunmehr vorausgesetzte Isolation und Selbständigkeit desselben vielleicht niemals als eine vollkommene und allgemeine in der Wirklichkeit angetroffen wird. So ist der Eid ursprüngliche Gewähr des Vertrages, und von Treue und Glauben löst sich nicht leicht die »bindende Kraft« der Verträge in der Bewusstheit der Menschen ab, wenn auch in Wirklichkeit dergleichen keineswegs erfordert wird sondern eine einfache Reflexion auf das eigene Interesse genügt, um die Nothwendigkeit, diese Grundbedingung des gesellschaftlichen Lebens zu erfüllen, dem vernünftigen Subjecte vorzustellen. — Diesen Punkt deutlich zu machen, ist nicht leicht, noch ihn zu verstehen. Aber in der Einsicht und Durchdringung desselben wird der Schlüssel entdeckt werden zur Lösung der bedeutendsten Probleme des Werdens und Vergehens menschlicher Cultur.

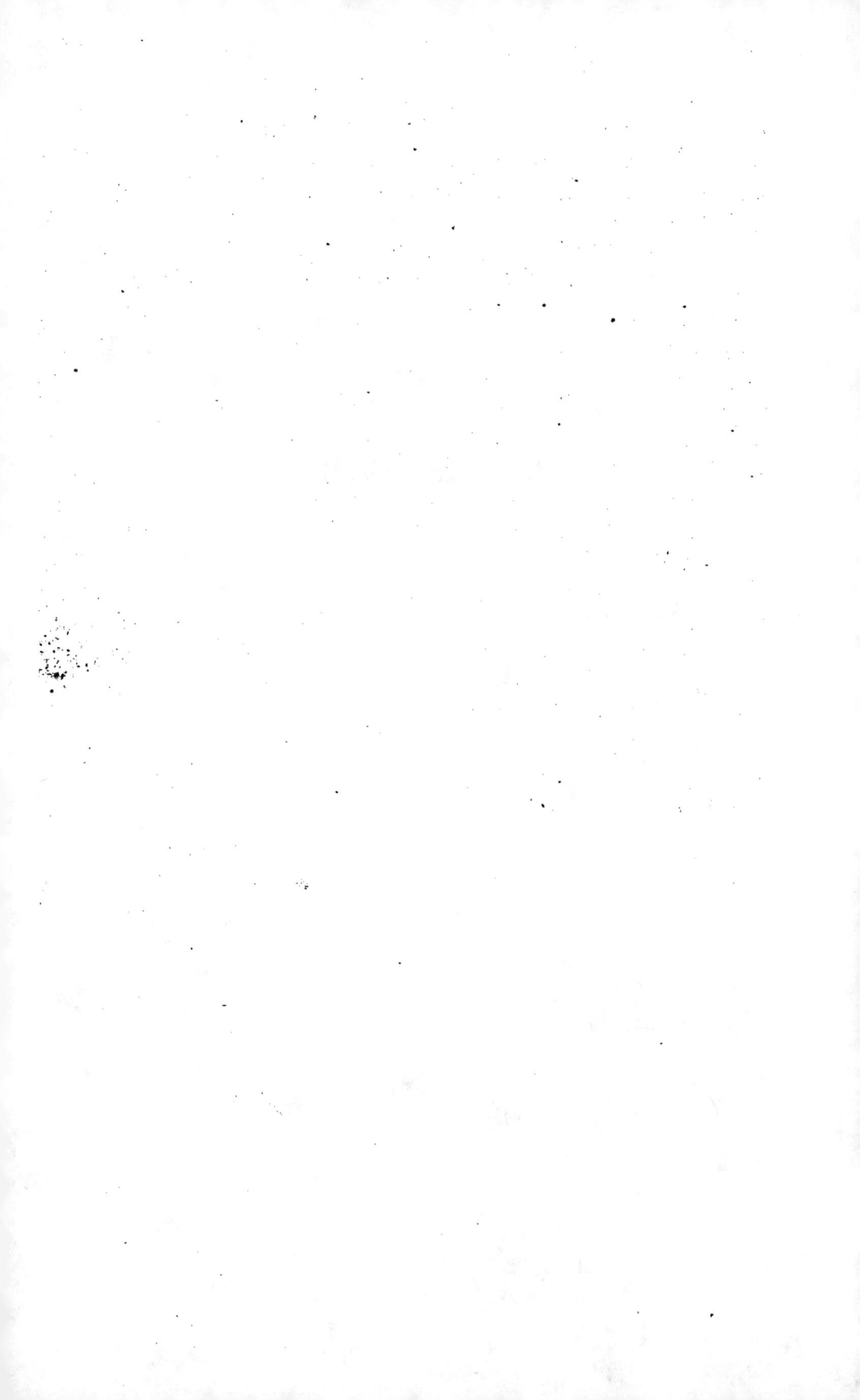

ANHANGSWEISE.

ERGEBNISS UND AUSBLICK.

Παντὸς καὶ σώματος καὶ πολιτείας καὶ
πράξεως ἔστι τις αὔξησις κατὰ φύσιν,
μετὰ δὲ ταύτην ἀκμή, κἄπειτα φϑίσις —

Polyb. VI. 52.

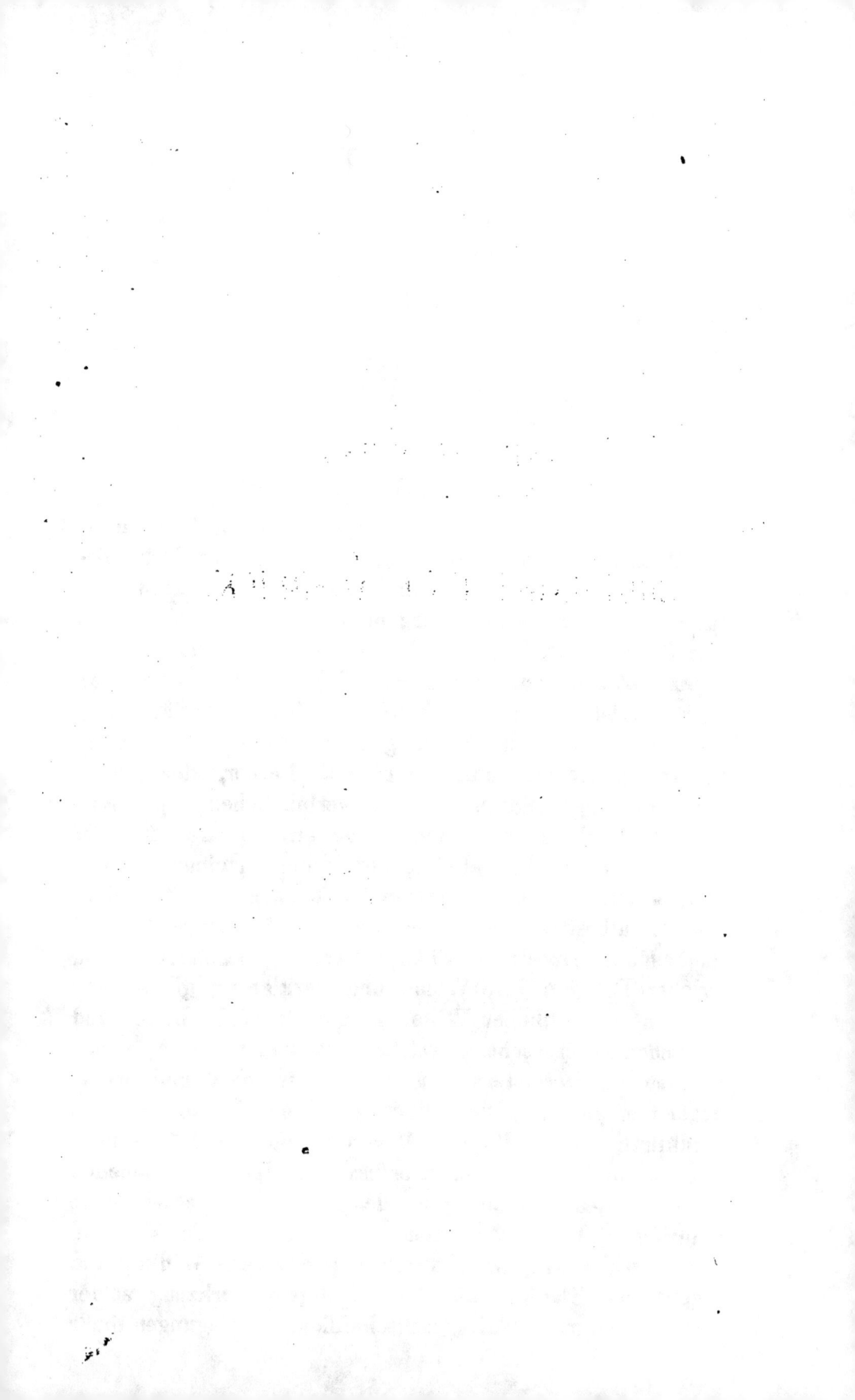

§ 1.

Es bietet sich dar der Gegensatz einer Ordnung des Zusammenlebens, welche insofern als auf Uebereinstimmung der Willen, wesentlich auf Eintracht beruht, und durch Sitte und Religion ausgebildet, veredelt wird; gegen eine Ordnung des Zusammenlebens, welche insofern als auf zusammentreffenden, vereinigten Willküren, auf Convention gegründet ist, durch politische Gesetzgebung ihre Sicherung, und durch öffentliche Meinung ihre ideelle und bewusste Erklärung, Rechtfertigung empfängt. Ferner, der Gegensatz eines gemeinsamen und verbindlichen, positiven Rechtes, als eines Systemes von erzwingbaren Normen in Bezug auf die Verhältnisse der Willen zu einander, welches, im Familienleben wurzelnd und aus den Thatsachen des Grundbesitzes seinen bedeutendsten Inhalt schöpfend, seine Formen durch Sitte wesentlich bestimmt erhält, welcher Religion ihre Weihe und Verklärung gibt, wenn sie nicht als göttlicher Wille, mithin als Wille weiser und herrschender Menschen, welche denselben auslegen, solche Formen zu verändern, zu verbessern lehrt und wagt; gegenüber einem gleichartigen positiven Rechte, das die Willküren durch alle ihre Verknüpfungen und Verschlingungen auseinanderzuhalten beflissen, in der conventionellen Ordnung des Handels und dergleichen Verkehres seine natürlichen Voraussetzungen hat; aber erst gültig und regelmässig kräftig wird durch die souveräne Willkür und Macht des Staates, als das wichtigste Werkzeug seiner Politik, wodurch er die gesellschaftlichen Bewegungen theils erhält, theils hemmt oder fördert, und welches durch Doctrinen und Meinungen öffentlich vertheidigt, angefochten, daher auch verändert, verschärft oder gemildert wird. Endlich gehört dazu der Gegensatz der Moral als eines durchaus ideellen oder mentalen Systemes von Regeln des gemeinsamen Lebens: welches auf der einen Seite wesentlich Ausdruck und Organ der religiösen Vorstellungen und Kräfte ist: hier mit den Bedingungen und Wirklichkeiten des Familiengeistes und der Sitte in nothwendiger Verbindung; auf der anderen Seite ganz und gar Product und Werkzeug öffentlicher Meinung: und alsbald auf alle Beziehungen der allgemeinen contractuellen Geselligkeit und der politischen Bestrebungen hingewiesen.

Ordnung ist natürliches Recht; Recht schlechthin = positives Recht; Moral = ideales Recht. Denn Recht als Inhalt dessen, was sein soll oder sein darf, geboten oder erlaubt wird, ist das Object eines socialen Willens überhaupt. Auch das natürliche Recht muss als gesetztes und effectives verstanden werden; aber es ist in einem allgemeineren Sinne und minder ausdrücklicher Weise gesetzt; es ist das allgemeine im Gegensatz zu allem besonderen, oder das einfache im Gegensatz zum mannigfachen und verwickelten Recht.

§ 2.

Aus Eintracht, Sitte und Religion besteht die Substanz des socialen Wesens und Willens, wovon die höchst mannigfachen Modi und Formen unter förderlichen Bedingungen im Verlaufe seines Lebens sich ausbilden, so dass jede Gruppe und jeder selbständige Mensch in seinem eigenen Willen und dessen Sphäre, daher in seiner Gesinnung, seinem Gemüthe und Gewissen, wie auch in seinen gegebenen Umständen, seinem Besitze, und den ihm natürlichen, gewohnten, obliegenden Thätigkeiten einen gewissen Antheil daran empfangen hat, und aus dem gemeinsamen Herde und Centro ableiten kann. Er hat darinnen die Wurzeln seiner Kraft, und nähret sein Recht zuletzt aus dem einen, ursprünglichen, das als ein göttlich-natürliches ihn umfasst und erhält, wie es ihn hat entstehen und wird vergehen lassen. Aber unter gewissen Bedingungen, in manchen Beziehungen, die uns hier merkwürdig sind, erscheint der Mensch in willkürlichen Thätigkeiten und Verhältnissen als ein freier, und muss als Person begriffen werden. Die Substanz des gemeinen Geistes ist so schwach, oder das Band, welches ihn mit den Anderen verbindet, so dünn geworden, dass es aus der Betrachtung ausscheidet. Dies ist im Allgemeinen, in Vergleichung zu jedem familienhaften, genossenschaftlichen Bunde, das Verhältniss zwischen Ungenossen: wo — in diesen Beziehungen, oder endlich überhaupt — kein gemeinsames Verständniss obwaltet, kein Brauch, kein Glaube verbindet und versöhnt. Es ist der Zustand des Krieges und der unbeschränkten Freiheit, einander zu vernichten, nach Willkür zu gebrauchen, zu plündern und zu unterjochen, oder aber, aus Erkenntniss besseren Vortheils, Verträge und Verbindungen anzuknüpfen. So lange und so fern als ein solcher Zustand bestehen mag zwischen geschlossenen Gruppen oder Gemeinschaften, und zwischen den Menschen, wie sie durch dieselben bedingt sind, oder auch zwischen Genossen und Ungenossen in Bezug auf Gemeinschaft, so geht es diese Untersuchung nicht an. Sondern: wir verstehen ein Zusammenleben und einen socialen Zustand, in welchem die Individuen wider einander in derselben Isolation und verhüllten Feindseligkeit verharren, so dass sie nur aus Furcht oder aus Klugheit sich der Angriffe gegen einander enthalten, und mithin auch die wirklichen friedlich-freundlichen Beziehungen und Wirkungen als auf dem Grunde dieses Kriegszustandes beruhend gedacht werden müssen. Dieses ist, wie in Begriffen bestimmt worden, der Zustand der gesellschaftlichen Civilisation, in welchem Friede und Verkehr durch Convention und in ihr sich ausdrückende gegenseitige Furcht erhalten wird, welchen der Staat beschützt, durch Gesetzgebung und Politik ausbildet; welchen Wissenschaft und öffentliche Meinung theils als nothwendig und ewig zu begreifen suchen, theils als Fortschritt zur Vollkommenheit verherrlichen. Vielmehr sind aber die gemeinschaftlichen Lebensarten und Ordnungen diejenigen, in welchen das Volksthum und seine Cultur sich erhält; welchen daher das Staatsthum (in welchem Begriffe der gesellschaftliche Zustand zusammengefasst werden möge), mit einem freilich oft verhüllten, öfter verheucheltem Hasse und verachtendem Sinne entgegen ist; in dem Maasse, in welchem es von jenem abgelöst und entfremdet ist. Also stehen auch im socialen und historischen Leben der Menschheit Wesenwille und Willkür theils im tiefsten Zusammenhange, theils neben und wider einander.

§ 3.

Sowie ein individueller Wesenwille das nackte Denken und die Willkür aus sich evolvirt, welche ihn aufzulösen und von sich abhängig zu machen tendirt — so beobachten wir bei den historischen Völkern aus ursprünglichen gemeinschaftlichen Lebensformen und Willensgestalten den Entwicklungsprocess der Gesellschaft und gesellschaftlichen Willkürgebilde, aus der Cultur des Volksthums die Civilisation des Staats-.thums. — Dieser Process kann auch auf folgende Weise nach seinen Grundzügen geschildert werden. Die Substanz des Volkes bildet als ursprüngliche und beherrschende Kraft die Häuser, die Dörfer, die Städte des Landes. Sie bringt dann auch die mächtigen und willkürlichen Individuen hervor, in vielen verschiedenen Erscheinungen: in den Gestalten der Fürsten, Feudalherren, Ritter, aber auch als Geistliche, Künstler, Gelehrte. Alle diese bleiben jedoch im socialen Sinne bedingt und bestimmt, so lange als sie es im ökonomischen Sinne sind, durch die Gesammtheit des Volkes, wie sie sich in der Gliederung desselben darstellt, durch seinen Willen und seine Kraft. Ihre nationale Einigung, durch welche allein sie als Einheit übermächtig werden können, ist selber an ökonomische Bedingungen gebunden. Und ihre eigentliche und wesentliche Herrschaft ist die ökonomische Herrschaft, welche vor ihnen und mit ihnen die Kaufherren erobern, indem sie die Arbeitskraft der Nation sich unterwerfen, in mannigfachen Formen, deren höchste die planmässige kapitalistische Production oder die grosse Industrie ist. Herstellung der Verkehrsbedingungen für die nationale Einigung der Willkürlich-Freien, und Herstellung der Bedingungen und Formen der kapitalistischen Production, ist das Werk der Handelsklasse, welche in ihrer Natur und Tendenz und meistens auch in ihrem Ursprunge ebenso international, als national, als grosstädtisch ist, und das heisst: gesellschaftlich. Nach ihr werden es mehr und mehr alle bisherigen Stände und Würdenträger, zuletzt, wenigstens der Tendenz nach, das ganze bisherige Volk. Mit Ort und Bedingungen ihres täglichen Lebens verändern die Menschen ihr Temperament; es wird hastig und wechselnd durch unruhiges Streben. Zugleich mit dieser Umwälzung der socialen Ordnung und in parallelem Fortschritte vollzieht sich eine allmähliche Verwandlung des Rechtes, nach seinem Inhalte und nach seinen Formen. Der reine Contract wird die Basis des gesammten Systemes, und die Willkür der Gesellschaft, durch ihr Interesse bestimmt, erscheint mehr und mehr, theils an und für sich, theils als vollstreckender Staatswille, als der alleinige Urheber, Erhalter und Beweger der Rechts-Ordnung, welche sie mithin von Grund aus verändern zu können und zu dürfen gedacht wird, nach ihrem Mögen und Belieben, das aber um ihrer selbst willen ein nützliches oder zweckmässiges sein wird. So verwandelt sich Recht, seiner Form nach, aus einem Gebilde der Sitte, oder aus Gewohnheitsrecht, zuletzt in ausschliessliches Gesetzesrecht, ein Product der Politik. Es sind nur noch als agirende Potenzen vorhanden: der Staat und seine Abtheilungen, und die Individuen; an Stelle natürlich erwachsener, zahlreicher und mannigfacher Genossenschaften, Gemeinden und Gemeinwesen. Und wie diese die Charaktere der Menschen mitbestimmt haben, so werden dieselben verändert in Accommodation an neue und willkürliche Rechtsbildungen; sie verlieren den Halt, den sie an der Sitte und an der Ueberzeugung von ihrer Gültigkeit gehabt haben.

Endlich tritt im Verfolge, unter Wirkung dieser Veränderungen und unter Rückwirkung auf dieselben, eine vollkommene Verkehrung des geistigen Lebens ein. Ursprünglich durchaus in der Phantasie wurzelnd, wird es nun abhängig vom Denken. Dort steht im Mittelpunkte der Glaube an unsichtbare Wesen, Geister und Götter, hier die Erkenntniss der sichtbaren Natur. Religion, welche dem Volksleben entstammt oder doch mit ihm verwachsen ist, muss die Führung abtreten an Wissenschaft, welche der gebildeten, über das Volk erhabenen Bewusstheit entspringt und gemäss ist. Religion ist direct und ihrem Wesen nach moralisch, indem sie auf das leiblich-geistige Band, welches die Generationen der Menschen verbindet, ihre tiefste Beziehung hat. Wissenschaft erhält erst einen moralischen Inhalt durch Betrachtung der Gesetze des menschlichen Zusammenlebens, indem sie daraus die Regeln für eine willkürliche und vernünftige Ordnung desselben abzuleiten unternimmt. Und die Denkungsart der einzelnen Menschen wird allmählich durch Religion immer weniger, durch Wissenschaft immer mehr eingenommen. Den Zusammenhang dieser ungeheuren Gegensätze und Bewegungen, wie er sich historisch und actuell darstellt, wollen wir auf Grund der mannigfachen Forschungen, welche die geschäftigen Zeitalter aufgehäuft haben, dereinst zu erkennen versuchen. Für diese vorbereitende Darstellung aber mögen nur noch einige zerstreute Anmerkungen dieselben genauer zu verdeutlichen dienen.

§ 4.

Die äusseren Gestaltungen des Zusammenlebens, wie sie durch Wesenwillen und Gemeinschaft gegeben sind, wurden unterschieden als Haus, Dorf und Stadt. Dieses sind die bleibenden Typen des realen und historischen Lebens überhaupt. Auch in entwickelter Gesellschaft, wie in den anfänglichen und mittleren Zeiten wohnen die Menschen auf diese verschiedenen Arten zusammen. Die Stadt ist die höchste, nämlich complicirteste Gestaltung menschlichen Zusammenlebens überhaupt. Ihr ist mit dem Dorfe die locale Structur gemein, im Gegensatze zur familiaren des Hauses. Aber beide behalten viele Merkmale der Familie, das Dorf mehrere, die Stadt mindere. Erst wenn die Stadt sich zur Grossstadt entwickelt, verliert sie dieselben gänzlich, die vereinzelten Personen stehen einander gegenüber und haben ihren gemeinsamen Ort nur als zufällige und gewählte Wohnstätte. Aber — wie die

Stadt innerhalb der Grosstadt, was diese durch ihren
Namen kundgibt — so dauern überhaupt die gemeinschaftlichen Lebensweisen, als die alleinigen realen, innerhalb der
gesellschaftlichen, wenn auch verkümmernd, ja absterbend,
fort. Und hingegen: je allgemeiner der gesellschaftliche
Zustand in einer Nation oder in einer Gruppe von Nationen
wird, desto mehr tendirt dieses gesammte »Land« oder diese
ganze »Welt« dahin, einer einzigen Grosstadt ähnlich zu
werden. In der Grosstadt aber, und mithin im gesellschaftlichen Zustande überhaupt, sind nur die Oberen, Reichen,
Gebildeten eigentlich wirksam und lebendig, das Maas
gebend, wonach die unteren Schichten, theils mit dem
Willen jene zu verdrängen, theils ihnen ähnlich zu werden,
sich richten müssen, um selber gesellschaftliche und willkürliche Macht zu gewinnen. Die Grosstadt besteht, in
jenen wie in diesen Massen, ebenso daher die »Nation«,
und die »Welt«, aus lauter freien Personen, welche im
Verkehre einander fortwährend berühren, mit einander
tauschen und zusammenwirken, ohne dass Gemeinschaft und
gemeinschaftlicher Wille zwischen ihnen entstünde; anders
als sporadisch oder als Ueberlebsel der früheren und noch
zu Grunde liegenden Zustände. Vielmehr werden durch
diese zahlreichen äusseren Beziehungen, Contracte und
contractlichen Verhältnisse, ebenso viele innere Feindseligkeiten und antagonistische Interessen, nur überdeckt, zumal
jener berufene Gegensatz der Reichen oder der herrschaft-
lichen Classe, und der Armen oder der dienstbaren Classe,
welche einander zu hemmen und zu verderben trachten;
ein Gegensatz, der, nach dem Ausdrucke des PLATON, die
Stadt zu einer doppelten, und zwar in ihrem Körper selber
gespaltenen, eben dadurch aber (nach unserem Begriffe)
zu einer Grosstadt macht. Während daher das gemeine städtische Leben durchaus innerhalb der Gemeinschaft des Familienlebens und des Landes beharrend, wohl auch dem Ackerbau, aber besonders der in diesen natürlichen Bedürfnissen
und Anschauungen beruhenden Kunst sich hingibt, so
hebt seine Steigerung zur Grosstadt sich scharf dagegen
ab, um jene ihre Basis nur noch als Mittel und Werkzeug
für ihre Zwecke zu erkennen, zu gebrauchen. Die Gross-

stadt ist typisch für die Gesellschaft schlechthin. Sie ist daher wesentlich Handelsstadt und insofern der Handel die productive Arbeit darin beherrscht, Fabrikstadt. Ihr Reichthum ist Reichthum an Kapital, welches in Gestalt von Handels-, Wucher- oder Industrie-Kapital durch seine Anwendung sich vermehrendes Geld ist; Mittel zur Aneignung von Arbeitsproducten oder zur Ausbeutung von Arbeitskräften. Sie ist endlich Stadt der Wissenschaft und Bildung, als welche auf alle Weise mit dem Handel und der Industrie Hand in Hand gehen. Die Künste gehen hier nach Brod, werden selber kapitalistisch verwerthet. Das Denken und Meinen vollzieht und verändert sich mit grosser Geschwindigkeit. Reden und Schriften werden durch massenhafte Verbreitung die Hebel ungeheurer Erregungen. — Von der Grosstadt überhaupt ist aber die nationale Hauptstadt unterschieden, welche, zumal als Sitz eines fürstlichen Hofes und Mittelpunkt der Staatsregierung, in vielen Stücken die Züge der Grosstadt darstellt, auch wenn sie ihrer Volkszahl und ihren übrigen Zuständen nach es noch nicht sein mag. — Endlich aber entfaltet sich, und zwar am ehesten durch Synthese dieser beiden Formen, die höchste Gestalt von solcher Art als Weltstadt: welche nicht allein den Auszug einer nationalen Gesellschaft, sondern eines ganzen Völkerkreises, der ›Welt‹, in sich enthält. In ihr ist Geld und Kapital unendlich und allmächtig, sie vermöchte für den ganzen Erdkreis Waaren und Wissenschaft herzustellen, für alle Nationen gültige Gesetze und öffentliche Meinungen zu machen. Sie stellt den Weltmarkt und Weltverkehr dar; Weltindustrieen concentriren sich in ihr, ihre Zeitungen sind Weltblätter, und Menschen aller Stätten des Erdballes versammeln sich geldgierig und genusssüchtig, aber auch lern- und neugierig in ihr. —

§ 5.

Hingegen ist Familienleben die allgemeine Basis der gemeinschaftlichen Lebensweisen. Es erhält sich in seiner Ausbildung durch das Dorf- und durch das Stadtleben.

Die Dorfgemeinde und die Stadt können selber noch als grosse Familien begriffen werden, die einzelnen Geschlechter und Häuser dann als Elementarorganismen ihres Leibes; Zünfte, Gilden, Aemter als die Gewebe und Organe der Stadt. Hier bleibt immer für den vollkommenen Antheil und Genuss an gemeinem Eigenthum und Gerechtsamen, ursprüngliche Blutsverwandtschaft und ererbtes Loos wesentliche oder doch wichtigste Bedingung; Fremde mögen als dienende Glieder oder als Gäste für Zeit oder für Dauer aufgenommen und beschützt werden, und also als Objecte, aber nicht leicht als Träger und Factoren, dieser Gemeinschaft angehören; wie auch Kinder zunächst nur als unmündige, abhängige Mitglieder in der Familie leben, eben darum aber in der römischen Sprache »freie« genannt, weil sie als die möglichen und unter normalen Umständen gewissen zukünftigen Herren vorausgedacht werden, als »ihre eigenen Erben«. Das sind weder Gäste noch Knechte, weder im Hause noch in der Gemeinde. Aber Gäste können als willkommene, geehrte, der Stellung von Kindern nahekommen, wie sie als Adoptivkinder oder mit dem Bürgerrecht Beschenkte darin übergehen und Erbrechtes geniessen; und Knechte können Gästen ähnlich geschätzt und behandelt werden, ja auch durch den Werth ihrer Functionen wie Angehörige mitschalten und walten. So kommt es denn auch vor, dass sie als natürliche oder eingesetzte Erben hervortreten. Die Wirklichkeit zeigt hier zahlreiche Abstufungen, untere und obere, welche den Formeln juristischer Begriffe zuwider sind. Denn auf der anderen Seite können alle diese Verhältnisse durch besondere Umstände vielmehr in blos interessirte und lösbare Gegenseitigkeiten von einander unabhängig bleibender Contrahenten sich verwandeln. In der Grossstadt ist solche Verwandlung, wenigstens in Bezug auf alle Verhältnisse der Dienstbarkeit, natürlich, und vollzieht sich mehr und mehr durch ihre Entwicklung. Der Unterschied von Einheimischen und Fremden wird gleichgültig. Jeder ist, was er ist, durch seine persönliche Freiheit, durch sein Vermögen und durch seine Contracte; ist also Knecht nur insofern, als er bestimmte Dienstleistungen einem Anderen abgetreten hat, und Herr insofern, als er solche empfängt.

In der That ist hier das Vermögen das einzig wirksame und ursprüngliche Merkmal, während in allen gemeinschaftlichen Organismen Eigenthum als Mitgenuss des Gemeinbesitzes und als besondere Rechtssphäre durchaus die Folge und das Ergebniss der Freiheit oder Ingenuität ist, ursprünglicher oder geschaffener (assimilirter); daher, so weit es möglich ist, nach dem Maasse derselben sich richtend. In der Grosstadt also, in der Hauptstadt und zumal in der Weltstadt, geräth das Familienwesen in Verfall. Je mehr und also je länger sie ihre Wirkungen ausüben kann, desto mehr müssen die Reste desselben als zufällige erscheinen. Denn Wenige gehen hier mit der Kraft ihres Willens in einem so engen Kreise auf. Alle werden durch Geschäfte, Interessen, Vergnügungen nach aussen und auseinander gezogen. Die Grossen und Mächtigen haben immer, indem sie als Willkürlich-Freie sich empfanden, starke Lust gehabt, die Schranken der Sitte zu durchbrechen. Sie wissen, dass sie thun können, was sie wollen. Sie haben die Macht, Veränderungen zu ihren Gunsten zu bewirken, und nur dies ist die positive Bewährung willkürlicher Macht. Der Mechanismus des Geldes scheint, unter gewöhnlichen Umständen, wenn er unter hinlänglich hohem Drucke arbeitet, alle Widerstände zu überwinden, alles Erwünschte zu bewirken, Gefahren aufzuheben, Uebel zu heilen. Dies gilt jedoch nicht durchaus. Wenn auch alle gemeinschaftlichen Mächte hinweggedacht werden, so erheben sich doch die gesellschaftlichen Mächte über den freien Personen. Convention nimmt für die eigentliche Gesellschaft, in weitem Umfange, die Stellung ein, welche Sitte und Religion leer gelassen haben; sie verbietet Vieles, als dem gemeinsamen Interesse schädlich, was diese als an und für sich böse verdammt hatten. Ebenso wirkt, in engeren Grenzen, der Staatswille durch Gerichte und Polizei. Dieser gibt seine Gesetze für Alle als Gleiche, nur Kinder und Wahnsinnige sind ihm nicht verantwortlich. Convention will wenigstens den Schein der Sittlichkeit bewahren; sie steht noch mit dem moralischen und religiösen Schönheitssinn in Verbindung, welcher aber willkürlich und formal geworden ist. Den Staat geht die Sittlichkeit nichts an. Er hat nur die feind-

seligen, gemeinschädlichen, oder ihm und der Gesellschaft
gefährlich erscheinenden Handlungen zu unterdrücken, zu
bestrafen. Er kann seine Thätigkeit nach dieser Richtung
ins Ungemessene ausdehnen; er kann auch versuchen, die
Motive und Gesinnungen der Menschen zum Besseren zu
verändern; denn so ihm das öffentliche Wohl zur Verwaltung gegeben wird, so muss er es nach Belieben definiren können, und er wird endlich wohl zur Einsicht
gelangen, dass nicht irgendwelche vermehrte Erkenntniss
und Bildung die Menschen freundlicher, unegoistischer,
genügsamer mache; dass ebenso aber auch abgestorbene
Sitte und Religion nicht durch irgendwelchen Zwang oder
Unterricht ins Leben zurückgerufen werden könne; sondern
dass er, um sittliche Mächte und sittliche Menschen zu
machen oder wachsen zu lassen, die Bedingungen oder den
Boden dafür schaffen, oder zum Wenigsten die entgegengesetzten Kräfte aufheben müsse. Der Staat, als die Vernunft der Gesellschaft, müsste sich entschliessen, die Gesellschaft zu vernichten.

§ 6.

Nichts desto weniger hat die öffentliche Meinung, als
welche die Moral der Gesellschaft in Ausdrücke und Formeln
bringt, und dadurch auch über den Staat erhaben werden
kann, entschiedene Tendenzen, denselben zu drängen, seine
unwiderstehliche Macht zu gebrauchen, um Alle zu zwingen,
das Nützliche zu thun und das Schädliche zu unterlassen:
Erweiterung des Strafgesetzbuches und Ausdehnung der
Polizeigewalt scheinen ihr die richtigen Mittel zu sein, um
den üblen Neigungen der Menge zu begegnen. Sie geht
leicht von der Forderung der Freiheit (für die Oberen) zur
Forderung des Despotismus (wider die Unteren) über.
Denn allerdings hat das conventionelle Surrogat geringen
Einfluss auf die Menge. Sie wird in dem Trachten nach
Vergnügen und Genüssen, welches so allgemein als natürlich
ist in einer Welt, wo das Interesse der Kapitalisten und
Händler allen Bedürfnissen zuvorkommt, und im Wetteifer
anstachelt zu den mannigfachsten Verwendungen des Geldes,

nur durch die Kargheit der Mittel (welche dasselbe Interesse der arbeitenden Classe als Preis der Arbeitskraft hingibt) eingeschränkt. Eine besondere und zahlreiche Abtheilung, welche weit über die gewerbsmässigen ›Verbrecher‹ hinausgreift, wird in ihrer Sucht und Noth, sich den Hebel aller unentbehrlichen und entbehrlichen Genüsse zu verschaffen, in Wahrheit nur durch die Furcht vor Entdeckung und Strafe, d. i. durch die Furcht vor dem Staate, gehemmt. Der Staat ist ihr Feind. Er steht ihnen als fremde und kalte Gewalt gegenüber. Scheinbar von ihnen selber autorisirt, ihren Willen in sich enthaltend, ist er doch allen ihren Bedürfnissen und Wünschen entgegen, Beschützer des Eigenthums, welches sie nicht besitzen, Zwinger zum Kriegsdienst für ein Vaterland, das ihnen nur Herd und Altar ist in Gestalt eines heizbaren Zimmers höherer Stockwerke, den vierten bis dritten Theil ihres Arbeitslohnes kostend, oder süsse Heimath in dem Boden des Strassenpflasters, auf dem ihnen fremde Herrlichkeit, unerreichbare, anzugaffen vergönnt ist; während ihr eigentliches Leben in einem Gegensatz von Arbeit und Feier, welcher beide verzerrt, zwischen Fabrik als Leid und Schenke als Lust getheilt wird. So ist Grosstadt und gesellschaftlicher Zustand überhaupt das Verderben und der Tod des Volkes, welches umsonst sich bemüht, durch seine Menge mächtig zu werden, und, wie ihm dünket, seine Macht nur zum Aufruhr gebrauchen kann, wenn es seines Unglückes ledig werden will. Die Menge gelangt zur Bewusstheit, vermöge einer mannigfachen, durch Schulen und Zeitungen eingegebenen Bildung. Sie erhebt sich vom Classen-Bewusstsein zum Classen-Kampfe. Der Classenkampf zerstört die Gesellschaft und den Staat, welche er umgestalten will. Und da die gesammte Cultur in gesellschaftliche und staatliche Civilisation umgeschlagen ist, so geht in dieser ihrer verwandelten Gestalt die Cultur selber zu Ende.

§ 7.

Zwei Zeitalter stehen mithin, um diese gesammte Ansicht zu beschliessen, in den grossen Culturentwicklungen einander gegenüber: ein Zeitalter der Gesellschaft folgt einem Zeitalter der Gemeinschaft. Dieses ist durch den socialen Willen als Eintracht, Sitte, Religion bezeichnet, jenes durch den socialen Willen als Convention, Politik, öffentliche Meinung. Und solchen Begriffen entsprechen die Arten des äusseren Zusammenlebens, welche ich zusammenfassend folgendermassen unterscheiden will:

A. Gemeinschaft.

1) Familienleben = Eintracht. Hierin ist der Mensch mit seiner ganzen Gesinnung. Ihr eigentliches Subject ist das Volk.
2) Dorfleben = Sitte. Hierin ist der Mensch mit seinem ganzen Gemüthe. Ihr eigentliches Subject ist das Gemeinwesen.
3) Städtisches Leben = Religion. Hierin ist der Mensch mit seinem ganzen Gewissen. Ihr eigentliches Subject ist die Kirche.

B. Gesellschaft.

1) Grosstädtisches Leben = Convention. Diese setzt der Mensch mit seiner gesammten Bestrebung. Ihr eigentliches Subject ist die Gesellschaft schlechthin.
2) Nationales Leben = Politik. Diese setzt der Mensch mit seiner gesammten Berechnung. Ihr eigentliches Subject ist der Staat.
3) Kosmopolitisches Leben = Oeffentliche Meinung. Diese setzt der Mensch mit seiner gesammten Bewusstheit. Ihr eigentliches Subject ist die Gelehrten-Republik.

An jede dieser Kategorieen knüpft sich ferner eine überwiegende Beschäftigung und herrschende Tendenz damit verbundener Geistesrichtung, welche demnach so zusammengehören:

A. 1) Hauswirthschaft; beruht auf Gefallen: nämlich auf Lust und Liebe des Erzeugens, Schaffens, Erhaltens. In Verständniss sind die Normen dafür gegeben.

2) Ackerbau; beruht auf Gewohnheiten: nämlich regelmässig wiederholter Arbeiten. In Bräuchen wird dem Zusammenarbeiten Maas und Richtung gewiesen.

3) Kunst; beruht auf Gedächtnissen: nämlich empfangener Lehre, eingeprägter Regeln, eigener Ideen. Im Glauben an Aufgabe und Werk verbinden sich die künstlerischen Willen.

B. 1) Handel; beruht auf Bedachten: nämlich Aufmerksamkeit, Vergleichung, Rechnung ist die Grundbedingung alles Geschäftes: Handel ist die reine (willkürliche) Handlung. Und Contract ist Brauch und Glaube des Handels.

2) Industrie; beruht auf Beschlüssen: nämlich vernünftiger productiver Anwendung von Kapital und des Verkaufes von Arbeitskraft. Satzungen beherrschen die Fabrik.

3) Wissenschaft; beruht auf Begriffen: wie von selber evident. In Doctrinen gibt sie sich ihre eigenen Gesetze, und stellt ihre Wahrheiten dar.

§ 8.

In dem früheren Zeitalter gibt Familienleben und Hauswirthschaft den Grundton ab, in dem späteren Handel und grosstädtisches Leben. Wenn wir aber das Zeitalter der Gemeinschaft näher betrachten, so machen sich mehrere Epochen in ihm sichtbar. Seine ganze Entwicklung ist auf eine Annäherung zu Gesellschaft hin gerichtet; wie aber andererseits die Kraft der Gemeinschaft auch innerhalb des gesellschaftlichen Zeitalters, wenn auch abnehmend, sich erhält und die Realität des socialen Lebens bleibt. Die erste Epoche aber wird gebildet durch die Wirkungen der neuen Basis des Zusammenlebens, welche mit dem bebauten Grund und Boden gegeben ist, der Nachbarschaft neben der alten und beharrenden Basis der Blutsverwandtschaft; des Dorfes neben dem Geschlechte. Die andere Epoche ist gegeben, wenn sich aus Dörfern Städte entwickeln. Gemeinsam ist Dörfern und Städten das räumliche Princip des Zusammenlebens anstatt des zeitlichen der Familie (des Stammes des Volkes). Denn diese hat ihre Wurzeln als unsichtbare, metaphysische, gleichsam unter der Erde, indem sie von gemeinsamen Vorfahren sich herleitet. Die Lebenden verbindet das Nacheinander der gewesenen und der werdenden Generationen, Vergangenheit und Zukunft. Dort hingegen ist die physische wirkliche Erde, der bleibende Ort, das sichtbare Land, wodurch die stärksten Beziehungen und Verhältnisse nothwendig werden. Während des gemeinschaftlichen Zeitalters bleibt aber dieses räumliche, jüngere Princip gebunden durch das zeitliche, ältere. Im gesellschaftlichen Zeitalter reisst es sich los, und dies ist das Dasein der Grosstadt. Sie ist zugleich, wie der Name anzeigt, der herausfallende, übermässige Ausdruck der städtischen Form des räumlichen Princips; welche Form durch diese Möglichkeit und Wirklichkeit zu der wesentlich und fast nothwendiger Weise in der Gebundenheit verharrenden Dorf-Ansiedlung, der ländlichen Form desselben Princips, in den entschiedensten Gegensatz geräth. Also ist zu verstehen, in welchem Sinne der ganze Gang der Entwicklung als fortschreitende Tendenz des städtischen Lebens und Wesens begriffen werden kann. »Man kann sagen, dass die ganze ökonomische Geschichte der Gesellschaft (d. i. der modernen Nationen) in der Bewegung des Gegensatzes von Stadt und Land sich resümirt« (K. MARX, *Das Kapital 1, S. 364*). Nämlich: von einem gewissen Punkte an gewinnen die Städte, nach allgemeiner Wirkung und Bedeutung geschätzt, innerhalb eines Gesammtvolkes das Uebergewicht über die ihnen zu Grunde liegende ländlich-dorfhafte Organisation; so dass nunmehr diese mehr Kräfte von ihren eigenen für die Ernährung und Förderung jener verbrauchen muss, als sie zum Behufe ihres Selbstersatzes entbehren kann; folglich ihrer Auflösung entgegengeht, welche die spätere Auflösung jener in ihr beruhenden Organe und Thätigkeiten zur nothwendigen Folge hat. Dies ist das allgemeine Gesetz des Verhältnisses von organischem und vegetativem, und animalischem oder sensitivem Leben, wie es in dem normalen und mithin auch in dem möglichst günstigen Verlaufe der Entwicklung eines Thieres unabänderlich sich

darstellt; und wie es im Menschen, da das animalische
Leben und sein Wille, sich in eine besondere Art, das
mentale Leben und Wollen gestaltet hat, zu einer besonderen Bedeutung ausser der allgemeinen gelangen kann;
indem einmal, der Mensch fähig ist, durch Vernunft sich
selbst zu zerstören, sowohl directe, aus Vernunft, als auch
insofern er durch Verfolgung gesetzter Zwecke und Absichten, sein Schicksal selbst zu bestimmen, mithin sein
Leben zu verlängern, aber auch zu verkürzen in der Lage
ist; und ferner, indem sein Verfall, wie sein Leben, in der
mentalen Sphäre selber, über das sonstige animalische Dasein
hinaus, und etwan auch dieses überdauernd, sich darstellen
kann. So dass, insoweit als diese Phänomene in Betracht
kommen, das eigentliche Animalische gleichsam in der Mitte
zwischen ihnen und denen des vegetativen Lebens bleibt,
und in gewissen Rücksichten jenen, in anderen diesen zu-
gerechnet werden kann. Mithin, wenn in einem normalen
Verlaufe eine aufsteigende Hälfte unterschieden wird, in
welcher das Vegetative über das Animalische überwiegt, von
einer absteigenden, in welcher das umgekehrte Verhältniss
stattfindet; so bleibt dieser zwar in einem allgemeinen
Sinne und folglich auch für den Menschen gültig; kann
aber hier noch den besonderen Inhalt gewinnen, dass das
Animalische, sofern es sich im Mentalen ausdrückt,
diesen Process durchmacht, und daher, an diesem gemessen,
alles übrige Animalische mit dem Vegetativen zusammenfällt
und damit zusammenbegriffen wird, sofern es dieses
ausdrückt. Daher denn in der aufsteigenden Hälfte,
welche bedeutet: Ueberwiegen des Vegetativ-Animalischen,
die 3 Kategorieen und Stufen unterschieden werden, 1) wie
es sich darstellt im Vegetativen selber, 2) im Animalischen,
3) im Mentalen, und eine entsprechende Dreifaltigkeit in
der absteigenden Hälfte, welche das Ueberwiegen des Animalisch-Mentalen bezeichnet. Und nach dieser Idee würde
in einem Volksleben dem Vegetativ-Animalischen das ländliche, dem Animalisch-Mentalen aber das städtische Wesen
correspondiren; jenes, wie es auch in der Stadt wirksam
bleibt, ja die Blüthe und höchste Entwicklung des gesammten
Organismus entfaltet; dieses, wie es als grosstädtisches sich

losmacht, und, die Früchte theils zeitigend, theils geniessend, aus sich selber zu existiren scheint; zugleich mehr und mehr das Ganze beherrschend, die darin vorhandenen Kräfte theils an sich zu ziehen, theils (und auch eben dadurch) zu zerstören tendirt.

§ 9.

Die ganze Bewegung kann aber auch, nach ihrer primären und durch alle folgenden hindurchgehenden Erscheinung, begriffen werden als Tendenz von ursprünglichem (einfachem, familienhaftem) Communismus und daraus hervorgehendem, darin beruhendem (dörflich-städtischem) Individualismus zum unabhängigen (grossstädtisch-universellem) Individualismus und dadurch gesetztem (staatlichem und internationalem) Socialismus. Dieser ist schon mit dem Begriffe der Gesellschaft vorhanden, wenn auch zunächst nur in der Form des thatsächlichen Zusammenhanges aller kapitalistischen Potenzen, und des Staates, der, wie in ihrem Mandate, die Ordnung des Verkehres erhält und befördert; allmählich aber übergehend in die Versuche, durch den Mechanismus des Staates den Verkehr und die Arbeit selber einheitlich zu lenken, deren Durchführung jedoch die gesammte Gesellschaft und ihre Civilisation aufheben würde. Dieselbe Tendenz bedeutet aber nothwendiger Weise eine zugleich geschehende Auflösung aller jener Bande, in welche der einzelne Mensch sich mit seinem Wesenwillen und ohne seine Willkür versetzt findet, und wodurch die Freiheit seiner Person in ihren Bewegungen, seines Eigentums in seiner Veräusserlichkeit und seiner Meinungen in ihrem Wechsel und ihrer wissenschaftlichen Anpassung gebunden und bedingt ist, so dass sie von der sich selbst bestimmenden Willkür als Hemmungen empfunden werden müssen; von der Gesellschaft, insofern als Handel und Wandel unscrupulöse, unreligiöse, leichtem Leben geneigte Menschen fordert; und das Eigenthum oder doch die Rechte darauf so sehr als möglich beweglich und theilbar zu machen drängt; vom Staate, insofern er diese Entwicklung beschleunigt und

aufgeklärte, gewinnsüchtige, praktische Subjecte für seine
Zwecke am brauchbarsten findet. Solche Mächte, Gegensätze, ihre Entfaltung und ihr Kampf sind den beiden
Culturmassen und Volksgeschichten gemein, von welchen
wir eine astronomische Kenntniss zu haben glauben dürfen:
der früheren, südlich-europäischen, antiken, welche in
Athen ihr höchstes Leben, in Rom ihren Tod gefunden
hat, und der späteren, sich überall anschliessenden und in
vielen Stücken von jener empfangenden, geförderten, welche
als nordeuropäische und moderne unterschieden werde. Wir
entdecken diese gleichartigen Entwicklungen unter einer
ungeheuren Verschiedenheit der Thatsachen und Bedingungen, und innerhalb des allgemeinen gleichmässigen Ver-
laufes, zu welchem alle Elemente beitragen, hat jedes der
Elemente seine verborgenere eigenthümliche Geschichte,
welche durch jene theils bewirkt ist, theils aus ihren eigenen
Ursachen erfolgend, hemmend oder fördernd in dieselbe
hineingreift. — Durch die vorgetragenen Begriffe und Er-
kenntnisse wollen wir aber die Strömungen und Kämpfe
verstehen, welche von den letzten Jahrhunderten aus bis
in das gegenwärtige Zeitalter und über dessen Grenzen
hinaus sich erstrecken. Wir denken zu diesem Behufe die
gesammte Entwicklung der germanischen Cultur, welche auf
den Trümmern des römischen Reiches und als Erbin desselben, mit dem allgemein werdenden Bekenntnisse zur
christlichen Religion, unter der befruchtenden Macht der
Kirche sich erhob, als in beständigem Fortgange zugleich
und Untergange begriffen, und darin eben jene Gegensätze
aus sich erzeugend, welche der gegebenen Ansicht unterliegen. Dabei werden wir als eigentlichen, ja nothwendigen
Ausgangspunkt, im Gegensatze zu aller aus den Tiefen der
Vergangenheit deducirenden Historie, den Moment der Zeit
festhalten, in welchem der gegenwärtige Zuschauer des un-
ersetzlichen Vorzuges theilhaftig ist, die geschehenden
Bewegungen mit den Augen seiner eigenen Erfahrung zu
beobachten und, wenn auch an den Felsen der Zeit ge-
schmiedet, der nahenden Okeanos-Töchter Töne und Duft
zu vernehmen. —

Pierer'sche Hofbuchdruckerei. Stephan Geibel & Co. in Altenburg.

Pierer'sche Hofbuchdruckerei. Stephan Geibel & Co. in Altenburg.